suhrkamp taschenbuch
wissenschaft 1206

Die Frage nach dem Verhältnis von Vernunft und Lebenspraxis bestimmt die Philosophie seit ihren Anfängen. Die im vorliegenden Band enthaltenen Beiträge gehen dieser Frage mit unterschiedlichen Akzentsetzungen nach. Sie diskutieren zum einen, ob und inwieweit diejenige Rationalität, die sich in wissenschaftlichen Theorien verkörpert, selber unserer alltagsweltlichen Praxis entstammt; zum anderen fragen sie nach den Vernunftanteilen innerhalb solcher Praxisformen, die gemeinhin als vernunftfremd gelten. Die Grundtendenz aller Aufsätze besteht darin, gängige Gegenüberstellungen zwischen der Vernunft und dem ihr Anderen hinter sich zu lassen und einen von szientistischen Verengungen befreiten, weiten und komplex binnendifferenzierten Begriff der Vernunft zu entwickeln. In der Auseinandersetzung mit Themen der Wissenschaftsphilosophie, der Sprachphilosophie und der praktischen Philosophie treten die Umrisse einer Vernunftkonzeption hervor, die aus den Fehlern enger Rationalitätsvorstellungen gelernt hat.

Vernunft und Lebenspraxis

Philosophische Studien zu den Bedingungen einer rationalen Kultur

Für Friedrich Kambartel

Herausgegeben von
Christoph Demmerling, Gottfried Gabriel
und Thomas Rentsch

Suhrkamp

Die Deutsche Bibliothek – CIP-Einheitsaufnahme
Vernunft und Lebenspraxis :
philosophische Studien zu den Bedingungen
einer rationalen Kultur ;
für Friedrich Kambartel /
hrsg. von Christoph Demmerling ... –
1. Aufl. – Frankfurt am Main :
Suhrkamp, 1995
(Suhrkamp-Taschenbuch Wissenschaft ; 1206)
ISBN 3-518-28806-7
NE: Demmerling, Christoph [Hrsg.]; Kambartel, Friedrich:
Festschrift; GT

suhrkamp taschenbuch wissenschaft 1206
Erste Auflage 1995

Satz und Druck: Wagner GmbH, Nördlingen
Printed in Germany
Umschlag nach Entwürfen von
Willy Fleckhaus und Rolf Staudt

1 2 3 4 5 6 – 00 99 98 97 96 95

Inhalt

III. ANTHROPOLOGISCHE FUNDAMENTE DER PRAKTISCHEN VERNUNFT

Einleitung

Die Beiträge des vorliegenden Bandes nehmen ihren Ausgang von grundlegenden Aspekten des philosophischen Denkens von Friedrich Kambartel. Es ist stets seine Sache gewesen, die verschiedenen Ausprägungen und Ansprüche wissenschaftlicher Vernunft und der Vernunft im allgemeinen mit den Lebenswirklichkeiten der Menschen zu vermitteln. Er hat dabei auf die Verankerung der Wissenschaften in der menschlichen Lebenswelt aufmerksam gemacht und die Verbindung wissenschaftlicher und philosophischer Unterscheidungssysteme mit unseren praktischen Zwecken und unseren alltäglichen Selbstverständnissen hervorgehoben. Ausgehend von einer kantisch geprägten Kritik des Empirismus und Formalismus (*Erfahrung und Struktur*, 1968, ²1976) hat er in vielfältigen Analysen, die sich von der Logik und Sprachphilosophie über die Mathematik und Physik bis zur Ökonomie erstrecken, auf das »normative Fundament« auch der theoretischen Wissenschaften hingewiesen (*Theorie und Begründung*, 1976). Obschon ihn diese Überlegungen in wissenschafts- und philosophiekritischer Absicht zu einem Anwalt der humanen Welt haben werden lassen, für den die Einheit der Vernunft zunehmend fragwürdig geworden ist, hat er – anders als die Vertreter einer manchmal überzogenen postmodernen Rationalitätskritik – die unterscheidende, und das heißt die kritische Kraft der Vernunft niemals preisgegeben (*Philosophie der humanen Welt*, 1989). Seine philosophischen Bemühungen sind dem Ziel verpflichtet, einen Weg zwischen wissenschaftsgläubigem Dogmatismus und vernunftkritischem Skeptizismus aufzufinden. Sie gehen nicht nur der Frage nach, ob und inwieweit diejenige Rationalität, die sich in wissenschaftlichen Theorien verkörpert, selber unserer alltagsweltlichen Praxis entstammt; sie fragen auch nach den Vernunftanteilen innerhalb solcher Praxisformen, die gemeinhin als vernunftfremd gelten. Kambartel ist dabei nicht müde geworden, einen von szientistischen Verengungen befreiten, weiten und komplex binnendifferenzierten Begriff von Vernunft zu vertreten und diesen Begriff der Vernunft auch praktisch werden zu lassen. Die drei Teile dieses Bandes greifen diese Fragestellungen mit unterschiedlichen Akzentsetzungen auf.

Die im ersten Teil gesammelten Aufsätze stehen im Zusammenhang mit dem Programm des philosophischen und wissenschaftstheoretischen Konstruktivismus der Erlanger Schule. Die Beiträge von Jürgen Mittelstraß und Peter Janich widmen sich dem zentralen Gedanken einer methodischen Rekonstruktion in historischer und systematischer Absicht. Mittelstraß erläutert die Unterscheidung zwischen *Gründegeschichten* und *Wirkungsgeschichten*. Janich geht es um die Begriffe der Konstitution, Konstruktion und Reflexion mit Blick auf das Verfahren einer methodischen Rekonstruktion. Der Aufsatz von Stekeler-Weithofer stellt eine ganz grundsätzliche Reflexion auf eine Reihe von Unterscheidungen dar, zum Beispiel derjenigen von Exaktheit und Strenge, die uns im Kontext unseres wissenschaftlichen und philosophischen Nachdenkens oftmals leiten. Auch wenn sich seine Überlegungen mitunter methodisch der Wissenschaftsphilosophie des Konstruktivismus verdanken, sind sie als kritischer Kommentar zu dieser zu lesen. Matthias Gatzemeier schließlich interpretiert Kants Begriffe vom apriorischen Urteil auf dem Hintergrund eines von der Erlanger Schule geprägten Philosophieverständnisses. Sein Text zeigt auf paradigmatische Weise, in welcher Form sich die logisch-systematische Rekonstruktion von Argumenten mit einem hermeneutischen Textverstehen verbinden kann.
Der zweite Teil sammelt Beiträge, die in den Kontext der zeitgenössischen *querelle des modernes et postmodernes* gehören. Hans-Julius Schneider plädiert für eine Sprachauffassung, welche die seit Rorty immer wieder bemühte Alternative zwischen einem Relativismus verschiedener Sprachspiele und einer Bedeutungstheorie, die um den Begriff der Wahrheit zentriert ist, hinter sich läßt. Die Kritik des sprachphilosophischen Objektivismus steht ebenfalls im Mittelpunkt des Aufsatzes von Albrecht Wellmer. In der Auseinandersetzung mit Argumenten von scheinbar so heterogenen Autoren wie Davidson, Derrida, Gadamer und Wittgenstein entwickelt er die Grundlinien einer Kritik der hermeneutischen Vernunft. Gottfried Gabriel prüft in seinem Beitrag die wichtigsten Argumente einer postmodernen Vernunftkritik. Ähnlich wie Schneider und Wellmer versucht auch er, die Ansprüche der beiden Parteien zu vermitteln, indem er das Verhältnis von wissenschaftlicher und ästhetischer Weltauffassung bestimmt. Das Problem der ästhetischen Welterschließung wird in dem Aufsatz von Franz Koppe aufgegriffen. In Auseinandersetzung mit der

Kunstphilosophie Dantos geht es Koppe um eine Bestimmung des Ortes der ästhetischen Erfahrung im menschlichen Leben.
Der dritte Teil vereinigt Aufsätze zu Problemen der praktischen Philosophie. Alle Beiträge dienen der Kritik einer zu engen Vernunftauffassung, die für viele zeitgenössische Ethikansätze – zu denken ist etwa an utilitaristische, vertragstheoretische und diskursethische Positionen – charakteristisch ist. Thomas Rentsch und Reiner Wimmer fragen nach dem Zusammenhang von Anthropologie und Ethik. Während Rentsch mit der Frage nach der menschlichen Grundsituation die Verklammerung von Anthropologie und Ethik systematisch entwickelt und über die Analyse der menschlichen Endlichkeit zur Konzeption einer negativen Ethik gelangt, nutzt Wimmer die Verbindung von Anthropologie und Ethik für eine Reformulierung des Freiheitsbegriffs und eine Kritik der Prinzipienethik wie auch der Begründungsproblematik, die die modernen Ethikansätze vielfach dominiert. Christoph Demmerling und Theda Rehbock plädieren ebenfalls für eine Erweiterung des in der gegenwärtigen Ethikdebatte leitenden Vernunftbegriffs. Demmerling macht in seinem Beitrag auf die Rolle der Gefühle für unsere moralische Praxis aufmerksam; Rehbock diskutiert das Verhältnis von Gelassenheit und Vernunft. Den Abschluß bilden zwei Beiträge, die sich kritisch mit zwei wichtigen Paradigmen der Moralphilosophie der Gegenwart auseinandersetzen: Angelika Krebs wendet sich gegen eine Anknüpfung an den Rationalitätsbegriff der Diskursethik in feministischer Perspektive und entwickelt Überlegungen zur Funktion der feministischen Ethik; Wilson P. Mendonça unterzieht die der Vertragstheorie von Rawls zugrundeliegende Rationalitätskonzeption einer Kritik.
Die Herausgeber danken Herrn Thorsten Jantschek (Frankfurt am Main) und Herrn Dr. Wolfgang Kienzler (Jena) für die Unterstützung ihrer Arbeit. Ein besonderer Dank gilt Frau Brigitte Proft (Dresden), die das endgültige Typoskript erstellt hat.

Jürgen Mittelstraß

Gründegeschichten und Wirkungsgeschichten

Bausteine zu einer konstruktiven Theorie der Wissenschafts- und Philosophiegeschichte[1]

Vorbemerkung

Der Titel dieses Beitrags greift eine Unterscheidung auf, die 1974 im Rahmen von Prolegomena zu einer konstruktiven Theorie der Wissenschaftsgeschichte formuliert und in kritischer Absicht der in der Wissenschaftstheorie vorherrschenden historistischen Tendenz entgegengestellt wurde.[2] Während im Sinne eines historistischen Modells wissenschaftlicher Rationalität eine Beurteilung von Geltungsansprüchen wissenschaftlicher Theorien allein auf der Basis faktischer theoretischer Entwicklungen erfolgen soll, werden in den Begriffen einer Wirkungsgeschichte und einer Gründegeschichte Genesis und Geltung wieder voneinander getrennt, und zwar in der Weise, daß die Wissenschaftsgeschichte nicht nur als Teil einer Naturgeschichte des menschlichen Geistes dargestellt, sondern als Teil einer ›vernünftigen‹ Entwicklung begreifbar wird. Das gleiche soll für die Philosophiegeschichte gelten, auf die bezogen es ebenfalls darum geht, bloße Wirkungen (›Traditionen‹) von Gründen, d. h. begründeten Entwicklungen, zu unterscheiden. Der Versuch, diese Unterscheidung in der Arbeit der Wissenschaftstheorie und der (systematischen) Philosophie zu etablieren, wird hier, zum Teil thesenförmig, fortgesetzt.

1 Martin Carrier (Heidelberg) danke ich für wissenschaftstheoretische Belehrung und Kritik.

2 J. Mittelstraß, »Prolegomena zu einer konstruktiven Theorie der Wissenschaftsgeschichte«, in: ders., *Die Möglichkeit von Wissenschaft*, Frankfurt am Main 1974, S. 106-144 (Anmerkungen: S. 234-244), hier: S. 140-144 (242-244).

1. Theorieform, Forschungsform, Vernunftform

1.1 Die Begriffe Gründegeschichte und Wirkungsgeschichte verweisen auf eine wissenschaftstheoretische Debatte, in der es um die Rationalität bzw. um die Möglichkeiten einer rationalen Rekonstruktion wissenschaftlicher und philosophischer Entwicklungen geht. In dieser Debatte stehen sich im wesentlichen noch immer ein fallibilistisches Modell (Popper), ein historistisches Modell (Kuhn) und ein strukturalistisches Modell (Sneed, Stegmüller) wissenschaftlicher Rationalität gegenüber[3], wobei in erster Linie Probleme der Theorienstruktur, der Theoriendynamik und der Theorienexplikation behandelt werden.
Unter dem Stichwort *Theorienstruktur* befaßt sich die Wissenschaftstheorie mit den Strukturen von Wissenschaftssprachen sowie wissenschaftlicher Gesetze und Erklärungen, ferner mit dem Aufbau von Theorien, wobei es in diesem Falle vor allem um die Unterscheidung zwischen zentralen und nicht-zentralen Elementen einer Theorie geht. Die einschlägigen Stichworte sind Paradigma (Kuhn), Forschungsprogramm (Lakatos), Forschungstradition (Laudan) und die Unterscheidung zwischen Strukturkern und intendierten Anwendungen (Sneed, Stegmüller). Der Begriff der *Theoriendynamik* bezeichnet vornehmlich Probleme der semantischen Reduzierbarkeit unterschiedlicher Theorien aufeinander und die Frage transtheoretisch anwendbarer Kriterien im Leistungsvergleich von Theorien untereinander. Hier geht es in der Wissenschaftstheorie am philosophischsten zu, insofern die Möglichkeit derartiger Kriterien einerseits überhaupt bestritten wird (Feyerabend), andererseits unter Gesichtspunkten einer eindeutigen Auszeichnung von Theorien über solche Kriterien einem klaren Für (Popper) und Wider (Kuhn) einschränkende Konzeptionen, etwa bezogen auf grundlegende Theorieteile (Konstruktivismus) oder historische Retrospektiven (Lakatos), gegenüberstehen. Bei der Begründung transtheoretischer Kriterien sieht es nicht anders aus. Neben historischen Konsistenzforderungen,

3 Vgl. zu dieser Klassifikation im einzelnen J. Mittelstraß, »Forschung, Begründung, Rekonstruktion. Wege aus dem Begründungsstreit«, in: ders., *Der Flug der Eule. Von der Vernunft der Wissenschaft und der Aufgabe der Philosophie*, Frankfurt am Main 1989, S. 261 ff.

nach denen jede Methodologie ihre Anforderungen an wissenschaftliche Theorien und Theorieentwicklungen auch selbst erfüllen, d.h. rationale Rekonstruktionen, die den Kriterien der gewählten Methodologie entsprechen, zustande bringen muß (Lakatos, Laudan), stehen erkenntnistheoretische Begründungen, die etwa mit dem Begriff der Wahrheitsähnlichkeit (Popper) oder dem Begriff der Begründungskonstruktion (Konstruktivismus) operieren. Den Gegenstand einer (weit weniger philosophischen) *Theorienexplikation* bilden schließlich Fragen wie die, ob eine Geometrie des Raumes nach Festlegen der Kongruenzdefinition eindeutig empirisch bestimmbar ist.

1.2 Es ist charakteristisch, daß in einer sich auf die Probleme von Theorienstruktur, Theoriendynamik und Theorienexplikation konzentrierenden Wissenschaftsanalyse die Wissenschaftstheorie ihre fundamentalen Aufgaben vor allem in der *Theorieform* der Wissenschaften sucht. Das ist nicht selbstverständlich. Wissenschaft hat nämlich neben einer Theorieform auch eine *Forschungsform*. In ihrer Forschungsform sucht Wissenschaft herauszufinden, was der Fall ist; in ihrer Theorieform stellt Wissenschaft dar, was sie herausgefunden hat, was sie weiß und wie, d. h. in welcher Form, sie etwas weiß.[4] In ihrer Forschungsform ist Wissenschaft Ausdruck von Objektrationalität (Wissen, was der Fall ist), in ihrer Theorieform ist Wissenschaft Ausdruck von Begründungsrationalität (Wissen, wie etwas ›begründet‹ der Fall ist und warum etwas ›begründet‹ der Fall ist).

Insofern Wissenschaft in ihrer Theorieform darstellt, was sie weiß und wie sie etwas weiß, ist Theorie ihrem Wesen nach selbst *Darstellung*, deren Architektur Darstellungsnormen folgt. Forschung wiederum ist *Handlung*, deren Architektur Handlungsnormen folgt. Darstellungsnormen, zum Beispiel solche, die einen deduktiven Aufbau des Wissens vorschreiben, und Handlungsnormen, zum Beispiel solche, die eine pragmatische Ordnung von Handlungsfolgen vorschreiben, gehören nicht derselben Klasse (von Normen) an, aber sie beziehen sich im Wissenschaftskontext aufeinander: eine pragmatische Ordnung (im Forschungskontext)

4 Vgl. K. Lorenz, »The Concept of Science. Some Remarks on the Methodological Issue ›Construction‹ versus ›Description‹ in the Philosophy of Science«, in: P. Bieri/R. P. Horstmann/L. Krüger (Hg.), *Transcendental Arguments and Science*, Dordrecht 1979, S. 177-190.

›begründet‹ auch eine theoretische Ordnung, und eine theoretische Ordnung (im Theoriekontext) ›lenkt‹ auch eine pragmatische Ordnung. Anders ausgedrückt: Forschung ist stets theorieorientiert, Theorie ist stets forschungsorientiert. Forschung, die nicht theorieorientiert ist, verliert ihre wissenschaftliche Identifizierbarkeit; Theorie, die nicht forschungsorientiert ist, wird dogmatisch und stirbt ab.

Auf die wissenschaftstheoretische Debatte um die Rationalität von Wissenschaft und wissenschaftlichen Entwicklungen bezogen, bedeutet dies, daß diese Debatte in ihrer dominanten Orientierung an der Theorieform des wissenschaftlichen Wissens wissenschaftliche Rationalität in erster Linie als *Theorierationalität* in den Blick nimmt. Sie hat damit nicht nur ein eingeschränktes Verständnis wissenschaftlicher Rationalität, sondern übersieht auch die im Doppelcharakter von Darstellungsrationalität und Forschungsrationalität liegende aspekthafte Einheit der wissenschaftlichen Rationalität bzw. verwischt diese. So tritt im Fallibilismusmodell wissenschaftliche Rationalität in der Weise einer Darstellung von Forschung (›Logik der Forschung‹) auf, im Historismus- und Strukturalismusmodell in der Weise von Forschung über Darstellungen. Genauer liegt hier ein Begriff von Forschung zweiter Stufe (Forschung über Darstellungen) und ein Begriff von Darstellung zweiter Stufe (Darstellung von Forschungen) vor, worin wiederum die Dominanz dessen, was als Theorierationalität bzw. Darstellungsrationalität bezeichnet wurde, zum Ausdruck kommt. Außerdem bleibt in einer derartigen Systematisierung wenig Raum für begründungsorientierte Beurteilungen, die über die Feststellung der ›Stimmigkeit‹ mit dem jeweils vorliegenden Rationalitätsmodell hinausgehen. Als Rationalität erscheint das, was in dem einschlägigen Rationalitätsmodell dargestellt wird: die *Vernunftform* von Wissenschaft, die das Ergebnis einer begründungsorientierten Beurteilung derartiger Modelle, nicht deren bloße Anwendung wäre, bleibt unbeachtet.

1.3 An dieser Stelle soll die Unterscheidung zwischen einem *Wirkungszusammenhang* und einem *Gründezusammenhang* bzw. zwischen Wirkungsgeschichte und Gründegeschichte in wissenschaftlichen Entwicklungen stehen. Mit der Rede von Gründen sind dabei weder die faktischen ›Motivationen‹ der handelnden wissenschaftlichen Subjekte gemeint noch die sozialen ›Begleitumstände‹ (›Faktoren‹), die Einfluß auf die wissenschaftlichen

Subjekte und die institutionellen Bedingungen von Wissenschaft nehmen. Vielmehr geht es darum, über die Darstellung einer auch als Naturgeschichte des wissenschaftlichen Geistes beschreibbaren Entwicklung (eventuell unter Hervorkehrung eingriffsfrei gültiger Gesetze einer derartigen Entwicklung) hinaus auch die ›innere‹ teleologische Organisation von Entwicklungen in Form von Gründezusammenhängen zu rekonstruieren, ferner begründete von unbegründeten Entwicklungen zu unterscheiden.[5]

Direkter Gegensatz einer derartigen Bemühung wäre der schon genannte historistische Ansatz in der Wissenschaftstheorie. Dieser reduziert in theoriendynamischer Perspektive historische Entwicklungen auf eine Geschichte der wissenschaftlichen Verhältnisse, die man erklärt, indem man sie beschreibt bzw. theoriendynamisch so interpretiert, daß die auch für eine Wissenschaftspraxis konstitutiven bzw. in ihr wirkenden Zwecke und (auf Zwecke bezogenen) Regeln ihrerseits als Teil, nämlich als ›verursachender‹ Teil, von Entwicklungen angesehen werden, die insgesamt in Form von Wirkungszusammenhängen unter quasi naturgeschichtlichen Bedingungen stehen. Ob derartige Zusammenhänge begründet sind, ist bei einem solchen Ansatz, der der üblichen wissenschaftshistorischen Arbeits- und Erklärensweise entspricht, ohne Bedeutung. Dies auch deshalb, weil die Beantwortung der Frage, ob wissenschaftliche Entwicklungen als geordnet sich entfaltende *Begründungszusammenhänge,* d. h. als Stufen eines vernünftigen Aufbaus von Wissenschaft, aufgefaßt und begriffen werden können, normativ-kritische Beurteilungen voraussetzt, die in den erwähnten Rationalitätsmodellen nur schwer unterzubringen sind. Es ginge hier ja nicht nur um transtheoretisch anwendbare (und begründbare!) (Rationalitäts-)Kriterien, sondern auch um die materiale Auszeichnung von Entwicklungen gegenüber methodologischen Alternativen.

An dieser Frage scheiden sich daher auch die Wege zwischen affirmativen und normativen Wissenschaftstheorieformen, ferner die zwischen einer sich normativ begreifenden Wissenschafts-

5 Vgl. dazu die weiteren Ausführungen in J. Mittelstraß, »Theorie und Empirie der Wissenschaftsforschung«, in: ders., *Wissenschaft als Lebensform. Reden über philosophische Orientierungen in Wissenschaft und Universität,* Frankfurt am Main 1982, S. 207 ff.

theorie und einer sich im wesentlichen noch immer wissenschaftssoziologisch definierenden Wissenschaftsforschung. Während Wissenschaftstheorie (im normativen Verständnis) nachzuweisen hätte, daß eine Gründegeschichte *möglich* ist, wäre es die Aufgabe einer ihrerseits normativ, nämlich an einer normativen Wissenschaftstheorie orientierten Wissenschaftsforschung, zu untersuchen, ob sie auch *wirklich* ist, d. h. Wirkungsgeschichte sich wenigstens in Teilen durch eine Gründegeschichte ersetzt darstellen läßt.[6] Methodisch gesehen geht es dabei sowohl hinsichtlich der logischen als auch hinsichtlich der teleologischen Strukturen wissenschaftlicher Entwicklungen um die Anwendung wissenschaftstheoretisch auszuarbeitender *normativer Genesen* auf *faktische Genesen*, d. h. um die Aufgabe, als Wirkungszusammenhänge beschreibbare wissenschaftliche Entwicklungen (faktische Genesen) mit den Mitteln von unter heuristischen Gesichtspunkten ›konstruierten‹ Gründegeschichten (normativen Genesen) zu rekonstruieren.

In gewissem Sinne gibt schon der theoriendynamische Ansatz von Lakatos eine derartige Aufgabe wieder, insofern ein als rationale Rekonstruktion bezeichnetes Verfahren die Adäquatheit methodologischer Kriterien danach beurteilt, ob die anhand dieser Kriterien systematisierte Wissenschaftsgeschichte mit der faktischen wissenschaftlichen Entwicklung übereinstimmt.[7] Allerdings ist damit (und wegen der Abhängigkeit vom Rationalitätsmodell Poppers) noch nicht die Rekonstruktion einer Gründegeschichte ins Auge gefaßt. Anders im Falle des Konstruktivismus bzw. der konstruktiven Wissenschaftstheorie.[8] Hier dient die Un-

6 Vgl. dazu C. F. Gethmann, »Wissenschaftsforschung: auf Wiedervorlage«, in: C. Burrichter (Hg.), *Theorie und Praxis der Wissenschaftsforschung. Beiträge vom XIV. Erlanger Werkstattgespräch 1985*, Erlangen 1987, S. 29.

7 Vgl. I. Lakatos, »History of Science and Its Rational Reconstructions«, in: R. C. Buck/R. S. Cohen (Hg.), *PSA 1970* (Proceedings of 1970 Biennial Meeting. Philosophy of Science Association), Dordrecht 1971 (Boston Studies in the Philosophy of Science VIII), S. 101-107 (dt. »Die Geschichte der Wissenschaften und ihre rationalen Rekonstruktionen«, in: W. Diederich (Hg.), *Theorien der Wissenschaftsgeschichte. Beiträge zur diachronen Wissenschaftstheorie*, Frankfurt am Main 1974, S. 74-85).

8 Vgl. P. Lorenzen, *Normative Logic and Ethics*, Mannheim/Zürich 1969,

terscheidung zwischen faktischen und normativen Genesen zunächst allgemein der Frage, ob bestimmte Kulturbedürfnisse als aus bestimmten vorausgesetzten Grundbedürfnissen (kulturinvarianten Bedürfnissen) entstanden rekonstruiert und damit gerechtfertigt werden können. Zur Beantwortung dieser Frage wird ein fiktiver Diskurs eingeführt, in dem zunächst nur die Grundbedürfnisse unumstritten sind. Anschließend wird geprüft, ob ein vorgegebenes Bedürfnis aus diesen Grundbedürfnissen durch eine systematische Entwicklungsgeschichte ableitbar ist. Im einzelnen bedeutet dies, daß ein System von Kulturbedürfnissen (K_1, ..., K_n) dadurch gerechtfertigt wird, daß es sich aus einem einfacheren System (K'_1, ..., K'_{n-1}) durch Hinzufügen eines Bedürfnisses K_n begründen läßt (wobei für das System (K'_1, ..., K'_{n-1}) seinerseits eine begründete (normative) Genese aus einem ihm wiederum vorausliegenden System, gegebenenfalls auch einem System von Grundbedürfnissen, angenommen bzw. rekonstruiert wird: (K'_1, ..., K'_{n-1}) $\Rightarrow$ (K'_1, ..., K'_{n-1}), $K'_n \Rightarrow$ (K_1, ..., K_n) oder, im einfacheren Falle, (K'_1) $\Rightarrow$ (K'_1), $K'_2 \Rightarrow$ (K_1, K_2). Dabei bezeichnet '$\Rightarrow$' die Relation der normativ-genetischen Begründung.
Auf wissenschaftliche Entwicklungen angewendet, dient eine derartige Konstruktion dem Nachweis, daß Wirkungsgeschichten Stufen eines vernünftigen Aufbaus von Wissenschaft einschließen und damit auch die Unterscheidung zwischen wissenschaftlicher Vernunft und wissenschaftlicher Unvernunft (wissenschaftlichen Fehlentwicklungen), letztlich aber auch dem Ziel der Reorganisation einer bestehenden wissenschaftlichen Praxis unter dem Gesichtspunkt ihrer konstruktiven Begründung. Eben das war auch mit dem Begriff der Vernunftform der Wissenschaft gemeint.

2. Konstruktive Wissenschaftsgeschichte

2.1 Mit dem Begriff einer Vernunftform der Wissenschaft verbinden sich allerdings philosophische Ansprüche und Hoffnungen, die weit über das, was sich wissenschaftshistorisch nachweisen und geltungstheoretisch demonstrieren läßt, hinausgehen. Wissenschaftstheorie gerät, wie das Lorenz Krüger einmal pointiert

S. 85-89; ders., *Konstruktive Wissenschaftstheorie*, Frankfurt am Main 1974, S. 41-43.

im Blick auf die normativen Ansprüche der Konstruktiven Wissenschaftstheorie ausgedrückt hat, zwischen die Stühle (von Philosophie und Wissenschaft).[9] Hier ist denn auch, wiewohl immer noch im Rahmen einer normativen Konzeption von Wissenschaftstheorie, Bescheideneres ins Auge gefaßt. So betrifft der Begriff einer Gründegeschichte ja nicht nur teleologische Verhältnisse (begründete Zwecke unter Bedingungen der praktischen Vernunft), sondern auch methodische Verhältnisse (Grundlagen) und logische Verhältnisse (Strukturen). Wiederum geht es an dieser Stelle um den Problembereich einer Theoriendynamik, in diesem Falle vor allem gegenüber dem historistischen Rationalitätsmodell und einer mit ihm verbundenen Paradigmen- und Inkommensurabilitätskonzeption[10] um den Nachweis, daß sich auf dem Hintergrund der Unterscheidung zwischen Gründegeschichte und Wirkungsgeschichte die Wissenschaftsgeschichte in Teilen als ein sich schrittweise oder stufenweise entfaltender Theorien- und Begründungszusammenhang darstellen läßt. Gemeint ist auch kein *universaler* Theorien- und Begründungszusammenhang, in den sich alles, was wissenschaftliche Rationalität beansprucht, einordnen ließe, sondern ein *partikularer*, meist disziplinär definierter Zusammenhang, weshalb auch, auf die faktischen Wissenschaftsverhältnisse bezogen, von Gründegeschichte und Wirkungsgeschichte im Plural, nicht im Singular gesprochen werden soll.

Die folgenden Beispiele machen deutlich, was gemeint ist. Sie be-

9 L. Krüger, »Wissenschaftstheorie zwischen den Stühlen?«, in: K. Lorenz (Hg.), *Konstruktionen versus Positionen. Beiträge zur Diskussion um die Konstruktive Wissenschaftstheorie*, I-II, Berlin/New York 1979, II, S. 378-393.

10 Daß Kuhns Konzeption wissenschaftlicher Entwicklungen (Th. S. Kuhn, *The Structure of Scientific Revolutions*, Chicago 1962, ²1970; dt. *Die Struktur wissenschaftlicher Revolutionen*, Frankfurt am Main 1967, ²1976) nicht in jeder Hinsicht als Exempel eines historistischen Rationalitätsmodells in Anspruch genommen werden kann und auch die sogenannte Inkommensurabilitätsthese Kuhns in der modernen Wissenschaftstheoriedebatte durch viele Mißverständnisse belastet ist, darauf hat P. Hoyningen-Huene nachdrücklich hingewiesen: *Die Wissenschaftsphilosophie Thomas S. Kuhns. Rekonstruktion und Grundlagenprobleme*, Braunschweig/Wiesbaden 1989, S. 202 ff. (zum Begriff der Inkommensurabilität).

ziehen sich auf die mit der Unterscheidung zwischen Gründegeschichte und Wirkungsgeschichte gegebene ›theoriendynamische‹ These, daß sich die Wissenschaftsgeschichte zumindest in Teilen als eine begründete Abfolge von Theorien darstellen läßt und diese Darstellung sowohl Aspekte einer Theorienrationalität als auch Aspekte einer Forschungsrationalität einschließt. In der Sache ergibt sich eine unumkehrbare und insofern nicht-willkürliche Theorieentwicklung, die sich vor allem auf die Analyse der jeweils verfügbaren *Meßoptionen* stützt. Mit anderen Worten: Die Einsinnigkeit der Theorieentwicklung ergibt sich aus der Betrachtung der sich jeweils eröffnenden Meßmöglichkeiten und deren sachlicher Abhängigkeit voneinander.[11] Der Begriff der Gründegeschichte verbindet sich hier insofern im Sinne einer normativen Genese mit dem Aufbau eines *meßtheoretischen Apriori*, das sowohl eine Theorierationalität als auch (hinsichtlich seiner handlungstheoretischen Grundlagen) Aspekte einer Forschungsrationalität einschließt.

2.2 Beispiel einer derart als Gründegeschichte rekonstruierbaren Wissenschaftsentwicklung ist die klassische Physik. Hier bildet die Geometrie eine meßtechnische und damit auch unter den Gesichtspunkten einer methodischen Grundlegung und einer logischen Struktur alternativlose Voraussetzung des Aufbaus von Kinematik und Dynamik. Die Kinematik befaßt sich mit der Beschreibung der Bahnbewegungen von Körpern. Eine solche Be-

11 Auf die Rolle von Meßnormen im Sinne eines meßtheoretischen Apriori wissenschaftlicher Theorien hat vor allem P. Janich hingewiesen. Ihre Ausarbeitung findet diese für die konstruktive Wissenschaftstheorie konstitutive Konzeption im Rahmen einer Protophysik (vgl. P. Janich, *Die Protophysik der Zeit. Konstruktive Begründung und Geschichte der Zeitmessung,* Frankfurt am Main 1980). Der wesentliche Gesichtspunkt dabei ist, daß die Maßstäbe für die die Objektivität einer messenden (empirischen) Theorie sichernden Meßverfahren selbst nicht-empirischer Art sind. Zum Begriff des meßtheoretischen Apriori in diesem Zusammenhang vgl. ferner F. Kambartel, »Wie abhängig ist die Physik von Erfahrung und Geschichte? Zur methodischen Ordnung apriorischer und empirischer Elemente in der Naturwissenschaft«, in: K. Hübner/A. Menne (Hg.), *Natur und Geschichte* (x. Deutscher Kongreß für Philosophie, Kiel 8.-12. Oktober 1972), Hamburg 1973, S. 154-169, und J. Mittelstraß, »Historische Analyse und konstruktive Begründung«, in: K. Lorenz (Hg.), *Konstruktionen versus Positionen*, a. a. O., II, S. 256-277.

schreibung beruht auf der Angabe von Orten bzw. Strecken und Geschwindigkeiten bzw. Beschleunigungen. Um Geschwindigkeiten und Beschleunigungen angeben zu können, ist die Messung von zurückgelegten Strecken und von Zeitdauern erforderlich, wobei die Angabe räumlicher Relationen zwangsläufig geometrische Hilfsmittel heranziehen muß. Die Zeitmessung kann (mit H. Dingler) durch die Auszeichnung periodischer Bewegungen oder (mit P. Janich) durch die Auszeichnung gleichförmiger Bewegungen erfolgen.[12] In Janichs Ansatz dienen uhrenfrei durchführbare Bewegungsvergleiche und die sich darauf gründende Unterscheidung von Bewegungsformen als Grundlage des Zeitmaßes. Gleiche Zeitdauern sind danach dadurch festgelegt, daß in ihnen ein gleichförmig bewegter Körper jeweils gleiche Strecken durchläuft. Die Verfügbarkeit von Meßmethoden für Wegstrecken und Zeitdauern erlaubt die Angabe von Geschwindigkeiten und Geschwindigkeitsänderungen, also Beschleunigungen, und ermöglicht so die Beschreibung der Bahnkurven von Körpern. Geometrie und die Auszeichnung von Bewegungsformen bilden demnach die Grundlage der Kinematik.

Der begrifflich folgende Schritt besteht in der Einführung des Massenbegriffs, der wiederum durch die Spezifizierung eines geeigneten meßtechnischen Verfahrens erfolgt. So läßt sich ›Masse‹ an Relativbewegungen durch Vergleich von Körpern an einer ›Seilwaage‹ definieren, die eine durch bestimmte Homogenitätsforderungen ausgezeichnete Balkenwaage darstellt.[13] Mit Hilfe eines solchen Verfahrens sowie unter Rückgriff auf die kinematischen Meßmethoden werden die Kräfte auf einen Körper, also das Produkt aus dessen Masse und Beschleunigung, angebbar. Mit anderen Worten: Kinematik und Massenmeßmethoden begründen gemeinsam die Dynamik. Damit ist eine normative Genese und in diesem Sinne eine Gründegeschichte dargestellt, die in

12 Zur Konzeption Dinglers und Janichs in diesem Zusammenhang vgl. P. Janich, a. a. O., S. 125-217.

13 Vgl. P. Janich, »Ist Masse ein ›theoretischer Begriff‹?«, in: *Zeitschrift für allgemeine Wissenschaftstheorie* 8 (1977), S. 302-314; ders., »Newton ab omni naevo vindicatus«, in: *Philosophia Naturalis* 18 (1981), S. 243-255. Zu dieser protophysikalischen Massendefinition vgl. ferner P. Janich/K. Mainzer, »Masse«, in: J. Mittelstraß (Hg.), *Enzyklopädie Philosophie und Wissenschaftstheorie* II, Mannheim/Wien/Zürich 1984, S. 785 f.

einer durch die logische Abhängigkeit der jeweils einschlägigen Meßverfahren begründeten linearen Abfolge besteht, deren Einzelschritte wiederum durch Geometrie, Kinematik und Dynamik repräsentiert werden. Darüber hinaus wird deutlich, daß diese Abhängigkeit auch den historischen Gang, also die faktische Genese, genau wiedergibt. Auf die Euklidische Geometrie folgten Galileis kinematische Bewegungsbeschreibungen, insbesondere sein Fallgesetz; die Kinematik führte ihrerseits zur Newtonschen Dyamik.

Die so als Gründegeschichte rekonstruierte Geschichte der klassischen Physik läßt sich noch weiter verfolgen. So sind auf der Grundlage der allgemeinen Dynamik spezielle Kraftgesetze wie das Gravitationsgesetz oder das Coulombsche Gesetz der Elektrostatik formulierbar, wobei die Anwendung spezieller Kraftgesetze wesentlich auf der meßtechnischen Umsetzbarkeit des allgemeinen Kraftbegriffs beruht. Hinsichtlich des Coulombschen Gesetzes besteht der zentrale Aspekt darin, daß Ladungen auf dem Wege über die Ermittlung der zwischen ihnen wirksamen Kräfte gemessen werden. Daraus wird deutlich, daß die Elektrostatik auf der Verfügbarkeit von Methoden der Kraftmessung und damit auf der Dynamik beruht. Diese systematische Abhängigkeit dokumentiert sich wiederum in der historischen Abfolge der entsprechenden Theorien.

Ein analoger Gesichtspunkt läßt sich durch einen Blick auf die Entwicklung der Thermodynamik verdeutlichen. Im 19. Jahrhundert wurde die sogenannte phänomenologische Thermodynamik formuliert, die eine vergleichsweise erfahrungsnahe Beschreibung thermischer Phänomene anstrebte. Hier ging es im einzelnen darum, die zwischen den Temperaturen, Volumina und Drücken von Gasen vorliegenden Zusammenhänge mit Hilfe von Begriffen wie Wärmemenge, spezifischer Wärme oder Entropie zu erfassen. Die kinetische Wärmetheorie versuchte demgegenüber, den auf der phänomenologischen Stufe formulierten Gesetzmäßigkeiten durch die mechanische Behandlung der Wechselwirkungen zwischen Gasmolekülen Rechnung zu tragen. Dabei ist klar, daß dieser theoretische Ansatz der Sache nach auf der vorgängigen Kenntnis der in der phänomenologischen Thermodynamik enthaltenen Zusammenhänge sowie auf der Verfügbarkeit einschlägiger Meßmethoden beruht. So ergäbe es zum Beispiel keinen Sinn, Gesetzmäßigkeiten für Mittelwert und Verteilung der kinetischen

Energie von Gasmolekülen zu formulieren, wenn es keine Gründe dafür gäbe, diese mittlere kinetische Energie mit der Temperatur des Gases zu identifizieren. Diese Identifikation setzt aber offenbar die vorgängige Verfügbarkeit des Temperaturbegriffs voraus; und die Anwendung der aus der kinetischen Theorie abgeleiteten Regularitäten kann nicht ohne das Vorliegen geeigneter Meßmethoden gelingen. Wiederum besteht also eine sachliche Abhängigkeit zwischen zwei Theorien, hier der phänomenologischen Thermodynamik und der kinetischen Wärmetheorie, und diese sachliche Abhängigkeit drückt sich in der Abhängigkeit der jeweils relevanten Meßmethoden aus. Überdies zeigt sich auch hier, daß die sachliche Abhängigkeit, die auch eine logische ist, die historische Abfolge, d. h. die faktische Genese, widerspiegelt.

Die Beispiele machen auf dem Hintergrund des bisher über normative Perspektiven in der Wissenschaftstheorie Gesagten deutlich, daß die Wissenschaftsgeschichte im Sinne des Begriffs einer Gründegeschichte rekonstruierbar ist und diese daher auch in wesentlichen Teilen anders als in Form einer Naturgeschichte des wissenschaftlichen Geistes begriffen werden kann. Das gilt sowohl für die Theorieform als auch für die Forschungsform der Wissenschaft, was sich etwa durch eine Analyse der handlungstheoretischen Grundlagen meßtheoretischer Normen herausarbeiten ließe. Damit könnte man dann im übrigen auch der irritierenden Relativität unterschiedlicher (theoriendynamischer) Rationalitätsmodelle entgegentreten.

2.3 Es soll nun nicht behauptet werden, daß damit die Wissenschaftsgeschichte in allen Teilen klar und über die normativen Grundlagen der Wissenschaftstheorie ein für allemal entschieden sei. Dazu sind die einschlägigen normativen Genesen noch zu unvollständig, und dabei würde auch übersehen, daß die methodischen Grundlagen des wissenschaftlichen Wissens nicht in jeder Hinsicht ›fest‹ sind, sondern in vielen Fällen selbst dem Forschungsprozeß folgen. Das läßt sich exemplarisch am Begriff des (wissenschaftlichen) Rationalitätskriteriums verdeutlichen. Rationalitätskriterien oder Rationalitätsstandards sind rationalitätsdefinierende *Normen*, die wiederum sowohl die Theorieform als auch die Forschungsform der Wissenschaft bestimmen. Es läßt sich zeigen, daß diese Normen keine ›unbewegliche‹ Hierarchie bilden, sondern eben auch dem Forschungsprozeß folgen; sie verändern sich im Forschungsprozeß, ohne allerdings selbst zu empirischen Teilen empirischer Forschung zu werden. Beispiel: die Norm oder das Prinzip der *Reproduzierbarkeit.*[14]

Reproduzierbarkeit ist eine allgemeine wissenschaftliche Norm – sie sichert die Kontrollierbarkeit wissenschaftlicher Aussagen – und eine besondere experimentelle Norm. Als solche besagt sie, daß Experimente zu jeder Zeit und an jedem Ort von einem sachkundigen Experimentator wiederholbar sein müssen, wobei klar ist, daß die Reproduzierbarkeit der Experimente die Reproduzierbarkeit der Experimentier- und Meßgeräte einschließt. Anders ausgedrückt: Ein Experiment ist die Reproduktion eines anderen Experiments, wenn sich die Beschreibung der experimentellen Sachverhalte allenfalls in singularen Termen (Nominatoren), nicht in generellen Termen unterscheidet bzw. wenn ein Experiment von einem anderen nur in seiner raum-zeitlichen Kennzeichnung abweicht und von anderen Experimentatoren durchgeführt wird. Eben diese Bestimmung aber stößt auf theoretische und auf praktische Schwierigkeiten.

Zu den theoretischen Schwierigkeiten gehört der Umstand, daß sich zwei (experimentelle) Sachverhalte im Sinne ihrer Reproduzierbarkeit in keinem relevanten Merkmal unterscheiden dürfen. Ein und dasselbe Merkmal, zum Beispiel Ortsveränderungen bei Fallexperimenten (etwa am Nordpol oder am Äquator) oder Materialveränderungen (etwa der Interferometer-Arme beim Michelson-Morley-Experiment), kann in einem Zusammenhang wichtig, in einem anderen unwichtig sein. Die Frage, unter welchen Umständen ein Experiment die Reproduktion eines anderen ist, ist nicht nur vom experimentellen Kontext, sondern auch vom theoretischen Kontext eines Experiments abhängig. Erst im Rahmen dieses Kontextes kann eindeutig gesagt werden, welche Merkmalsänderungen irrelevant sind, damit auch, wann ein Experiment als Reproduktion eines anderen gelten kann.

Zu den praktischen Schwierigkeiten gehört die experimentelle Befassung mit Regelmäßigkeiten, die nicht deterministisch, sondern statistisch sind (z. B. in der Psychologie oder in der Quantenphysik). Das Problem der Reproduzierbarkeit liegt hier darin, daß

14 Das Beispiel ist weiter ausgeführt in J. Mittelstraß, »Rationalität und Reproduzierbarkeit«, in: P. Janich (Hg.), *Entwicklungen der methodischen Philosophie*, Frankfurt am Main 1992, S. 61 ff.

auch dann, wenn Anfangs- und Randbedingungen soweit wie technisch möglich konstant gehalten werden, die Ergebnisse variieren. Größtmögliche Gleichheit der Ausgangssituation garantiert keine Gleichheit der Resultate. Reproduzierbarkeit bedeutet hier Reproduktion statistischer Kenngrößen eines experimentellen Ablaufs, d. h., eine Reihe von Einzeluntersuchungen muß als *ein* Experiment gelten. Eine Reproduzierbarkeitsforderung, die als Rationalitätskriterium im Wissenschaftsprozeß unverzichtbar ist, läßt sich also (aus theoretischen und praktischen Gründen) nicht völlig unabhängig von diesem Prozeß halten. Nicht nur die Forschung lernt; es lernt im Forschungsprozeß auch die Rationalität, die ihn lenkt. Das bedeutet nicht Rückfall in die Relativität von (wissenschaftlichen) Rationalitätsmodellen, aber Berücksichtigung einer auch im Methodischen offenen Ordnung von Gründe- und Wirkungsgeschichten.

3. Konstruktive Philosophiegeschichte

3.1 Die Rationalität, deren Entdeckung wir dem griechischen Geist verdanken, erschöpft sich nicht in ihrer wissenschaftlichen Form. Schon im griechischen Denken selbst erhält diese Rationalität auch eine *philosophische* Form, wobei beide Formen zunächst eine Einheit bilden. Dies gilt im Grunde, ablesbar an der Begriffsgeschichte von Philosophie und Wissenschaft, bis in neuzeitliche Entwicklungen hinein, auch wenn Wissenschaft und Philosophie ihre jeweilige Geschichte in anderer Weise zu schreiben pflegen. Wo dies geschieht, und wo sich philosophische Selbstverständnisse von den üblichen wissenschaftlichen Selbstverständnissen zu unterscheiden beginnen, gehen auch die wissenschaftstheoretischen Wege auseinander, erfaßt ein neuartiger (und in vieler Hinsicht unbefriedigender) Dualismus von Philosophie und Wissenschaft auch das Begreifen der eigenen Geschichte.
Tatsächlich ist eine Theoriendynamik der Philosophie, im historischen wie im systematischen Verständnis, eigener Art, unter anderem auch deshalb, weil sie nicht, wie im Falle der Physik, auch durch die innere Logik einer Interdependenz von Theorie und Technik vorangetrieben wird. Diese Interdependenz, die in der modernen Wissenschafts- und Technikentwicklung zunehmend an Gewicht gewinnt und darin beruht, daß Technologie nicht län-

ger nur angewandte Wissenschaft und Wissenschaft, auch in Form der Grundlagenforschung, nicht selten angewandte Technologie ist, also selbst viele ihrer Schritte in Technologieform vollzieht, bindet die Wissenschaftsentwicklung weit enger an die allgemeine Kulturentwicklung (hier in Form des technologischen Fortschritts), als dies für die Philosophie (und mit ihr den Bereich der Geisteswissenschaften allgemein) gilt. Daher sind auch Renaissancen für die Philosophieentwicklung weitaus charakteristischer als Fortschrittsmodelle, die unbeschadet der Existenz unterschiedlicher theoriendynamischer Rationalitätsmodelle die wissenschaftliche Entwicklung bestimmen. Eben das aber macht auch den Begriff der Gründegeschichte, auf die Philosophie bezogen, schwierig, desgleichen die Unterscheidung zwischen normativen und faktischen Genesen. Außerdem ist die Philosophie, nicht nur wenn es um ihr Verhältnis zur eigenen Geschichte geht, durch weitaus pluralere Verhältnisse gekennzeichnet, als dies in der Wissenschaftstheorie der sogenannten exakten Wissenschaften der Fall ist. Hier herrscht wirklich weitgehend ›Inkommensurabilität‹ unter den vertretenen Philosophiebegriffen und daher auch ein für beanspruchte rationale Verhältnisse beunruhigendes hohes Maß an Paradigmengleichzeitigkeit.

Dennoch ist die Unterscheidung zwischen Gründegeschichte und Wirkungsgeschichte bzw. die Unterscheidung zwischen normativer Genese und faktischer Genese auch auf die Philosophie und ihre Geschichte anwendbar, selbst wenn, anders als im Falle der exakten Wissenschaften und ihrer Geschichte, die Angemessenheit derartiger Unterscheidungen allererst begründet werden muß, zum Beispiel im Blick darauf, daß der Begriff des philosophischen Irrtums in der Philosophie durch ein eigentümliches Maß an Unanwendbarkeit bzw. Folgenlosigkeit gekennzeichnet ist. Die folgenden Überlegungen befassen sich daher auch nicht schon mit Beispielen für Gründegeschichten (wie im Falle der Physikgeschichte geschehen) als vielmehr mit der Etablierung eines begründungsorientierten Interesses in der Philosophie und dessen Anwendung auf die Philosophiegeschichte.[15]

15 Dabei werden unter dem Gesichtspunkt der Unterscheidung zwischen Gründegeschichte und Wirkungsgeschichte einige frühere, an anderer Stelle ausführlicher dargelegte Überlegungen wieder aufgegriffen. Vgl. J. Mittelstraß, »Das Interesse der Philosophie an ihrer Geschichte«, in:

3.2 Wissenschaftstheorie, die sich mit Wissenschaftsgeschichte befaßt, ist durch ein systematisches Interesse geleitet, durch das Interesse nämlich, entweder in analytischer Absicht den Nachweis für die Richtigkeit einer theoriendynamischen Konzeption zu führen oder in normativer Absicht Spuren einer Gründegeschichte, damit einer vernünftigen Entwicklung des wissenschaftlichen Denkens aufzuweisen. Worin beruht das systematische Interesse der Philosophie an ihrer Geschichte?
Auf den ersten Blick scheint eine solche Frage gar nicht dringlich zu sein, und zwar nicht wegen des Mangels an historischen Interessen, sondern wegen ihres Übermaßes. Wer heute eine philosophische Bibliothek betritt, muß sich in die Abteilung Geschichte versetzt glauben. Philosophisches Wissen scheint, wenn man die Zahl historischer Studien mit derjenigen systematischer Studien vergleicht, im wesentlichen historisches Wissen zu sein, und einer besonderen systematischen Begründung scheint es dabei nicht zu bedürfen. Wo Philosophie überwiegend Geschichte der Philosophie ist, der Philosophiebegriff der philosophischen Forschung also weitgehend identisch ist mit dem Philosophiebegriff der Philosophiegeschichtsschreibung, entfällt vermeintlich der Zwang, diese Orientierung eigens zu rechtfertigen oder in ihr ein systematisches Interesse am Werke zu sehen. Anders zum Beispiel schon Kant, der spöttisch bemerkt, daß den Gelehrten, »die aus den Quellen der Vernunft selbst zu schöpfen bemühet sind«, solche, und zwar vor allem solche gegenüberstehen, »denen die Geschichte der Philosophie (der alten sowohl, als neuen) selbst ihre Philosophie ist«.[16] Kant mag die Quellen der Vernunft für allzu rein halten; unbestreitbar ist, daß aus ihnen nicht nur historisches Wasser fließt. Eben darum aber muß sich in der Philosophie ein historisches Interesse, wenn es nicht nur auf historische Bildung aus ist, auch systematisch ausweisen können. Die Frage nach ei-

Studia Philosophica. Jahrbuch der Schweizerischen Philosophischen Gesellschaft 36 (1976), S. 3-15, ferner ders., »Die Philosophie und ihre Geschichte«, in: H. J. Sandkühler (Hg.), *Geschichtlichkeit der Philosophie. Theorie, Methodologie und Methode der Historiographie der Philosophie*, Frankfurt am Main u.a. 1991, S. 11-30.

16 I. Kant, »Prolegomena zu einer jeden künftigen Metaphysik, die als Wissenschaft wird auftreten können (1783)«, in: ders., *Werke in sechs Bänden*, hg. v. W. Weischedel, Frankfurt am Main 1958/Darmstadt 1959, III, S. 113.

nem systematischen Interesse der Philosophie an ihrer Geschichte ist begründet. Sie ist es zunächst in zweierlei Hinsicht.
(1) Es gehört zu den wesentlichen Eigenschaften philosophischer Rede, daß in ihr Behauptungen formuliert werden, die sich – unter varianten oder invarianten Bedingungen – als Problemlösungsvorschläge begreifen lassen, und Begründungen für diese Behauptungen angeführt werden, die deren Geltungsanspruch sichern sollen. Ist eine solche philosophische Rede in Texte gefaßt, so haben wir es im Unterschied etwa zu literarischen Texten mit Texten zu tun, die eine (systematische) Stellungnahme erfordern. Wer hier nur ›nacherzählt‹ oder nur ›interpretiert‹, indem er selbst Teil des Textes zu werden sucht, hat einen philosophischen Text im Kern mißverstanden, insofern er dessen argumentative Intention nicht verstanden hat. Das Interesse der Philosophie an philosophischen Texten ist recht verstanden ein *Argumentationsinteresse*, kein historisches Interesse im üblichen, Vergangenheit vergegenwärtigenden Sinne.
(2) Wer sich im Denken und durch das Denken zu orientieren sucht und sich insofern, im Sinne des Philosophiebegriffs Kants, als ein systematischer Denker versteht, für den wird auch die Geschichte der Philosophie Teil nicht einer historischen, aber einer systematischen Bildung, und zwar aus wiederum zwei Gründen: (a) weil es sich bei dieser Geschichte recht verstanden um eine *Argumentationsgeschichte* handelt und die Vorstellung merkwürdig und dogmatisch wäre, ein philosophischer Autor hätte allein deshalb nichts mehr zu sagen, systematisch nichts mehr beizutragen, weil er tot und sein Denken nur noch in Texten zugänglich sei; (b) weil eine selbst argumentativ geführte Auseinandersetzung mit dem, was argumentativ in einer langen Geschichte des Denkens eingeschlossen ist, den Systematiker vor der möglichen Naivität schützt, das philosophische Rad immer wieder aufs neue zu erfinden.[17]
Wo beide Gründe beachtet werden, wird historische Forschung in

17 F. Kambartel spricht in diesem Zusammenhang von einem hermeneutischen Dialektikprinzip bzw. von einer »genetisch reflektierten Heuristik der den Verhältnissen inkorporierten Vernunft und Unvernunft« (»Wie ist praktische Philosophie konstruktiv möglich? Über einige Mißverständnisse eines methodischen Verständnisses praktischer Diskurse«, in: ders. (Hg.), *Praktische Philosophie und konstruktive Wissenschaftstheorie*, Frankfurt am Main 1974, S. 23).

der Philosophie zur *Argumentationsforschung*. Diese ist wie die systematische Forschung im engeren Sinne an Wahrheit interessiert, nicht an bloß wirkungsgeschichtlichen Zusammenhängen. Historische Philosophieforschung weiß in diesem Falle, daß die Philosophie eine *Reflexionsgeschichte* hat, deren Gegenstände nicht literarische Texte, sondern selbst philosophische Analysen und Argumentationen sind. Diese Reflexionsgeschichte unterscheidet sich von der zuvor betrachteten Theoriegeschichte der Wissenschaften zugleich dadurch, daß die Philosophie im Gegensatz zu den (empirischen) Wissenschaften auf außerargumentative Formen der Begründung und der Geltungssicherung ihrer Aussagen nicht zurückgreifen kann. Die Begründung eines philosophischen Theorems oder einer philosophischen Wahrheit erfolgt nicht in Experimenten oder anderen Formen objektiver Erfahrung, sondern allein in der Auseinandersetzung mit Argumenten – darunter eben auch historischen Argumenten. Was ein philosophisches Argument ist, entscheidet wiederum allein der systematische Verstand, nicht der historische Verstand.

3.3 Die somit getroffene Bestimmung der Philosophiegeschichte als Argumentations- und Reflexionsgeschichte genügt, für sich genommen, allerdings noch nicht, um auf sie auch den Begriff der Gründegeschichte anzuwenden. Dazu bedarf es vielmehr, jedenfalls nach Meinung Kants und Hegels, die beide ein systematisches Interesse der Philosophie an ihrer Geschichte vertreten, stärkerer Annahmen über die Form einer Argumentations- und Reflexionsgeschichte. So ist für Kant die Geschichte der Philosophie nicht nur eine »Geschichte der Meinungen, die zufällig hier oder da aufsteigen, sondern (die Geschichte) der sich aus Begriffen entwickelnden Vernunft«[18], und Hegel konstatiert:

»Der einzige Gedanke, den die Philosophie mitbringt, ist (...) der einfache Gedanke der Vernunft, daß die Vernunft die Welt beherrsche, daß es also auch in der Weltgeschichte vernünftig zugegangen sei. Diese Überzeugung und Einsicht ist eine *Voraussetzung* in Ansehung der Geschichte als solcher überhaupt; in der Philosophie selbst ist dies keine Voraussetzung.«[19]

18 »Lose Blätter«, in: I. Kant, *Gesammelte Schriften*, hg. v. Königlich Preußische (später: Deutsche) Akademie der Wissenschaften (zu Berlin), Berlin 1902 ff., XX, S. 343.

19 G. W. F. Hegel, »Vorlesungen über die Philosophie der Geschichte«, in: ders., *Sämtliche Werke* (Jubiläumsausgabe), I-XXVI, hg. v. H. Glockner, Stuttgart 1927-1940, XI, S. 34 f.

An anderer Stelle heißt es bei Hegel lapidar, daß es in der Philosophiegeschichte ›vernünftig‹ zugehe[20]; eines besonderen Nachweises dafür scheint es hier nicht zu bedürfen.
Tatsächlich wird von Kant und Hegel, im Sinne einer Voraussetzung für eine philosophische Befassung mit der Philosophiegeschichte, die Vernünftigkeit von (philosophischen) Entwicklungen und damit die Wirklichkeit einer Gründegeschichte angenommen. Oder anders ausgedrückt: Hier werden nicht nur Argumentationsverhältnisse, sondern sogar Vernunftverhältnisse unterstellt, die Philosophiegeschichte hat eine Vernunftform. Eine derartige Unterstellung sichert wiederum sowohl in ihrer heuristischen Variante (Kant) als auch in ihrer dogmatischen Variante, in der faktische und normative Genesen miteinander identifiziert werden (Hegel), die Vernunft einer Beschäftigung mit der Philosophiegeschichte. Im Begriff einer *philosophischen Geschichte* bzw. einer ›philosophierenden Geschichte der Philosophie‹ (Kant) wird diese Unterstellung zum Bestandteil eines systematischen Philosophieverständnisses.
Ihren methodischen Ausdruck findet ein sich in dieser Weise systematisch artikulierendes historisches Interesse der Philosophie in einer philosophischen Hermeneutik. Diese hat es nach dem über eine philosophische Argumentations- und Reflexionsgeschichte Gesagten nicht mit irgendwelchen Meinungen zu tun, die ›hier oder da aufsteigen‹, wie Kant trefflich formuliert, sondern mit Wahrheit bzw. Aspekten einer Gründegeschichte. Daß die faktische Geschichte der Philosophie mit Meinungen gepflastert ist, weiß wiederum jeder, der sich philosophisch mit ihr befaßt und nicht von vornherein Hegels alles mit allem versöhnende Perspektive teilt. Doch philosophische Meinungen zählen nicht. Auch das ist ein Ergebnis eines philosophierenden Interesses an der Philosophiegeschichte.
Dieses Interesse kann sich im übrigen ganz unterschiedlich artikulieren und sogar zur völligen Negation der Existenz oder auch nur der heuristischen Brauchbarkeit einer Gründegeschichte führen. Dies ist etwa bei einem Systematiker der Fall, der das eigene Wissen als systematisch abgeschlossen betrachtet und für den sich daher die Geschichte der Philosophie auf die bloße Vorgeschichte,

20 »Vorlesungen über die Geschichte der Philosophie«, *Sämtliche Werke* XVII, S. 48.

d.h. auf die Geschichte von Halbheiten, Unklarheiten und Irrtümern beschränkt, deren Darstellung allein dem Zwecke dient, darzulegen, was die philosophischen Verhältnisse bisher daran gehindert hat, in vernünftige Verhältnisse, diese definiert durch das eigene Denken, überzugehen. Die Vorgeschichte wäre reine Wirkungsgeschichte; erst mit dem eigenen Denken begänne, wenn nicht auch gleich das Ende der Philosophie in der Vollkommenheit der eigenen verkündet wird, eine Gründegeschichte. Die Darstellung der (philosophischen) Wahrheit gerät damit, wie im Falle Descartes', zur Autobiographie der eigenen Vernunft.
Systematisch handelt es sich in diesem Fall um die *Aneignung* der Geschichte im Sinne einer Vorgeschichte des eigenen Denkens, bestimmt durch die Absicht, nicht mehr lernen zu wollen. Die Darstellung der Geschichte als Vorgeschichte des eigenen Denkens dient entsprechend dem Nachweis, warum man nicht lernen konnte. Eine solche Auffassung, die Geschichte für das eigene Denken außer Kraft zu setzen sucht und dabei per Voraussetzung von unzureichend entwickelten Vernunftverhältnissen, d.h. reinen Wirkungsgeschichten, ausgeht, soll *dogmatisch* heißen.
Den Gegensatz dieser Auffassung, in deren Rahmen die Geschichte der Philosophie ihren Charakter als Argumentations- und Reflexionsgeschichte, damit auch als mögliche Gründegeschichte verliert, bildet die Identifikation des eigenen philosophischen Wissens mit dem historischen Gang der philosophischen Verhältnisse. Wer diese Identifikation vollzieht, versteht sich ebenfalls als Systematiker, ersetzt aber systematische Beurteilungen durch geschichtsphilosophische oder wirkungsgeschichtliche Einordnungen. Das eigene Wissen und Denken wird als Teil, und zwar ausschließlich als Teil einer geschichtlichen Entwicklung begriffen; ohne diese Beziehung hat es keine Wahrheit. Damit wird aber aus einer richtigen, gegen die dogmatische Auffassung gerichteten Einsicht, daß jede Praxis, also auch die Praxis der philosophischen Reflexion, unter historischen Bedingungen ihrer Genese steht, eine falsche Konsequenz gezogen. Diese beruht – entsprechend dem historistischen Rationalitätsmodell für die Theoriendynamik der Wissenschaftsgeschichte – in der Behauptung, daß systematisches Wissen stets von der Geltung von Behauptungen über Entwicklungen abhängig sei. Der Eintritt des eigenen Wissens und Denkens in derartige Entwicklungen wird entsprechend als Eintritt in die *wahre Geschichte* gedeutet.

Hegel, der philosophische Ahnherr dieser Auffassung, spricht in diesem Zusammenhang davon, »daß jede Philosophie notwendig gewesen ist, und noch ist«, und daß alle Philosophien »als Momente Eines Ganzen affirmativ in der Philosophie erhalten sind«.[21] Das ist noch einmal die Auffassung von der Vernunftform der Philosophiegeschichte und der Universalität einer (philosophischen) Gründegeschichte. Gleichzeitig wird das historische Bewußtsein mit der These von der *Welt als Geschichte* in eins gesetzt, das Wissen, zumal das philosophische, wird (aus vermeintlich systematischen Gründen) historisiert. Dabei gehört es zu den hermeneutischen Implikationen auch dieser Auffassung, daß man nicht lernen kann, lernen nämlich in dem Sinne, daß das Ziel des Lernens stets ein Stück vernünftiger Autonomie ist. Eine derartige Auffassung, die sich erkenntnistheoretisch auf die historistische These stützt, daß ein Verstehen der geschichtlichen Welt stets selbst unter den Bedingungen seines Gegenstandes, hier seiner Geschichte, steht, soll *historistisch* heißen.
Die beiden dargestellten Positionen lehren, daß nicht alle systematischen Wege zu einer philosophischen Hermeneutik führen, die aus einem wiederum systematischen bzw. normativen Interesse in Absehung der faktischen philosophischen Entwicklung die Unterscheidung zwischen Gründegeschichten und Wirkungsgeschichten treffen läßt. Ziel einer philosophischen Hermeneutik, die weder in dogmatische noch in historistische Auffassungen führt, muß es denn auch sein, gegen das historistische Mißverständnis auf die Ausarbeitung eigenen systematischen Wissens nicht zu verzichten, diesem aber, bezogen auf fremdes Wissen und dessen ›argumentative‹ Form, gegen das dogmatische Mißverständnis den Status einer *Unterstellung* zu geben. Unterstellt wird im Sinne des zuvor über historische Philosophieforschung als Argumentationsforschung Gesagten ein zumindest in Teilen gemeinsames Problembewußtsein und eine zumindest in Teilen gemeinsame Unterscheidungsbasis. Beide Unterstellungen erlauben den Eintritt in einen gemeinsamen Argumentationszusammenhang, dessen Ziel wiederum nicht die ›Interpretation‹ irgendwelcher Meinungen, sondern die ›Konstruktion‹ einer der Intention nach gemeinsamen Wahrheit, dargestellt in einer Gründegeschichte, ist. Ein derartiger Begriff von philosophischer Hermeneutik unter-

21 Ebd., S. 66.

scheidet sich einerseits von einer bloßen Aneignung von Vorgeschichte durch die Absicht zu lernen, d. h. durch die Bereitschaft und den Willen, das eigene systematische Wissen auf seine mögliche Erweiterung oder Veränderung hin zur Disposition zu stellen, andererseits von einer historistischen Hermeneutik durch die Fähigkeit, lernen zu können, d. h. durch die Fähigkeit, (philosophische) Bildungsprozesse als Erweiterung oder Veränderung bereits zur Verfügung stehender begründeter Orientierungen zu begreifen.

Diese Auffassung von den Zielen und den Verfahren einer philosophischen Hermeneutik soll *konstruktiv* heißen. Sie lehrt, (1) daß systematische Philosophie möglich ist, (2) daß eine Reduktion der Philosophiegeschichte auf eine Vorgeschichte des eigenen Denkens dogmatisch ist und (3) daß sich die Philosophie sich selbst gegenüber nicht bloß historisch verhalten kann. Als historische Bildung im üblichen, die Philosophiegeschichtsschreibung weitgehend bestimmenden Sinne vermag sie zwar Entwicklungen darzustellen – auch, sich in Entwicklungen zu stellen –, jedoch nicht, sich selbst als vernunftorientiertes Denken zu begreifen. Eben darum aber geht es in der Philosophie, und zwar nicht nur in Form einer normativen Wissenschaftstheorie, sondern auch in Form einer normativen Philosophietheorie, d. h. gegenüber sich selbst.

Peter Janich
Konstitution, Konstruktion, Reflexion
Zum Begriff der »methodischen Rekonstruktion« in der Wissenschaftstheorie

Einleitung

Auf Friedrich Kambartel gehen die Denkfigur und die Formulierung zurück, wissenschaftstheoretische Annäherungen an die Wissenschaften danach einzuteilen, ob sie einen »Anfang von oben« oder einen »Anfang von unten« nähmen.[1] Dabei bezieht sich die räumliche Metapher »von oben« bzw. »von unten« auf den Entwicklungsstand einer Wissenschaft und die davon mitgetragenen Annahmen der Gültigkeit ihrer Aussagen. Ein wissenschaftstheoretischer *Anfang von oben* setzt bei den jeweils jüngsten *Resultaten* in Form wissenschaftlicher Theorien an und unterstellt dabei deren (eventuell historisch relative) Geltung. Ein *Anfang von unten* versucht dagegen, aus vor- und außerwissenschaftlichen, »lebensweltlichen« Verhältnissen einen *Aufbau* bis zum heutigen Kenntnisstand der Wissenschaften methodisch zu rekonstruieren.

Es ist eine historisch immer wieder zu belegende Erfahrung, daß selbst Philosophen, die gegenüber Fachwissenschaftlern gern die Reflexionsprofession in Anspruch nehmen, genauso wie Wissenschaftler ihre Selbstverständlichkeiten entwickeln und praktizieren, die zunächst einmal als Problem gar nicht gesehen werden. Da aber die Philosophen nicht, wie die Fachwissenschaften, über etablierte metatheoretische Kritiker verfügen, müssen sie schon selbst gelegentlich, wie Martin Heidegger empfiehlt, das Selbstverständlichste zum Fragwürdigsten machen. Dies soll hier am Beispiel der »methodischen Rekonstruktion« geschehen.

Was den Vertretern des Wiener Kreises die »logische Analyse« und eine daran anschließende *»logische Rekonstruktion«* war, die im stillschweigenden Konsens der Beteiligten eine Reformulie-

1 Vgl. P. Janich, F. Kambartel, J. Mittelstraß, *Wissenschaftstheorie als Wissenschaftskritik*, Frankfurt am Main 1974, S. 90f.

rung von (vor allem physikalischen) Theorien mit den Mitteln der klassischen Aussagen- und Prädikatenlogik bildete, ist dem methodischen Konstruktivisten die *»methodische Rekonstruktion«*. Einer mündlichen Mitteilung von C. G. Hempel verdanke ich die Einschätzung, daß die gesamte logisch-empiristische und kritisch-rationalistische Tradition diese »logische Analyse« praktiziert, aber nicht als Begriff des eigenen Vorgehens reflektiert hat. Auch im Vorgehen des methodischen Rekonstruierens finden sich solche *Reflexionslücken*, die zum Gegenstand einer Überlegung werden sollen; jedenfalls, soweit sie selbst außerhalb des blinden Flecks des Autors liegen.

Wenn hier in der Gegenüberstellung von logischem Empirismus und methodischem Konstruktivismus auf Klassiker des Wiener Kreises und auf Popper zurückgegriffen wird, obgleich die wissenschaftstheoretische Tradition, die von ihnen begonnen wurde, über strukturalistische, Kuhnsche, Feyerabendsche und andere Entwicklungen längst weitergegangen ist und neuerdings Themen entdeckt, die in der methodischen Philosophie schon zum Anfangsbestand gehörten, so ist dies dadurch legitimiert, daß *auch die neuesten Entwicklungen* immer noch den »Ansatz von oben« verfolgen. (Solche für den methodischen Konstruktivisten alte, dem vor allem englischsprachigen Analytiker aber neue Themen sind: das Experiment, das technische Fundament der Naturwissenschaften, das Handeln, zumal das gemeinschaftliche Handeln, der instrumentelle Charakter von Theorien, die semantische Verankerung von Grundbegriffen in der Laborpraxis, die Zielgerichtetheit von Forschungsbemühungen und anderes mehr.) Es läßt sich ein Grund dafür angeben, warum sich dieser Typ philosophischen Herangehens an die Wissenschaften vor allem im Bereich der Naturwissenschaften hält und vermutlich weiter halten wird: Die *Naturwissenschaften selbst* präsentieren sich nämlich nicht anders als in einem Anfang von oben und werfen die im Forschungs- und Kommunikationsprozeß auftauchenden metatheoretischen Fragen immer anhand neuester Ergebnisse, Techniken und Theorien auf, wobei sie – selbstverständlich – mit Ausnahme des gerade diskutierten Problems den ganzen Rest ihrer Disziplin als anerkennungswürdigen Fundus nehmen. Mit anderen Worten, die von Fachwissenschaftlern selbst aufgegriffenen metatheoretischen Fragen stellen sich überhaupt nur vor dem Hintergrund der Anerkennung des gesamten Rests.

Ein *erkenntnistheoretisches* Anliegen, das sich etwa einem der Aufklärung verpflichteten Programm der Vernunftkritik zurechnen ließe, kommt dabei kaum in Betracht – was auch den üblichen Befremdungscharakter methodisch-konstruktiver Bemühungen für Naturwissenschaftler wie für Philosophen aus der Tradition der analytischen Wissenschaftstheorie zur Folge hat.

Als Beispiel einer Fachwissenschaft, bei der der Anfang von oben in besonders ausgeprägter Form zu finden ist, sei die *Chemie* genannt: Sowohl theoretisch wie praktisch erlernt der Chemiker seine Wissenschaft dadurch, daß er – möglichst in den ersten Wochen seines Studiums – in einer den Dozenten eher lästigen Einweihungszeremonie auf das Atom-Molekül-Konzept der Stoffe und auf das Periodensystem der Elemente eingeschworen wird, das es dann, als unerschütterliche Grundlage, nach und nach kennenzulernen gilt. Gleichzeitig begegnet dem Chemiker am Anfang seiner Laborübungen nicht nur ein etablierter Geräte- und Methodenpark, sondern ein industriell vorgefertigter Bestand von Reagenzien, deren technische Verfügbarkeit das heutige chemische Wissen selbstverständlich bereits voll in Anspruch nimmt. Mit anderen Worten, auch der wohlmeinendste, kritischste Chemiestudent hat gleichsam als Material und Ausgangspunkt eventueller metatheoretischer Fragen nur die Gegenstände zur Verfügung, die ihm die jeweils neueste Theorie und die jeweils neueste Labortechnik zur Verfügung stellen. Das erkenntniskritisch Fragwürdigste wird ihm dadurch das immer schon Vertrauteste.

Die Wissenschaftsphilosophie der empiristischen, formalistischen und analytischen Tradition, die ihren Ausgang von gewissen Grundlagenkrisen einzelner Wissenschaften genommen hat, übernimmt von den Naturwissenschaften ein Vorbild der Reflexion und führt diese dann mit etwas anderen Mitteln, traditionell mit den Mitteln der Logik, der Sprachphilosophie, der Systemtheorie, der Wissenschaftsgeschichte, Wissenschaftssoziologie und anderen fort.

Die von Kambartel so genannte Alternative des »Anfangs von unten«, die sich in Überlegungen von E. Husserl[2] und von

2 Vgl. E. Husserl, *Die Krisis der europäischen Wissenschaften und die transzendentale Phänomenologie*, hg. v. W. Biemel, Den Haag ²1962, vor allem § 3, § 44 f.

H. Dingler[3] schon als Erkenntnisphilosophien zur Entstehung der Wissenschaften aus der »Lebenswelt« bzw. dem »Vorallgemeinstandpunkt« des täglichen, bürgerlichen Lebens findet und die in Ansätzen der »Erlanger Schule« praktiziert wird[4], muß mit einer ganz anderen philosophischen Grundhaltung oder mit einem ganz anderen philosophischen Anliegen beginnen. Dieses aufzugreifen, dabei nach einem Transsubjektivitätsprinzip an den Begriff der methodischen Rekonstruktion dieselben Anforderungen zu stellen wie an methodisch rekonstruierte Wissenschaft, nämlich als Mittel für angebbare Zwecke ausweisbar zu sein, soll im folgenden geleistet werden.

1. Rekonstruktion und deren »Richtungen«

Die Gegenüberstellung eines Anfangs von oben und eines Anfangs von unten für wissenschaftstheoretische Rekonstruktionen legt, wenn auch von Kambartel so nicht gemeint, die *irreführende Lesart* nahe, als handelte es sich gleichsam nur um zwei *entgegengesetzte Richtungen*, die *an ein und derselben Sache* durchlaufen würden. Unterstützt wird diese gefährliche Suggestion noch durch die Wortbedeutungen von »analytisch« und »konstruktiv« im Sinne von auflösend und aufbauend. Während das analytische Vorgehen, als Metapher wörtlich genommen, vorfindliche Komplexe in Bestandteile auflöse, baue ein konstruktives Vorgehen aus vorfindlichen Bausteinen Komplexe auf – und in beiden Fällen handele es sich bei diesen Komplexen um vorfindliche Wissenschaft.

Unschwer ist zu erkennen, daß solche Metaphorik auch in verschiedenen Fachwissenschaften gebräuchlich ist und auch dort Probleme aufwirft. Man denke etwa an das »Analysieren und Synthetisieren in der Chemie«, das mit der Vorstellung belastet wird, eine Zergliederung vorfindlicher Stoffe bis »hinunter« zu den chemischen Elementen führe analytisch auf »Bausteine«, aus denen sich im Umkehrverfahren synthetisierend wieder alle Stoffe

3 H. Dingler, *Die Ergreifung des Wirklichen*, München 1938.

4 Etwa in P. Janich, *Die Protophysik der Zeit. Konstruktive Begründung und Geschichte der Zeitmessung*, Frankfurt am Main 1980; ders., *Grenzen der Naturwissenschaft. Erkennen als Handeln*, München 1992.

der Natur und darüber hinaus Kunststoffe aufbauen ließen. Es handelt sich dabei also um ein hypothetisches Baukastenmodell nach Analogie eines Metallbaukastens, bei dem tatsächlich aus einer vorgegebenen Menge von Komponenten stets neue Objekte wie Autos oder Kräne zusammengeschraubt und anschließend wieder in ihre Komponenten zerlegt werden können. Dabei spielt es keine Rolle, ob der Baukasten als geordnetes Sortiment von Komponenten oder etwa in der Form eines fertig gebauten, komplexen Objekts erworben wird (was bei Übertragung auf die Chemie bedeuten würde: in der Natur vorgefunden wird). Denn wenn es auch umkehrbare Teilschritte chemischer Analyse und Synthese gibt, so ist es doch nicht möglich, etwa ein komplexes Eiweißmolekül oder gar eine lebende Zelle dadurch zu erzeugen, daß die geeigneten Mengen der in ihm bzw. ihr enthaltenen Elemente in reiner Form genommen und irgendeinem Syntheseverfahren unterworfen würden. Teile als Produkte des Teilens sind nicht automatisch Komponenten.[5]

Auch die Rede von analytisch und synthetisch in Anwendung auf die Geometrie bedeutet keine entgegengesetzten Richtungen für dieselbe Sache. Eine »synthetische«, nämlich axiomatische Geometrie »synthetisiert« Theoreme durch Ableitung aus Axiomen, die in methodisch anspruchsvoller Form auf einer Bestimmung ihrer Grundbegriffe aufruhen, betreffen damit aber nicht etwa die Umkehrung des Vorgehens der analytischen Geometrie, geometrische Probleme in arithmetische Aussagen zu übersetzen und damit Konstruktionen mit Zirkel und Lineal in Berechnungen zu überführen.

Die Reihe der fachwissenschaftlichen, zum Teil zu erheblichen

5 Am Beispiel der Chemie ist dieses Problem behandelt in: P. Janich, *Tacit premises of the simple/complex distinction in chemistry*, im Druck. Derselbe Gedanke liegt den konstruktionsmorphologischen Arbeiten von Biologen des Senckenberg-Instituts Frankfurt zugrunde. Vgl. etwa K. Edlinger (Hg.), *Form und Funktion. Ihre stammesgeschichtlichen Grundlagen*, Wien 1989; W. F. Gutmann, *Die Evolution hydraulischer Konstruktionen. Organismische Wandlung statt altdarwinistischer Anpassung*, Frankfurt am Main 1988; ders. (Hg.), *Die Konstruktion von Organismen. Kohärenz, Energie und simultane Kausalität*, Frankfurt am Main 1992; M. Weingarten, *Organismuslehre und Evolutionstheorie*, Hamburg 1992; ders., *Organismen – Objekte oder Subjekte der Evolution?* Darmstadt 1993.

Problemen führenden Beispiele vermeintlich gegenläufiger Richtungen des Vorgehens in ein und derselben Sache ließe sich fortsetzen am Verhältnis von Integral und Differential in der Analysis, über das Verhältnis von Atom und Elementarteilchen in der Physik, Zellen und Organen bzw. Organen und Organismen in der Biologie bis hin zu allen Beispielen, in denen »Teile« als Produkte der menschlichen Handlung des Teilens mit »Komponenten« als zielgerichtet hergestellten oder ausgewählten Bausteinen für die menschlichen Handlungen des Komponierens oder Zusammensetzens verwechselt werden. Auch sogenannte Reduktionismusdebatten fallen häufig unter diese Leitvorstellung. Damit sei nur die Zahl der Quellen möglicher Mißverständnisse angedeutet.

Nicht zu unterschätzen ist schließlich die Wirkung, die die Vernunftkritik Kants mit ihrer Gegenüberstellung von *analytischen und synthetischen Urteilen* immer noch hat, obgleich sie nicht durch moderne sprachanalytische Überlegungen (etwa im Sinne Quines) aufgehoben wurde: Ob nun in explizit normierten Sprachen gewisse Aussagen durch Bezug auf vorgegebene Normierungen »analytisch« gelten oder in ebensolchen Normierungen Wortbedeutungen »synthetisch« festlegen, oder ob in nicht explizit normierten, sogenannten »natürlichen« Sprachen analytische Urteile durch Sprachüblichkeiten einer Sprechergemeinschaft gerechtfertigt sind und »synthetische« Sätze der Mitteilung kontingenter Sachverhalte dienen, in keinem Falle stehen sich analytische und synthetische Urteile im Sinne entgegengesetzter Richtungen des Vorgehens an denselben Gegenständen gegenüber.

Man darf also *gewarnt* sein, das *analytische Vorgehen* mit einem *Anfang von oben* als ein *entgegengesetztes*, komplementäres oder duales Vorgehen *zu einem konstruktiven* zu erwarten, das in einem Anfang von unten *einen methodischen Aufbau* der Wissenschaften sucht. Vielmehr läßt sich zeigen, daß beide Ansätze ihrem Anliegen nach *toto caelo* verschieden sind, auch wenn sich beide als Wissenschaftstheorien präsentieren, die Probleme der Semantik und der Geltung fachwissenschaftlicher Theorien bearbeiten.

Der auffälligste Unterschied zwischen der logischen Rekonstruktion im Sinne des logischen Empirismus und der methodischen Rekonstruktion im Sinne des methodischen Konstruktivismus liegt darin, daß im ersten Fall trivialerweise klar ist, was *das zu Rekonstruierende* sei, während dies im zweiten Fall gerade zum zentralen Problem wird: Die logische Rekonstruktion setzt bei den sprachlich formulierten Resultaten der Wissenschaften, also bei ihren *Theorien in Lehrbuchdarstellung* oder in Darstellung klassisch gewordener Publikationen von Fachwissenschaftlern an. Diese können und sollen so bleiben, wie sie sind. Eine Erarbeitung eines logischen Rekonstrukts erzeugt dazu einen gleichsam *neuen Gegenstand*, der sich für die Perspektiven der Philosophen, vor allem für semantische und Geltungsfragen, eignet. Dieser neue Gegenstand bleibt den Fachwissenschaften äußerlich, d. h. in den meisten Fällen fremd und ohne erkennbares Risiko von diesen leicht zu ignorieren. (Die Wissenschaftstheorie als eine bis dahin unbekannte Art des Irrsinns zu bezeichnen läßt bei P. Feyerabend eine ähnliche, Wissenschaftstheorie-interne Kritik erkennen.) Wo dagegen »Wissenschaftstheorie als Wissenschaftskritik«[6] getrieben werden soll, ist es gerade nicht die historisch vorfindliche Form von fachwissenschaftlichen Publikationen oder Lehrbuchdarstellungen, die das Zielprodukt der methodischen Rekonstruktion werden soll. Genau darin liegt nämlich die offene und *durch methodische Rekonstruktion erst zu beantwortende Frage, ob historisch Vorfindliches auch das methodisch Begründete* und damit Rekonstruierbare ist oder ob sich darin kritikbedürftige Teile finden. Was aber wird dann methodisch rekonstruiert, wenn nicht die historisch vorfindlichen Formulierungen von Resultaten durch Fachwissenschaftler?

2. Was rekonstruiert die »methodische Rekonstruktion«?

Werfen wir zunächst einen Blick auf die Rede von *Rekonstruieren* außerhalb der Philosophie: Wenn ein durch Bombenabwurf zerstörter Dom rekonstruiert wird, wenn anhand eines Knochenschädels das Gesicht eines Hominiden oder anhand eines Skeletts die Gestalt eines Tieres, aus den Trümmern eines Flugzeugs die Absturzursache oder aus Indizien der Hergang eines Verbrechens

6 So der Titel des Buches, in das F. Kambartel die Unterscheidung der Anfänge von oben und unten eingebracht hat (vgl. Anm. 1).

rekonstruiert wird: alle, die wörtlichen wie die metaphorischen Gebräuche von »rekonstruieren« bedienen sich des direkten Wortsinns, etwas nachzubauen oder nachzuzeichnen, was einmal vorhanden war, aber nicht mehr verfügbar oder erkennbar ist. Dabei ist klar, daß für derlei Rekonstruktionsbemühungen ein direkter, *eindeutiger Vergleich zwischen dem zu Rekonstruierenden und dem Rekonstrukt* praktisch nie vollständig möglich ist. Die Güte des Rekonstrukts kann nur mehr oder weniger gut an den erhaltenen Zeugnissen oder Darstellungen des zu Rekonstruierenden beurteilt werden und reicht, wo solche fehlen, bis in den Bereich der bloßen Wahrscheinlichkeit oder gar nur der Möglichkeit, daß auf der Grundlage bisherigen Wissens das Rekonstrukt dem zu rekonstruierenden, verlorenen Gegenstand oder Ereignis hinreichend gleich ist.

Für die *»logischen Rekonstruktionen«* des Analytikers wird die Frage nach hinreichender Gleichheit von Rekonstrukt und zu Rekonstruierendem nicht mehr aufgeworfen. Das Verfahren der logischen Analyse selbst, d. h. der Übersetzung fachwissenschaftlicher Theorien in die Notation der Logiker, gilt als hinreichendes *Kriterium für das Gelingen oder Mißlingen* des logischen Rekonstruierens. Dabei kann es, durch Unterbestimmtheit wissenschaftlicher Theorien, auch zu Problemen kommen, die jedem Logiker bekannt sind, wenn er versucht, alltagssprachliche Sätze in die Notation von Prädikaten- und Aussagenlogik zu übertragen. Besonders bei elliptischen Sätzen wie zum Beispiel Sprichwörtern finden sich häufig mehrdeutige Fälle, bei denen der Logiker hermeneutische *Hypothesen über das »eigentlich Gemeinte«* aufstellen muß. Beispiel: Will das Sprichwort »Des einen Freud, des andern Leid« sagen, daß *alles*, was einem (bestimmten? irgendeinem?) Menschen zur Freude ist, auch einen anderen Menschen findet, dem es Leiden bereitet, oder daß es Anlässe gibt, die für verschiedene Betroffene die behauptete Wirkung haben? Hier stehen wenigstens zwei Quantoren zur Disposition, und es kann nur situationsabhängig beurteilt werden, in welcher Absicht dieses Sprichwort jeweils verwendet wird. Analog muß in Zweifelsfällen wissenschaftlicher Thesen situationsabhängig entschieden werden, was der sie vertretende Wissenschaftler de facto meint.

Diese Bemerkungen mögen genügen, um auch für die logischen Rekonstruktionen der Analytiker (einschließlich ihrer strukturalistischen Spielarten) aufzuweisen, daß es ein *Beurteilungsproblem*

für das Gelingen oder Mißlingen der Handlung des logischen Rekonstruierens gibt, für das die analytische Wissenschaftstheorie, unseres Wissens, noch keine Lösungsvorschläge gemacht hat.
Doch auch bei »methodischen Rekonstruktionen« gibt es keinen vor der Durchführung der Rekonstruktion liegenden Kenntnisstand über das zu Rekonstruierende, an dem dann *Erfolg oder Mißerfolg der methodischen Rekonstruktion* geprüft werden könnte. Auch hier muß das Verfahren bzw. das Resultat der methodischen Rekonstruktion selbst seinen Erfolg ausweisen. Wo sich aber der Analytiker durch den mutigen Entschluß weiterer Probleme enthebt, die Sprachform wissenschaftlicher Resultate (oder in der nach-Kuhnschen Wissenschaftstheorie auch die Paradigmen-Form) als das Gegebene und zu Recht Geltung Beanspruchende zu nehmen, gerät der Konstruktivist in Schwierigkeiten. Einerseits soll es ja nicht zur Fiktion einer alternativen Wissenschaft kommen, sondern um eine philosophisch-kritische Auseinandersetzung mit den *historisch vorfindlichen Wissenschaften*, also den Wissenschaften der Fachwissenschaftler. Andererseits soll nicht unterstellt werden, daß das historisch naturwüchsig Entstandene auch *eo ipso* das Begründete und Gerechtfertigte sei.
Da die hier versuchte Reflexion auf den Begriff der methodischen Rekonstruktion ebenfalls nachträglich, in diesem Falle nachträglich zu Ansätzen des methodischen Konstruktivismus stattfindet, seien im folgenden einige Beispiele diskutiert, die – nicht nur zu Ehren des Schulgründers – ausschließlich von P. Lorenzen stammen, weil sie bezüglich des zu Rekonstruierenden bemerkenswerte Unterschiede aufweisen:
Wo P. Lorenzen in seinem Buch *Elementargeometrie*[7] die *Euklidische Geometrie* als Fundament der analytischen methodisch rekonstruiert, werden die zu rekonstruierenden Sätze neben den Elementen Euklids auch modernen Geometrien entnommen. Dabei hatte Lorenzen schon in seinen ersten Arbeiten zur Geometrie darauf verwiesen, daß es bei D. Hilbert Kongruenzaxiome gibt, die in einem konstruktiven, formentheoretischen Aufbau entbehrlich sind, weil »Kongruenz« explizit definierbar wird mit Hilfe der Grundformen eben, gerade, orthogonal.
Im Ergebnis sind methodisch rekonstruierte und von Mathemati-

7 P. Lorenzen, *Elementargeometrie. Das Fundament der Analytischen Geometrie*, Mannheim, Wien, Zürich 1984.

kern faktisch anerkannte *geometrische Sätze nicht verschieden*, d. h., die methodische Rekonstruktion führt nicht zur Zurückweisung oder Widerlegung geometrischer Sätze, noch würde sie zusätzliche neue produzieren. Ihre Leistung liegt ganz im Bereich des Nachweises, aufgrund welcher (formentheoretischen) Begründungsanfänge eine geometrische Theorie gewonnen werden kann, die teilweise, vor allem hinsichtlich der Einstufung einzelner Termini als Grundbegriffe bzw. als abgeleitet definierte Begriffe, von gängigen Formulierungen der Mathematiker abweicht, insgesamt aber dieselbe Geometrie ist. (Dies führt bekanntlich dazu, daß Mathematiker, denen ein erkenntnistheoretisches Fragen fremd ist, solche Rekonstruktionsbemühungen als überflüssig ansehen.)

Anders als in der Geometrie verhält es sich bei Lorenzens Rekonstruktion der Analysis in seinem Buch *Differential und Integral.*[8]

Dort wird zwar auch ein Fundus anerkannter mathematischer Lehrsätze methodisch durch einen Rückgang auf die Handlungen des Erzeugens von Zeichensystemen und der Abstraktion methodisch rekonstruiert, aber es kommt auch zur *(impliziten) Ablehnung mathematischer Theoreme* – nämlich derjenigen, die sich der Annahme eines aktual Unendlichen in bestimmten Formen eines Auswahl-Axioms für nichtabzählbare Mengen verdanken.[9] (Dies führt bei erkenntnistheoretisch desinteressierten Mathematikern bekanntlich zu der Einschätzung, die konstruktive Begründung der Mathematik sei abzulehnen, weil sie weniger Sätze ergebe als eine formalaxiomatische. Über eine Rechtfertigung des Ziels, möglichst viele logisch konsistente Sätze ohne sonstigen Ausweis ihrer Geltung zu produzieren, wird dabei nicht nachgedacht.)

Ein drittes, wissenschaftstheoretisch einschlägiges Beispiel einer methodischen Rekonstruktion hat Lorenzen für die *relativistische Mechanik* vorgelegt[10], die er – bei festgehaltener »klassischer« Protophysik von Raum und Zeit, also einer methodisch begründeten galileischen Kinematik – als empirische Revision des klassi-

8 P. Lorenzen, *Differential und Integral. Eine konstruktive Einführung in die Klassische Analysis,* Frankfurt am Main 1965.

9 Vgl. Ebd., S. 74 f.

10 P. Lorenzen, »Eine Revision der Einsteinschen Revision«, in: *Philosophia naturalis* 16 (1977), S. 383-391.

schen Impulssatzes interpretiert. Im Resultat wird hier ebenfalls ein *vorfindlicher Satzbestand* methodisch rekonstruiert, nämlich der der relativistischen Dynamik, ihm aber eine *völlig andere Deutung* bezüglich seines Verhältnisses zu klassischen Untertheorien gegeben.

Weniger die Fachwissenschaften als vielmehr die Grundlagen jeden vernünftigen Argumentierens betrifft das vierte Beispiel für eine methodische Rekonstruktion, die Lorenzen entwickelt hat, nämlich die der *Logik*. [11] Hier wird fraglich, ob überhaupt von einer »Rekonstruktion« die Rede sein soll, weil es dabei explizit *nicht* um ein Rekonstruieren *tatsächlichen Argumentierens oder Schließens* etwa im Alltag, in einer beweisenden Wissenschaft wie der Mathematik oder in einer anderen argumentierenden Wissenschaft wie der Jurisprudenz geht, sondern um eine eigenständige Normierung. Wo etwa »das natürliche Schließen« oder tatsächliche logische Argumentationsgänge in Fachwissenschaften diesen Normierungen nicht genügen, müssen sie geändert weden. »Rekonstruiert« wird allenfalls, was in den Lehrbüchern der klassischen, wahrheitsdefiniten Aussagen- und Prädikatenlogik an Axiomen und Lehrsätzen entwickelt wird – in der Weise, daß innerhalb der konstruktiven Logik angegeben wird, welche zusätzlichen Liberalisierungen oder Verschärfungen zum Beispiel von Dialogregeln gewählt werden müssen, um die klassischen Theorien zu erhalten.

Vergleicht man die vier einen hohen Grad der Ausarbeitung erreichenden methodischen Rekonstruktionen, die Lorenzen zur Geometrie, Analysis, Physik und Logik vorgelegt hat, werden – pointiert formuliert – vier verschiedene Rekonstruktionsprojekte sichtbar:

Während es bei der Logik, salopp gesagt, nicht wirklich auf die tatsächlichen, zu rekonstruierenden Redepraxen ankommt, sondern diese gleichsam nur noch den historischen Anlaß für eine methodisch begründete Logik bilden, weil sie erkennbar von dogmatischen, kritikbedürftigen Prämissen wie Wertdefinitheit oder aktual Unendlichem ausgehen, ist im anderen Extrem der Geometrie der methodisch rekonstruierte und der historisch vorfindliche Satzbestand derselbe. Analysis und Physik stehen gewissermaßen

11 P. Lorenzen, *Lehrbuch der Konstruktiven Wissenschaftstheorie*, Mannheim, Wien, Zürich 1987.

dazwischen. Dort wird nur ein Teil der von Fachwissenschaften faktisch anerkannten Sätze rekonstruiert bzw. werden die Geltungsbedingungen, die Bedeutung grundlegender Termini und damit »der Inhalt« physikalischer Sätze umgedeutet.
Nur in der Logik ist die »methodische Rekonstruktion« eine radikale Neukonstruktion in dem Sinne, als schon die ersten Schritte des Definierens und Normierens von Junktoren, Quantoren und eines Entscheidungsverfahrens für materiale und formale logische Wahrheit neue Wege geht.
Bei Geometrie und Analysis dagegen werden Theoriestücke aus der Wissenschaftstradition – einschließlich ihrer historisch konkreten Formulierungen – als Ausgangspunkt genommen. Der Prüfstein, den die methodische Rekonstruktion hier anlegt, ist lediglich die Frage, ob diese konkreten Formulierungen methodisch einzuholen sind. Philosophische Kritik richtet sich nur gegen den Verzicht von Fachwissenschaften, sich selbst um die Begründungen ihrer Thesen zu bemühen. Im physikalischen Beispiel dagegen geht es nicht um konkrete Formulierungen relativistischer Dynamik, sondern um die Frage, wie – im Blick auf eine zur klassischen Physik führende Protophysik – die spezielle Relativitätstheorie gerettet werden kann.
Der Vergleich der vier Rekonstruktionsbeispiele mag genügen, um das Problem »Was rekonstruiert eine methodische Rekonstruktion?« deutlicher hervortreten zu lassen. Da es immer um die Rekonstruktion tatsächlicher Wissenschaften und nicht um eine philosophische Science-fiction gehen soll, und da andererseits der Philosoph als Rekonstruktionsresultat selbstverständlich eine Theorie, einen sprachlichen Gegenstand also, vorlegen wird, stellt sich das *Problem, wieviel* von den historisch vorfindlichen Formulierungen, mit welchen Unterstellungen ihrer Geltung oder auch ihrer semantischen und Distinktionsleistungen, den Anfang bzw. das *Ziel der methodischen Rekonstruktion* bilden können.
Seine volle Schärfe gewinnt das Problem dadurch, daß damit auch an methodische Rekonstruktionen die Frage gerichtet werden kann, *wie affirmativ* und damit wie letztlich *zirkulär* sie sind – denn selbstverständlich sind zwar die offensichtlichen Definitions- und Argumentationszirkel vermieden, die sich ergäben, wenn faktisch anerkannte Definitionen oder Behauptungen als Begründungsinstanzen (Anfänge, Argumente o. ä.) in der methodischen Rekonstruktion verwendet würden. Aber ein *verdeckter*

Zirkel läßt sich doch *prima facie* nicht ausschließen: Das Rekonstruktionsziel – wie mit Beispielen bis hin zur konkreten Formulierung fachwissenschaftlicher Lehrsätze belegt - wird der methodischen Rekonstruktion doch vorgegeben und damit zum Beispiel auch *das gesamte Unterscheidungssystem*, das in jeder Theorie steckt. Sind damit nicht auch Lösungsvorschläge für Probleme und sogar diese Probleme selbst als das zu Rekonstruierende, weil faktisch historisch anerkannt, vorgegeben? Tritt an die Stelle der *unbegründeten Dezision eines Formalisten oder Analytikers* für ein bestimmtes Axiomensystem nun lediglich die *gleichermaßen unbegründete Dezision des Konstruktivisten*, die historisch kontingenten Theorien als das zu Rekonstruierende aufzugreifen und nachträglich mit einem Fundament zu versehen? Sind also, kurz gesagt, methodische Rekonstruktionen (beinahe) genauso affirmativ, zirkulär und unbegründet wie Theorien im formalistischen und empiristischen Verständnis?

3. Zur methodischen Rekonstruktion der »methodischen Rekonstruktion«

Das *Grundanliegen* der methodischen Philosophie ist ein *kulturalistisches*: Die historisch vorfindlichen Wissenschaften, unter ihnen vor allem die technisch erfolgreichen Naturwissenschaften, sollen als Kulturleistungen, d.h. als Handlungsprodukte unter sich wandelnden historischen Bedingungen im Rahmen einer *Mittel-Zweck-Rationalität* begriffen werden, um sie *in ethischer Perspektive einem Rechtfertigungsdiskurs* überantworten zu können. Der kulturalistische Ansatz ist also auf das Überschreiten der Grenzen einer bloß theoretischen Philosophie aus und versucht, mit den Mitteln der praktischen Philosophie das *Wahrheitsproblem* in den Wissenschaften mit dem *Rechtfertigungsproblem* von Handlungsfolgen zu verknüpfen. Wissenschaftlerselbstverständnisse, die sich zum Beispiel naturalistisch über Neugierverhalten, hedonistisch über Freude oder Lustgewinn an Forschung und Entdeckung, faktizistisch mit Verweis auf das eben einmal historisch Vorfindliche oder in anderer Weise affirmativ gegenüber dem Kultur- und Wissenschaftsbetrieb definieren, sollen kulturalistisch durch eine Rechtfertigungspflicht auch für die Handlungen des Wissenschaft-Treibens ersetzt werden.

Zugleich aber soll das *historisch Gewachsene*, Vorfindliche, vielfältigen Bewährungsproben erfolgreich Unterworfene *in den bewahrenswerten Teilen bewahrt* werden. Wissenschaftstheorie als Wissenschaftskritik, Philosophie als Vernunft- und Moralkritik sollen dem Problem gerecht werden, am historisch Vorfindlichen das Wahre vom Falschen und das Ungerechte vom Gerechten zu unterscheiden. Auf diese einfache Formel läßt sich das methodische Rekonstruktionsproblem bringen, muß das Vorfindliche aber bereits bekannt und in seinen Ansprüchen begriffen sein.

Neben den methodologischen Charakteristika der methodischen Rekonstruktion wie der Forderung nach Zirkelfreiheit, Lückenlosigkeit und Auszeichnung legitimer Rekonstruktionsanfänge ist deshalb von methodischen Rekonstruktionen zu *fordern*, daß sie *nicht mit Verlusten an Leistungsfähigkeit der rekonstruierten Wissenschaften verknüpft* sind. Hier kommen technisches Knowhow, prognostische und explikative Kraft sowie weltbildstiftende Funktion der Fachwissenschaften in Frage. Damit könnte in erster Näherung das zu Rekonstruierende der historisch vorfindlichen Wissenschaften ihre technische prognostische, explikative und orientierende Leistung sein.

Allerdings braucht man nur ein konkretes Beispiel einer anerkannten naturwissenschaftlichen Theorie zu wählen, um zu sehen, daß die *Leistungen* einer Fachwissenschaft selbst erst genannt und, da diese Nennungen nicht Teil des fachwissenschaftlichen Lehrgebäudes sind, *erst rekonstruiert* werden müssen. Braucht man also eine Rekonstruktion vor der Rekonstruktion?

Das Problem läßt sich in zweiter Näherung dadurch lösen, daß die für die tatsächlichen oder erhofften Leistungen von Wissenschaften maßgeblichen *Ansprüche und Absichten der Wissenschaftler* mit in die Betrachtung einbezogen werden. Ob im Forschungsprozeß, in wissenschaftlichen Kontroversen oder in der Vertretung der Fachwissenschaften nach außen, kein Fachwissenschaftler beschränkt sich de facto und kann sich de facto beschränken auf *die sprachlichen Mittel und die Behauptungen seiner Lehrbuchtheorien*. Er wird immer auch *über* diese, und dazu auch über seine Forschungspraxis, seine Institutionen, die Geschichte seines Faches, die Psychologie der Fachvertreter und vieles andere mehr sprechen. Mit anderen Worten, die *philosophische Beurteilung* von Leistungen vorfindlicher Wissenschaften läßt sich ins Verhältnis setzen zu den Ansprüchen ihrer Urheber.

Wenn *das methodisch zu Rekonstruierende* nicht die Theorien sind, sondern *die Leistungen vorfindlicher Wissenschaften*, relativiert auf die Leistungsansprüche ihrer Urheber, kann der Metapher eines Anfangs von unten ein methodischer Vorschlag an die Seite gegeben werden. Dieser soll darin bestehen, in den Schritten Konstitution, Konstruktion und Reflexion *drei Stufen der »methodischen Rekonstruktion«* zu unterscheiden, die erlauben, zwischen der Scylla der Wissenschaftsaffirmation und der Charybdis der Wissenschaftsnegation eine philosophisch-kritische Beurteilung vorfindlicher Wissenschaften in theoretischer und praktischer Hinsicht zu leisten.
Da die konstruktive Lösung der Rekonstruktionsanfänge durch Rückgang auf vor- und außerwissenschaftliche Praxen, auf die »Lebenswelt« oder einen »Vorallgemeinstandpunkt« oft besprochen, das Problem der Gegenstandskonstitution der Wissenschaften und der gegen realistische Positionen gerichtete Instrumentalismus des methodischen Konstruktivismus bereits andernorts diskutiert worden sind[12], soll hier von der Stufenfolge Konstitution, Konstruktion und Reflexion (die an anderer Stelle ausführlicher behandelt worden ist)[13] nur so viel vorgetragen werden, wie für die Klärung des Rekonstruktions- und damit Begründungsbegriffs benötigt wird.

(1) Konstitution

Wissenschaften werden nicht in genialen Erfindungsakten erzeugt, sondern entwickeln sich aus Praxen heraus, die ihrerseits noch nicht Kriterien erfüllen, die später den Wissenschaften zugeschrieben werden. Die Gesamtmenge handwerklicher Tätigkeiten zur Lebensbewältigung bietet hierfür die besten Beispiele. Ob es die Züchtungspraxis von Tieren und Pflanzen für den Evolutions-

12 Im Durchgang durch eine Reihe von Fachwissenschaften in: P. Janich, *Grenzen der Naturwissenschaft*, a. a. O.

13 Z. B. in: P. Janich, »Zur Konstitution der Informatik als Wissenschaft«, in: P. Schefe u. a., (Hg.), *Information und Philosophie*, Mannheim, Leipzig, Wien, Zürich 1993, S. 53-68; ders., »Die methodische Konstruktion der Wirklichkeit durch die Wissenschaften«, in: H. Lenk, H. Poser (Hg.), *Neue Realitäten: Herausforderungen der Philosophie.* Kongreßband: Vorträge und Kolloquien, Berlin 1994.

biologen, die Metallscheidekunst für den Chemiker, die Heilkunst für den Pharmazeuten und Mediziner, die Meßkunst für den Physiker oder die Rechenkunst für den Mathematiker ist (und alle in nicht eindeutiger Zuordnung), es lassen sich auch unter den modernsten der Wissenschaften keine nennen, denen nicht auch eine vor- und außerwissenschaftliche Praxis entspräche. In ihnen ist (fast alles) vorgezeichnet, was dann in den Wissenschaften bestimmten Verfahren der Höherentwicklung, der Effizienzsteigerung, der Explikation usw. unterworfen wird. Insofern läßt sich sagen, daß die Gegenstände der Wissenschaften durch vor- und außerwissenschaftliche Praxen konstituiert werden.

Es sind nicht Wissenschaftler, die Stoffumwandlungen, Energietransformatoren, Rechenmaschinen, Bautechniken, Schiffe und Flugapparate, Wetterprognosen und Sonnenuntergangserklärungen, Kosmologien und Kosmogonien, überhaupt alles, was Gegenstand der Wissenschaft werden kann, erfunden haben. Es ist vielmehr *der Zusammenhang gemeinschaftlicher Lebensbewältigung*, in dem Menschen, in die Natur eingreifend wie beim Ackerbau (lateinisch *cultura*), das Vorfindliche nach ihren Bedürfnissen verändern gelernt und damit die Gegenstände der Wissenschaften konstituiert haben. Insofern haben primär alle Gegenstände der Wissenschaften einen »Sitz im Leben«, d. h., sind *bezogen auf Bedürfnisse gelingender Lebensbewältigung in sprachlich organisierter Kooperation*.

Eine methodische Rekonstruktion kann deshalb ihren *Anfang* nehmen bei den elementaren Handlungen der Lebensbewältigung, sofern diese die Zusatzbedingung erfüllen, sich durch Lehren und Lernen zu Tradierung und Höherentwicklung zu eignen. Zugleich steckt darin ein Rekurs auf faktische Anerkennung von Bedürfnissen und Lebensformen sowie auf eine erfolgreiche Bewährungstradition vorwissenschaftlicher Praxen. Wieder sind dafür die besten Beispiele *Handwerke*. In ihnen werden Handlungsvermögen poietischer und praktischer Art, und unter den praktischen wieder vor allem sprachliche, *tradiert und höherentwickelt*. Schon dort finden sich *lehr- und lernbare »Methoden« und »Fachsprachen«*, für die gesagt werden muß, wodurch sie sich von den wissenschaftlichen Methoden und Fachsprachen unterscheiden.

Der wohl wichtigste, wenn nicht gar einzige Unterschied ist der, daß die *schiere Bewährung in der Praxis* ausreicht, die Höherent-

wicklung von Methoden und Fachsprachen auszuzeichnen. Es bedarf keiner metasprachlichen Explikation oder Rechtfertigung dessen, was ein Handwerker tut und sagt. Seine poietischen und praktischen Künste sind regional, d. h. auf Aufgabenbereiche beschränkt, in denen sie ihre Leistungen unter Beweis zu stellen haben.
Die Begrenzung der Ansprüche an lebensweltliche Praxen, in denen die Gegenstände der (methodisch späteren) Wissenschaften konstituiert werden, treten deutlicher hervor im Kontrast zu den verschärften Ansprüchen der Wissenschaften.

(2) Konstruktion

Das poietische und praktische Know-how der Handwerke erfährt in den Wissenschaften insofern eine »*Hochstilisierung*«, als *verschärfte Ansprüche* nicht nur erhoben, sondern *als einlösbar ausgewiesen werden (können) müssen*: Wo der Feinmechaniker, der Seemann, der Maurer und der Schneider verschiedene Meßkünste einschließlich zugehöriger Geräte- und Fachsprachen entwickelt haben, ohne über deren Abweichungen von denen anderer Handwerke beunruhigt zu sein oder theoretische Debatten zu führen – praktische Bewährung genügt allemal –, entwickeln die Wissenschaften (unter Beibehaltung verschiedener anwendungsbezogener Meßverfahren) *einheitliche* Raum-, Zeit-, Temperatur- und andere Begriffe, für die begriffliche Kohärenz und logische Konsistenz in einem terminologischen System sowie poietisch die technische Reproduzierbarkeit des sprachlich Bezeichneten verlangt werden. Mit anderen Worten, die auf der vorwissenschaftlichen Konstitution wissenschaftlicher Gegenstände aufruhende *Konstruktion* macht *Handwerkerverfahren zu wissenschaftlichen Methoden* und *Handwerkersprachen zu wissenschaftlichen Terminologien* dadurch, daß deren geforderte Leistungen wie personenunabhängige Wiederholbarkeit, technische Reproduzierbarkeit von Zuständen und Verläufen, hierarchische Definitionsstruktur der Fachsprache, operationale Sicherung grundlegender Termini, Kohärenz und Konsistenz der Terminologie und anderes mehr explizit genannt und nachgewiesen werden müssen.
Wissenschaft treiben ist Handeln nach Zwecken, nicht anders als Handwerk treiben. Beim Treiben von Wissenschaft tritt aber zu

den *inhaltlichen oder konkreten Zwecken der Handwerkerhandlungen* der *spezifisch wissenschaftliche Zweck* hinzu, die Transsubjektivität der Mittel zu sichern. Es soll in der Wissenschaft zum Beispiel nicht auf das charismatische Subjekt einer Handlung, auf die Autorität eines Thesenautors, auf dogmatischen Erlaß von Sprachregelungen oder auf ideologische Lösungsstrategien ankommen.

»*Konstruktion*« ist damit eine Sammelbezeichnung für alle *technischen und begrifflichen Anstrengungen*, die poietischen und sprachlichen Leistungen vorwissenschaftlicher Praxen transsubjektiv zu machen. Konstruktion ist damit auch der Ort, an dem die *Ansprüche der Fachwissenschaftler* auf Wissenschaftlichkeit ihrer Produkte und Resultate – im Unterschied zum bloßen Meinen, dogmatischen Setzen usw. – ihren Platz haben. (Deshalb bleibt es terminologisch gerechtfertigt, von methodischer Rekonstruktion und nicht etwa von »Rekonstitution« oder »Re-Reflexion« zu sprechen. Es sind *Konstruktionen als Verwissenschaftlichungs-Zutaten zu vor- und außerwissenschaftlichen Praxen*, in denen die Ansprüche der Wissenschaftler liegen und die der Philosoph als einlösbar zu »rekonstruieren« hat.

(3) Reflexion

Schon die Wissenschaften, nicht erst die Philosophie, und in glücklichen Fällen schon die vorwissenschaftliche Lebenspraxis schließt die *Reflexion* ein, unter der hier das *Reden über das Reden hinsichtlich Bedeutung und Geltung* verstanden sein soll. Auch einem Nichtwissenschaftler darf erhebliche Reflexionsleistung zugetraut werden – aber hier soll es ausschließlich um die methodische Rekonstruktion der Wissenschaften gehen.

Es wurde schon darauf verwiesen, daß Fachwissenschaftler nicht damit auskommen können, nur über die lebensweltlich konstituierten und methodologisch konstruierten Gegenstände ihrer Fachwissenschaft zu sprechen. Sie müssen vielmehr auch über ihre Handlungen des Wissenschafttreibens, die poietischen wie die begrifflich-theoretischen, sprechen, etwa wenn Hypothesen von Postulaten oder Experimente von Demonstrationen oder bloßen Beobachtungen unterschieden werden, wenn es um das Verhältnis von Theorie und Empirie geht und schließlich, wenn

zusammenfassende Behauptungen über Gegenstand und Methode des eigenen Faches diskutiert werden.
Die methodische Rekonstruktion kann sich deshalb nicht damit begnügen, nach einem Anfang von unten, also der Konstitution der Gegenstände von Wissenschaften in der Lebenspraxis, und nach der Einlösung der Konstruktionsaufgabe der Verwissenschaftlichung zu fragen, sondern muß die Reflexionsstufe mit umfassen. Dort sind nicht nur die Reflexionstermini der Wissenschaften (wie »Raum« und »Zeit« der Physik, »Stoff« der Chemie, »Organismus« der Biologie und viele andere) zu finden, sondern auch die orientierenden und weltbildstiftenden Leistungen der Wissenschaften. Dort sind die Pseudophilosophien abzuwehren, die sich aus den Fachwissenschaften heraus entwickeln, wie realistische Erkenntnistheorien, naturalistische Wissenschaftstheorien, Menschenbilder, Ethikverständnisse und anderes mehr.
Durch Einbeziehung der Reflexionsstufe in die methodische Rekonstruktion ist einem Einwand zuvorzukommen, der sich gegen den radikalen Instrumentalismus der methodischen Philosophie richtet, naturwissenschaftliches Wissen ausschließlich als technisches Know-how zu interpretieren. Tatsächlich gibt es so etwas wie ein orientierendes Bildungswissen, in dem z. B. expliziert und begründet wird, worum es in den Wissenschaften geht. Traditionell trifft dieses auf ein Bildungsbedürfnis, dem – wegen seiner lebensorientierenden Rolle – durchaus konstruktiv entsprochen werden kann und soll, wie ein Beispiel zeigt:
Es wirkt in der Tat zu kurz greifend, wenn etwa Fragen wie »Was ist die Zeit?« allein mit dem Hinweis auf eine technisch erfolgreiche, in der Protophysik methodisch rekonstruierte Zeitmeßtechnik beantwortet und der gesamte Rest einer diffusen Psychologie oder Metaphysik überlassen wird. Sieht man von philosophischen Fragen zur Zeit ab, die methodisch *vor* den Naturwissenschaften liegen und etwa Zeitmodi und Zeitordnung durch Bezug auf Handlungen, Widerfahrnisse und deren sprachliche Organisation betreffen, so können traditionelle Fragen wie diejenigen, ob Zeit eine Richtung, einen Anfang oder eine Geschwindigkeit habe, aus dem Bereich der Scheinprobleme herausgeführt und durch Reflexion auf naturwissenschaftliche Zeitbegriffe beantwortet werden. Daß der »Reflexion« die »Konstruktion« und damit deren methodische Rekonstruktion vorausgeht, ist davon unberührt.
Reflexion im oben bestimmten Sinne als Teilbemühung in die me-

thodische Rekonstruktion historisch vorfindlicher Wissenschaften einzubeziehen befreit die philosophisch-kritische Auseinandersetzung mit den Wissenschaften, vor allem den Naturwissenschaften, vom Odium wissenschaftstheoretischer Beschränktheit und erlaubt – bei gelingender Rekonstruktion – auch ein Urteil darüber, welche *Probleme der philosophischen Tradition durch die Entwicklung der Wissenschaften* einer Lösung näher gebracht wurden.

4. Schluß

Ob damit der Begriff der methodischen Rekonstruktion bereits hinreichend scharf oder gar abschließend methodisch rekonstruiert ist, muß dahinstehen. Die besorgte Frage aber, ob sich *methodische Rekonstruktion* im selben Sinne einer *bloßen Dezision* gegenüber historischen Fakten und naturwüchsig entstandenen Produkten wie wissenschaftlichen Theorien verdankt oder einem Zirkelverdacht auszusetzen ist, kann verneint werden. Der kulturalistische Zugang zu einer philosophischen Kritik historisch vorfindlicher Wissenschaften ruht nämlich auf einer *Praxis der Lebensbewältigung* auf, die nicht in theoretischer Distanz von einem archimedischen Standpunkt her *betrachtet*, sondern mit allen Folgen *geteilt* wird. Um es provozierend zu formulieren: Die methodische Rekonstruktion gewinnt damit ein – *durch tatsächliche Beteiligung verbindliches – Beurteilungsfundament der Wissenschaften, das Begründung und Rechtfertigung miteinander verbindet und den Wissenschaften ohne Voreingenommenheiten begegnen kann.*

Pirmin Stekeler-Weithofer

Schema, Form und Urteilskraft

Zur Dialektik von Rationalität und Vernunft

1. Vorgehen und Ziel

Es geht mir im folgenden um Unterscheidungen, die Friedrich Kambartel vorgeschlagen hat: die Differenzierung zwischen Exaktheit und Strenge und das Verhältnis zwischen Vernunft und einer schematischen Art der Allgemeinheit. Der Bedeutsamkeit dieser Unterscheidungen möchte ich nachgehen. Die Unterscheidungen sind zunächst thesenartig, als Merksätze oder formelartige Überschriften formuliert: Streng geht jemand vor, der die realen Umstände, die Sache und das konkrete Ziel nicht aus den Augen läßt. Exakt geht einer vor, der sich in seinem Wahrnehmen und Tun pünktlich an gegebene, leicht und sicher nachvollziehbare Schemata und Regeln hält, ohne eigenwillig, unkonzentriert oder inkonsequent von ihnen abzuweichen. Soweit in Abhängigkeit von gewissen Prämissen der situationsinvariante Erfolg eines exakten Vorgehens gewährleistet ist (oder auch nur gewährleistet sein will), können wir von einer (beanspruchten) *generellen* Geltung sprechen. Von diesem *Generell-Allgemeinen* ist das *Abstrakt-Allgemeine*, die zunächst bloß formale oder interne Geltung innerhalb der Schemata, und von dieser das *Prinzipiell-Allgemeine* zu unterscheiden. Prinzipielle Geltung wird durch Redeweisen wie: »im allgemeinen« oder »im Prinzip« zum Ausdruck gebracht. Wenn man den Gebrauch prinzipiell gemeinter Reden und Unterscheidungen richtig begreift und das Prinzipielle nicht mit dem Abstrakten oder Generellen verwechselt, wird ein Abschied vom Prinzipiellen, wie ihn zum Beispiel O. Marquard vorgeschlagen hat, eher zu einer unnötigen, ja irreführenden Selbstbeschränkung der Vernunft.

Die zunächst rein verbalen Unterscheidungen zwischen Wörtern wie »streng« und »exakt«, »generell«, »abstrakt« und »prinzipiell« zusammen mit den dann aus exemplarischen Beispielen hochstilisierten Begriffsbestimmungen beanspruchen weder absolute Trennschärfe noch situations- und zweckunabhängige Allgemeinheit. Sie verschaffen uns (nur) Orientierungen, keine generellen und keine exakt befolgbaren Anweisungen und keine ausführlichen Beschreibungen von besonderen Wegen oder Methoden. Sie weisen uns nur in eine Richtung, der zu folgen uns dem erwünschten Ziel bestenfalls näher bringt, es also nicht ›mit Sicherheit‹ erreichen läßt. Sie liefern gewissermaßen nur *Anfänge* von Wegen, eben *Prinzipien*.

Prinzipielle Rede ist im wesentlichen gerade das, was Hegel »Spekulation« nennt. In ihr werden Verhältnisse gemäß dem Wort »speculari« von einem sehr hohen, prinzipiell-allgemeinen Standpunkt aus betrachtet und dargestellt – mit dem unvermeidlichen Effekt, daß weder Einzelheiten berücksichtigt werden können noch schematische Exaktheit erreichbar ist.

Unsere Überlegung ist selbst von prinzipieller Allgemeinheit und verfolgt mit ihren Unterscheidungen ein besonderes Ziel. Sie sind als geglückt oder unzureichend zu beurteilen, je nachdem, wie weit auch der Leser oder Hörer das einsieht, was man nach meinem Urteil mit ihrer Hilfe einsehen kann oder könnte. Diese Einsicht ist nicht etwa so zu verstehen, daß gewisse Aussagen, die schon irgendwie (›ontisch-ontologisch‹) in ihrer Wahrheit oder Falschheit bestimmt wären, jetzt bloß (›epistemisch‹) als wahr erkannt würden. Die Einsichten, um die es hier (wie in der Philosophie im allgemeinen) geht, sind weniger ein *Wissen* (›know that‹), als ein *Können* (›know how‹), nämlich ein Unterscheiden-, Identifizieren- und Beurteilen-Können.
Soweit es um die bewußte Repräsentation eines solchen Könnens geht, ist seine explizite Artikulation und exemplarische Vergegenwärtigung eine Hauptaufgabe der Philosophie. Und wieder ist Explizitheit nicht dasselbe wie Exaktheit. Letztere besteht in einer Charakterisierung möglicher (aber auch wirklich aller?) Verfahren der Aktualisierung des Könnens, erstere in einer (benennenden) Charakterisierung der das Können bestimmenden *Erfolgsbedingungen*. Eine Philosophie, die allzusehr das Operieren und Konstruieren hervorhebt oder liebt, steht in Gefahr, den Begriff derartiger Bedingungen enger zu fassen, als es tunlich ist. Die besonderen Wege, die zur *Erfüllung* der Bedingungen führen mögen, sind nämlich für die (invariante) Identität des Könnens oft nicht ausschlaggebend. *Wie* einer etwas kann, sagen wir: zählen und rechnen, ist oft unerheblich, Hauptsache, er kann es. In analoger Weise ist es in der Mathematik oft (freilich nicht immer)

unerheblich, *wie* (ja, ob überhaupt) eine (extensionale) Funktion, die als solche durch eine Beschreibung abstrakt bestimmt ist, durch konkrete Operationen mit Figuren repräsentiert wird. Die Analogie zeigt: Explizitheit ist in einem Sinne weniger, in einem anderen mehr als Exaktheit. So wie die Erfüllungsbedingungen einer Funktion können auch oft die Erläuterungen eines Könnens nicht in der Form *exakter Anweisungen* oder Vorgehensweisen gegeben werden. Vielmehr hängt von den Erläuterungen der Erfüllungsbedingungen ab, ob konkrete, operative Verfahren die Bedingungen erfüllen. Außerdem ist eine *strenge* Einordnung eines Könnens in umfassendere (Sinn-)Zusammenhänge oft notgedrungen bloß *prinzipiell.*

Gerade auch eine Begriffsanalyse wird nicht einfach exakte Regeln des Symbolgebrauchs setzen (können), sondern eher so vorgehen: Um gewisse Typen unseres Handelns oder Redens, das objektstufig als *empraktischer Vollzug* zu begreifen ist, *begrifflich* zu unterscheiden, können wir zunächst verschiedene Ausdrücke und für diese dann eine Beschreibung von Anwendungsweisen angeben, und zwar, je nachdem, über schematische Verfahren oder über prinzipielle Orientierungen. Wir können dann gegebenenfalls einsehen, daß wir unter geeigneten Umständen diese Typen mit guten Gründen, zum Beispiel zur Vermeidung gewisser Verwirrungen, Fehlurteile und anderer unerwünschter Konsequenzen, *unterschiedlich* behandeln sollten. Die dabei mit jeder *Klassifikation* zugleich mit vorgeschlagene sprachliche und praktische *Gleichbehandlung* der einzelnen und besonderen Fälle *innerhalb* der Typen oder Klassen, also der durch *diese* Klassifizierung in sich nicht weiter unterschiedenen *generischen Fälle*, ist dabei immer so zu verstehen, daß für die jeweiligen (passenden) Zwecke feinere Unterscheidungen (gerade) nicht relevant sind bzw. als nicht wesentlich beurteilt werden. Es ist daher auch keineswegs ein Einwand gegen unser Vorgehen, wenn man weitere besondere Arten des exakten oder schematischen oder formalen Vorgehens nennt, die zu unterscheiden für viele andere Zwecke als die unseren wesentlich ist.

Zweck der folgenden Überlegung ist nun zunächst die Kritik an falschen Erwartungen, die manche mit der Forderung nach einem exakten Vorgehen verbinden. Diese Kritik richtet sich insbesondere gegen Ansprüche formalistischer Strömungen der sprachanalytischen Philosophie, nach denen alles, was überhaupt sinnvoll gesagt werden kann, im Prinzip in eine nach exakten syntaktosemantischen Regeln auf einer sicheren Grundlage (etwa dem Lernen von elementaren Prädikationen) aufgebaute Sprache übersetzbar sein müsse. Was nicht so als Aussage oder Argumentation rekonstruierbar ist, wird als ›sinnlos‹ oder ›nicht verstehbar‹ ausgeschieden. Eine derartige sinnkriteriale Demarkation, wie sie sowohl in den Schulen der Carnap-Nachfolge als auch des logischen Konstruktivismus Lorenzens (wenigstens partiell) vertreten wird, ist von vornherein nicht unproblematisch. Es gibt zumindest die Möglichkeit, daß nicht alle für ein sinnvolles Reden und Argumentieren notwendigen Begriffe und Vorgehensweisen durch schematische Aufbau- und (halb-)formale Begründungsregeln bestimmbar sind.

Bei diesen Regeln denke man als Beispiele an die ›vollformalen‹ Regeln des Deduzierens von Formeln aus schematischen Axiomen oder an die ›halbformalen‹ Regeln, über welche man die dialogische Verteidigbarkeit oder dann auch den Wahrheitsbegriff logisch komplexer arithmetischer Aussagen auf der Grundlage elementarer Aussagen definieren kann.

Eine Reduktion sinnvoller Rede auf das, was in diesem formalen Sinn ›klar und deutlich‹ bestimmt ist, schließt unter Umständen das Wichtigste philosophischer Reflexion von vornherein aus der Betrachtung aus. Eine strenge Berücksichtigung des *realen* Umgangs mit Schemata in seinem Lebens- und Weltbezug, gerade auch mit Formen unseres theoretischen Redens in den Wissenschaften, ist nämlich nicht möglich ohne eine *bewertende Beurteilung* des allgemeinen und besonderen ›Erfolgs‹ dieses Umgangs. Eine solche Beurteilung wiederum kann selber nicht einfach schematischen Regeln folgen, ohne daß diese Regeln selbst wieder, auf höherer Ebene, zu beurteilen wären.
Unsere These lautet daher: Ein *bloß* exaktes Vorgehen ist *nicht streng*, soweit es die realen Bedingungen der sinnvollen und angemessenen Möglichkeit, etwas *schematisch* (so und so) zu behandeln oder über etwas *abstrakt* (in dieser oder jener Form) zu reden, nicht thematisiert, sondern als gegeben voraussetzt. Dies gilt sogar noch für die Mathematik. Denn auch mathematische Rede begreifen wir nur dann, wenn wir mehr kennen als bloß Mathematik und mehr können, als bloß mit Symbolen nach schematischen Rechen- und Beweisregeln exakt umzugehen. Wir müssen wenigstens in Umrissen wissen, was wir mit Rechnungen

und mathematischen Deduktionen Sinnvolles tun können. Mathematisierte Theorien definieren zunächst nur formale Begriffsbeziehungen und theorieinterne Geltungsbegriffe, die an sich (per se) zunächst keinen Bezug auf irgendwelche *externe Erfahrungen* haben. Aber erst ein derartiger Bezug gibt ihnen Sinn.

Dabei ist Erfahrung hier ähnlich wie bei Hume ganz allgemein als ein teils natürlich, teils konventionell bestimmtes und dabei mehr oder minder ›erfolgreiches‹ Verhalten und Handeln auf der Grundlage von wahrnehmender Anschauung zu verstehen, also nicht im terminologisch anspruchsvolleren Sinn Kants. Derartige Erfahrung ist dann zwar auch ohne theoretisch-begriffliche Artikulation weder leer noch *völlig* blind. Als bloß empraktische bleibt sie aber *unbewußt* und *unkontrolliert.*

Die Unterscheidung zwischen Strenge und Exaktheit soll dann auch in einer vielleicht nicht ganz üblichen Weise einer Grundunterscheidung der Philosophietradition zugeordnet werden, nämlich der zwischen Verstand und Vernunft. Verstand im Sinne eines sehr allgemeinen Gebrauchs des griechischen Wortes *»logos«* und seiner lateinischen Übersetzung *»ratio«* meint schon bei Platon (wenn nicht gar schon untergründig bei Heraklit oder Kratylos, jedenfalls keinesfalls erst seit Kant) das objektstufige Vermögen der Befolgung von vorzugsweise *sprachlich* artikulierten Regeln begrifflich-praktischer Unterscheidungen, des *logischen* Schließens und des *formal konsequenten* Handelns bzw. *das System dieser Regeln und Gesetze selbst.* Warum und wie Vernunft diesen Rahmen des Logisch-Rationalen, des Berechnenden und Schematischen transzendiert, soll im folgenden deutlich werden.

2. Das Erkennen von Schemata und Befolgen von Regeln

Klare, weil bekannte, und deutliche, weil abgegrenzte Beispiele für ein schematisches Handeln liefern das Rechnen und deduktive Schließen in den mathematisch-logischen Ausdruckssystemen der (höheren) Arithmetik. Dabei ist ein *Schema* ein vorführbares und dann auch symbolisch benennbares Muster oder eine Figur, die uns in der realen Anschauung zum Maßstab der Korrektheit des schematischen Regelfolgens dient. Wir lernen zum Beispiel auch die Schemata der Lautschrift (des ›Rechtschreibens‹), des elementaren Zählens und Rechnens oder des syllogistischen und prädikatenlogischen Deduzierens von Formeln, indem wir diese Schemata richtig aktualisieren, befolgen lernen. Wir lernen dann auch, die Schemata oder Regeln durch Namen und Formeln wie »Addition« oder »n + m«, »Multiplikation« oder »n · m« oder durch ein Deduktionsschema wie das des *Modus Ponens*: »(A, A → B) ⇒ B« zu benennen. Diese Benennungen sind in ihrem rechten Gebrauch selbst praktisch zu lernende Schemata.

Eine *(schematische) Regel* ist nun, wie Wittgensteins Überlegungen (bei entsprechender Deutung, vielleicht mit einigen Ergänzungen) exemplarisch vorführen, selbst schon ein *Abstraktum*, dessen konkrete Realisierungen im wirklichen Verhalten (1) und der wirklichen Klassifikation dieses Verhaltens als regelkonform (bzw. regelwidrig) (2) bestehen, wobei im allgemeinen auf ein System sprachlicher oder symbolischer Regelbenennungen (3) Bezug genommen wird. Dabei mag eine Regelbenennung zunächst nur der Aufforderung dienen, etwas Bestimmtes zu tun. Dann kann sie aber auch zur Benennung der abstrakteren, schon extensional zu verstehenden Funktion oder Folge, des Werteverlaufs, dienen. So benennen wir mit dem Ausdruck »n+m« immer *auch* die arithmetische Addition qua Werteverlauf. Ein derartiger Werteverlauf ist durch Erfüllungsbedingungen bestimmt, die in allerlei besonderen Ausdruckssystemen oder ›Sprachen‹ artikulierbar sein mögen. Es sind diese Bedingungen, auf deren Grundlage wir entscheiden, welche besonderen Operationen als Repräsentanten der allgemeinen Addition angesehen oder gebraucht werden können. Dabei läßt sich, falls wir schon repräsentierende Berechnungen der extensionalen Funktion kennen, *irgendeines* dieser Verfahren, in unserem Beispiel etwa das des *schriftlichen* Addierens, für eine *operative Definition* der Funktion verwenden. Von anderer Art sind Definitionen, welche in einem Gegenstands- oder Variablenbereich die Wertverläufe (bloß) *prädikativ beschreiben*, etwa durch Aussageformen des Typs $A(x_1, ..., x_n, x_0)$ oder dann auch des Typs $f_A(x_1, ..., x_n) = x_0$.

Daß die Addition (qua funktionaler Werteverlauf) eindeutig bestimmt sei, heißt dann praktisch: Die verschiedenen, möglicherweise durch allerlei besondere Operationen bestimmten Umgangsweisen von Menschen oder Maschinen mit Figuren in besonderen Figurensystemen (1) werden intersubjektiv mit mehr als bloß einiger Sicherheit als (generische) Realisierungen (2) der

Addition (3) und nicht etwa der Multiplikation oder vielleicht auch einfach als Rechenfehler gewertet.

Ein prinzipieller Unterschied zwischen Freges und Russells Versuch einer rein logischen Grundlegung der Arithmetik und Wittgensteins Philosophie der Mathematik läßt sich gerade in diesem Zusammenhang charakterisieren: Frege zielt ab auf ein generelles formales System der Artikulation der Bedingungen, in welchem sich die mathematischen Funktionen *synkategorematisch ausdrücken* und die zugehörigen *Wertverläufe* (Extensionen) *benennen* lassen, während Wittgenstein (übrigens schon im *Tractatus* und damit lange vor jeder offiziellen Rekursionstheorie) bemerkt, daß es in der Mathematik immer auch um die verschiedenen *Operationen* qua konkrete Regeln des Umgangs mit Symbolen und damit in der Arithmetik durchaus auch um das geht, was Frege abschätzig »Kleinkinderzahlen« nennt. Eben weil sie auf die Vielfalt des konkreten Operierens im Rechnen und des keineswegs immer bloß schematischen Vorgehens beim Beweisen zuwenig achten, bleiben sowohl der logizistische als auch der axiomatizistisch-formalistische Ansatz der Grundlegung der Mathematik einseitig, gewissermaßen zu abstrakt. Diese Kritik Wittgensteins bliebe auch dann bestehen, wenn sich die besonderen *internen* Probleme der einzelnen Ansätze, etwa die Antinomien bei Frege, die Typentheorie (und ›Reduzibilität‹) bei Russell und die Probleme der (nicht verfügbaren) Konsistenzbeweise im Formalisierungsprogramm Hilberts oder der Gruppe Bourbaki befriedigend lösen ließen.

Insofern wir aufgrund der von uns selbst gestellten Bedingungen keinen Fall kennen, in dem wir nicht gemeinsam überprüfen und *im Prinzip* entscheiden könn(t)en, ob überhaupt addiert und, wenn ja, ob richtig gerechnet wurde oder nicht, ist die Addition und damit insbesondere auch eine Aufforderung oder ›Regel‹ wie: »Beginne mit 0 und addiere 2!« *praktisch eindeutig* bestimmt. Als Notation dieser Regel könnte man etwa den Ausdruck »(0, x, x+2)« gebrauchen. Eine solche Benennung der Regel ist ›eindeutiger‹ als ein bloß exemplarisches Vorführen des *Anfangs* der Folge 0, 2, 4, dem man ein vages »und (jetzt mach) *so* weiter« oder die ominösen drei Punkte folgen läßt. Denn dieses »*so*« wird mit praktischem Gewinn durch Erläuterungen zum Gebrauch derartiger Regelbenennungen präzisiert. In unserem Fall könnte diese Erläuterung lauten: »Laß in der geordneten Zahlsymbolreihe ab 0 immer *eine Zahl* weg!«.

Daß dann die Regel oder Folge (qua Werteverlauf) zwar nicht durch den Folgenanfang, wohl aber durch die Erläuterung der Regelbenennung *eindeutig* bestimmt sei, bedeutet freilich auch

›nur‹, daß wir die Versuche, die Regel anzuwenden, gemeinsam als korrekt oder mißglückt beurteilen können, und zwar unter Rückgriff auf anderes, als *selbstverständlich* verfügbar *unterstelltes* Können. Wenn zum Beispiel jemand, wie in Wittgensteins Beispiel, unsere Regel zunächst ›richtig‹ von 0 bis 1000 befolgt, dann aber mit der Folge »1004«, »1008«, »1012« fortfährt, so hat er, so würden wir praktisch alle sagen, unsere Unterscheidung zwischen der (Benennung und Befolgung der) Regel und *anderen* möglichen Regeln nicht verstanden oder er macht überhaupt einen *Fehler*. Dies mag vielleicht daran liegen, daß er nicht weiß, daß die Zahlsymbolreihe nach 1000 so weiter geht: 1000, 1001, 1002 und nicht etwa so: 1000, 1002, 1004, oder – und das wäre noch gravierender – daß er nicht weiß, was es heißt, jeweils ein Element in einer Reihe auszulassen.

Ohne Bezugnahme auf die faktische Möglichkeit des gemeinsamen Regelfolgens allerdings und ohne die Gewißheit der möglichen Gemeinsamkeit in der Beurteilung von Versuchen, einer (explizit benannten) Regel zu folgen, gäbe es hier weder Fehler noch Richtigkeiten. Man kann sich diese im Grunde ganz einfache Einsicht auch durch allerlei subtile ›skeptische‹ Überlegungen klar machen, die, wie Kripkes Interpretation von Wittgensteins Passagen zum Regelfolgen, vorführen, wie wenig selbstverständlich es ist, überhaupt ein Wort, einen Satz oder eine Erläuterung *eindeutig* zu verstehen. Basis jedes Verstehens ist eben die faktische *Gemeinsamkeit* des Urteilens zusammen mit dem Gefühl der *Gewißheit*, daß wir (›und im Prinzip alle anderen‹) an dieser Gemeinsamkeit teilnehmen können. Hier gibt es keine absolute *Notwendigkeit* – was im Grunde schon Hume so sieht. Der Verstand (*rationality*, *understanding*) ist hier das Vermögen eines Verstehens (*understanding*), das als Teilnahme an einer gemeinsamen Praxis des (schematischen) Urteilens, koordinierten Handelns und Verhaltens und damit auch als Grundlage jeder (Regel-)Logik zu begreifen ist.

Der begriffliche Unterschied zwischen der bloßen *Regelmäßigkeit* eines Verhaltens und dem Befolgen einer Regel hängt dabei gerade an der *Regelbenennung*, die als *explizite* Anweisung zum Handeln oder Verhalten verstanden werden kann. Gerade weil Rechenmaschinen mit Namen (Kodierungen) von Regeln ›umgehen‹ können, und zwar *so*, daß von uns gesetzte und kontrollierte Bedingungen des richtigen Operierens durch nicht defekte Maschinen erfüllt werden können, sagen wir mit ganz gutem Grund, daß Computer (und angeschlossene Verhaltensroboter) *schematische Regeln befolgen* können, obwohl wir dies bei Tieren, die vieles viel besser können als Maschinen, nur dann sagen, wenn wir ihnen das Verstehen symbolischer Anweisungen zusprechen, und nicht schon dann, wenn *wir* von ihren (›instinktgeleiteten‹) Verhaltensschemata reden.

Die Unterscheidung zwischen ›echter‹, menschlicher, und einer bloß so genannten ›künstlichen‹ Intelligenz, wie sie Dreyfus und Searle als kategoriale anstreben, ist übrigens deswegen wenig überzeugend, weil sie sich auf die Unterschiede zwischen einer maschinellen *Hardware* auf der einen Seite, dem *biologischen* Leib, dem *animalischen* Organismus, und den besonderen ›*intentionalen*‹ Reaktionsweisen des Menschen auf der anderen stützen wollen. Diese sind begrifflich für den Begriff des bewußten Regelfolgens weniger relevant als die Möglichkeit des Umgangs mit symbolischen Benennungen der Regeln.

Es kann keiner, auch keine Maschine, einer Regel *ganz allein* folgen. Um dies tun zu können, müßte er die Regel, die er, sagen wir, »R_1« *nennt* oder symbolisch identifiziert und damit von möglichen anderen Regeln R_2 und R_3 usf. unterscheidet, auch *verfehlen* können. Dazu wiederum müßte er die Fälle, in denen er bloß *glaubt*, die Regel richtig zu befolgen, unterscheiden können von den Fällen, in denen er sie wirklich richtig befolgt. Dies kann er nur dadurch, daß er Kriterien *anerkennt* und *gebrauchen kann*, auf deren Grundlage sich die Korrektheit oder der Erfolg seiner Versuche, die Regel R_1 zu befolgen, (im Prinzip gemeinsam!) überprüfen läßt. Es bedarf also zumindest *zweierlei*, um überhaupt von einem *Regelfolgen* sprechen zu können: des Tuns, das ein Regelfolgen sein will, und der Überprüfung der Korrektheits- oder Erfüllungsbedingungen. Letztere bestehen nicht in bloßen *Erfüllungsgefühlen* der einzelnen Subjekte. Ein Verhalten und ein Benennen oder Bewerten eines Verhaltens bzw. seiner Ergebnisse nach *subjektivem Gutdünken* ist kein Regelfolgen. Daher gibt es kein *rein privates* Regelfolgen und damit auch keine rein privaten Schemata oder Formen des Handelns oder Verhaltens. – Diese ›Thesen‹ Wittgensteins werden oft (besonders wenn sie unbequem werden!) so dargestellt, als wären sie relativ willkürliche definitorische Vorschläge. Nicht gesehen wird dabei, daß ihre Nichtanerkennung auf die eine oder andere Art darauf verzichtet, zwischen einem Regelfolgen und bloßen (vielleicht sogar bloß scheinbaren)

Regelmäßigkeiten zu differenzieren. Ein derartiger Verzicht auf ein mögliches und oft wichtiges *Können* ist möglicherweise kein gutes Argument.
Schon dann, wenn wir bei Tieren oder Menschen von Verhaltensformen sprechen, beziehen wir uns auf *von uns getroffene* Klassifikationen des Verhaltens. Oder wenn wir jemandem die Fähigkeit der Wahrnehmung von Gestalten oder Figuren zusprechen wollen, müssen wir zeigen, daß unsere Differenzierungen der Gestalten oder Figuren auf irgendeine offenbare Weise zu einer mit der Gestaltunterscheidung zusammenhängenden Verhaltensorientierung führen. Bei Menschen stützen wir uns dabei vorzugsweise auf die Möglichkeit der unterschiedlichen *Benennung* der Gestalten auf der Grundlage einer prädikativen Unterscheidung. Dieses Prädizieren wiederum besteht in einer (konventionellen) *Zuordnung* jeweils *andersartiger* Gestalten. Es werden Wörter oder andere als Zeichen gebrauchte Figuren den Klassifikationen auf der Bezugsebene zugeordnet. Wer Prädikatwörter wie »Stuhl«, »Tisch« oder »Klarinette« und »Fagott« zusammen mit anderen Wörtern richtig gebrauchen kann, von dem nehmen wir daher mit gutem Grund an, daß er (in einem gewissen Situationsrahmen, der freilich immer noch besonders beschränkt sein kann) Stühle von Tischen oder ein Fagott von gewissen anderen (Blas-) Instrumenten (praktisch) so wie wir unterscheiden kann.

Aus dieser Tatsache schließen manche etwas schnell, daß die Unterscheidungen selbst wesentlich durch die Sprache, die Prädikation, konstituiert seien. Immerhin macht das Zu- und Absprechen von Wörtern eine Unterscheidung besonders deutlich. Und die Klassifikation wird erst über die Prädikation explizit beredbar.

Ohne die Bezugnahme auf die faktische Gemeinsamkeit unserer Unterscheidungen und Identifikationen konkreter Repräsentanten der Gestalten und ohne symbolische Repräsentationen (Benennungen) dieser Klassifikationen läßt sich *über* Gestalten und dann auch *über* Schemata, Regeln und Formen überhaupt nicht *sprechen*. Dies liegt nicht nur daran, daß menschliche Rede die Intersubjektivität des Nachvollzugs und Verstehens *immer* voraussetzt. Vielmehr wüßten wir ohne intersubjektive Übereinstimmung gar nicht, was ein Regelfolgen oder eine Gestaltwahrnehmung *ist*.

3. Verstand als feststehende Technik

Verstand hat, wer in dem je relevanten Bereich (*sach-)*verständig ist oder wenigstens durch Lernen (zunächst vielleicht durch ›Abrichtung‹ bzw. ›schematische Nachahmung‹) sachverständig werden kann oder könnte. Dabei hat einer, der bloß den Wortlaut von Texten (etwa von Wörterbüchern, Enzyklopädien oder von formellen Anweisungen) zu reproduzieren weiß, Wissen und Verstand nur in einem formalen, oberflächlichen Sinn. Ein Sachverständiger sollte zumindest vorgegebene, empraktisch-implizit oder auch explizit lehr- und lernbare Regeln und dann auch komplexere Formen beim Unterscheiden von Fällen, beim schlußfolgernden Argumentieren und insgesamt im praktisch-technischen Handeln richtig *anwenden* können.

Die implizit oder explizit gelernten Schemata, die wir sowohl bei der Klassifikation von Gestalten in der Wahrnehmung als auch in unserem Verhalten oder Handeln aktualisieren, sind nun keineswegs immer einfach und elementar in dem Sinn, daß sie *unmittelbar* eingeübt werden könnten. Sie bestehen oft aus komplexen Verschachtelungen einfacherer Schemata. Man denke an Fälle, in denen wir mehr oder minder einfache Handgriffe oder Bewegungen anderer Körperglieder in komplexe Folgen stellen lernen, etwa beim Klavier- oder Geige-Spielen oder schon beim Sprechen, Schreiben, Rechnen, oder wenn wir lernen, das Schema (die Form) sprachlicher oder etwa auch musikalischer Kompositionen zu erkennen, die Zusammensetzungen zu ›analysieren‹, in diesem durchaus schon anspruchsvollen, nicht bloß akustischen Sinn *zu hören* und *Schriften* (etwa auch Notenschriften) *zu lesen,* d. h. die Bestandteile geordnet ›zusammenzulegen‹. Worte (›logoi‹) zu lesen und zu hören ist immer schon *komplexe Gestalterkennung.* Die Produktion der Gestalten, die Gestaltung oder *synthesis*, aber auch die Reproduktion oder *analysis*, ist *Technik* oder *Kunst, techne* oder *ars.*

Schon Platon hat an verschiedenen Stellen, besonders deutlich am Beginn des *Philebos*, nicht ohne Grund die Kunst des alphabetischen Schreibens, der (schriftlichen) musikalischen Komposition, und die zugehörige Formerkennung als fundamentale Techniken hervorgehoben – freilich samt der Begrenzung der Gebrauchsmöglichkeiten dieser Art von synthetisch-analytischer Technik: Eine *semantische* Synthese und Analyse des *Sinnes* eines Wortes (durch eine ›dihairetische Definition‹) oder einer Rede (durch gewisse besondere Arten der Verbindung von Subjekt und Prädikat) führt immer zu *semantischen Elementen* oder elementaren Gebrauchsformen, die *praktisch*, d. h. im konkreten, exemplarisch-deiktischen Redebezug, schon verstanden sein müssen. Dies wird (für die Morphologie der Wortbildung) im ironischen Dialog *Kratylos*, für die Satzsemantik in den Dialogen *Theaitetos* und *Sophistes* und auch in der sogenannten ›Schriftkritik‹ (bei geeigneter Lesart) zum Ausdruck gebracht.

Üblicherweise nennen wir die Schemata, nach denen einfachere Schemata zusammengesetzt sind, »*Formen*« und sprechen daher von *Formerkennung* und *Formung*. Von diesen *schematischen* oder *figürlichen* Formen wird dann aber der Begriff der idealen oder eidetischen Form, Platons *eidos*, zu unterscheiden sein.
Beispiele komplexer *figürlicher* Formen sind die durch eine schematische Phonologie, Morphologie und Syntax bestimmten *Formen einer Sprache*, etwa auch die Satz- und Schlußformen der *formalen Logik*. Derartige Formen sind, wie wir etwas ungenau sagen (und zwar weil wir zwischen Repräsentant und Abstraktum nicht unterscheiden) nach schematischen Regeln der Konstruktion und Analyse aus Elementen, d. h., aus elementareren figürlichen Formen aufgebaut und lassen sich durch eine Formenanalyse in ihrer Konfiguration erkennen.
Paradigma der idealen Form ist historisch wie systematisch der Begriff der geometrischen Form, der gerade in *Differenz* zum Begriff der Gestalt oder Figur, des Schemas, bestimmt ist. Um nicht allzusehr vom üblichen Sprachgebrauch abzuweichen, werden im folgenden die Worte »Form« und »formal« zumeist im Sinne von »figürlicher Form« und »die komplexe Figur betreffend« gebraucht, so daß, wenn eidetische Formen (mit) gemeint sind, dies explizit gemacht werden sollte, zum Beispiel auch durch das etwas unscharfe Wort »Idee«.

Im Unterschied zu Ideen sind für Formen mehr oder minder klare und deutliche Bedingungen dafür bestimmt, wann ein konkreter (besonderer oder einzelner) Fall von dieser oder von jener Form ist. Formen werden dann auch als abstrakte Gegenstände behandelt, d. h. es werden ihnen gewisse Prädikate zu- oder abgesprochen. Sie werden dadurch zu Elementen oder voneinander unterschiedenen Gegenständen in (abstrakten) Gegenstandsbereichen. Das heißt konkreter: Formbenennungen kommen in Sätzen, besonders auch in Gleichungen und Ungleichungen vor, für die ein formaler Wahrheitsbegriff als definiert unterstellt wird. Man denke als Beispiel an die Sätze einer formentheoretischen Geometrie oder an Sätze wie: »Das Prinzipat ist eine andere Form der Staatsverfassung als die Form des Königtums und der Republik«. Wir sprechen demgemäß von der Idee der Gerechtigkeit, aber nicht von der Idee des Quadrats, von der Form einer Verfassung, aber nicht von der Form der Vernunft.

Während wir die Fähigkeit des praktischen Umgangs mit figürlichen Formen dem Verstand zuordnen, ordnen wir den sprachlichen und handelnden Umgang mit idealen Formen und Ideen dem Bereich der Vernunft zu. Dazu betrachten wir zunächst den ersten Fall.

Wer in einer *Kunst* oder *Technik* versiert, d. h. in der betreffenden Gestaltung und Formerkennung sachverständig werden will, hat immer einiges zu lernen. So erkennt zum Beispiel ein Musiker musikalische Formen wie eine Fuge oder eine Sonate, ein Literatursachverständiger poetische Formen wie eine Stanze oder ein Sonett; oder es kann ein sachverständiger Statiker die Belastbarkeit eines Bauwerks einer bestimmten Form und Bauweise (unter Berücksichtigung der verwendeten Materialien) oder ein sachverständiger Ballistiker die (Form der) Flugbahn einer Kugel berechnen. Das *Rechnen* selbst, besonders wenn man in der höheren Arithmetik (der Differential- und Integralrechnung oder »Analysis«) die Grundrechenarten verläßt, setzt die Beherrschung von allerlei komplexen Schematismen und Formen und damit, als Fähigkeit, (Sach-)Verstand voraus.

Verständig oder *rational* redet und handelt im Rahmen seines Kunstfertigkeitsbereichs, wer sich auskennt und nach dem *Stand der Kunst* vorgeht. Was ein bloß reproduktiver Verstand kann und weiß, ist *»episteme«*, *feststehendes*, als solches prinzipiell *lehr-* und *lernbares*, deswegen bloß abstrakt-allgemeines, aber trotz seiner Konventionalität keineswegs unwichtiges Wissen und Können. *Irrational* heißt dann, wer sich *nicht* auf die Regeln der geforderten Kunst und dabei insbesondere nicht auf die des logisch schlüssigen, konsistenten und konsequenten Redens und Denkens versteht.

4. Konsequenz

Überhaupt ist der Begriff der Konsequenz wesentlich für den Begriff der Rationalität: Konsequent handelt jemand, wenn er im Rahmen einer allgemeinen begrifflichen Unterscheidung von Bedingungen B_i eine mit der Erfülltheit einer Bedingung B_{i_0} in einer

konkreten Situation *s* durch (praktische) Schlußschemata verbundene Handlungsform H_{io} durch sein konkretes Tun *h* richtig ausführt. Systeme derartiger Schlußschemata lassen sich u. U. in der Form »$B_i \Rightarrow H_i$« notieren. H_{io} kann dabei etwa ein – nach entsprechender Vorübung – in den relevanten Situationen unmittelbar ausführbares Handlungsschema sein, in welchem Fall das Tun *h* einfach das Befolgen einer Verhaltensanweisung wäre. Der Begriff der richtigen Ausführung verweist jedenfalls auf Beurteilungskriterien dafür, ob ein konkretes Tun *h*, das ein Tun der Art H_{io} sein will oder sein soll, dies auch wirklich ist. – Der Begriff der Konsequenz unterstellt damit insgesamt eine Norm des richtigen konkreten und generischen Handelns *h* oder *H* in konkreten und generischen Situationen *s* oder *S* des Typs *B* (bzw. B_i bzw. B_{io}).
Jedes deduktive Schließen ist selbst schon ein derartiges normiertes Handeln. Die entsprechenden schematischen Regeln des Übergangs von Prämissen zu Konklusionen, die als solche ein Operieren mit Figuren leiten, sind dabei die als gültig anerkannten Schlußformen. Dieses Schließen verbleibt (zunächst) im Bereich der symbolischen oder sprachlichen Handlungen. Konsequentes Schließen und Argumentieren erweist sich in dieser Sicht als Sonderfall des konsequenten Handelns und bleibt wie dieses an Schemata gebunden.
Inkonsequent redet oder handelt jemand nach den gegebenen Erläuterungen dann und nur dann, wenn er *einerseits* (zunächst vielleicht implizit, und das heißt: nach einer möglichen Analyse im reflektierenden Rückblick auf sein Tun dann doch auch explizit) *anerkennt*, daß *man* in den vorliegenden Situationen *s* unter der von ihm akzeptierten generischen Zwecksetzung Z sein Reden oder Handeln gemäß diesen oder jenen Schemata oder Regeln R_z einrichten (oder dann auch an diesen oder jenen Prinzipien P_z *orientieren*) *sollte*, dies aber nicht tut. Es ist daher eine Argumentation dadurch als inkonsequent aufzuweisen, daß man zuerst zeigt, daß und warum man in diesen oder jenen Kontexten so und so reden und argumentieren *sollte* (1). Danach erst kann und muß dann aber auch gezeigt werden, daß die Erfüllungsbedingungen dieses »Soundso« nicht erfüllt sind (2).
Der folgende, besondere Fall versteht sich dann fast von selbst, wenn man die genannten Momente unserer Begriffserläuterung berücksichtigt: Daß eine sinnvolle Aussage p nie *zugleich* mit ihrer Verneinung nicht-p als »richtig« zu bewerten ist, ist eine

sinnvolle Metanorm, da man sonst mit der Aussage keine Unterscheidung artikulieren könnte (1). Nachdem man so, offenbar aus einem praktisch einsichtigen Grund, eine (›nicht-ontologische‹) Version des berühmten »Satzes vom Widerspruch« akzeptiert hat, ist es in der Regel ein Anzeichen eines *Fehlers* in einer Argumentation, wenn diese zu einem *Widerspruch* führt, also zugleich eine Aussage *p* und die Aussage *non-p* als richtig erscheinen läßt (2). Dieser Fehler kann in allerlei bestehen, etwa im unrichtigen Gebrauch von anerkannten Schlußschemata oder im Gebrauch von nicht allgemein gültigen Schemata, oder in der Mißachtung der Tatsache, daß auch jede formallogische Allgemeingültigkeit bestimmte Voraussetzungen als erfüllt unterstellen muß. Es kann zum Beispiel keineswegs jeder Ausdruck, der wie ein wohlgeformter Satz und damit wie die Artikulation einer Aussage *aussieht*, auch wirklich eine Aussage, eine Unterscheidung, artikulieren.

So kann man etwa mit dem Satz »Ich lüge jetzt« keine ›möglicherweise wahre‹ Aussage artikulieren, weil es keine anerkannten Erfüllungsbedingungen gibt, die nur diesen Satz und nicht etwa zugleich auch seine Verneinung als wahr oder geltend erscheinen läßt. In einem Sinn ist die Äußerung des Satzes immer falsch, aber nur in dem Sinn, daß dieser nie eine wahre Aussage artikulieren kann. In ebendiesem, reichlich unnormalen Sinn ist seine Verneinung immer ›wahr‹, ohne daß man den Satz oder seine Verneinung in den formalen Schlüssen der üblichen Logiken benutzen dürfte: ebendas ist das Unnormale dieser Falschheit oder Richtigkeit.

Weil die Schlußschemata der formalen Logiken (der ›klassischen‹ sowohl wie der ›intuitionistischen‹) im allgemeinen nur für die Sätze angemessen sind, in denen der Satz vom Widerspruch immer erfüllt ist, wird ihr Gebrauch irreführend und falsch in all den Fällen, in denen diese Voraussetzungen nicht erfüllt sind.
Einer, der *inkonsequent* argumentiert oder *irrational* denkt, etwa indem er sich dauernd widerspricht, der beherrscht, wie wir jetzt vielleicht schon einsehen können, zunächst bloß eine *Technik* nicht richtig. Es handelt sich, erstens, um die Technik der kurzen *Artikulation* eines großen Umfangs schematischen Wissens durch *axiomartige Grundsätze*, aus denen man durch Anwendung von gelernten Deduktionsregeln viele Sätze (bei Bedarf) produzieren und so als durch die Grundsätze bewiesen, d. h. als in diesen *mitartikuliert* aufweisen kann. Mathematische Theorien und ihre Artikulation als axiomatisch-deduktive Systeme lösen so ein

durchaus wichtiges technisches Problem, das mit der Begrenzung unseres Gedächtnisses, der erforderlichen Zeit der Notation oder des Sich-Einprägens bzw. des Lesens der Sätze zusammenhängt. Es handelt sich, zweitens, um eine Technik der Handlungsorientierung und Handlungskoordination, die sich auf einen geregelten Umgang mit Symbolen und Sprache stützt, an die sich dann weitere normierte Handlungsformen anschließen. Man denke etwa daran, wie wir uns an den Sätzen einer (guten) *Gebrauchsanleitung* orientieren können oder wie wir unseren Umgang mit Dingen, Stoffen oder Organismen in der experimentellen oder technischen Praxis an den gelernten theoretischen Wahrheiten der je bestentwickelten Physik, Chemie oder Biologie orientieren.

Wir sehen jetzt: Wenn wir sagen, daß einer *irrational* rede oder handle, dann sagen wir im Grunde (nur), daß er sich nicht an diejenigen Handlungsweisen hält, die für den betreffenden Handlungsbereich und Zweck als tauglich gelten und von denen *wir annehmen*, daß der Handelnde sie als tauglich kennen müßte oder kennenlernen sollte. Nicht alles, was wir so, unter Rückgriff auf von uns stillschweigend anerkannte Schemata und Formen des ›rationalen‹ Vorgehens, als »irrational« bewerten, ist, so können wir jetzt sagen, wirklich *unvernünftig*. Denn die Bewertung, ob das, was wir gemäß den Präsuppositionen unseres Urteils für rational halten, wirklich generell vernünftig ist, steht ja noch aus. Und diese Bewertung läßt sich nicht durch Überprüfung bloß dezisionistisch gesetzter Rationalitätskriterien vornehmen, es sei denn, man vergäße die Bewertung dieser Kriterien und erreichte damit die Ebene des vernünftigen Urteilens überhaupt nicht.

Die Idee dieser Unterscheidungen zwischen genereller und prinzipieller Geltung bzw. zwischen schematischer Rationalität und Vernunft wird insbesondere in der Auseinandersetzung um die Prinzipien der Ethik bedeutsam. Hier wird nämlich eine richtig begriffene ›Prinzipienethik‹ sowohl gegenüber einem Regel- als auch gegenüber einem Konsequenzenutilitarismus vorzuziehen sein. Die Frage nämlich, wie die vorgeschlagenen oder auch nur als auffindbar behaupteten Rechenverfahren und Berechnungen der Nutzenmaximierer ihrerseits zu beurteilen sind, läßt sich selbst nicht einfach im Blick auf Regeln oder Konsequenzen beurteilen – es sei denn, man verstünde unter ›Konsequenzen‹ bloß das, was wir nach bestem Wissen und Gewissen als mögliche (etwa auch bloß wahrscheinliche) Folgen des Tuns berücksichtigen sollten. Bedenklich am Utilitarismus in der Ethik ist nicht etwa seine Betonung der Bedeutung der absehbar-möglichen Ergebnisse bei der moralischen Bewertung eines Handelns oder dann auch einer schon sittlich oder gar rechtlich sanktionierten Handlungsform. Das Problem ist die Unterstellung, für diese Bewertungen müßte es doch schematische Verfahren geben. Es ist nicht der Nutzen, sondern seine vorgebliche Berechenbarkeit, der formalistische ›Rationalismus‹ einer *dogmatischen Verfahrensethik*, die am sogenannten Utilitarismus problematisch ist – was Hegel schon deutlicher als Kant, nämlich auch noch gegen Kants schematisch mißverstandene Prinzipienethik sieht. Auf der anderen Seite ist nicht zu bezweifeln, daß bei der Berücksichtigung der Möglichkeiten von Ergebnissen eines Handelns im moralischen Urteilen die Technik der Wahrscheinlichkeitsrechnung und Entscheidungstheorie (gewissermaßen als ein schematischer Teil der Klugheit oder *phronesis*) wenn auch nicht die alleinige, so doch eine wichtige Rolle spielen kann, nicht anders als anderes technisches Wissen und Können auch.

5. Produktiver Verstand als Bildungskraft

Sachverstand *im weiteren Sinn* ist nun allerdings mehr als bloß pünktliche Beherrschung von unmittelbar einübbaren und in ihrer korrekten oder inkorrekten Befolgung unmittelbar beurteilbaren Schemata des Unterscheidens und des handelnden Vorgehens. Er setzt auch Erfahrung, Umsicht und Weitblick bzw. Klugheit im Sinne der *phronesis* des Aristoteles voraus. Insofern ist Sachverstand im weiteren Sinn immer schon *umfassender* als eine bloß *schematische Ratio*, die sich nur auf die reproduktive Befolgung von einfachen oder komplexen Schemata versteht, wie sie unter Umständen auch von Robotern ausführbar sind. Ein derartiger Satz ist natürlich als Aussage über die notwendigen Fähigkeiten eines Sachverständigen (im weiteren Sinn) zu lesen, bzw. über die hinreichenden Kompetenzen von jemandem, der bloß operative Anweisungen ausführen soll.

Sachverstand im weiteren Sinn braucht man praktisch in jeder menschlichen Kunstfertigkeit, etwa in der ärztlichen Kunst der Diagnostik oder den operativen Heilverfahren. Allgemein ist der

Handwerker, Techniker oder Ingenieur, aber dann auch der wissenschaftliche Forscher und Experimentator und schließlich der Mathematiker als Rechen- und Beweistechniker in seinem Gebiet der Sachverständige i.w.S., der *Experte*, der sich auf die bekannten Regeln seiner Kunst und Zunft versteht.

Vom Können eines Experten bzw. des reproduktiven Verstandes im engeren oder weiteren Sinne (1) ist dann aber die Fähigkeit zu unterscheiden, neue, möglicherweise für einen gegebenen Zweck geeignetere allgemeine Formen zu *entwickeln* (2). Wieder ein anderes ist es, über ganze Systeme von Formen formal reden und über ihre Anwendungsweisen informal urteilen zu können (3). Man kann daher die Fähigkeit zum (perfekten) Regelfolgen (1) von der Bildungskraft des konstruktiven Verstandes (2) unterscheiden und den dritten Fall, die Fähigkeit zum Reden über Formen und zum relativ freien Urteilen über aktuale Formgebungen, einer (höherstufigen) *Vernunft* im Sinn einer als ›vernünftig‹ ausgezeichneten Urteilskraft (3) zuordnen.

Konstruktiver Verstand oder Bildungskraft bei der Entwicklung neuer Gestaltungen und Formen ist in gewissem Sinn noch Teil der technischen Kompetenz, zum Beispiel des Architekten, Schriftstellers, des bildenden Künstlers, Komponisten, aber auch des Wissenschaftlers, Mathematikers und des Erfinders. Dabei weist der fast synonym zu »Einbildungskraft« gebrauchte Ausdruck »Phantasie« (per Konnotation) darauf hin, daß der produktive Verstand gerade nicht schematisch vorgehen kann, sondern eher auf einen teils ›spielerischen‹, teils diszipliniert-kontrollierenden Umgang mit ›Einfällen‹ angewiesen ist. Das Wort »Genie« benennt gerade in diesem Zusammenhang das *Ideal* des *produktiven Verstandes* in den jeweiligen Teilbereichen. Die – berechtigte – Hochschätzung des Genies zeigt dann auch, daß es zwischen dem, was wir als produktiven Verstand von der Vernunft unterscheiden, nicht nur *eine* Rangordnung gibt – was man übrigens auch dem Sprachgefühl unserer semantischen Kompetenz und damit der empraktischen Erfahrung im Umgang mit der Sprache und ihren impliziten Wertungen entnehmen könnte.

Das, worauf der konstruktive Verstand abzielt, sind neue Formen des Aufbaus oder Gebrauchs zum Beispiel eines Geräts (1) oder von Kompositionen neuer künstlerischer Werke (2) oder von neuen Möglichkeiten des symbolischen Handelns, etwa durch den Gebrauch neuer Zeichenkonfigurationen (3a) oder, etwas spezieller, von neuen theoretischen Darstellungen (3b) und so fort. Man denke etwa an die Erfindung von Freges Begriffsschrift (3a) oder an die Entwicklung der algebraisch-arithmetischen Darstellungsweisen geometrischer und anderer Proportionen und an die mathematischen Theorien der Kinematik und Dynamik, die seit Galilei, Descartes, Newton und Leibniz zum Darstellungsrahmen von ›allen möglichen‹ Bewegungsformen werden (3b). Oder man denke an neue Formen geographischer Vermessung, wie sie zum Beispiel die Gauß-Riemannsche Flächentheorie ermöglicht, eines Geräts wie zum Beispiel Wankels Konzept eines Motors oder an eine neue literarische Form, die, wie etwa Augustinus' *Bekenntnisse* oder Lichtenbergs Aphorismen oder Sternes *Tristram Shandy*, manchmal geradezu ein neues Genre eröffnen.

Dabei entstehen durch Zusammenfassung typischer Formmerkmale auch ›höhere‹, abstraktere Ebenen des Formbegriffs. Man denke als Beispiele an die (allgemeinen) Bauformen der Romanik, Gotik, des Barock oder des Jugendstils, an die typischen Techniken der Darstellungs- und Artikulationsformen in der Lyrik, Epik und Dramatik, in der Malerei und der Musik.

Während die Erfindungen der Technik im engeren Sinn mögliche Handlungsformen erschaffen, etwa über die Herstellung von Motoren und Flugzeugen die Möglichkeit des Fliegens, geht es in anderen Bereichen, etwa in der Musik, der Mathematik oder dann auch der Philosophie wesentlich um die Entwicklung neuer Artikulations- und Darstellungsformen. Dabei reicht es oft schon, vorhandene Formen *gut*, und das heißt: gerade nicht *bloß schematisch*, sondern kreativ, auf neue Weise und (wenn auch nur ›lokal‹, im Bereich des ›Besonderen‹) in neuer Form, zu gebrauchen.

6. Vernunft

Was wir, im Unterschied sowohl zum reproduktiven Verstand als auch zur produktiven (Ein-)Bildungskraft, »Vernunft« nennen, ist die Fähigkeit, uns an *Prinzipien frei* zu orientieren und dabei dennoch im Blick auf anerkannte (oder anzuerkennende) Erfüllungsbedingungen erfolgreich zu urteilen und zu handeln. Mit dem Wort »vernünftig« beurteilen wir *einerseits höherstufig*, *andererseits konkret*, welche Schemata oder Formen des Handelns und Sprechens in welchen typischen und konkreten Situationen angemessen sind. Diese freien Ur-Teile (Hegel) fällen wir im *nichtschematischen* Rückgriff auf mehr oder weniger breite oder tiefe *Erfahrungen* im Umgang mit diesen und anderen Formen des Handelns. Es ist daher kein Zufall, daß Vernunft ähnlich wie der griechische »nous« und auch die vielleicht am ehesten passende lateinische »*intelligentia*« ursprünglich die Fähigkeit *des rechten Vernehmens* meint, wenn man sich nicht, wie beim lateinischen »*intellectus*«, explizit auf ein zugehöriges ideales *agens* bezieht. Im Unterschied zu einer immer auch notwendigen Bildungskraft, die uns empraktisch neue Formen des Vorgehens, etwa auch neue Ausdrucksweisen in der Philosophie entwickeln läßt, gehört zur Vernunft die explizite Reflexion auf die alten und neuen Formen. Konstruktive Phantasie schafft damit wichtige Voraussetzungen vernünftigen Urteilens, aber ist nicht selbst schon die Fähigkeit des Urteilens.

Die Identifikation von Vernunft mit reproduktiver und konstruktiver Rationalität oder von Strenge mit Exaktheit mißachtet hier die *realen Erfahrungen*, die sich als solche nur dann wie selbstverständlich als schematisch gegliederte präsentieren, wenn man die (veränderbaren) Ur-Teilungen, welche diesen scheinbaren Selbstverständlichkeiten zugrunde liegen, vergißt. Vernunft ist daher immer auch Kritik am dogmatischen Schlummer schematischen Urteilens, bloß empraktischen Konstruierens und konventionellen Verhaltens. Sie ist eine unterscheidend-urteilende Kritik des *Man* und der *Technik* – um ähnlich wie Heidegger zu reden –, welche insbesondere auch den ›An-Spruch‹ der je konkreten Situation und des je-meinigen Da-Seins vernimmt.

6.1 Begründungen der Logik

Schon die Frage nach den richtigen Schlußschemata in der formalen Logik führt paradigmatisch vor, daß sich die ›Prinzipien des richtigen Vorgehens‹ gar nicht als Schemata angeben lassen. Denn wie bewerten wir, welche Schemata wann und wofür die richtigen sind, die nicht nur faktisch anerkannt werden, sondern, wie man sagt, *vernünftigerweise anzuerkennen* sind? Diese Frage ernst zu nehmen heißt zu sehen, daß es *keine* allgemein als richtig *begründbare* Logik des schematisch-deduktiven Argumentierens geben kann. Denn gerade auch der Begriff der *Allgemeingültigkeit* einer Schlußform in der Logik bleibt immer *relativ*. Er bezieht sich auf eine ganz bestimmte Klasse von Ausdrucks- und Gebrauchsformen und auf gewisse als erfüllt unterstellte Prinzipien. Der Unterschied zwischen klassischem und intuitionistischem Logikkalkül ist zum Beispiel begründet in den verschiedenen Bedingungen, welche für diejenigen Bereiche von Sätzen oder Aussagen als erfüllt unterstellt werden, die als mögliche Belegungen oder Interpretationen der Satz- und Schlußschemata angesehen werden. Zu den Präsuppositionen der klassischen Logik gehört zum Beispiel das »Tertium non datur« in der Form, daß jedem gemäß den rekursiven Regeln des Satzaufbaus wohlgebildeten Satz, wie sie die Aussagen- und Quantorenlogik verlangt, durch irgendwelche semantische Erläuterungen genau einer von zwei Wahrheitswerten zugeordnet sei.

Eine derartige Unterstellung mag problematisch sein. Problematischer aber ist es, ohne weitere Bedenken einfach zu erklären, durch die Wahl eines deduktiven Regelsystems, etwa eines der klassischen oder intuitionistischen Logikkalküle, könne man den Gebrauch der logischen Wörter und Satzformen allgemein definitorisch normieren. Nur scheinbar unproblematischer ist die Unterstellung, daß die Klasse der mathematischen Logiken – und zu dieser zählen selbstverständlich auch alle konstruktivistischen und andere nichtklassische Logiken – den allgemeinen Rahmen abgebe für alle möglichen Regelsysteme des ›vernünftigen‹ Gebrauchs logischer Wörter und Satzformen, aus denen man, wie Carnaps Toleranzprinzip sagt, sich eines aussuchen kann, aber auch eines aussuchen muß. Diese Art der Toleranz erstreckt sich nur auf Redeformen, die innerhalb der Klasse exakter Sprachgebrauchsregelungen bleiben. Die Frage wird nicht gestellt, wann und wozu wir uns auf Sprech- und Argumentationsweisen dieser Klasse beschränken sollen, können oder dürfen. Insofern enthält das Toleranzprinzip zugleich (mehr oder weniger implizit und verdeckt) ein Dogma, das den Begriff der vernünftigen Argumentation auf den Begriff der Befolgung schematischer Regeln reduziert, den Begriff der Strenge auf den der Exaktheit und damit den Begriff der Vernunft (*reason*) auf den des Verstandes (*rationality*). Der Slogan von der »halbierten Vernunft« kritisiert ebendiesen dogmatischen Reduktionismus in Wissenschaft und formalanalytischer Philosophie und macht geltend, daß die Befolgung vorgegebener, nur zu lernender Schemata für eine volle Sinnanalyse und ein volles Begreifen nicht ausreicht, auch nicht zusammen mit der Konstruktion weiterer Schemata des Redens, Argumentierens und Handelns.

6.2 Eidetische Gegenstände und ideale Normen

Ein besonders wichtiger Fall *prinzipieller* Rede ist das Reden über eidetische Formen, Idealtypen und Ideen, insbesondere soweit es der Artikulation *vernünftiger* Orientierungen dient. Eine solche eidetische Form ist (zumindest manchmal) zu verstehen als Fiktion der totalen (›idealen‹, ›unendlichen‹) Erfüllung von gewissen Bedingungen für faktische oder mögliche Handlungsergebnisse. Diese Fiktion entsteht dadurch, daß wir aus den Beschreibungen der Erfüllungsbedingungen *Namen* (singuläre Terme) bilden. Wir gehen zum Beispiel in der Geometrie von einer Ausdrucksform der Art »x ist ein gleichseitiges Dreieck« über zum Ausdruck »das gleichseitige Dreieck«. Ideale (eidetische) Aussagen über geometrische Formen, wie zum Beispiel »Im gleichseitigen Dreieck sind Höhen, Winkel- und Seitenhalbierende identisch und schneiden sich in einem Punkt« artikulieren dann in Subjekt-Prädikat-Form *interne* Eigenschaften der Formen, die *extern* als Bedingungen bzw. Meßmargen dafür gebraucht werden können, ob bzw. wie gut die betreffende Form durch eine reale Figur repräsentiert wurde. In diesem Sinn benutzen wir formentheoretische Aussagen als *nichtschematische Normen.*

Platons berühmt-berüchtigte Rede von einer Relation des ›Teilhabens‹ (*metechein, metalambanein, methexis*) zwischen Idee und Schema, zwischen eidetischer und figürlicher Form, weist, wenn man von der nicht nur bei Platon ungeklärten Konstitutionsanalyse der Rede über Formen absieht, auf den systematisch zweideutigen Gebrauch von Erfüllungsbedingungen und Formbenennungen hin: Auf der abstrakt allgemeinen Ebene idealer Rede werden die Sätze *kategorisch* als wahr (oder falsch) bewertet. Man stützt sich dabei auf theorieinterne Festsetzungen, etwa formale Axiome und deduktive Regeln. In bezug auf konkrete Anwendungsfälle sind die ›Theoreme‹ dann aber nur ›im Prinzip‹ wahr, sie lassen sich nur mehr oder weniger, nach Wahl einer Marge der Relevanz und unter Berücksichtigung der dadurch gegebenen

›Genauigkeit‹ als richtig oder wahr aufweisen. So ist zum Beispiel ein Satz wie »Ein Meister irrt sich nicht« als abstrakte Rede über die Idee des Meisters kategorisch wahr, aber keineswegs als generelle Rede über jeden konkreten Menschen, der (etwa institutionell oder unter gewissen Gesichtspunkten) als Meister gilt. Oder es sind die Theoreme der euklidischen Geometrie als Aussagen über ideale Formen kategorisch wahr, ohne daß sie in der phänomenalen Realität der die Formen repräsentierenden Figuren durch Messung je vollständig bestätigt (oder widerlegt) werden könnten. Das zeigt schon das historisch und systematisch wichtige Paradigma der ›*exakten*‹ inkommensurablen Proportionen zwischen Diagonale und Seite im regelmäßigen Fünfeck oder im Quadrat. In keiner empirischen Messung wird eine solche Proportion je ›*exakt*‹ bestimmbar sein. Die Exaktheit dieses Verhältnisses gehört vielmehr der abstrakt-schematischen Sphäre des allgemeinen Rechnens und Beweisens, nicht der des konkreten Messens an und heißt daher »*ideal*«.

Gerade wegen der bei Platon unter dem Titel »Teilhaben« benannten Problematik ist nicht nur Verstand vonnöten, sondern Vernunft im Sinne einer als vernünftig qualifizierten Urteilskraft, um mit eidetischen Formen und den Aussagen *idealtypischer* Theorien als *urteils-* und *handlungsorientierende Prinzipien* richtig umgehen zu können. Dazu muß man nicht nur die intern gesetzten formalen Wahrheiten der Theorie kennen, sondern die Art und Weise ihres angemessenen Bezugs auf die nicht idealen Verhältnisse der realen Erfahrungswelt. Der häufigste Fehler, der hier auftritt, ist der des unmittelbaren Verstandes, der die formalen Namen und Sätze der Theorien für unmittelbare Benennungen und Beschreibungen einer Wirklichkeit hinter den Erscheinungen hält und damit die Technik eidetisch-prinzipiellen Redens gar nicht begreift.

Prinzipien folgen zu können bedeutet dann, sich von unmittelbar-schematischen Verständnissen frei zu machen. Dazu muß man in der Lage sein, aufgrund von Erfahrungen einen bloß exemplarisch angefangenen Weg relativ frei weitergehen zu können. Die Prinzipien und idealen Wahrheiten liefern dabei nicht etwa ein festes Geländer, an das man sich unmittelbar halten könnte, wohl aber wichtige praktische Orientierungen. – Es soll dann gar nicht die Vernunft und das idealtypische Reden der Philosophie vorbehalten werden. Gerade auch in den Wissenschaften spielt prinzipielle

Vernunft im hier erläuterten Sinn eine zentrale Rolle. Nur wird dies dort oft weder eingestanden noch in seiner Spezifik und Bedeutsamkeit erkannt.
Insofern vernünftige Einsicht gerade die Anwendungsbedingungen schematischer und eidetischer Formen thematisiert, reicht für sie bloßer Sachverstand nicht hin. Vernünftige Einsicht verlangt nämlich die explizite Vergegenwärtigung der schematischen und idealen Formen des Urteilens und Handelns und der Prinzipien der rechten Anwendung dieser Formen. Vernunft gibt es zwar *nicht ohne* die Rationalität des sachverständigen Vorgehens der ›Objektstufe‹, sie beginnt vielmehr mit deren ›metastufiger‹ eidetischer Artikulation in einer theoretischen, vorzugsweise mathematischen Modellierung. Der jeweils bloß versierte Umgang mit den Schemata der Objekt- und der Metastufe reicht dann aber, wie Platon schon bemerkt, *nicht aus*. Man muß das theoretische Reden vielmehr als *prinzipielle* Rede deuten und ›richtig‹, vernünftig, auf die Realität der Erfahrung (der *phainomena*) beziehen können. Wer dies schematisch tun möchte, gerät in Probleme, so daß zum Beispiel schon für den Empiristen Protagoras oder den Skeptiker Sextus Empiricus die eidetischen Wahrheiten (etwa der idealen Geometrie) als unverständliche Spekulationen erschienen. Die Identifikation von Strenge und Exaktheit wird hier gewissermaßen zum disziplinbedingten Irrtum sowohl des philosophierenden Mathematikers als auch des theorievergessenen Empirikers. Während der eine die ›schmutzige‹, weil an sich gar nicht deutliche und invariante Erfahrung durch eine rein formale Rede gar nicht erreicht, meint der andere, die idealen Theorien als unmittelbare Beschreibungen oder Erklärungen der Wirklichkeit lesen zu können.

6.3 Urteilskraft

Es ist womöglich eine zumindest für unser Interesse allzu große Angleichung der Bereiche des Schematischen und Prinzipiellen bzw. des technischen Verstandes und der urteilenden Vernunft, wenn Wittgenstein schon in jedem Regelfolgen ein freies Fortsetzen von bloßen Anfängen sieht, so daß gewissermaßen alle Regeln als *prinzipielle* Regeln zu werten wären. Damit fiele der Unterschied zwischen (der Befolgung von) *schematischen Regeln* und dem Umgang mit *Prinzipien*, die mir hier so wichtig ist, weg. Da der Begriff des Schematischen von praktisch gewissen Gemeinsamkeiten abhängt, wird es hier zwar in der Tat keine *exakte* Grenze geben. Einen *prinzipiellen* Unterschied gibt es, wie ich hier zu zeigen hoffe, dennoch.

Der Unterschied wird wieder besonders deutlich, wenn man die (höhere) Arithmetik als Analogon nimmt. Hier kennt man nämlich den kategorialen Unterschied zwischen einer verfahrensmäßig berechenbaren und einer zwar in allen ihren Werten bestimmten, aber nicht berechenbaren Funktion bzw. zwischen der Entscheidbarkeit und der Wahrheitswertigkeit eines arithmetischen Satzes. Und es ist nicht bloß schematische Pünktlichkeit, sondern erfahrene mathematische Urteilskraft, die man braucht, um nicht vollformale, nicht rein deduktive, daher oft ›informal‹ genannte mathematische Beweise wie etwa Cohens Beweis der Unabhängigkeit der Kontinuumshypothese oder Gödels Beweise zur Unvollständigkeit jeder vollformalen Arithmetik *als Beweise* nachvollziehen und beurteilen zu können. In der Mathematik wird überhaupt mehr, als man glaubt, auf nicht-schematische Weise beurteilt, ob eine, sagen wir: generelle, allquantifizierte Aussage über einen zunächst unüberschaubaren oder gar ›nicht endlichen‹ Bereich von Möglichkeiten wirklich für *alle* Fälle wahr ist. Die Umformung derartiger Beweise in formale Deduktionen verschiebt dabei in der Regel nur die Stelle, an der man sich auf inhaltliche Einsichten dann doch wieder stützen muß. So muß man etwa Axiome als ›semantisch‹ und damit als ›inhaltlich wahr‹ in einer Modellstruktur einsehen oder zumindest als deduktiv konsistent, wenn sie nicht bloß willkürlich gesetzte und vielleicht sogar gänzlich sinnlose Formeln bleiben sollen.

Traditionell verweist man auf die Fähigkeit des inhaltlichen Urteilens, wenn man sagt, daß mathematische Vernunft und mathematisches Denken *nicht* bloß in der Fähigkeit besteht, (deduktiv) richtig zu rechnen. Das bleibt auch dann so, wenn man in deduktiven Beweisen die Begründungen der Urteile auf die in Axiomen artikulierten *grundsätzlicheren* Urteile und deren (nicht deduktive) Begründungen *zurückführt*. Wer aber den Begriff der mathematischen Begründung *gänzlich* auf den Begriff der schematischen Deduktion reduzieren wollte, der ›halbiert‹ den Begriff mathematischen Denkens und Argumentierens. Ein solcher wird Argumentationen, in denen, sagen wir, die Axiome oder Grundsätze der euklidischen Geometrie *prototheoretisch* als *vernünftige Ideationen* aus Erfahrungen im Umgang mit der Gestaltung von Körpern *demonstriert* werden sollen (wie etwa bei Inhetveen, Lorenzen oder Janich), aus dem, was er der eigentlichen Mathematik zurechnet, ausschließen. Oder er wird für nicht schon formalisierte Überlegungen zur logischen Grundlegung der (höheren) Arithmetik und Mengenlehre etwa bei Frege, Brouwer oder Lorenzen wenig Verständnis zeigen, etwa weil es den ›arbeitenden Mathematiker‹ gar nicht weiter berührt und weil nur das Formale an diesen Überlegungen zugänglich für die mathematische Methode ist. Diese Methode wird dann oft sogar noch auf ein begrenztes Set figürlicher Operationen eingeschränkt. Der Ausschluß der Reflexion auf diese Methode bedeutet hier, wie in jedem anderen Fall des ›Normalbetriebs‹ einer Wissenschaft, daß man metastufige Analysen und Urteile aus dem Betrieb selbst ausgrenzt.

Diese Ausgrenzung kann auf zweierlei Weisen bewertet werden: Der eine wird sagen, daß eine informale (etwa auch ›prototheoretische‹) Überlegung sich nicht im Rahmen eines vollformalen Beweisens beurteilen lasse und daher bestenfalls von heuristischem Wert bei der Auswahl der Axiome und Regeln, der Grundprinzipien des formalen Theoriebetriebs sei. Der andere wird sagen, daß gerade die Ausgrenzung von Überlegungen und Begründungen, welche die Grundlage und den Gesamtsinn der bestimmten und damit immer auch begrenzten Formen des Vorgehens einer wissenschaftlichen Disziplin betreffen, das Theorietreiben innerhalb dieser Formen insgesamt zur bloßen Technik, zum bloßen Regelfolgen macht, das als solches seine eigene Vernunft nicht mehr begreift.

Die Wissenschaft (soweit sie bloß nach dem Ideal der Exaktheit vorgeht) denkt nicht streng. Eine auf bloßen Sachverstand halbierte Vernunft kennt die ›transzendentalen‹ Bedingungen der Sinnhaftigkeit ihres Vorgehens, ihrer Schemata des Umgangs mit Sprache, Beobachtung und Erfahrung, ihrer Formen des Darstellens und Begründens nicht oder nur implizit und zum Teil.

Die Differenzierung zwischen der Exaktheit der Befolgung von irgendwie (in einer empraktischen Konvention oder durch explizite Benennung und Einübung) gegebenen Regeln und der Strenge der reflektierenden Beurteilung des größeren Kontextes und des realen, erfahrungsbezogenen Sinnbezugs ist dann aber nicht nur wichtig für die Kritik an einem sich zu eng an den mathematisierten Wissenschaften und ihren formalen Theoriekonstruktionen orientierenden Selbstverständnis der Philosophie, sondern auch für eine Kritik an einseitigen Bildern der menschlichen Vernunft in den Human- oder Geisteswissenschaften überhaupt. Man denke als Beispiel an die zur Zeit modischen, oft eher populärwissenschaftlichen Ausdeutungen der Theorien zur sogenannten künstlichen Intelligenz, die zunächst nur der Artikulation möglicher Techniken, etwa der automatischen Wahrnehmungs- und Sprachverarbeitung, dienen. Ob und, wenn ja, wie sie als *prinzipielle* Bilder menschlichen Verstandes oder gar menschlicher Vernunft taugen, müßte auf ganz andere Weise als rein technisch oder physiologisch-medizinisch beurteilt werden. Das aber scheint im Bereich der Kognitionsforschung kaum bekannt zu sein.

Es mag sein, daß zu diesen groben Urteilen mehr zu sagen wäre. Das ist aber in einer Argumentation, in der es um thesenartig repräsentierte *Einsichten* geht, *immer* und unausweichlich so: der Dialog um sie läßt sich nicht *allgemein abschließen*, sondern ist, je nach Nachfrage, passend fortzusetzen. In derartigen Fällen lassen sich nie *alle möglichen* Probleme oder Nachfragen, die manche noch haben könnten, ein für allemal beantworten, jedenfalls nicht auf eine Weise, wie man die Frage nach der Existenz oder der Korrektheit eines schematischen oder vollformalen deduktiven Beweises oft ›ein für allemal‹ beantworten kann. Es ist dies die Ebene der ›dialektischen‹ Vernunft, des Führens und stetigen Fortführens ›vernünftiger‹ Dialoge, die als solche nicht einfach den *Sachverstand* befördern – das hätte eine abrichtende und einübende Lehre zu tun –, sondern das Verstehen und Begreifen der weiteren Umstände, Zwecksetzungen und erwartbaren Zweckerfüllungen, denen das sachverständige Reden und Handeln dient und auf die hin es als *hinreichend* oder als ›bloß verständig‹, als bloß konventionelles Wissen (›conventional wisdom‹) beurteilt wird.

Matthias Gatzemeier

Das zweifache Apriori in den analytischen und synthetischen Urteilen Kants[1]

Vorbemerkungen zu Anliegen und Anspruch der folgenden Überlegungen

Inhaltlich geht es mir – wie der Titel unschwer erkennen läßt – um das Problem des Apriori, genauer gesagt: um das Apriori in bestimmten *Urteilen* bzw. Urteils*arten* in der Philosophie Kants; dies bedeutet, daß das Apriori der Anschauungsformen *nicht* Gegenstand der folgenden Erörterungen ist. Als *Textbasis* benutze ich – von wenigen Ausnahmen abgesehen – nur die »Prolegomena«[2]; die folgenden Analysen sind gewissermaßen als *Kommentar* zu dieser Schrift unter bestimmten systematischen Schwerpunkten zu verstehen. Die Übertragbarkeit der anhand dieser Schrift erarbeiteten Ergebnisse auf die Philosophie Kants insgesamt, insbesondere auf die *Kritik der reinen Vernunft*, scheint mir zwar problemlos gegeben zu sein, aber ich möchte sie an dieser Stelle nicht ausdrücklich behaupten. – Explizit möchte ich den Anspruch zurückweisen, hier über *alle* Bedeutungsvarianten des Ausdrucks ›Apriori‹ zu handeln.
Zur *Methode meiner Interpretation* sei vorausgeschickt, daß sie aus einer Verbindung von *hermeneutischem Textverstehen* und *logisch-systematischer Rekonstruktion* besteht; dies bedeutet, daß

1 Es handelt sich im folgenden um eine überarbeitete Version eines Vortrags, den ich am 12. November 1986 in Stuttgart gehalten habe. Eine Kurzversion dieser Überlegungen erschien unter dem Titel »Das Problem des Apriorismus. Versuch einer methodischen Rekonstruktion«, in: G. Pasternack (Hg.), *Philosophie und Wissenschaften. Das Problem des Apriorismus. Materialien des Symposiums Philosophie und Wissenschaften: Das Problem des Apriorismus*, Frankfurt am Main/Bern/New York/Paris 1986, S. 65-73.

2 I. Kant, »Prolegomena zu einer jeden künftigen Metaphysik, die als Wissenschaft wird auftreten können«, in: ders., *Gesammelte Schriften. Akad.-Ausg*. Bd. IV, S. 253-383. Die Seiten- und Zeilenangaben im folgenden Text beziehen sich auf diese Ausgabe.

ich zunächst im direkten Bezug auf wörtliche Zitate und auf den unmittelbaren Kontext die Aussagen Kants *immanent-hermeneutisch* aufbereiten werde; danach werde ich versuchen, die so gewonnenen Interpretationsergebnisse zu präzisieren, indem ich ihre *logische Form* analysiere und rekonstruiere.[3]

Das *Ergebnis* meiner Überlegungen, daß bei Kant eine methodisch relevante *zweifache Bedeutung des Apriori* in bezug auf die im Titel genannten Urteilsarten vorliegt, ist in dieser Allgemeinheit nicht neu[4]; das Apriori der *analytischen* Urteile besteht (kurz gesagt) darin, daß sie Tautologien sind, das Apriori *synthetischer* Urteile dagegen besteht nicht in Tautologien, sondern in einer vor aller Erfahrung liegenden, allein auf unsere Verstandesleistung zurückzuführenden »Gesetzmäßigkeit«. Das *spezifische* Anliegen der folgenden Analyse ist darin zu sehen, diesen soeben sehr allgemein skizzierten Unterschied *im Detail* methodisch herauszuarbeiten. Aus diesem Anliegen heraus ist – wie sich zeigen wird – neben der hermeneutischen Methode die systematische Rekonstruktion erforderlich.[5] Im Anschluß an die rekonstruierende Interpretation werde ich zum Versuch Kants, die synthetischen Urteile a priori und den Kausalitätsbegriff zu »retten«, kritisch Stellung nehmen.

Ein letzter Hinweis vorab: Die »schulmäßige« Darstellung der folgenden Analyse ist gewollt; ich möchte hier zugleich einen Beitrag für die philosophische Lehre an Gymnasien und Hochschulen geben.

3 Zu dieser Interpretationsmethode vgl. meinen Aufsatz: »Methodische Schritte einer Textinterpretation in philosophischer Absicht«, in: F. Kambartel/J. Mittelstraß (Hg.), *Zum normativen Fundament der Wissenschaft*, Frankfurt am Main 1973, S. 281-317.

4 Zur Vieldeutigkeit des Kantischen Aprioribegriffs im allgemeinen und den sich daraus ergebenden Problemen für die analytischen und synthetischen Urteile im besonderen vgl. zum Beispiel R. Zocher, »Der Doppelsinn des Kantischen Apriori«, in: *Zeitschrift für philosophische Forschung* XVII (1963), S. 66-74.

5 An dieser Stelle sei eine »persönliche« Bemerkung erlaubt: Sowohl die Vermittlung methodisch-logischer Kenntnisse als auch wesentliche Teile der Rekonstruktion der Philosophie Kants verdanke ich Friedrich Kambartel; hier beziehe ich mich insbesondere auf dessen Kantvorlesung im Wintersemester 1968/69 in Konstanz.

1. Das Urteilsverständnis Kants

Meine Ausgangsannahme, daß überhaupt die Konzeption des *Urteils* für ein genaueres Verständnis des Apriori-Begriffs von entscheidender Bedeutung ist, bedarf vorab einer Legitimation. Die zentrale Frage der »Prolegomena« lautet bekanntlich: Wie ist Metaphysik als Wissenschaft möglich? Diese Frage wird von Kant spezifiziert als Frage nach der Möglichkeit bestimmter *Urteile*, derjenigen Urteile näherhin, die als metaphysische Urteile gelten können; seine (vorläufige, noch sehr allgemeine) Antwort auf diese Frage lautet: »Metaphysische Erkenntniß muß lauter *Urtheile a priori* enthalten« (§ 2,a; 266/15). Auch bei der späteren Erörterung des Wahrnehmungs- und des Erfahrungsbegriffs geht es Kant um Wahrnehmungs- und Erfahrungs-*Urteile*.

Dieser durchgängige Bezug auf die besondere Art der Urteile scheint mir in zweifacher Hinsicht beachtenswert: *Einerseits* begegnet Kant hiermit dem (wie die Philosophiegeschichte lehrte) naheliegenden Mißverständnis, Metaphysik beruhe auf einer besonderen Erkenntnis*fähigkeit* (etwa der Fähigkeit zu einer »tieferen« Erkenntnis des »Wesens der Dinge«); *andererseits* macht er deutlich, daß er den Unterschied zwischen Wahrnehmung und Erfahrung (und hiermit zugleich auch die Möglichkeit metaphysischer Erkenntnis) *nicht* auf bestimmte *Bewußtseinszustände*, *nicht* auf *wahrnehmungspsychologische* Gegebenheiten zurückführen will (auch in dieser Hinsicht gibt es naheliegende Mißverständnisse), sondern auf bestimmte (noch zu erörternde) *Arten von Urteilen.*

Weil Kant bei der Erörterung der Möglichkeit und Notwendigkeit apriorischer Erkenntnisse immer wieder die Bedeutung der Urteilsproblematik hervorhebt, will ich versuchen, durch eine *Analyse* und *Rekonstruktion* der *methodischen Struktur* und der *semantischen Eigenart* der von Kant in dieser Frage für relevant erachteten *Urteilsarten* das Apriorismusproblem zu präzisieren. Kurz: Die *Analyse der Urteilsarten* ist der methodische Kern meiner Interpretation.

Zunächst bedarf der Terminus ›*Urteil*‹ einer Erläuterung. Da ich hier nicht die gesamte Urteilstheorie Kants berücksichtigen kann (und muß)[6], werde ich in aller Kürze (ohne expliziten Bezug auf

6 Zur Urteilstheorie Kants im allgemeinen vgl. zum Beispiel A. Ros,

Quellentexte) nur die für die hier zu diskutierende Problematik relevanten allgemeinen Aspekte hervorheben: Urteile nach dem Verständnis Kants sind (in heute üblicher Terminologie formuliert) *prädikative* Sätze (Aussagen) mit dem *Anspruch auf Gültigkeit* (Geltung, Richtigkeit, Begründbarkeit, Wahrheit – auf den Bedeutungsunterschied dieser Termini kommt es mir hier nicht an); kurz: sie sind als *Behauptungen* zu verstehen (im Sinne der behauptenden, der »apophantischen Sätze« des Aristoteles).[7] Der mit den verschiedenen Urteilsarten verbundene jeweils spezifische *Begründungsanspruch* ist für die weitere Argumentation Kants von entscheidender Bedeutung, weil er die analytischen und synthetischen Urteile nach der *Art der Einlösung des Begründungs-* (Verteidigungs-, Geltungs- oder Wahrheits-) *Anspruchs* unterscheidet.

»Kants Begriff der synthetischen Urteile a priori«, in: *Kantstudien* 82/2 (1991), S. 149-152.

7 Aristoteles, »De interpretatione« 4 u. 5. – Vgl. z. B. 4, 17 a 3 f. : »... ein Behauptungssatz ist aber ... nur eines, dem es zukommt, wahr oder falsch zu sein.« (Zitiert nach der Übersetzung von H. Weidemann, Aristoteles, »Peri Hermeneias«, Berlin 1994) – Zu meinem oben kurz skizzierten Verständnis der Intention der Urteilslehre Kants vgl. auch H. Scholz, »Einführung in die Kantische Philosophie«, in: ders., *Mathesis universalis. Abhandlungen zur Philosophie als strenger Wissenschaft* , hg. v. H. Hermes/F. Kambartel/J. Ritter, Basel/Stuttgart 1961, S. 194 f.: »Da nur wahre oder als wahr vermutete Aussagen zur Konkurrenz zugelassen sein sollen, also nur Aussagen, die sinnvoll behauptet werden können, so liegt es nahe, *die Art ihrer Begründung* zum *fundamentum divisionis* zu machen. Dies hat für die Prädikate ›empirisch‹ und ›apriorisch‹ den sehr erwünschten Effekt, daß eine Aussage *›empirisch‹* heißen soll dann und nur dann, wenn ihre *Begründung* (genauer...: die Begründung ihrer Behauptung) von der Erfahrung abhängig ist, *›apriorisch‹* dann und nur dann, wenn ihre Begründung von der Erfahrung unabhängig ist. Entsprechend wird eine Aussage *›analytisch‹* heißen dann und nur dann, wenn ihre *Begründung* eine analytische ist, *›synthetisch‹* dann und nur dann, wenn ihre *Begründung* eine synthetische ist.«

11. Das Apriori im analytischen Urteil

Analytische Urteile, heißt es in den »Prolegomena«, »sagen im Prädicate nichts als das, was im Begriffe des Subjects schon wirklich ... gedacht war«; sie sind daher »blos *erläuternd*«, »beruhen gänzlich auf dem Satz des Widerspruchs« und sind »Erkenntnisse a priori«. Zusätzlich weist Kant ausdrücklich darauf hin, daß die analytischen Urteile in ihrem analytischen Charakter *nicht* dadurch tangiert werden, daß in ihnen *empirische Begriffe* vorkommen (§ 2, a u. b; 266f.). Soweit die Hinweise auf die bei Kant vorfindliche *Textbasis.*

In der folgenden *systematischen Rekonstruktion*[8] kann ich nicht alle Interpretationsschritte im Detail darlegen; ich beschränke mich darauf, die für meine Leseabsicht relevanten Ergebnisse festzuhalten: Analytische Urteile sind, qua Urteile, *Behauptungen* (s. o.); ihre *Besonderheit* besteht darin, daß sie nicht empirische, *sondern* apriorische *Erkenntnisse ermöglichen*, und zwar *selbst dann*, wenn sie empirische Prädikatoren enthalten. Ich ersetze das Wort ›Begriff‹ bei Kant durch ›Prädikator‹.[9] Den Ausdruck ›empirischer Begriff‹ verstehe ich als abkürzende Redeweise für ›empirisch *eingeführter* Begriff‹, d. h. als Prädikator, der *nicht ohne Bezug* auf *empirische Gegenstände eingeführt*, nicht ohne einen derartigen Gegenstandsbezug in seiner Semantik verständlich gemacht werden kann.[10] Kant nennt als Beispiele ›Gold‹, ›gelb‹ und ›Metall‹ (§ 2, b; 267/16ff.). Die empirische »Genese«, die Her-

8 Zur Rekonstruktion der hier relevanten Termini Kants vgl. auch die »*Präzisierungsvorschläge für ›empirisch‹, ›apriorisch‹, ›analytisch‹, ›synthetisch‹* « von H. Scholz, »Einführung in die Kantische Philosophie«, a. a. O., S. 194f. u. 199ff.

9 Vgl. hierzu: W. Kamlah/P. Lorenzen, *Logische Propädeutik oder Vorschule des vernünftigen Redens*, Mannheim 1967, S. 27-31; P. Lorenzen/O. Schwemmer, *Konstruktive Logik, Ethik und Wissenschaftstheorie*, Mannheim 1973, S. 25-28, sowie D. Gerhardus/S. M. Kledzik/G. H. Reitzig, *Schlüssiges Argumentieren. Logisch-propädeutisches Lehr- und Arbeitsbuch*, Göttingen 1975, S. 22-41.

10 Vgl. hierzu H. Scholz, »Einführung in die Kantische Philosophie«, a. a. O., S. 198: »Eine wissenschaftliche Aussage ... soll ›*empirisch*‹ heißen dann und nur dann, wenn Beobachtungen für ihre Begründung erforderlich sind, ›*apriorisch*‹ dann und nur dann, wenn sie nicht empirisch ist, also dann und nur dann, wenn Beobachtungen für ihre Begründung *nicht* erforderlich sind.«

kunft der Prädikatoren aus der Beobachtung, tangiert also nicht das analytische Urteil; es kommt allein darauf an, daß das Urteil sich aus der *Explikation* (Kant spricht hier von erläutern bzw. zergliedern: 2, a u. b) *der verwendeten Prädikatoren* ergibt; d. h., die Explikation der im Subjekt des Urteils bereits enthaltenen Prädikatoren ist die *alleinige Begründungsinstanz für den Geltungsanspruch analytischer Urteile.*

Der zusätzliche Hinweis Kants auf den Widerspruchssatz bedeutet, daß das im Subjekt mitgedachte Prädikat *nicht negiert* werden darf, denn damit würde sich eine *Kontradiktion* in ein und demselben (Subjekt-)Begriff ergeben.

Erläuterungsbedürftig ist der Hinweis Kants darauf, daß Prädikate im Begriff des Subjekts »gedacht« werden (266/26 ff.). Kant selbst geht nicht näher auf die Frage ein, wie man *feststellen* kann, welche Prädikate in welchen Subjektsbegriffen enthalten sind, in ihnen stets »gedacht« werden. Die von ihm angeführten Beispiele helfen kaum weiter, da er keine allgemeinen Kriterien oder Regeln, sondern eben nur Beispiele, die ihrerseits explikationsbedürftig sind, angibt: »alle Körper sind ausgedehnt« und »Gold ist ein gelbes Metall« sind Beispiele für analytische Urteile; »einige Körper sind schwer« ist ein synthetisches Urteil (266/26 u. 30 f.; 2676/17). Die erläuterungsbedürftige Selbstverständlichkeit, von der Kant hier ausgeht, kann durch folgende Rekonstruktion theoretisch eingeholt werden: Über Kant hinausgehend kann man das Enthaltensein von Begriffen in anderen verstehen als *semantische* Festlegung des Verhältnisses von Prädikatoren zueinander, und semantische Abhängigkeitsverhältnisse dieser Art werden aufgrund von *Definitionen* oder *Prädikatorenregeln* konstituiert.[11]

Analytische Urteile wären somit *Behauptungen, deren Begründungsanspruch ausschließlich unter Rekurs auf semantische Festlegungen eingelöst werden kann.* Daraus ergibt sich eo ipso, daß analytische Urteile »ihrer Natur nach Erkenntnisse a priori« sind (267/7), denn zu ihrer Begründung werden nicht (neue) empirische Erkenntnisse, sondern *allein* die semantischen Festlegungen benötigt. Auch die Erklärung Kants, daß analytische Urteile

11 Zum Terminus ›Prädikatorenregel‹ vgl. W. Kamlah/P. Lorenzen, *Logische Propädeutik*, a. a. O., S. 70-77; P. Lorenzen/O. Schwemmer, *Konstruktive Logik*, Ethik und Wissenschaftstheorie, a. a. O., S. 43, sowie D. Gerhardus u. a., *Schlüssiges Argumentieren*, a. a. O., S. 81-88.

Suhrkamp Wissenschaft

2. Halbjahr 1995

GESAMTAUSGABEN

THEODOR W. ADORNO
Nachgelassene Schriften
Herausgegeben vom
Theodor W. Adorno Archiv
Abteilung VI: Vorlesungen.
Band 4
Kants »Kritik der reinen Vernunft«
Herausgegeben von
Rolf Tiedemann
Etwa 440 Seiten. Gebunden
ca. DM 84,– / öS 622,– / sFr. 84.–
ISBN 3-518-58216-X

WALTER BENJAMIN
Gesammelte Briefe
Herausgegeben vom
Theodor W. Adorno Archiv
Band I: **Briefe 1910–1918**
Herausgegeben von Christoph
Gödde und Henri Lonitz
Etwa 530 Seiten. Gebunden
ca. DM 98,– / öS 725,– / sFr. 98.–
(Subskription: ca. DM 78,– /
öS 577,– / sFr. 78.–)
ISBN 3-518-58217-8

GEORG SIMMEL
Gesamtausgabe
Herausgegeben von
Otthein Rammstedt
Band 7
Aufsätze und Abhandlungen
1901–1908, Band I
Herausgegeben von Rüdiger
Kramme, Angela Rammstedt
und Otthein Rammstedt
Etwa 400 Seiten. Gebunden
ca. DM 48,– / öS 355,– / sFr. 48.–
ISBN 3-518-57957-6
stw 807: ca. DM 27,80 /
öS 206,– / sFr. 28.80
ISBN 3-518-28407-X

Band 10
Philosophie der Mode
Die Religion
Kant und Goethe
Schopenhauer und Nietzsche
Herausgegeben von Michael
Behr und Gert Schmidt
Etwa 500 Seiten. Gebunden
ca. DM 56,– / öS 414,– / sFr. 56.–
ISBN 3-518-57960-6
stw 810: ca. DM 29,80 /
öS 221,– / sFr. 30.80
ISBN 3-518-28410-X

RECHTSPHILOSOPHIE

Harold J. Berman
Recht und Revolution
Die Bildung der westlichen Rechtstradition
Übersetzt von Hermann Vetter
stw 1203. 902 Seiten
ca. DM 39,80 / öS 295,– / sFr. 40.80
ISBN 3-518-28803-2

Norbert Hoerster
Neugeborene und das Recht auf Leben
stw 1215. Etwa 140 Seiten
ca. DM 14,80 / öS 110,– / sFr. 15.80
ISBN 3-518-28815-6

Erweiterte Neuauflage:
Norbert Hoerster
Abtreibung im säkularen Staat
Argumente gegen den § 218
stw 929. 168 Seiten
ca. DM 16,80 / öS 124,– / sFr. 17.80
ISBN 3-518-28529-7

PSYCHOANALYSE, SOZIALPSYCHOLOGIE, PSYCHOLOGIE

Dieter Flader
Psychoanalyse im Fokus von Handeln und Sprache
Vorschläge für eine handlungstheoretische Revision und Weiterentwicklung von Theoriemodellen Freuds
stw 1199. Etwa 400 Seiten
ca. DM 27,80 / öS 206,– / sFr. 28.80
ISBN 3-518-28799-0

Johannes Cremerius (Hg.)
Die Zukunft der Psychoanalyse
stw 1200. Etwa 180 Seiten
ca. DM 18,80 / öS 139,– / sFr. 19.80
ISBN 3-518-28800-8

Ausführlichere Informationen zu den hier angezeigten Taschenbüchern finden Sie im vierteljährlich erscheinenden Taschenbuch Journal, das Sie kostenlos bei Ihrem Buchhändler erhalten oder direkt vom Verlag beziehen können. Alle lieferbaren Titel finden Sie im Suhrkamp Wissenschaft Gesamtverzeichnis 1995/96, das ab Oktober 1995 vorliegt.

Suhrkamp Verlag, Lindenstraße, Suhrkamp Haus,
D-60325 Frankfurt am Main
Preisänderungen vorbehalten.
Redaktionsschluß: Juni 1995 (99727)

»gänzlich auf dem Satze des Widerspruchs« beruhen (267/6 f.), ist auf der Basis der von mir vorgeschlagenen Interpretation deutbar: Die Wahrheit bzw. Falschheit analytischer Behauptungen ergibt sich nicht aus empirischen Beobachtungen, sondern aus der widerspruchsfreien Verwendung der Bedeutungsfestlegungen.

Die Frage, ob Kant selbst der Auffassung zustimmen würde, die Festlegung der Bedeutung von Begriffen (Prädikatoren) erfolge aufgrund von *Vereinbarungen* (*Konventionen*), kann ich hier nicht eingehend erörtern (sie ist übrigens für diese methodische Rekonstruktion unerheblich). Kant scheint davon überzeugt gewesen zu sein, daß es sprecher-, sprachgemeinschafts- und konventions-*unabhängige*, *essentielle* Prädikatoren gebe, die einem Begriff notwendigerweise zukommen.[12] Unter diesem Aspekt ist bei der Rekonstruktion die Definition angemessener als die Prädikatorenregel. – Kant war übrigens das Problem der Sprecher-Abhängigkeit des Wortgebrauchs sehr wohl bewußt. In seiner Auseinandersetzung mit den Einwänden von M. Maaß gesteht er interessanterweise die jeweilige wortgebrauchsabhängige Relativität der Analytizität und Synthetizität von Urteilen zu.[13]

12 Vgl. hierzu: A. Ros, »Kants Begriff der synthetischen Urteile a priori«, a. a. O., S. 153. – In seiner Spätphilosophie hat Kant offensichtlich der *Sprache* als einer Art apriorischem, universellem Zeichensystem eine systematisch wichtige Funktion zuerkannt. Vgl. hierzu: C. Stetter, »Das Wahrnehmungsurteil bei Kant und Peirce«, in: *Ästhetik & Umwelt. Wahrnehmung, ästhetische Aktivität und ästhetisches Urteil als Momente des Umgangs mit der Welt*, hg. v. H. Sturm, Tübingen 1979, der in seiner Analyse des Leibbewußtseins im *opus postumum* zu folgendem Ergebnis gelangt (S. 54): »Die Möglichkeit eines Übergangs von fragmentarischer Wahrnehmung zu systematischer Erfahrung beruht auf der Verfügung über ein Zeichenmedium, das uns in der Bestimmung *eines* Gegenstandes zugleich eine Handhabe zur Bestimmung *aller anderen* bietet.«

13 »Denn nach dieser Eintheilung, meint er ‹M. Maaß›, könne man von keinem *gegebenen* Urteil geradehin sagen: ob es analytisch oder synthetisch sey, weil ja der eine unter dem Begriffe des Subjects dieses, der andere jenes, der eine mehr, der andere weniger, denken kann. *Dieses letztere ist nun allerdings wahr.*« (I. Kant, *Akad.-Ausg.*, Bd. xx, S. 408; Herv. v. Verf.) Weiterhin heißt es (ebenfalls über die Position von M. Maaß): »Gesetzt nun, ich finde bey einem Urtheile, welches zwey Philosophen mit einerley Worten ausdrücken, der eine verknüpfte mit dem Subjecte einen reichhaltigen Begriff, daß das Prädicat in diesem

Die erwähnten Beispiele Kants (»Alle Körper sind ausgedehnt« und »Gold ist gelbes Metall«) lassen sich nach dieser Interpretation in ihrer *Struktur* als *Behauptungen mit einer spezifischen Begründungsbasis* folgendermaßen formalisiert darstellen:
(1) Die Behauptung »Alle Körper sind ausgedehnt« lautet formalisiert:

$\bigwedge_x$ ((x ∈ Körper) → (x ∈ ausgedehnt))

[Lies: Für alle x gilt: wenn x ein Körper ist, dann ist x ausgedehnt]
Die semantische Festlegung als Begründungsbasis für diese Behauptung ist, wie gesagt, entweder eine *Prädikatorenregel* –

(x ∈ Körper) ⇒ (x ∈ ausgedehnt)

[Lies: Einem x, dem der Prädikator ›Körper‹ zukommt, kommt auch der Prädikator ›ausgedehnt‹ zu][14]
– oder eine *Definition*:

x ∈ Körper ⇆ x ∈ ausgedehnter Gegenstand.

Dies bedeutet: Für die Begründung der Allaussage »Alle Körper sind ausgedehnt« können wir entweder auf eine Prädikatorenregel oder auf eine Definition zurückgreifen. Ein *empirischer* Beleg, eine Beobachtung von Körpern verschiedener Art, ist *nicht* erforderlich (sofern die Regel bzw. die Definition als gültig anerkannt und die verwendeten Prädikatoren als hinreichend explizit eingeführt angesehen werden können).

schon mit enthalten ist, der andere hingegen einen solchen, worinn das Prädicat nicht liegt; so werde ich ganz bestimmt sagen: das Urtheil des ersten ist analytisch, und des andern synthetisch, denn obgleich ihre Urtheile, da sie mit einerley Worten ausgedruckt sind, ein und eben dasselbe zu seyn scheinen, so sind sie in diesem Falle es doch in der That nicht, sondern zwey verschiedene Urtheile.« (ebd.) – Vgl. hierzu: A. Ros, »Kants Begriff der synthetischen Urteile a priori«, a. a. O., S. 161 f. Es handelt sich hier um einen Rezensions-Text des Kant-Schülers Johannes Schultz, der aber seinerseits hierfür Vorlagen von Kant benutzte. Vgl. hierzu: G. Lehmann, »Einleitung« zu Bd. XX der Akad.-Ausg., a. a. O., S. 484: Kant hatte *Material für die von Schulz zu verfassende ... Rezension vom zweiten Bande des von Eberhard herausgegebenen philosophischen Magazins* ...« an Schultz geschickt.

14 Kant selbst bietet in seiner *Logik* (§ 36; *Akad.-Ausg.* IX, S. 111) folgende Formulierung: »Alles x, welchem der Begriff des Körpers (a+b) zukommt, dem kommt auch die Ausdehnung (b) zu ...«.

Auch beim *zweiten* Beispiel handelt es sich um eine *Allaussage* mit Wenn-dann-Struktur, obwohl dies der Formulierung selbst nicht unmittelbar anzusehen ist; denn: »Gold ist ein gelbes Metall« kann ja nur heißen, daß *alles*, was Gold ist, auch gelb und Metall ist.

(2) Die Behauptung, »Gold ist ein gelbes Metall« lautet formalisiert (als Allaussage):

$$\bigwedge_x ((x \in \text{Gold}) \rightarrow (x \in \text{gelb}) \wedge (x \in \text{Metall}))$$

[Lies: Für alle x gilt: wenn x Gold ist, dann ist x auch gelb und Metall][15]

Die semantische Festlegung als Begründungsbasis für die Behauptung ist hier ebenfalls entweder eine *Prädikatorenregel*, nämlich:

$$(x \in \text{Gold}) \Rightarrow (x \in \text{gelb}) \wedge (x \in \text{Metall})$$

[Lies: Einem x, dem der Prädikator ›Gold‹ zukommt, kommen auch die Prädikatoren ›gelb‹ und ›Metall‹ zu]

oder eine Definition:

$$x \in \text{Gold} \leftrightarrows (x \in \text{gelb}) \wedge (x \in \text{Metall}).$$

Ob die angegebenen Definitionen sinnvoll (angemessen, zutreffend) sind, soll hier nicht diskutiert werden; es geht mir allein darum, die *Struktur der Argumentation* für analytische Behauptungen zu verdeutlichen. In diesem Sinne handelt es sich um »apriorische Erkenntnisse«, d. h. um a priori begründbare *Behauptungen*. Der Ausdruck ›a priori‹ bedeutet den ausschließlichen Rekurs auf (definitorische Elemente der) *Sprache*, ohne jede (zusätzliche) empirische Beobachtung.

Nehmen wir zur Verdeutlichung noch das Beispiel Kants für ein *synthetisches* Urteil hinzu: »Einige Körper sind schwer«. Diese Behauptung ist (nach Kant) *nicht* allein durch den Rückgriff auf semantische Festlegungen begründbar; d. h., wir müssen *empirisch* feststellen, ob es einige Körper gibt, die schwer sind.

15 Man kann dieses Beispiel Kants auch als einfache Wenn-dann-Behauptung (ohne den Charakter einer Allaussage) verstehen; dann ergibt sich folgende Formalisierung: $(x \in \text{Gold}) \rightarrow (x \in \text{gelb}) \wedge (x \in \text{Metall})$. Für die hier interessierende Frage nach der Art der Begründungsbasis macht dies keinen Unterschied, denn sowohl für die Allaussage als auch für die einfache Wenn-dann-Behauptung muß eine Definition oder eine Prädikatorenregel angegeben werden können, wenn man davon ausgeht, daß es sich um analytische Urteile handeln soll.

Ergänzend (und über Kant hinausgehend) möchte ich darauf hinweisen, daß nicht nur semantische, sondern *auch logische* Festlegungen eine Basis für apriorisch begründbare Behauptungen abgeben können. Dies ist immer dann der Fall, wenn die Begründung einer Behauptung *allein unter Rekurs auf die für den Gebrauch logischer Partikel geltenden Festlegungen (Regeln) möglich ist.* So ist zum Beispiel die hier formallogisch zu verstehende Behauptung »wenn a, dann a« ($a \rightarrow a$) eine apriorisch-analytische Behauptung; denn für ihre Begründung ist keine empirische Beobachtung, sondern nur die *Regel* über den Umgang mit Wenn-dann-Aussagen hinzuzuziehen (wobei auch hier die Korrektheit oder Angemessenheit dieser zugrundeliegenden Regelung nicht diskutiert werden soll). – Kants Behauptung, daß es sich bei der Einteilung der Urteile in analytische und synthetische um eine *vollständige Disjunktion* handelt, trifft also nur auf Aussagen mit Prädikat-Struktur zu.[16]

Als *Ergebnis* der bisherigen Rekonstruktion läßt sich festhalten: Die analytischen Urteile Kants können als *apriorisch begründbare Behauptungen* angesehen werden, und zwar in dem Sinne, daß die Begründung allein auf *semantischen (definitorischen) und logischen Festlegungen* beruht. – *Dieses Apriori der Urteilsart,* das zu unterscheiden ist vom (noch zu erörternden) Apriori der »reinen Naturwissenschaft«, erscheint mir in bezug auf seine *theoretische Legitimation unproblematisch* (sofern man – was ich nicht bezweifle – annehmen kann, daß es Behauptungen der angegebenen Art gibt).[17] In bezug auf den *praktischen* Nutzen scheint mir die-

16 Diese Einschränkung hat Kant selbst explizit formuliert: »In allen Urtheilen, worin das *Verhältniß eines Subjects zum Prädicat* gedacht wird, ... ist dieses Verhältniß auf zweierlei Art möglich. Entweder das Prädicat B gehört zum Subject A..., oder B liegt ganz außer dem Begriff A.... Im ersten Fall nenne ich das Urtheil analytisch, in dem anderen synthetisch.« (*Kritik der reinen Vernunft,* Einleitung IV, B 10; Herv. v. Verf.)

17 Quine hat bekanntlich bezweifelt, daß es eindeutige Kriterien für die Analytizität von Aussagen gebe (geben könne): W. V. O. Quine, »Zwei Dogmen des Empirismus«, in: J. Sinnreich (Hg. u. Übers.), *Zur Philosophie der normalen Sprache. Texte von Quine, Tarski, Martin, Hempel und Carnap,* München 1972, S. 167-194. Mein Rekonstruktionsvorschlag rekurriert nicht – wie Quine es tut – auf den faktischen Sprachgebrauch natürlicher Sprachen, sondern auf eine normierte

ses Apriori sinnvoll zu sein, da die Unterscheidung von apriorischen und nicht-apriorischen Behauptungen die jeweils zulässigen und erforderlichen Begründungsarten erkennen läßt und somit die Argumentation und auch deren Kritik erleichtert. Um zum Beispiel die Wahrheit der Aussage »Mehr als 80% der Junggesellen in Nordrhein-Westfalen sind unverheiratet« zu prüfen, bedarf es keiner empirischen Untersuchung; hier genügt die Vergegenwärtigung der Definition von ›Junggeselle‹.

III. Die *synthetischen* Urteile

Synthetische Urteile lassen sich nach Kant in aposteriorische und apriorische unterteilen; in beiden Fällen müssen sie zwar »*dem Satze des Widerspruchs gemäß* abgeleitet werden«, können aber aus diesem »allein nimmermehr entspringen« (§ 2, c; 267/31 u. 29); außerdem sind *beide* »Erweiterungsurteile« in dem Sinne, daß sie »die gegebene Erkenntnis vergrößern«, d. h.: Im Prädikat ist mehr enthalten als das, was im Begriff des Subjekts gedacht wird (§ 2, a; 266/21). Oder anders formuliert: Sie können nicht *allein* durch Rückgriff auf semantische und logische Festlegungen begründet werden.

Die synthetischen Urteile *a posteriori* gelten in der Regel als unproblematisch. Es handelt sich um die sogenannten »empirischen Behauptungen«, d. h. um *Behauptungen, für deren Begründung* (mindestens) *eine empirische Beurteilung/Beobachtung erforderlich ist.* Diese empirische Beurteilung bedeutet *näherhin* eine *Entscheidung* darüber, daß einem bestimmten Gegenstand *ein bestimmter Prädikator zukommt* (d. h. zu Recht zugesprochen

Sprache, d. h. auf explizite, (möglichst) präzise Wortgebrauchsvereinbarungen. Daß es auch hierbei problematische Sonderfälle geben kann, soll nicht bestritten werden. Aber die von Quine zusätzlich angeführte Zirkularität natürlicher Sprachen und das von ihm genannte Synonymitätsproblem, nach dem Synonymitätsbehauptungen bereits auf eine Theorie wahrer Sätze zurückgreifen müßten, existieren bei systematisch eingeführtem normierten Wortgebrauch nicht. Zur Kritik an Quine vgl. auch H. Lange, *Kants modus ponens. Überlegungen und Vorschläge zu einer analytischen Rekonstruktion von Kants Metaphysik der Erfahrung.* Mit einer Einführung von Klaus Hartmann, Würzburg 1988, S. 20-24.

wird); dabei muß sich dieser Prädikator auf *empirische Gegenstände* beziehen, und die Entscheidung über das korrekte Zusprechen bedarf der *Gegenwart* (oder der Erinnerung an die Gegenwart) *empirischer Gegenstände.* – Zwar gibt Kant in diesem Zusammenhang keinen Hinweis darauf, wie synthetische Urteile a posteriori im einzelnen zu begründen sind (insofern geht meine Interpretation über den Wortlaut der »Prolegomena« hinaus), es ist jedoch ohne Schwierigkeit möglich, das Beispiel Kants »Einige Körper sind schwer« (266/30 f.) gemäß der oben vorgeschlagenen Rekonstruktion zu explizieren: Bei der Argumentation über die Wahrheit derartiger Aussagen müssen *empirische* Gegenstände beurteilt werden, und zwar (in diesem Fall) in bezug darauf, ob ihnen die Prädikatoren ›Körper‹ und ›schwer‹ berechtigterweise zugesprochen werden können. Und dies dürfte, wie gesagt, in der Regel als möglich unterstellt werden. Die synthetischen Urteile *a priori* dagegen sind »Problemfälle« besonderer Art. Sie sollen nach Kant einerseits »Erweiterungsurteile« sein, andererseits aber »aus reinem Verstande und Vernunft entspringen« (267/26 f.). Zu klären ist hier vor allem, *welcher Art* (welcher methodischen Struktur) diese Urteile sind. In der Analyse der Struktur dieser Urteile wird sich herausstellen, daß bei den *synthetischen* Urteilen a priori der Ausdruck ›a priori‹ nicht dasselbe bedeutet wie bei den *analytischen Urteilen.*

IV. Das Apriori in den Erfahrungsurteilen

Bei der folgenden Erörterung der synthetischen Urteile a priori beziehe ich mich ausschließlich auf die synthetischen Urteile a priori *in der »reinen Naturwissenschaft«*. Die ohnehin problematischen Ausführungen Kants zu den mathematischen Urteilen sowie der allgemeine Problemkontext der Konstitution der Metaphysik durch synthetische Urteile a priori bleiben hier außer Betracht; d. h., es geht mir hier nur um die Möglichkeit der *»Erfahrungsurteile«* (im Unterschied zu den »Wahrnehmungsurteilen«) und damit zugleich um die Begründung der *Kausalität*.
Seine spezifische Konzeption der Erfahrungsurteile gewinnt Kant, indem er sie von den (einfacheren) Wahrnehmungsurteilen abgrenzt und sie in den Kontext der Urteile der »reinen Naturwissenschaft« stellt. Der Satz, »daß *alles, was geschieht,* jederzeit

durch eine Ursache nach beständigen Gesetzen vorher bestimmt sei«, wird von Kant angeführt als Beispiel für »wirklich allgemeine Naturgesetze, die völlig a priori bestehen« (§ 15; 295/19-22). Die Frage nach der Möglichkeit *synthetischer Urteile a priori* wird, bezogen auf die »reine Naturwissenschaft«, spezifiziert als die Frage nach der Möglichkeit der *Kausalbeziehung*; diese erörtert Kant mit Hilfe der *terminologischen Unterscheidung* von *Wahrnehmungs- und Erfahrungsurteilen.*

Das Verständnis der Wahrnehmungs- und Erfahrungsurteile wird dadurch erschwert, daß Kant (auch in den »Prolegomena«) das Wort ›Erfahrung‹ verschiedentlich unterminologisch (etwa gleichbedeutend mit ›Wahrnehmung‹) verwendet, und die Diskussion über den Erfahrungsbegriff Kants geht ebenfalls oft von einem nicht differenzierten, alltagssprachlichen Erfahrungsverständnis aus, in dem Erfahrung mit Beobachtung, Empirie u. ä. gleichgesetzt wird. Es ist jedoch festzuhalten, daß Kant seine Argumentation über die Kausalbeziehung aus der *terminologischen* Unterscheidung von Wahrnehmungs- und Erfahrungs*urteilen* gewinnt (§ 18-20).[18] Daher werde ich im folgenden nur die terminologische Verwendung berücksichtigen.

Wahrnehmungsurteile entstehen dadurch, daß wir (die zunächst unverbundenen) *Sinneseindrücke* (Anschauungen, Wahrnehmungen, perceptiones) in unserem Bewußtsein *miteinander verknüpfen* (§ 18 u. 20; 298/4 f. u. 300/3 ff.); bloße Wahrnehmungen sind unverknüpft und daher (noch) keine Urteile. Wahrnehmungs*urteile* unterscheiden sich von den *Erfahrungsurteilen* durch ihren

18 Daß die Kantische Unterscheidung von Wahrnehmungs- und Erfahrungsurteilen systematisch haltbar ist, scheint mir evident (ohne daß ich hier ausführlich darauf eingehen könnte). Zur Kontroverse über diese Frage vgl. z. B. W. Becker, *Selbstbewußtsein und Erfahrung. Zu Kants transzendentaler Deduktion und ihrer argumentativen Rekonstruktion*, Freiburg/München 1984, S. 184-210. Becker vertritt die These, »daß Wahrnehmungsurteile veritative Symmetrie mit bedeutungsgleichen Erfahrungsurteilen aufweisen müssen« (S. 197), und postuliert: »Unter erkenntnistheoretischem Gesichtspunkt muß daran festgehalten werden, daß die Wahrheitsbedingungen beider Urteile identisch sind« (S. 196). Die von Kant selbst genannten Fälle von Wahrnehmungsurteilen, die niemals Erfahrungsurteile werden können (z. B. »daß das Zimmer warm ... sei«: § 19, 299/10; vgl. 299/28-37), kann Becker daher nicht als relevante Beispiele ansehen.

(reduzierten) *Geltungsanspruch*, d.h., sie sind nur *subjektiv* und nur in bezug auf eine *bestimmte Wahrnehmungssituation* gültig (§ 19; 229/13 ff.). Insofern (d.h. wegen ihres reduzierten Geltungsanspruchs) sind sie nicht (im oben erläuterten strengen Sinne) als Behauptungen zu verstehen.[19]

Kant führt folgende *zwei Arten* von *Beispielen* für Wahrnehmungsurteile an, einerseits: ›das Zimmer ist warm‹, ›der Zucker ist süß‹, ›der Wermuth ist widrig‹ (§ 19; 299/10 f.), andererseits: »wenn die Sonne den Stein bescheint, so wird er warm« (§ 20; 301/29). Die erste Art besteht aus situationsabhängigen *Kennzeichnungen (das* Zimmer; *der* Zucker; *der* Wermuth), wobei der bestimmte Artikel jeweils, grammatikalisch gesprochen, als Demonstrativpronomen, als identifizierendes Zeigewort zu verstehen ist. Die sprachlich mögliche und vielleicht intuitiv naheliegende Annahme, im zweiten und dritten Beispiel stehe der bestimmte Artikel für eine Generalisierung – etwa: *jeder* Zucker ist süß, *jeder* Wermuth ist widrig – verbietet sich in diesem Kontext, da Kant ausdrücklich die Situationsabhängigkeit von Wahrnehmungsurteilen betont: Allaussagen dürfen hier also nicht vorkommen. Es könnte natürlich sein, daß Zucker immer süß, daß Wermuth immer widrig schmeckt, aber der »Pfiff« dieser Beispiele besteht ja darin, daß Kant gerade dies hier nicht behaupten will.

Wenn man der Einfachheit und der Vergleichbarkeit halber die Kennzeichnung auf die mit ihr implizierte Form der Elementaraussage reduziert, so ergibt sich für die erste Beispielreihe die logische Form, ›$x \in P$‹ (ich habe hier lediglich den Kennzeichnungsoperator fortgelassen).

Im *zweiten* Fall – »wenn die Sonne den Stein bescheint...« – handelt es sich um eine *komplexe Aussage*, genauer: um eine *Wenn-dann-Behauptung*, deren Kern darin besteht, daß eine *Beziehung* zwischen zwei Aussagen hergestellt wird. In ihrer einfachsten Variante kann die Wenn-dann-Aussage formalisiert werden als: ›$(x \in P) \rightarrow (x \in Q)$‹ bzw. noch einfacher: ›$A \rightarrow B$‹ (wobei ›A‹ und ›B‹ die jeweiligen Teilaussagen in abgekürzter Form vertreten).

19 Zum Verständnis und zur Problematik der Wahrnehmungsurteile bei Kant vgl. auch C. Stetter, »Das Wahrnehmungsurteil bei Kant und Peirce«, a.a.O., S. 47-62, sowie G. Prauss, *Erscheinung bei Kant. Ein Problem der »Kritik der reinen Vernunft«*, Berlin 1971, bes. S. 139 ff.

Erfahrungsurteile unterscheiden sich von Wahrnehmungsurteilen der zweiten Art nicht durch ihre Form (Formel), sondern durch ihren *Geltungsanspruch*: Sie sind nach Kant nicht nur subjektiv und situationsabhängig, sondern *jederzeit* und *für jedermann* gültig (§ 18; 298/12); ihnen kommt »objective Gültigkeit« und »nothwendige Allgemeingültigkeit (für jedermann)« zu (§ 19; 298/28 f.). Sie sind also als *Behauptungen* im strengen Sinne zu verstehen. Ihr Geltungsanspruch beruht *»niemals* auf den *empirischen*, ja *überhaupt sinnlichen* Bedingungen, sondern auf einem reinen Verstandesbegriffe« (§ 19; 299/3 f.; Herv. v. Verf.), in Kants Diktion also auf einem Prinzip *a priori*, weshalb er sie synthetische Urteile *a priori* nennt. – Kant weist darauf hin, daß die Ausdrücke, ›objektive Gültigkeit‹ und ›notwendige Allgemeingültigkeit‹ »Wechselbegriffe« sind[20], und betont, daß sie sich nicht »auf Dinge an sich«, sondern auf *Objekte* (in seinem spezifischen Verständnis dieses Ausdrucks) beziehen (§ 19; 298/28 ff.), d. h. auf empirische Gegenstände *als Gegenstände möglicher Erfahrung*, auf die Welt der *Erscheinungen* (vgl. auch § 14-17).
Die apriorischen *Bedingungen möglicher Erfahrung* sind nach Kant *zugleich* die Bedingungen der *Gegenstände* dieser Erfahrung.
Alle empirischen Urteile sind zunächst, in ihrer Genese betrachtet, *bloße Wahrnehmungsurteile*, d. h. ohne den genannten Geltungsanspruch zu verstehen (§ 18; 298/9); um sie zu Erfahrungsurteilen, d. h. zu Urteilen mit dem Anspruch auf Notwendigkeit und Allgemeingültigkeit werden zu lassen, müssen sie »unter einem Begriff subsumirt« werden, von dem Kant sagt, daß er ein »reiner Verstandesbegriff a priori« sei *und* daß er außerdem die *»Form des Urtheilens«* bestimme. Als Beispiel für einen derartigen

20 Wechselbegriffe sind Begriffe, die *extensional gleich*, aber *intensional verschieden* sind, d. h., daß sie zwar denselben Begriffsumfang haben (alle Beispiele für den einen sind auch Beispiele für den anderen Begriff), aber ihre inhaltliche, ihre semantische Bestimmung ist unterschiedlich. Wechselbegriffe sind etwa ›Paarhufer‹ und ›Wiederkäuer‹: Deren inhaltliche Bestimmung (Definition) ist ersichtlich unterschiedlich, aber alle Paarhufer sind auch Wiederkäuer (und umgekehrt). – So sind auch die Ausdrücke ›objektive Gültigkeit‹ und ›notwendige Allgemeingültigkeit‹ zwar semantisch unterschiedlich definiert, aber beide beziehen sich auf denselben Bereich, dieselbe »Klasse« von Beispielfällen.

Begriff nennt Kant den Begriff der *Ursache* und als Urteilsform das *hypothetische Urteil.* Das hypothetische Urteil bestimmt Kant als eine Wenn-dann-Aussage, in der es um das Verhältnis des »Antecedens zum Consequens« geht (§ 20; 300/19-301/13).[21] Die *besondere Art* und der spezifische *Anspruch* der *Erfahrungsurteile* beziehen sich auf den *Zusammenhang* der beiden Teilaussagen im hypothetischen Urteil[22] (A → B). Es ist dieser Zusammenhang, der als *notwendig* und *allgemeingültig* behauptet wird.

Für die *systematische Rekonstruktion* sind die Beispiele Kants eher irreführend als erhellend; Formulierungen wie »die Luft ist elastisch« und »die Sonne erwärmt den Stein« (§ 20; 301/7 u. 32 f.) verleiten dazu, hier die Form einer Elementaraussage zu vermuten, die Kant jedoch nicht gemeint haben kann. Auch Umformulierungen der Art: »Weil die Sonne den Stein erwärmt, wird er warm« oder »Die Sonne ist die Ursache für die Erwärmung des

21 Vgl. hierzu auch die Ausführungen Kants zum hypothetischen Urteil in dessen *Logik* (§ 25, a. a. O., S. 105 f.): »Die Materie der *hypothetischen* Urtheile besteht aus zwei Urtheilen, die mit einander als Grund und Folge verknüpft sind. Das eine dieser Urtheile, welches den Grund enthält, ist der *Vordersatz* (antecedens, prius), das andre, das sich zu jenem als Folge verhält, der *Nachsatz* (consequens, posterius), und die Vorstellung dieser Art von Verknüpfung beider Urtheile unter einander zur Einheit des Bewußtseins wird die *Consequenz* genannt, welche die *Form* der hypothetischen Urteile ausmacht.« Weiterhin führt Kant hierzu in »Anmerkung 1« aus: »In kategorischen Urtheilen ist nichts problematisch, sondern alles assertorisch, in hypothetischen hingegen ist nur die Consequenz assertorisch. In den letztern kann ich daher zwei falsche Urtheile mit einander verknüpfen, denn es kommt hier nur auf die Richtigkeit der Verknüpfung – die *Form der Consequenz* an, worauf die logische Wahrheit dieser Urtheile beruht.«

22 Vgl. hierzu: I. Kant, *Kritik der reinen Vernunft,* Transscendentale Elementarlehre, II. Teil: Die transscendentale Logik, § 9 (B 98): »Der hypothetische Satz ... enthält eigentlich das Verhältniß zweier Sätze [...]. Ob beide dieser Sätze an sich wahr sind, bleibt hier unausgemacht. Es ist nur die Consequenz, die durch dieses Urtheil gedacht wird (Akad.-Ausg. Bd. III, S. 89). – Die »Consequenz«, also der Zusammenhang, die Verknüpfung beider Teilaussagen, ist das Entscheidende im hypothetischen Urteil. Allerdings benötigt Kant für seine Kausalitäts-Konzeption, wie wir sehen werden, auch die Wahrheit der beiden Teilaussagen, von der er hier wie im vorhergehenden Zitat absieht.

Steins« verfehlen den Kern der Argumentation Kants. Die *Form* des hypothetischen Urteils ist für die Rekonstruktion ausschlaggebend, d. h. die *Aussageform* ›A → B‹ (da es mir an dieser Stelle nur auf die Aussageform ankommt, verzichte ich hier auf eine inhaltliche Ausformulierung der Teilaussagen). Als Ergebnis ist festzuhalten: *Der Form nach unterscheidet sich das Erfahrungsurteil nicht vom Wahrnehmungsurteil der zweiten Art* (s. o.). Der Unterschied liegt vielmehr, wie bereits gesagt, im *Geltungsanspruch*, und dieser wird in seiner besonderen Art deutlich, wenn man die Teilaspekte dieser Aussageform im einzelnen betrachtet.[23] Diese Teilaspekte sind, formuliert als Begründungsansprüche an Behauptungen:

1. Die Behauptung ›A‹ ist zu begründen.
2. Die Behauptung ›B‹ ist zu begründen.
3. Der *Zusammenhang* von ›A‹ und ›B‹ ist zu begründen.

Auch wenn, wie Kant in seiner »transscendentale[n] Logik« ausführt (s. o. Anm. 22; vgl. auch Anm. 21), die bloße »Logik« des hypothetischen Urteils von der Wahrheit der Teilaussagen absehen kann, so ist doch hier, bei der Begründung der Kausalität, diese rein formale Betrachtungsweise nicht hinreichend; die Teilbehauptungen ›A‹ und ›B‹ müssen inhaltlich als wahr angesehen, müssen begründet werden können. Aber das *Spezifikum der Erfahrungsurteile* besteht nicht in den beiden ersten Teilaussagen, sondern in der dritten Teilbehauptung: in der *Behauptung der Notwendigkeit* und *Allgemeingültigkeit der Beziehung zwischen ›A‹ und ›B‹*. Diese Notwendigkeitsbeziehung ergibt sich nun weder aus der Wahrheit von ›A‹ noch aus der von ›B‹, auch nicht aus anderen empirischen Beobachtungen; sie ist vielmehr eine Leistung des »reinen Verstandes« und insofern a priori.
Das Apriori der Erfahrungsurteile hat somit *zwei Bedeutungsaspekte: einerseits* bedeutet es die *Unabhängigkeit von der Empirie* (und hierin stimmt es mit dem Apriori der analytischen Urteile überein); *andererseits* (und hier ist ein *wichtiger Unterschied* zur

23 Vgl. zum folgenden: G. Frege, »Über Sinn und Bedeutung«, in: ders., *Funktion, Begriff, Bedeutung. Fünf logische Studien*, Göttingen ²1966, S. 63, sowie E. Tugendhat/U. Wolf, *Logisch-semantische Propädeutik*, Stuttgart 1983, S. 120f.

Bedeutung des *Apriori* bei den analytischen Urteilen festzuhalten) ergibt sich dieses Apriori *nicht durch den Rekurs auf semantische und logische Festlegungen,* sondern ist als *besondere, zusätzliche Leistung des Verstandes* zu verstehen. Dies gilt nicht nur für die (hier im Anschluß an Kant beispielhaft erörterte) Kausalität, sondern für *alle Erfahrungsurteile*: sie alle erfordern, »daß über das Empirische und überhaupt über das der sinnlichen Anschauung Gegebene noch besondere Begriffe hinzukommen müssen, die ihren Ursprung gänzlich a priori im reinen Verstand haben« (§ 18; 297/32-35).

v. Die Kausalitätstheorie Kants

Um die zur Kausalitätstheorie führende Argumentation Kants im Detail transparent zu machen, werde ich jetzt die Abfolge der Schritte im einzelnen inhaltlich und methodisch rekonstruieren. Ich beginne, das berühmte Beispiel Kants aufgreifend, mit einer *umgangssprachlichen* Formulierung der Ursache-Wirkungs-Relation:

[1] »Weil die Sonne den Stein bescheint, erwärmt er sich.«

Kant hat, ohne explizit auf alltagssprachliche Formulierungen dieser Art einzugehen, sehr wohl gesehen, daß Weil-Sätze hier nicht weiterführen. Seine erste Interpretations- bzw. Rekonstruktionsleistung – wenn man es so nennen will – besteht darin, das *hypothetische Urteil,* die Wenn-dann-Relation, zum Ausgangspunkt seiner theoretischen Überlegungen zu machen. Daher:

[2] »*Wenn* die Sonne den Stein bescheint, *dann* erwärmt er sich.«

In [2] liegt zunächst der Fall einer einfachen *Subjunktion* vor, wie sie – in Kantischer Terminologie gesprochen – auch in *Wahrnehmungsurteilen* begegnet. Wahrnehmungsurteile dieser Art bilden nach Kant die Basis aller Erfahrungsurteile (»Alle unsere Urtheile sind zuerst bloße Wahrnehmungsurtheile«: § 18; 298/9). Um zur *Allgemeingültigkeit* der Erfahrungsurteile (der Kausalität) zu gelangen, muß die einfache Subjunktion in die Form einer *Allaussage* transform(ul)iert werden:

[3] »$\bigwedge_x ((x \in \text{Stein}) \wedge (x \in \text{sonnenbeschienen}) \rightarrow (x \in \text{erwärmen}))$.«[24]

[Lies: »Für alle x gilt: Wenn x ein Stein ist und x sonnenbeschienen ist, dann erwärmt sich x«].
Der letzte, entscheidende (und auch problematische: s. u. VI.) Schritt Kants besteht nun darin, für die Behauptung [3] zusätzlich *Notwendigkeit* in Anspruch zu nehmen; die Beziehung zwischen dem Wenn- und dem Dann-Teil dieser Allaussage soll ja eine notwendige Beziehung sein. Wenn diese Forderung erfüllt sein soll, muß die Subjunktion als eine *strikte Implikation* (um-)interpretiert werden.[25] Bei der strikten Implikation handelt es sich nicht um eine logische Folgerung, sondern um einen mit einer Wenn-dann-Beziehung verbundenen intensionalen Anspruch, wobei in diesem Fall der Anspruch der notwendigen Geltung gemeint ist. – Es ergibt sich somit, wenn wir das Subjunktionszeichen › $\rightarrow$ ‹ durch das Zeichen für die strikte Implikation › $\prec$ ‹ ersetzen, folgende Formel für die Formulierung des Erfahrungsurteils (der Kausalitätsbehauptung):

[4] »$\bigwedge_x ((x \in \text{Stein}) \wedge (x \in \text{sonnenbeschienen}) \prec (x \in \text{erwärmen}))$.«

Diese Rekonstruktion zeigt, daß Kant zwar mit dem hypothetischen Urteil beginnt, sich aber aufgrund des Geltungsanspruchs der Notwendigkeit gezwungen sieht, die Ebene des Hypothetischen zu verlassen. Das hypothetische Urteil wird zu einem assertorischen, apodiktischen Urteil (s. o., Anm. 21 u. 22).[26] Aus

24 Der Einfachheit halber habe ich hier eine etwas »laxe« Formulierung gewählt.

25 Vgl. hierzu: G. Wolters, »Implikation, strikte«, in: J. Mittelstraß (Hg.), *Enzyklopädie Philosophie und Wissenschaftstheorie*, Bd. 2, Mannheim/Wien/Zürich 1984, S. 215.

26 Unter der Perspektive der unterschiedlichen Leistungsfähigkeit der verschiedenen Erkenntnisvermögen betrachtet, ergibt sich ebenfalls eine ›Überschreitung‹ beim Übergang von den Wahrnehmungs- zu den Erfahrungsurteilen: »Indem Urteile dieser Art (Erfahrungsurteile) als Resultate von Schlußprozessen bestimmt werden, wird gerade der Bereich des ›Verstandes‹, des Vermögens, Urteile zu artikulieren, überschritten. Die Konstatierung notwendiger Allgemeingültigkeit wird damit genuine Aufgabe des Schlußvermögens, der Vernunft, deren Synthetisierungsleistung über die Grenze des Urteils hinausgeht, vielmehr auf eine Synthesis *aller* Urteile abzielt, um in einem letztlich konsistenten Wissen das Endziel der Vernunft, in dem Theorie und Praxis konvergieren, zu ermöglichen: die Übereinstimmung von Na-

diesem Grund, d.h. wegen der mit der strikten Implikation verbundenen Intensionalität, kann er nicht bei der bloß logischen Wahrheitsfunktionalität des hypothetischen Urteils stehenbleiben; er ist vielmehr genötigt, die *inhaltliche* Wahrheit der beiden ersten Teilaussagen, d.h. des Antezedens und des Sukzedens, als gegeben (als begründet) anzunehmen.

VI. Hat Kant die »objektive Gültigkeit« der Kausalität »bewiesen«?

Über die rekonstruierende Interpretation hinaus drängt sich hier natürlich die Frage auf, ob das Kantische Apriori der Erfahrungsurteile auch theoretisch »haltbar« ist, ob es sich begründen läßt. Hierzu abschließend einige Hinweise.

Ausgangspunkt der Kantischen Überlegungen war Humes Kritik am Kausalitätsbegriff der traditionellen Metaphysik, und Kant beansprucht, mit seiner Theorie sowohl die Einwände Humes entkräftet als auch das Kausalitäts-Problem der »alten« Metaphysik gelöst zu haben. Im »Vorwort« zu den »Prolegomena« heißt es (257/20-258/9; 258/24-259/6; 260/6-9):

»Hume ging hauptsächlich von einem einzigen, aber wichtigen Begriffe der Metaphysik, nämlich dem der *Verknüpfung der Ursache und Wirkung*, ... aus und forderte die Vernunft, die da vorgiebt, ihn in ihrem Schooße erzeugt zu haben, auf, ihm Rede und Antwort zu geben, mit welchem Rechte sie sich denkt: daß etwas so beschaffen sein könne, daß, wenn es gesetzt ist, dadurch auch etwas anderes nothwenig gesetzt werden müsse; denn das sagt der Begriff der Ursache. [...] es ist aber gar nicht abzusehen, wie darum, weil Etwas ist, etwas anderes nothwendiger Weise auch sein müsse, und wie sich also der Begriff von einer solchen Verknüpfung a priori einführen lasse. Hieraus schloß er, daß die Venunft sich mit diesem Begriffe ganz und gar betrüge, daß sie ihn fälschlich für ihr eigen Kind halte, da er doch nichts anders als ein Bastard der Einbildungskraft sei, die, durch Erfahrung beschwängert, gewisse Vorstellungen unter das Gesetz der Association gebracht hat und eine daraus entspringende subjective Nothwendigkeit, d. i. Gewohnheit, für eine objective, aus Einsicht unterschiebt. Hieraus schloß er: die Vernunft habe gar kein Vermögen, solche

tur und Freiheit. Damit ist aber der der epistemischen Tradition entlehnte Objektivitätsbegriff Kant unter der Hand zu einem regulativen Prinzip geraten« (C. Stetter, »Das Wahrnehmungsurteil bei Kant und Peirce«, a. a. O., S. 52).

Verknüpfungen auch selbst nur im Allgemeinen zu denken, weil ihre Begriffe alsdann bloße Erdichtungen sein würden; und alle ihre vorgeblich a priori bestehende Erkenntnisse wären nichts als falsch gestempelte gemeine Erfahrungen, welches eben so viel sagt, als: es gebe überall keine Metaphysik und könne auch keine geben. [...] Es war nicht die Frage, ob der Begriff der Ursache richtig, brauchbar und in Ansehung der ganzen Naturerkenntniß unentbehrlich sei, ... sondern ob er durch die Vernunft a priori, gedacht werde und auf solche Weise eine von aller Erfahrung unabhängige innre Wahrheit und daher auch wohl weiter ausgedehnte Brauchbarkeit habe, die nicht blos auf Gegenstände der Erfahrung eingeschränkt sei [...]. Es war ja nur die Rede von dem Ursprunge dieses Begriffs, nicht von der Unentbehrlichkeit desselben im Gebrauche; [...] Ich gestehe frei: die Erinnerung des *David Hume* war eben dasjenige, was mir vor vielen Jahren zuerst den dogmatischen Schlummer unterbrach und meinen Untersuchungen im Felde der speculativen Philosophie eine ganz andre Richtung gab.«

Fassen wir den hier relevanten Kern der Kontroverse zusammen (ohne auf die Frage einzugehen, ob Kant Hume richtig verstanden hat): Hume vertritt die Meinung, der (metaphysische) Kausalitätsbegriff sei eine nicht beweisbare Fiktion unserer Einbildungskraft; verifizierbar sei nur ein *post hoc* von Ereignissen bzw. Zuständen, nicht ein *propter hoc*; die Verknüpfung von Ereignissen als Ursache und Wirkung beruhe lediglich auf »Gewohnheit« (sei also – in Kantischer Terminologie – *aus der Erfahrung*, d. h. hier: aus wiederholten Beobachtungen abgeleitet). Kant dagegen behauptet, Kausalität sei *nicht aus* der Erfahrung abgeleitet, sondern *a priori*, d. h. *vor* aller Erfahrung gegeben, apriorische Verstandeserkenntnis sei sogar *konstitutiv* für jede mögliche Erfahrung und darüber hinaus objektiv notwendig und allgemeingültig.
Für die kritische Beurteilung dieser Kontroverse bieten sich die folgenden zwei Schritte an: der *immanente* (im Kontext Kantischer Überlegungen verbleibende) und der *transzendente* (über Kant hinausgehende) Aspekt.

1. Der Kant-immanente Aspekt:
Kant diskutiert die Frage des Apriori im Bereich der *Naturerkenntnis* (in bezug auf die Möglichkeit von Kausalitätsbehauptungen, von Erfahrungsurteilen überhaupt, von synthetischen Urteilen a priori insgesamt) *nicht* als Prinzip der »*Dinge an sich*«, wie es die traditionelle Metaphysik unternahm, sondern als Prinzip der

»*Gesetzmäßigkeit aller Gegenstände der Erfahrung*« (§ 17; 296/8). Er geht davon aus, daß es »Erfahrung« (in seinem Sinne verstanden) gibt, und versucht eine Antwort auf die Frage zu finden, *wie* Erfahrung *möglich* sei. Zu diesem Zweck führt er einen *Naturbegriff* ein, der einerseits den Mangel des Ding-an-sich-Verständnisses der alten Metaphysik nicht aufweist, andererseits geeignet ist, das Erfahrungs- und Kausalitätsproblem zu lösen.
Allgemein bestimmt er Natur als »das *Dasein* der Dinge, so fern es nach allgemeinen Gesetzen bestimmt ist« (§ 14; 294/7 f.); speziell unterscheidet er dann einen materialen und einen formalen Naturbegriff: »Natur ..., materialiter betrachtet, ist der *Inbegriff aller Gegenstände der Erfahrung*« (§ 16; 295/28 f.), und: »Das *Formale* der Natur ... ist ... die Gesetzmäßigkeit aller Gegenstände der Erfahrung und, sofern sie a priori erkannt wird, die *nothwendige* Gesetzmäßigkeit derselben« (§ 17; 296/7ff.). Da er somit die Gesetzmäßigkeit schon in den *Naturbegriff* hineinlegt, ergibt sich (für ihn) die »Wirklichkeit« objektiver, allgemeingültiger Naturgesetze (sozusagen tautologisch) *aus diesem Naturbegriff*; und Kant fragt konsequenterweise *nur, wie* die notwendige Allgemeingültigkeit möglich, d. h. wie sie zu begründen ist. Seine Antwort lautet: Man kann sie *nicht* aus der *Beobachtung, nicht* aus der *Gewöhnung* (gegen Hume) und *nicht* aus dem »Wesen der Dinge« ableiten (gegen die traditionelle Metaphysik), sondern nur *a priori* aus »*reinem Verstande*« gewinnen.
Im Rahmen des Kantischen Naturverständnisses ist seine Argumentation nur konsequent; aber die Humesche Kritik trifft er nicht, da dieser von einem anderen, in gewisser Weise »naiven« Natur- und Erfahrungsbegriff ausgeht, und in bezug auf diesen Naturbegriff, der Natur nicht von vornherein unter die Bedingungen menschlicher Erkenntnisintentionen stellt, kann der Übergang vom post hoc zum propter hoc *nicht* als objektive, notwendige und allgemeingültige Gesetzmäßigkeit nachgewiesen werden.

2. Der Kant-transzendierende Aspekt:
Der Kernpunkt dieses zweiten Aspekts besteht darin, daß ich von der reinen *theoretischen* zur praktisch-philosophischen Betrachtungsweise übergehe. Kant diskutiert, wie wir sahen, das Problem der Kausalität als Problem der *theoretischen* Philosophie; aber in der Argumentation über die Unterscheidung von Wahrneh-

mungs- und Erfahrungsurteilen wird, wie es sich bei der Intensionalität der strikten Implikation zeigte, neben dem theoretischen auch ein wichtiges *praktisches* Problem deutlich, das oben mit dem unterschiedlichen *Geltungsanspruch* von Wahrnehmungs- und Erfahrungsurteilen angesprochen wurde.

An dieser Stelle setzt meine weiterführende Überlegung ein, und zwar mit der Frage, ob wir ein *gerechtfertigtes Interesse* an dem von Kant formulierten besonderen Geltungsanspruch der Erfahrungsurteile nachweisen können. Ich meine, dieses Interesse ist durchaus gerechtfertigt. Wenn wir an (möglichst) gesicherter Planung, an langfristig gelingendem Handeln interessiert sind, müssen wir auch daran interessiert sein, Wenn-dann-Sätze *ohne* verbindlichen Begründungsanspruch (bloße Wahrnehmungsurteile) von Wenn-dann-Behauptungen im strengen Sinne (Erfahrungsurteile) zu unterscheiden. – Die von Kant behauptete Objektivität, Notwendigkeit und Allgemeingültigkeit bezieht sich somit nicht mehr nur auf das theoretische Problem der Fundierung der Naturwissenschaft, sondern (vor allem) auf ein *praktisches Vernunftinteresse.* Bei Kant und in meiner systematischen Rekonstruktion handelt es sich jeweils um eine *»relative Notwendigkeit«*: Bei Kant ergibt sie sich relativ zum vorausgesetzten Naturbegriff, hier relativ zu praktischen Interessen.[27] Diese weiterführende Betrachtung mag über den Wortlaut der »Prolegomena« hinausgehen. Ohne das Problem der Adäquatheit meiner Kant-transzendenten Interpretation hier ausdiskutieren zu kön-

27 Selbstverständlich ist in beiden Fällen auch die Relativität zur jeweils verwendeten *Semantik* der in den Notwendigkeitsbehauptungen gebrauchten Ausdrücke gegeben. – Daß auch Kant grundsätzlich nicht über den hypothetischen Charakter seiner Urteile hinausgelangen kann, hat C. Stetter in einer (an Peirce anschließenden) zeichentheoretischen Interpretation von Kants Urteilslehre nachgewiesen: »Das Zeichen muß folglich, um sich auf ein Objekt beziehen zu können, sich auf ein folgendes Zeichen beziehen, das diesen seinen Sinn erst interpretiert: zugänglich wird das Objekt jeglicher Zeichenrepräsentation erst über die *Interpretantenrelation.* Von dieser Pointierung des bereits bei Kant angesprochenen relationalen Charakters des Erkenntnisprozesses her muß jedoch bereits der Übergang vom ›Subjekt‹ eines ›Urteils‹ zum ›Prädikat‹ prinzipiell als hypothetischer Schluß angesprochen werden.« (C. Stetter, »Das Wahrnehmungsurteil bei Kant und Peirce«, a. a. O., S. 56).

nen, will ich nur darauf hinweisen, daß *Kant selbst* die Bedeutung der *praktischen Entscheidung* in bezug auf das Apriori synthetischer Urteile sehr wohl gesehen hat:

»*Will ich,* es *soll* Erfahrungsurtheil heißen, so *verlange ich,* daß diese Verknüpfung unter einer Bedingung stehe, welche sie allgemein gültig macht. *Ich will* also, daß *ich jederzeit* und *auch jedermann* die selbe Wahrnehmung unter denselben Umständen nothwendig verbinden müsse« (§ 19; 299/23-27; Herv. v. Verf.).

Wenn er trotzdem das Problem in der rein theoretischen Sphäre angeht und es hier gelöst zu haben beansprucht, so befindet er sich offensichtlich in einem Mißverständnis seiner eigenen Intentionen. Die Problematik der Möglichkeit von (in ihrem Geltungsanspruch ausgezeichneten) Kausalitätsbehauptungen ist nicht auf der Ebene des reinen (theoretischen) Verstandes, sondern nur durch die praktische Vernunft, nur im Kontext eines *praktischen Apriori der Lebenswelt* zu »lösen«.

Hans Julius Schneider
»Spiegel der Natur« oder Sprachspiel-Relativismus
Eine falsche Alternative

1. Fragestellung

Es gehört zu den Aufgaben der Philosophie, das Verhältnis zwischen Darstellung und Dargestelltem, Bedeutungsträger und Bedeutetem, also auch das Verhältnis zwischen Sprache und ›Welt‹, aufzuklären. Es ist ein Teil dieser Aufgabe, eine Antwort auf die Frage zu geben, ob (und in welchem Sinne, aus welcher Perspektive) es sich hier wirklich um ein Verhältnis, eine Relation zwischen zwei Relata handelt, zwischen zwei unterscheidbaren Gegenständen, denen ein beurteilender Sprecher gegenüberstehen kann, der untersucht, in welcher Beziehung sie zueinander stehen.
Die Titelbegriffe deuten zwei aktuelle Antworten an: (a) Den Ausdruck ›Spiegel der Natur‹ übernehme ich von Richard Rorty, der in einem einflußreichen Buch[1] die in dieser Wendung zum Ausdruck kommende Sicht ausführlich kritisiert hat. Diese ältere, vor-pragmatische Auffassung von der Sprache stellt den Begriff der *Wahrheit* ins Zentrum ihrer Bedeutungstheorie. Das Verhältnis zwischen Welt und Sprache wird als analog zum Verhältnis zwischen einem Gegenstand (zum Beispiel einem Gesicht) und seinem Spiegelbild vorgestellt. Sprachliche Aussagen sollen übereinstimmen mit der Welt, die gedacht wird als der Sprache so unbeeinflußt gegenüberstehend wie das Gesicht dem Spiegel. Die Übereinstimmung von Sprache und Welt, die Wahrheit, ist nach diesem Verständnis die *Voraussetzung* dafür, daß man unter ›Benutzung‹ der Sprache praktisches Handeln koordinieren kann. Primär ist die Widerspiegelung, sekundär ist die dadurch ermöglichte Handlung. Eine immer bessere Annäherung an die Wahrheit bedeutet eine immer weitergehende Verbesserung der praktischen Handlungsmöglichkeiten.

1 R. Rorty, *Philosophy and the Mirror of Nature*, Oxford 1980; dt. *Der Spiegel der Natur. Eine Kritik der Philosophie*, Frankfurt am Main 1981.

(b) Die mit Ludwig Wittgensteins Begriff ›Sprachspiel‹ angedeutete Sicht dagegen[2] stellt die *sinnvolle, sozial geteilte Handlung* in das Zentrum einer Bedeutungstheorie und in diesem weiten, an Huizingas Kulturphilosophie[3] erinnernden Sinn ›das Spiel‹. Was semantische Begriffe wie ›Darstellung‹, ›Wahrheit‹ und ›Übereinstimmung zwischen Sprache und Welt‹ zum Ausdruck bringen, *erwächst* nach dieser Auffassung erst aus Handlungen. Deshalb kann man aus dieser Sicht (auf der ›untersten Ebene‹, auf der es um die philosophische Frage nach den ›Bedingungen der Möglichkeit‹ geht) sagen: Nicht die Wahrheit (die korrekte Widerspiegelung, der präzise Stadtplan) ermöglicht sinnvolles Handeln (das Auffinden einer Wohnung), sondern umgekehrt: Das ›Sprachspiel‹ als ein Spezialfall sinnvollen Handelns ermöglicht das, was wir ›Wahrheit‹ nennen, es schafft allererst eine Lage, in der wir von einer Übereinstimmung von Darstellung und Dargestelltem, von ›Sprache‹ und ›Welt‹ sprechen können. Auf einer höheren Ebene, in einer neuen Runde, kann dann selbstverständlich die so ermöglichte Wahrheit neue praktische Handlungsweisen ermöglichen, die vorher unerreichbar waren. Auf der untersten (der erkenntnistheoretisch primären) Ebene bleibt aber die Handlung der Wahrheit vorgeordnet.

Der Ausdruck ›Relativismus‹ deutet eine philosophisch unerwünschte Konsequenz an, die mit der Sprachspiel-Sicht verbunden sein *könnte*: Wenn Wahrheit erst aus Sprachspielen entsteht und man davon ausgehen muß, daß es nicht nur verschiedene, sondern sehr verschieden*artige* Sprachspiele gibt: heißt das nicht, daß es statt *der* Wahrheit eine Pluralität von Wahrheiten gibt und daß die Entscheidung darüber, welcher von ihnen man anhängt, von den zufälligen Umständen der Herkunft abhängt? Muß man dann nicht den Begriff der Wahrheit so relativieren, daß man nicht mehr länger einfach von ›wahr‹ und ›unwahr‹ sprechen kann, sondern nur noch von ›wahr *relativ* zu einem bestimmten Sprachspiel‹? Und da verschiedene soziale Gruppen verschiedene Sprachspiele spielen, wird das nicht verheerende Konsequenzen

2 Vgl. vor allem L. Wittgenstein, *Philosophische Untersuchungen. Werkausgabe Bd. 1*, Frankfurt am Main 1984; im folgenden zitiert als ›PU‹ mit Nummer des Paragraphen des ersten Teils.

3 J. Huizinga, *Homo Ludens. Vom Ursprung der Kultur im Spiel*, Reinbek bei Hamburg 1956.

für das politische Leben haben? Ermutigt nicht die Verabschiedung der Vorstellung von der *einen* Wahrheit diejenigen Akteure, die schon jetzt auf Kampf und Machtausübung setzen und nicht auf die so oder so mühsamen Verständigungsprozesse?
Ich möchte hier die *These* vertreten, daß eine Zurückweisung des Bildes vom ›Spiegel der Natur‹ von der Art, wie Rorty sie überzeugend in seinem Buch vorgeführt hat, nicht zu einer relativistischen Position im Sinne eines *oberflächlichen* Pragmatismus führen muß, einer Position, wie sie bei Rorty zumindest anklingt. Eine solche ließe sich durch die Maxime charakterisieren: Wahr ist, was die jeweilige Sprachspiel-Gemeinschaft dafür hält; es gibt dabei keine Kritikmöglichkeit von einer Seite außerhalb dieses Sprachspiels; es führt kein rationaler Weg von einer Sprachgemeinschaft zur anderen. Was bei Kontakten zwischen Sprachspiel-Gemeinschaften vorkommen kann, sind zufällige Gleichklänge, die dann aber folgenlose Einzelerscheinungen sind, oder dezisionistische Willensakte der Identifikation (gewollter Identitätswechsel). Nicht unerwähnt bleiben sollte auch der Fall eines erzwungenen Identitätsverlustes durch die Zerstörung einer Lebensform.
Ferner möchte ich zeigen, daß umgekehrt die Zurückweisung dieser Gestalt des (bei Rorty voluntaristisch gefärbten) Relativismus nicht zur Wiederaufnahme der These vom ›Spiegel der Natur‹ zwingt. In diesem Sinne ist die Aussage gemeint, es handle sich um eine falsche Alternative: Wir sind nicht auf eine der beiden Positionen, ›Spiegel‹ oder ›Relativismus,‹ festgelegt.
Positiv gewendet lauten meine Thesen: Der Begriff des Sprachspiels läßt sich so explizieren, daß dadurch (erstens) der Begriff der wahren Darstellung (und, wenn man will, als Spezialfall der der Widerspiegelung) einen angemessenen Ort erhält, obwohl (zweitens) eine Relativität, eine Bezogenheit oder Situiertheit von Wahrheitsansprüchen sichtbar wird, die aber (drittens) keinen Relativismus in einem philosophisch unerwünschten Sinn bedeutet.
Ich bin mir nicht sicher, ob der skizzierte ›oberflächliche Pragmatismus‹ sich tatsächlich als die eindeutig artikulierte Position Rortys ausmachen läßt. Diese Frage interessiert mich hier auch nicht in erster Linie. Ich will sie daher zunächst offenlassen und erst am Ende dieser Überlegungen meinen Eindruck mitteilen und belegen.

2. Das Spiegel-Bild und seine Probleme

Die Leitvorstellung, die das Bild vom ›Spiegel der Natur‹ anspricht, ist die optische Wahrnehmung, bei der es eine Abbildung der ›äußeren Realität‹ im ›Inneren‹ des wahrnehmenden Subjekts gibt (wörtlich verstanden: auf der Netzhaut). Das Sprechen ist dann ein verwandelndes ›Wieder-nach-außen-Bringen‹, ein Codieren-in-Lauten dieses inneren Spiegelbildes bzw. einer Abfolge solcher Bilder (als die man sich das Denken vorstellt). Sprechen ist ein Transport des innerlich Vorhandenen, des Gewußten und Gemeinten, auf dem Weg über die Laute in das Innere eines Hörers. Vermittelt über die widerspiegelnden Wahrnehmungsorgane des Sprechers spiegelt nach dieser Vorstellung auch die Sprache die Realität mehr oder minder getreu wider, und mit Hilfe dieses sprachlich codierten Spiegelbildes gelangt auch eine Reproduktion des ›Vorstellungsbildes‹ ins Innere des Hörers. Der Bereich der sprachlichen Bedeutungen (dasjenige, was jemand meint, der etwas *sagt* und nicht nur, wie ein Papagei, Geräusche erzeugt) wird also als etwas primär Inneres gesehen, das sich nur mittelbar auf Äußeres bezieht: einerseits durch die Ähnlichkeit der Vorstellungen mit ihren äußeren Anlässen (ich sehe einen Apfel), und andererseits durch ihre ›Wieder-Veräußerlichung‹ in der Kommunikation; das innerlich Gemeinte wird für den Hörer (der das Wort ›Apfel‹ versteht) erfahrbar und dadurch im Sinne des Sprechers auf die Objekte des praktischen Handelns beziehbar (er gibt mir einen Apfel). Wegen der Zielsetzung einer möglichst *genauen* Repräsentation wird es oft als nötig angesehen, die Sprache für wissenschaftliche Zwecke zu verändern, zu verbessern. Im Bilde Rortys gesprochen: Es ist nach der von ihm kritisierten Position die Aufgabe der Philosophen, den Spiegel immer feiner zu schleifen und immer gründlicher zu putzen.

Mit der richtigen sinnesphysiologischen Einsicht, daß meine Netzhaut meinem Gehirn *räumlich* näher ist als der Mond, den ich betrachte, verbindet sich also der (falsche) Gedanke, es müsse stets ein Inneres geben (zum Beispiel die in einem Moment vorliegende Menge der ›Sinnesdaten‹ oder der Gedanke im Sinne eines ›seelischen Ereignisses‹, eines vor dem Aussprechen schon innerlich fertig ›Gemeinten‹), das dem erkennenden Subjekt erkenntnistheoretisch nähersteht als die ›äußere‹ Realität. Auf diese könne strenggenommen nur hypothetisch geschlossen werden. Erkenntnistheoretisch noch weiter entfernt erscheint nach diesem Bild die ›innere Realität‹ eines anderen Menschen: aus den eigenen Sinnesdaten muß in einem *ersten* Schritt zunächst darauf geschlossen werden, daß wir einem Menschen mit seinem typischen äußeren Verhalten gegenüberstehen; und dann muß in einem *weiteren* Schritt aus diesem äußeren Verhalten auf sein Inneres geschlossen werden. Das wahrnehmende Subjekt erscheint wie ein Gefangener in einer ineinandergeschachtelten Serie von Käfigen, dem das, was an und mit ihnen geschieht, nach außen hin immer fremder wird.

Die Hauptkritikpunkte gegen dieses Spiegel-Bild bestehen in dem Nachweis, daß (erstens) sich die semantischen Begriffe (›abbilden‹, ›sich auf etwas beziehen‹, ›etwas meinen‹, ›bedeuten‹, ›stehen für‹, ›widerspiegeln‹) auf dieser Basis nicht verständlich machen lassen, und daß es sich (zweitens) bei den inneren Gegenständen und Tätigkeiten gerade in den sprachtheoretisch relevanten Fällen oft um Fiktionen handelt.

Zum ersten Punkt: Ein erkenntnistheoretisches Programm, das als *Fundament* für alles andere Sprechen eine Sprache einführen möchte, deren Ausdrücke sich direkt auf Sinnesdaten beziehen, ist nicht durchführbar, weil die Bedeutung des Ausdrucks ›sich beziehen auf‹ (und der anderen semantischen Ausdrücke) nicht am Fall der Sinnesdaten (in der scheinbaren Gewißheit einer unmittelbaren ›privaten‹ Relation, in die noch nichts Hypothetisches eingehen würde) bestimmt werden kann. Was ein ›Sinnesdatum‹ ist, wann es sich wieder um dasselbe handelt, was es heißen soll, es zu klassifizieren oder gar zu ›benennen‹ – all dies läßt sich (falls überhaupt) ohne Bezug auf eine sozial geteilte Praxis nicht sagen. Da der Sinn der semantischen Begriffe von einer solchen Praxis abhängig ist, geht der Weg der Absicherung der Erkenntnis nicht vom (vermeintlich sicher gewußten) Inneren, Eigenen, zum (vermeintlich nur hypothetisch unterstellten) Äußeren, Anderen, sondern umgekehrt: Erst wenn wir an der ›äußeren‹ (oder besser: an der leib-seelisch *ungeteilten*) Praxis der Sprachspiele teilnehmen können (nach Einkaufsliste eine Nadel einkaufen, nach Rezept einen Teig kneten), erst dann können wir (in *manchen* Fällen) *sekundär* vom ›stechenden‹ oder ›drückenden‹ Schmerz in unserem ›Innern‹ sprechen. Die Fähigkeit, sich sprachlich auf das eigene Innere zu beziehen, ist sekundär zur Fähigkeit, an öffentlichen Sprachspielen teilzunehmen.

Zum zweiten Punkt: In vielen sprachtheoretisch zentralen Fällen zeigt es sich bei genauerem Hinsehen, daß es sich bei den unterstellten ›inneren‹ Gegenständen und Tätigkeiten um Fiktionen handelt: ›Etwas sagen und es auch meinen‹ heißt *nicht*, zwei Handlungen zu vollziehen, eine äußere (ein Geräusch machen) und eine innere (dazu einen Gedanken ablaufen lassen); ›etwas mit Absicht tun‹ heißt nicht, daß es zur ›äußeren‹ Handlung noch eine ›innere‹ Zusatzhandlung (die Zähne zusammenbeißen, seelisch eine Faust in der Tasche machen) geben müßte. Es *kann* in manchen Fällen so etwas geben; die Wörter ›meinen‹ und ›Absicht‹ *bezeichnen* aber nicht solche inneren Handlungen, und sie erhalten nicht aus einer solchen Bezeichnungsfunktion ihren Sinn.[4] Mit einem treffenden Bild Wittgensteins gesprochen: Wenn ich zu jemandem spreche, ist das nicht so, als würde ich mit jedem Wort, das ich ausspreche, eine »Taste auf dem Vorstellungsklavier« meiner Zuhörerin anschlagen (PU, § 6). Daß sie mich versteht, heißt nicht, daß in ihr dieselbe Vorstellungsfolge abläuft wie in mir.

3. Sprachspiele

Im vorliegenden Zusammenhang ist der wichtigste Aspekt der Bedeutung des Ausdrucks ›Sprachspiel‹ das Moment der *sozial geteilten Praxis*, in deren Kontext die Äußerungshandlung als sinnvolle Teilhandlung auftreten kann. Das Wort ›Sprachspiel‹ steht in den hier relevanten Kontexten fast immer für die Einheit von verbaler und nicht-verbaler Handlung (zum Beispiel: zum Bäcker gehen und mit Hilfe der Äußerung ›Bitte drei Brötchen‹ drei Brötchen kaufen); das Wort ›Sprachspiel‹ steht also nicht für den verbalen Anteil solcher Handlungen allein. Man kann deshalb nicht sagen, Wittgenstein versuche das Problem des Sprache-Welt-Verhältnisses durch eine Reduktion auf ›*bloße* Sprachspiele‹ zu umgehen, wenn man damit meint, es gehe bei ihm ›allein ums

4 Vgl. H. J. Schneider, »›Den Zustand meiner Seele beschreiben‹ – Bericht oder Diskurs?«, in: W. Köhler (Hg.), *Donald Davidsons Theorie des Mentalen* (Forum für Philosophie, Bad Homburg; in Vorbereitung).

Reden‹, um den rein verbalen Anteil am Sprachspiel (im Sinne des Vorwurfs, jemand rede nur, statt endlich zu handeln). Der Ausdruck ›Sprachspiel‹ umfaßt die Einheit von verbalem und eingreifendem, ›praktischen‹ Handeln (und erst auf einer höheren Stufe werden dann rein verbale Handlungen möglich, zum Beispiel ›einen Witz erzählen‹).

Die Variationsmöglichkeiten zwischen den Sprachen sind auf der rein verbalen Seite fast unbegrenzt groß: ›Die Sache selbst‹ schreibt nicht vor, ob ›Schnee‹ oder ›*snow*‹ das richtige Wort ist; hier gilt das alte Schlagwort von der ›Konventionalität‹ der Sprache. Bei den Sprachspielen als Einheiten von geteilter Praxis und verbaler Handlung sind die Spielräume damit verglichen kleiner; die Konventionalitätsthese gilt deshalb nicht ohne Modifikation. Anders gesagt: In dem Maße, in dem die Handlungsmöglichkeiten des *homo sapiens* nicht beliebig sind (ich kann nicht die Arme ausbreiten und zum Mond fliegen; ich werde sterben), sind es die Möglichkeiten, Sprachspiele zu spielen, auch nicht. Darüber darf weder die alte Einsicht in die Konventionalität des verbalen Aspekts sprachlicher Handlungen hinwegtäuschen, noch der Begriff des (Sprach-)*Spiels*: Was er umfaßt, ist keineswegs nur spielerisch, die Verurteilung zum Tode gehört ebenso dazu wie das Sterbesakrament. In den weniger drastischen Worten Wittgensteins:

»Man kann uns Nominalisten nennen, wenn wir uns nicht bewußt sind, daß die Grenze, die eine Definition zieht, um der Wichtigkeit dieser Grenze willen gezogen ist. Und Sätze, die diese Wichtigkeit erklären, sind nun nicht solche über die Sprache.«[5]

Die Vorrangigkeit der geteilten Praxis gegenüber den semantischen Begriffen heißt, daß diese Begriffe nur unter Rekurs auf jene Praxis erklärt werden können (nur so können die Wörter zu einer Bedeutung kommen). Zum Beispiel ermöglicht erst eine Praxis wie das Sortieren von Gegenständen nach ihrer Farbe eine Aussage der Form »das Wort ›aubergine‹ *steht für* eine Farbe«. Ohne Bezug auf ein Sprachspiel im Sinne einer Praxis mit nicht-verbalem Anteil hat der Ausdruck ›stehen für‹ keinen Sinn. Ein Wort muß einen ›Platz im Sprachspiel‹ haben, damit es für etwas stehen

5 L. Wittgenstein, Nachlaß MS 129. 193, zit. nach: G. P. Baker, P. M. S. Hacker, *Wittgenstein – Understanding and Meaning*, Oxford 1980, S. 586.

kann. Ein privates, mit dem Hören oder Sprechen stets zusammen auftretendes inneres Bild von dieser Farbe könnte den Bezug zum Sprachspiel nicht ersetzen, selbst wenn es sich wirklich immer einstellen würde. Wenn nun der Sinn der Wörter an ihrer Einbettung in eine Praxis hängt, gibt es auch kein Nennen und Prädizieren und keine sprachlich artikulierbare Wahrheit (keine getreue Widerspiegelung) ohne die Einbettung des verbalen Anteils der zu ihrem Ausdruck nötigen Handlungen in eine geteilte Praxis. In diesem Sinne ist die Existenz von (sprachlich artikulierter) Wahrheit von der Existenz geteilter Praxisformen abhängig.

4. Einheit, Vielfalt, Relativität

Obwohl die These ›Sprache ist konventionell‹ nicht ohne Modifikation vom verbalen Teilaspekt auf das ganze Sprachspiel übertragbar ist, gilt doch, daß es eine Vielfalt von Sprachspielen gibt. Zu klären ist, ob die Vielfalt von einer Art ist, die den Relativismus-Verdacht in einem philosophisch gravierenden Sinn bestätigt oder nicht.

Die harmloseste Gestalt der Vielfalt ergibt sich, wenn man die in verschiedenen Kulturen gesprochenen Sprachen nach dem Muster der verschiedenen Realisierungsweisen *ein und desselben Spiels* deutet. Dann entsteht die folgende Analogie: Ebenso wie es gleichgültig ist, ob eine Schachpartie mit hölzernen, steinernen, auf Karton gezeichneten oder anders ›realisierten‹ Figuren (oder zum Beispiel am Telefon durch Nennen von Buchstaben-Zahlen-Kombinationen) gespielt wird, so ist es auch gleichgültig, ob die Züge im Sprachspiel unter ›Benutzung‹ der deutschen oder zum Beispiel der japanischen Sprache vollzogen werden: Das Spiel bliebe nach dieser These (wie im Falle des Schachs) dasselbe, gleichgültig welche konventionellen Regelungen für seine Verwirklichung in einer bestimmten Kultur in Kraft sind.

Diese Deutung mag beruhigend klingen, sie ist aber unzutreffend; sie wäre eine Verharmlosung des Relativismusproblems. Wenn sie zuträfe, müßte sich nämlich zeigen lassen, daß es eine ›tiefenstrukturelle‹ Beschreibungsebene für in beliebigen Sprachen vollzogene Sprechhandlungen gibt, auf der sich alle erkenntnistheoretischen Fragen erörtern lassen und der gegenüber einzelsprachliche Unterschiede nur den Status konventioneller Notationsvarianten hätten. Sie wären dann ebensowenig beunruhigend wie die seit je bekannte Konventionalität der rein verbalen Seite der Sprechhandlungen; ein gravierender Relativismus-Verdacht könnte gar nicht auftreten. Diese Sicht vertritt zum Beispiel John Searle in seiner Sprechakttheorie[6], trotz seiner pragmatischen Grundorientierung, die ihn mit Rorty verbindet. Die Ebene, auf der von Referenz- und Prädikationsakten die Rede ist, faßt er als eine tiefenstrukturelle Ebene auf, auf der sich alle möglichen (erkenntnistheoretisch relevanten) Sprechakte als zu einem endlichen und allgemeinverbindlichen Formenvorrat gehörend darstellen lassen, gleichgültig welchen ›Mediums‹ sie sich bedienen. Die natürlichen Sprachen erscheinen als jeweils *ein* spezifisches ›Mittleres‹ zwischen der ›Welt‹ und der Tiefenstruktur unserer sprachlichen Handlungen. Diese Ebene der ›tiefenstrukturell verstandenen Handlungen‹ (bei Searle steckt dahinter sogar eine Ebene des ›Meinens‹) könnte für die Verbindlichkeit allen Sprechens genau die Funktion übernehmen, die früher der Spiegel innehatte. Diese Art einer pragmatischen Überwindung der Spiegel-Metapher würde daher im entscheidenden Punkt alles beim alten lassen.

Es läßt sich im einzelnen zeigen[7], daß diese Deutung den erkenntnistheoretisch relevanten Unterschieden zwischen Sprachspielen nicht gerecht wird. Die Sprache ist nicht (harmlos) ein ›Medium‹ des Denkens, ein neutrales Mittleres, sondern sein »Lebenselement«.[8] Die sprachlichen Lebensweisen, die Lebensformen, in denen die Sprachspiele verwurzelt sind, können sich stark voneinander unterscheiden; die Unterschiede können tiefergehend sein, als das Bild vom ›Medium‹ es nahelegt.

Es ist leider sehr zeitaufwendig, ein hier einschlägiges Beispiel so weit auszubreiten, daß ganz klar wird, was gemeint ist. Aber vielleicht hilft es, auf etwas zu verweisen, das hier aus inhaltlichen

6 J. Searle, *Speech Acts. An Essay in the Philosophy of Language*, Cambridge, 1969; dt. *Sprechakte. Ein sprachphilosophischer Essay*. Frankfurt am Main, 1983.

7 H. J. Schneider, *Phantasie und Kalkül. Über die Polarität von Handlung und Struktur in der Sprache*, Frankfurt am Main 1992, sowie: derselbe, »Die sprachphilosophischen Annahmen der Sprechakttheorie«, in: M. Dascal, D. Gerhardus, K. Lorenz, G. Meggle (Hg.), *Sprachphilosophie. Ein internationales Handbuch zeitgenössischer Forschung*, 1. Halbband, Berlin, 1992, S. 761-775.

8 L. Wittgenstein, *Über Gewißheit*, Frankfurt am Main 1970, § 105 (S. 36).

Gründen schon kurz zur Sprache kam. Wir können uns vor Augen führen, daß unsere Art, sich ›das Meinen‹ als eine innere Begleithandlung zum Sprechen zu denken, eine sehr spezifische und folgenreiche Weise ist, die Möglichkeiten, wie man mit Mißverständnissen umgehen kann, festzulegen. Das kann in anderen Kulturen ganz anders festgelegt sein. Unser Bild, daß wir etwas ›innerlich‹ richtig, ›äußerlich‹ aber falsch tun können (richtig meinen, aber falsch sagen), soll es auf Samoa zum Beispiel nicht geben.[9] Man kann sich in Kommunikationsproblemen dort nicht darauf berufen, das damals schon richtig Gemeinte nun im Sinne einer kleinen, bloß ›äußeren‹ Korrektur auch richtig zu sagen, die Handlung damit aber eigentlich nur zu wiederholen. Ohne unser Bild von der inneren Handlung kann man höchstens zu einem neuen Anlauf ansetzen. Man kann noch einmal probieren, wie beim Stabhochsprung, wo auch wir (in unserer Kultur) einen schon vorher als geglückt gemeinten, nur ›äußerlich‹ leider mißlungenen Sprung nicht als gültige Handlung anerkennen würden.[10]

Die bedrohlichste Deutung der Vielfalt (die die eigentliche Spitze des Relativismus-Verdachts ausmacht) sähe dagegen so aus: Die in den verschiedenen Kulturen gesprochenen Sprachspiele, weit davon entfernt, konventionelle Realisierungen ein und desselben Spiels zu sein, sind so grundlegend unterschiedliche Aktivitäten, sind Verkörperungen so unterschiedlicher Lebensformen, daß schon der übergreifend benutzte Ausdruck ›Sprachspiel‹ streng genommen eine Irreführung ist. Dies gilt erst recht für die semantischen Begriffe wie ›Wahrheit‹, ›Darstellung‹, ›Abbildung‹ etc. Psychologisch gesprochen: Der Mensch erwirbt im Kindesalter durch ›Abrichtung‹ (ohne die Möglichkeit, sich zu wehren) ›kognitive Strukturen‹, die er zeitlebens nicht überschreiten kann. Unsere semantischen Begriffe sind daher sinnvoll nur dann, wenn wir alle damit verbundenen Geltungsansprüche auf Mitglieder unserer eigenen Sprachspiel-Gemeinschaft einschränken; andere Sprachspielgemeinschaften spielen nach grundlegend anderen Re-

9 Vgl. A. Duranti, »Intentions, Language, and Social Action in an Samoan Context«, in: *Journal of Pragmatics* 12 (1988), S. 13-33.

10 Vgl. H. J. Schneider, »Die Situiertheit des Denkens, Wissens und Sprechens im Handeln. Perspektiven der Spätphilosophie Wittgensteins«, in: *Deutsche Zeitschrift für Philosophie* 41 (1993), S. 727-739.

geln. Es gibt folglich so viele Wahrheiten wie (Sub-)Kulturen; es gibt keine Verständigung, sondern nur ›glückliche Zufälle‹, und daneben nur Wettbewerb, Verdrängung, Überleben des Angepaßteren, Gewalt.

5. Relativität oder Relativismus?

Trifft diese radikale Deutung unsere Lage? Wenn sie als These gemeint ist, muß sie als These *von jemandem* gemeint sein; es muß die Frage beantwortbar sein: ›Wer spricht?‹ Nach dem Sprachspiel-Verständnis, auf das sich die relativistische Deutung ja selbst beruft, gibt es nun aber kein Sprechen, das nicht in einer geteilten Praxis verwurzelt ist, und dies muß auch für die Äußerungen des Vertreters der radikalen Relativismus-These gelten. Diese These kann deshalb nicht ›von außen‹ über das Verhältnis zwischen ›der Welt‹ einerseits und den verschiedenen, dem relativistischen Sprecher gegenständlich, ›objektiv‹ vorliegenden Sprachspielen andererseits etwas aussagen. Vielmehr kann sie selbst nur im Rahmen eines *bestimmten* Sprachspiels formuliert worden sein, in dessen Licht auf andere Sprachspiele Bezug genommen wird. Wollte man dies verneinen, dann müßte der Standpunkt ›von außen‹ einerseits geleugnet werden (die Relativismus-These möchte ihn in seiner Eigenschaft als sicheren neutralen Anker ja gerade als Illusion erweisen), und doch müßte dieser externe Standpunkt andererseits zugleich in Anspruch genommen werden, da ja etwas Zutreffendes über das Verhältnis von Sprachspielen *überhaupt* zu *der* (einen) Welt gesagt werden soll. Ohne mit sich selbst in Widerspruch zu geraten, kann die radikale Relativismusthese also nicht als ›von außen gesprochen‹ gemeint sein. Sie muß selbst einem *bestimmten* Sprachspiel (ich nenne es im folgenden das Sprachspiel A) angehören.

Kann es aber ein Sprachspiel A geben, aus dessen Perspektive sich sagen ließe, ein (weiteres) Sprachspiel B sei einem dritten Sprachspiel C so unähnlich, daß die Mitspieler von B (mit den kognitiven Strukturen b) niemals in der Lage sein werden, am Sprachspiel C teilzunehmen (sich mit Personen mit den kognitiven Strukturen c zu verständigen)? Über welche kognitiven Strukturen a verfügt der Sprecher, der Vertreter der Relativismus-These selbst; wie sieht das Sprachspiel A aus, in dem seine These formuliert ist? Was bedeuten seine Ausdrücke ›Sprachspiel‹, ›Aktivität‹, ›kognitive Struktur‹, ›Überschreiten einer kognitiven Struktur‹, mit deren Hilfe er sich (in A) auf Vorkommnisse (die er den Sprachspielen B und C zuordnet) bezieht?

Wenn die Ausdrücke des Relativisten eine Bedeutung haben (was nötig ist, damit es sich bei dem, was er gesagt hat, um eine *These* handelt), dann *heißt* das, daß damit die als unüberschreitbar angenommenen Grenzen bereits überschritten sind: Indem die als so fremd behaupteten Vorkommnisse als Sprachspiele klassifiziert werden, ist die behauptete unüberbrückbare Fremdheit praktisch bereits ein Stück weit aufgehoben. Eine Relativismusthese der Form ›Unser Begriff der Wahrheit ist ein anderer als der einer Sprachspielgemeinschaft x‹ läßt sich offenbar gar nicht formulieren ohne die These, die Sprachgemeinschaft x habe einen *verwandten*, wenn auch anderen Wahrheitsbegriff, von dem es nicht von vornherein unsinnig ist, ihn als einen Wahrheitsbegriff zu klassifizieren, ihn mit unserem zu vergleichen. (Im Unterschied dazu halten wir die Sonnenflecken *nicht* für einen Versuch der Sonne, uns eine Botschaft zukommen zu lassen; wir kommen nicht auf den Gedanken, ihr einen anderen Wahrheitsbegriff zu unterstellen.)

Dieser Begriff der *Verwandtschaft zwischen Sprachspielen*, einer Familienähnlichkeit ohne gemeinsames Substrat, ist für die hier vertretene These von zentraler Bedeutung. Ich behaupte, daß die Offenheit für individuelle Abweichungen, die Übertragbarkeit auf Unvorhergesehenes, die Überschreitbarkeit der bis zu einem beliebigen Zeitpunkt üblichen Spielpraxis zum Begriff des Sprachspiels selbst gehört. Diese Offenheit ist kein Mangel, dessen Erkenntnis eine völlig neue Lage schafft und bisherige Verständigungen als Illusionen, als zufällige Interessenübereinstimmungen entlarvt. An Sprachspielen teilnehmen zu können heißt von vornherein, phantasievoll handeln zu können, mit breitem Spielraum, und trotzdem können wir sinnvoll von Verständigung und Wahrheit sprechen.

Der Ursprung der Relativismusthese liegt in den Erfahrungen, die wir in Handlungen gewinnen, in denen es zu begrenzten Verständigungen kommt, aber sie ist eine falsche Deutung: In ihnen erfahren wir die partielle Nähe (Verständigung) und zugleich auch die partielle Ferne *(Begrenztheit* der Verständigung) zu unseren Kommunikationspartnern. In der so erfahrenen Verwandtschaft

(›gleich und doch nicht gleich‹) liegt die Differenz, aber zugleich auch die Brücke zu den Spielern des anderen Sprachspiels, die Verbindung, die der radikale Relativist mit seiner These leugnen möchte. Im psychologischen Bild gesprochen: Wir sind in der ›kognitiven Struktur‹ *von vornherein* nicht wie in einem Käfig mit unverrückbaren Gittern gefangen, aber nicht deshalb nicht, weil wir hinaustreten und uns ›außerhalb aller Käfige‹ aufstellen könnten (in diesem Punkt ist die Kritik am Bild vom ›Spiegel der Natur‹ im Recht), sondern weil jeder Käfig zu den anderen hin und in alle Richtungen erweiterbar ist (und von allem Anfang an war). Anders gesagt: Die Gitterstäbe, die wir erfahren, bilden in ihrer Struktur gar keinen Käfig; vielmehr bilden sie Gerüste, die zum Klettern geeignet sind, und die wir ständig durch Umbauten verändern. Deshalb können wir sie auch so ausbauen, daß sie sich in bestimmten Teilen näher kommen; in diesem Sinne bewegen sie sich aufeinander zu, und es entstehen Brücken. Schon das Erlernen der primären Sprache funktioniert auf diese Weise des Oszillierens zwischen Verständigtsein, Mißverständnis und Unverständnis.

Die an der gelingenden, aber begrenzten Verständigung erfahrene Verwandtschaft zwischen zwei Sprachspielen kann auf verschiedene (sich nicht ausschließende) Weisen gedeutet werden: (a) Es könnte (›vertikal gesehen‹) in einem vorliegenden Fall einen übereinstimmenden Basisvorrat an Sprachspielen geben. Für einen solchen begrenzten Bereich könnte die Tiefenstruktur-These zutreffen, die im Bereich der komplexeren Sprachspiele oben als Verharmlosung charakterisiert wurde. Zu einem derartigen Basisvorrat könnte zum Beispiel das Sortieren leicht manipulierbarer Einzeldinge (Früchte, Bausteine) gehören, oder einfache Signalisierungen von Annahme und Zurückweisung, auch Handlungsaufforderungen etc. Ethnologie und Kinderpsychologie können uns darüber belehren. Im Prozeß der Verbesserung der zunächst begrenzten Verständigung könnten von einem solchen einfachen Spielbereich aus weitere Sprachspiele erkundet und gegenseitig verständlich gemacht werden, nämlich als unterschiedliche Fortsetzungsmöglichkeiten für tiefenstrukturell gleiche oder sehr ähnliche Anfänge. Sowohl darüber, wie unterschiedlich solche Fortsetzungen sein können, als auch darüber, wie es zugeht, daß wir sie verstehen, läßt sich bei Wittgenstein vieles lernen.

(b) Es kann (›horizontal gesehen‹) eine ›zufällige‹ oder unter dem

Druck der Verhältnisse mit etwas ›Glück‹ zustande gekommene *praktische* Verständigung über ein konkretes Handlungsproblem (bei verbalem Mißverständnis) zum Ausgangspunkt eines in der Zeit verlaufenden Prozesses der Verkleinerung von Mißverständnissen werden. Dieser Prozeß kann zu immer subtileren praktischen (und damit auch verbalen) Verständigungen führen, bis die beiden Seiten des Verständigtseins (die praktische und die sprachliche) im Grad ihrer Vervollkommnung nicht mehr unterscheidbar sind; es tauchen über längere Zeit keine Anlässe mehr auf, von einem Mißverständnis zu sprechen. Es ist nicht beunruhigend, wenn die Möglichkeit eines *definitiven* Abschlusses eines solchen Prozesses aus der hier propagierten Sicht als Fiktion erscheint. Wenn das Meinen nicht mehr als eine innere Handlung (oder als ein innerer Zustand) aufgefaßt wird, entfällt die Notwendigkeit, dies Innere des Sprechers im Hörer identisch zu reduplizieren. Wir wissen, daß man bezüglich der Bedeutungsnuancen eines Wortes auch einer gut beherrschten Fremdsprache sein Leben lang dazulernt, ja, daß die Verwendungsmöglichkeiten auch der eigenen Muttersprache für den Sprecher zu keiner Zeit völlig überschaubar sind. Dies rechtfertigt aber nicht die These, jeder meine mit denselben Worten etwas ganz eigenes, das allenfalls ›zufällig‹ mit dem übereinstimmt, was ein anderer meint.

Wenn Wittgenstein sagt, alles bleibe in der Sprache, dann heißt das: Wir können über die Grenzen unserer bisherigen Sprachspiele immer nur aus der Perspektive des gerade erweiterten, variierten, kreativ fortgesetzten Sprachspiels Rechenschaft geben. Wir können über vorgefundene oder erfundene Variationen und Veränderungen berichten und dazu (wie er es tut) gerade neu entworfene Spielvarianten benutzen, wir können uns aber nicht außerhalb unserer Sprache aufstellen, um (ein für allemal, objektiv, aus neutraler Sicht) Sprache und Welt zu vergleichen. Die These, daß ein solcher Vergleich von außen nicht möglich ist, daß in diesem Sinne ›alles in der Sprache bleibt‹, ist kein Nominalismus. Sie erinnert nur daran, daß das Vergleichen selbst ein Sprachspiel ist, ohne der Täuschung zu erliegen, daß Sprachspiele nur aus ihrem *verbalen* Teil bestehen würden. Die Grenzen eines Sprachspiels können sich sehr wohl auch an blutigen Nasen zeigen. Diese Grenzen namhaft zu machen kann aber nicht anders als aus einer bestimmten Sicht geschehen. ›Aus einer bestimmten Sicht‹ heißt in gewissem Sinne zwar ›relativ‹ zu bestimmten Sprachspielen und

Lebensformen. Hier bedeutet ›relativ‹ aber nicht ›in Relation zu‹, wenn dabei der Sprechende als Außenstehender gedacht wird, sondern ›im Lebenselement von‹, unter Vollzug derjenigen Handlungen, in lebendiger Ausübung derjenigen Lebensformen, die die Äußerungen dessen, der dabei spricht, allererst sinnvoll machen. Daß *in* einem solchen ›Lebenselement‹, innerhalb von Sprachspielen, wahre Beschreibungen und nach festgelegten Maßstäben exakte Wiedergaben möglich sind, weiß jeder über seinen Korrekturen sitzende Grundschullehrer und jeder Verkehrspolizist, dessen nach festen Vorschriften erstellten Unfallbericht man in poetischer Sprache durchaus eine ›Widerspiegelung‹ nennen könnte. Die Philosophen allerdings müssen sich manchmal daran erinnern, daß auch Wörter wie ›wahr‹, ›Beschreibung‹ etc. *in* Sprachspielen ihren Ort haben, sie stehen nicht außerhalb, mit ihnen kann man nicht Sprache und Welt aus ›neutraler‹ Position miteinander vergleichen.

Die Philosophie hat also (darin ist Rorty zuzustimmen) nicht die Aufgabe, für einen blanken Spiegel zu sorgen, eine Muster-Sprache zu entwickeln, die ›die Welt‹ (im Unterschied zu normierbaren Teilbereichen) unverfälscht widerspiegeln würde, vorgängig zu und unabhängig von allen Handlungskontexten. Sie hat auch nicht die Aufgabe, unter den verschiedenen Sprachen, so als sei eine ganze Sprache (das Deutsche, das Japanische) nichts anderes als eine Technik zur Erreichung eines vorausdefinierten Ziels, eine bestimmte auszuwählen oder Kriterien für eine solche Auswahl zu erarbeiten. Wir sind gar nicht in einer Position, in der wir die Wahl hätten; wir stehen nicht verschiedenen Mitteln gegenüber, von denen unabhängig und zu denen vorgängig wir schon unsere Zwecke hätten. In diesem Sinne sind die *natürlichen* Sprachen keine Techniken, keine Instrumente, unter denen wir das geeignete auszuwählen hätten. Ein solches Verhältnis liegt allenfalls in kleinen Teilbereichen vor, zum Beispiel in Teilen von Wissenschaftssprachen, die sich vollständig operationalistisch oder instrumentalistisch deuten lassen. Hier können Spezialaufgaben für die Wissenschaftstheorie entstehen. Die für solche Teilbereiche angemessene Sicht ist aber auf den erkenntnistheoretisch grundlegenden Fall der natürlichen Sprachen nicht übertragbar.

Allgemein läßt sich die Aufgabe der Philosophie daher nicht als Hilfestellung bei der Mittelwahl bestimmen, sondern (mit dem Blick auf das Relativismusproblem) eher so: Indem die Philosophie versucht, den Charakter sprachlichen Handelns durchsichtig zu machen und uns von irreführenden Bildern zu befreien, charakterisiert sie die Art der Leistungen, die in *konkreten* Verständigungsaufgaben erbracht werden müssen.

Die im letzten Abschnitt angesprochene Anerkennung der *Situiertheit* des Sprechens ist die Anerkennung einer *Relativität.* Sie ist die Anerkennung der Verschiedenheit der Sprachspiele als ›Lebenselemente‹, die aber (wie ich zu zeigen versucht habe) nur festgestellt werden kann, wenn *zugleich* die Verwandtschaft und damit das partielle Verständigtsein festgestellt wird. Mit dieser Anerkennung der Relativität macht man sich nicht die abstrakte Position des Relativismus zu eigen. Diese ›Position‹ (als ein bedauertes oder willkommenes ›Sich-Heraushalten‹) kann es im Gegenteil gar nicht geben. Es gibt kein Leben ohne ein bestimmtes ›Lebenselement‹, ohne bestimmte Lebensformen; es gibt kein ungeformtes menschliches Leben. Die Situiertheit ist keine Unvollkommenheit; sie ist nicht zu bedauern; sie festzustellen ist kein philosophischer ›Standpunkt‹. Ihre Verwurzelung in unserer leiblichen Natur zu konstatieren bedeutet daher keinen ›Naturalismus‹; von ihr auszugehen heißt allein noch nicht, ›Konventionalist‹ oder ›Voluntarist‹ zu sein. Diese Ismen entstehen erst durch die oben kritisierte Zusatzbehauptung, die Situiertheit bedeute ein Gefangensein in der jeweils *bestimmten* ›Natur‹, ›Konvention‹ oder willensmäßigen Setzung.

Der radikale Sprachspiel-Relativist möchte diese Unüberschreitbarkeit zwar behaupten (das macht die Radikalität seines Relativismus aus), er kann es aber nicht, ohne für sich einen ›Standpunkt außerhalb aller Sprachspiele‹ zu reklamieren, von dem aus er seine Feststellung über ›die Welt‹ und ›alle möglichen Sprachen‹ treffen kann. Damit gäbe es aber einen dem Menschen erreichbaren ›objektiven‹ Beurteilungsort, was mit der Relativismusthese ja gerade ausgeschlossen wird. Mit dem Aufweis dieses Widerspruchs sehe ich die Unhaltbarkeit der radikal-relativistischen Position als erwiesen an.

6. Rortys Kontingenzthesen

Abschließend soll noch einmal kurz die Position Richard Rortys erörtert werden. Die richtige Intuition, daß wir aus der Perspektivität unserer Weltsicht nie herauskommen werden, legt die mißverständliche Formulierung nahe, jede Wahrheit gelte nur für *die* Sprachspiel-Gemeinschaft, nach deren Spielregeln sie formuliert sei. Ich halte es (mit Rorty) für ein *falsches* Verständnis der richtigen Intuition, wenn wir diese These metaphysisch verstehen, indem wir stillschweigend dazudenken, unsere Wahrheiten seien wegen dieser Perspektivität ›absolut gesehen‹ nichts wert. Diese absolute Sicht steht uns nun einmal nicht zur Verfügung. Ein am Absoluten gewonnener Begriff des Relativen, ein an der Fiktion einer unerreichbaren Vorlage gebildeter Begriff der ›verschiedenen Versionen‹ kann (außerhalb von Fiktionen) nicht Teil eines von uns beherrschten menschlichen Sprachspiels sein. *Alles* was wir an Thesen formulieren, ist in *unseren* Lebensformen verwurzelt, in denjenigen, die den Worten und Sätzen, die wir sagen, Sinn verleihen. Mit diesen Sätzen treten wir seit dem Beginn unseres Spracherwerbs immer wieder uns noch unbekannten Menschen gegenüber und versuchen, sprechend und handelnd, uns mit ihnen zu verständigen. Wenn es nur die Unmöglichkeit ist, den Erfolg dieser Versuche vorweg mit Hilfe eines absoluten Maßstabs richtig zu prognostizieren, die Rorty mit dem Wort »*contingency*«[11] ausdrücken will, besteht kein Dissens. Wir verfügen über kein Rezept, das uns ein übermenschliches Maß des Verständigtseins mit anderen garantieren könnte. Das Maß des Gelingens oder Mißlingens ist von konkreten menschlichen Umständen abhängig und in diesem Sinne kontingent.

Nun gibt es aber auch Äußerungen von Rorty, die durchaus eine (wie mir scheint: ungerechtfertigte) Entwertung der menschlichen Verständigung anzeigen; dort verwendet er den Begriff der Kontingenz so, daß er mit ›Zufall‹ übersetzt werden könnte. Damit schneidet er die (von ihm als ›zufällig‹ bezeichnete) gelingende Verständigung von den Bildungs- und Austauschprozessen ab, die zu ihr geführt haben. Sie scheint dann ganz allein dazustehen, ohne Vorgeschichte oder Fortsetzung, so daß sie dem Handelnden auch keine Orientierung für spätere Handlungen gibt.

11 R. Rorty, *Contingency, irony, and solidarity*, Cambridge 1989; dt. *Kontingenz, Ironie und Solidarität*, Frankfurt am Main 1989.

So richtig es auch nach den hier vorgetragenen Überlegungen ist, daß es keine *Garantie* für das Gelingen eines Verständigungsversuchs gibt und daß gerade die metaphorischen, die kreativen Sprachverwendungen in gewissem Sinne als ›Sprünge ins Leere‹ anzusehen sind[12], so irreführend ist es doch, diese Tatsache mit der Formulierung zu beschreiben, ein Gelingen der Verständigung sei ›zufällig‹. Gerade das metaphorische Sprechen, auf das Rorty mit seinem Selbstbild vom Philosophen als Dichter so großen Wert legt, ist nur möglich auf einer breiten Basis hinreichend geteilter Lebensformen und Sprachspiele. Wenn eine Person, für die Deutsch eine Fremdsprache ist, den Deckel einer Schachtel in unfreiwilliger Metaphorik als ›Tür‹ bezeichnet, dann haben wir hier einen Fall von Projektion vor uns, d.h. die Ausübung einer grundlegenden Teilfähigkeit der ganz normalen, alltäglichen Sprachkompetenz. Eine gelingende Verständigung ist daher durchaus zu erwarten; es handelt sich bei ihr nicht um einen Zufall, wie wenn ein Unbekannter genau den Geldbetrag versehentlich im Fahrkartenautomaten liegengelassen hat, der mir für meine Rückfahrt fehlt.

Man hat den Eindruck, Rorty pflege noch das romantische Bild vom Poeten als dem einsamen Genie, das zwar (wie er ausdrücklich sagt) keinen Zugang zu einer ›tieferen‹ Wirklichkeit mehr hat, dafür aber die Genugtuung, etwas noch nie Dagewesenes zu schaffen. In seinem Kapitel »*The contingency of selfhood*« scheint es, als sehe er es als erstrebenswert an, die von ihm als ›kontingent‹ bezeichnete Situiertheit seines eigenen Denkens abzustreifen und sich neu zu erschaffen, als könne er sich selbst neu erfinden, unabhängig davon, wer er bisher war, wo er herkommt und zu wem er spricht. Als würde er sich sagen: Wenn schon die bislang für orientierend gehaltene Funktion des Spiegelbildes (und die Vorstellung von der wahren Bestimmung des Menschen) verlorengegangen ist, – machen wir etwas daraus! Entwerfen wir Bilder ohne Orientierung an einer Vorlage auf freie Weise! Entscheiden wir uns, heute Indianer, morgen Cowboy zu sein; heute Räuber, morgen Gendarm! Und erfinden wir ganz neue Möglichkeiten! Vielfalt statt Identität!

Man sollte nicht meinen, die Erkenntnis der Perspektivität würde den Träger dieser Erkenntnis von ihr auf wunderbare Weise be-

12 Vgl. H. J. Schneider, *Phantasie und Kalkül*, a. a. O., S. 332 ff. und 399 ff.

freien. Zu deutlich schimmert der sehr spezifische Zustand des momentanen amerikanisch-westeuropäischen Kunstbetriebs mit seiner hohen Bewertung der Innovation durch das von Rorty gezeichnete Bild hindurch; es wirkt nicht so, als sei es aus philosophischem Abstand gemalt. Und sein Zugeständnis, ein solcher Dichter-Philosoph bleibe, um sich positiv als Schöpfer neuer Vielfalt sehen zu können, auf die geneigten Leser angewiesen, verrät, daß ihm seine eigene Kontextbezogenheit, wie sie gerade in diesem Innovationsgestus steckt, nicht völlig entgangen ist.

Ich halte diese heroische Isolierung und Ermächtigung des ›kontingenten Selbst‹ für eine Illusion. Sie überschätzt das rationale ›kleine Ich‹ in seiner Schöpferkraft und unterschätzt das Maß einerseits der Eingebundenheit in Geschichten und andererseits der damit schon gelungenen Verständigung. Aus der Perspektivität nicht herauszukommen heißt auch, jeden *neuen* Schritt als *Perspektivenerweiterung* zu tun, von einem Ort her zu einem benachbarten, erreichbaren Ort hin. Auch die Psychoanalyse führt nach meinem Verständnis nicht zu einem Nullpunkt, von dem aus man sich von seiner Vergangenheit ganz verabschieden könnte; auch sie ermöglicht nur eine Erweiterung der Perspektive, eine Lockerung alter Erstarrungen, nicht einen Sprung von einem neu gewonnenen absoluten Anfang zu einem beliebigen Ort aus einer frei zu erfindenden Menge unverbundener ›Standpunkte‹.

Wenn wir also von der unaufhebbaren Perspektivität unserer jeweiligen Weltsicht sprechen und sagen, jede Wahrheit gelte zunächst nur für die Sprachspiel-Gemeinschaft, nach deren Spielregeln sie formuliert sei, weist die damit angesprochene Begrenztheit auf die ständige Aufgabe der *Erweiterung* und des *Dazulernens* hin, und jeder Lernschritt erfolgt aus der Perspektive des bis dahin Erreichten. Die Erfahrung, die wir mit solchen Schritten haben, reicht vom Erlernen unserer Muttersprache bis zu unseren Begegnungen mit fremden Kulturen. Im zuletzt genannten Fall kann man zwar gut erkennen, wie sehr man das Fremde aus der Begrenztheit der eigenen Perspektive sieht; aber dies heißt schon, einen ersten Ansatz zum Verstehen des Fremden zu machen. Gerade in solchen Situationen erfährt man die ständige Gleichzeitigkeit von Verständigtsein und Unverständnis.

Die Relativität, mit der wir es zu tun haben, stellt uns immer in eine Situation von der Form einer Weggabelung: Wir können unseren Weg jetzt *so* oder *so* fortsetzen; die Entscheidung darüber betrifft immer das Durchziehen einer Linie, auf der wir uns, erdgebunden, bewegen, und nicht die Wahl zwischen verschiedenen Punkten, in die wir weglos hineinspringen könnten. Insofern sind wir, was die Möglichkeiten unserer geistigen Fortbewegung angeht, eher den Schnecken vergleichbar als den Flöhen. Ich sehe bei Rorty die Tendenz, das nicht wahrhaben zu wollen, als sei er eine Schnecke, die doch immer wieder davon träumt, ein Floh zu sein.

Albrecht Wellmer
Zur Kritik der hermeneutischen Vernunft

I

Sprachlicher Sinn hat kein objektives Sein, er ist nicht in der Welt vorhanden wie Steine, Bäume, Berge oder Elektronen. Diese sprachphilosophische Einsicht scheint etwas unmittelbar Einleuchtendes zu haben und enthält doch zugleich eine der ärgsten philosophischen Herausforderungen an den common sense. Man könnte versucht sein, die These vom nicht-objektiven Sein des sprachlichen Sinns dadurch zu entschärfen, daß man auch das objektive Sein von Steinen, Elektronen oder Vulkanausbrüchen in Frage stellt: diese »gibt« es ja nur auf dem Hintergrund sprachlicher Bezugssysteme, durch welche etwas als etwas identifizierbar, wahrnehmbar oder aufweisbar wird. Indes ist der Vergleich irreführend: die Realität der Steine, Elektronen oder Vulkanausbrüche wird durch die Sprache als eine objektive »konstituiert«; dementsprechend glaubt niemand, daß die Steine aufhören zu existieren, wenn nicht mehr über sie gesprochen wird – vorausgesetzt nur, daß es Steine (und Elektronen, und Vulkanausbrüche) wirklich gibt. Es gehört zum Sein jener Dinge und Ereignisse, so wie es in der Sprache gemeint ist, daß ihre Existenz als ihrer Wahrnehmung und dem Sprechen über sie vorgängig und in diesem Sinne als von Sprache, Wahrnehmung und Erkenntnis unabhängig gedacht werden kann. Es ist die Sprache selbst, welche die Idee solcher Unabhängigkeit konstituiert; das objektive Sein jener Dinge und Ereignisse ist ein Zug der Sprache selbst. Also wäre doch das objektive Sein jener Dinge und Ereignisse von der Sprache abhängig und nur ein Schein? Was von der Sprache abhängt, ist die Erschlossenheit einer Welt, in der es Dinge und Ereignisse gibt, nicht aber die empirische Existenz dessen, was als real in wahren Sätzen ausgesagt werden kann.

Anders verhält es sich mit dem sprachlichen Sinn. Dies soll nicht nur heißen, daß es keinen sprachlichen Sinn gibt, wo es keine Sprache gibt – eine triviale Feststellung; es soll vielmehr heißen, daß es sprachlichen Sinn überhaupt nicht als etwas in einer sprachlich erschlossenen Welt Vorhandenes und Objektivierbares »gibt«: das Sein des sprachlichen Sinns ist inkommensurabel allem durch die Sprache erschlossenen objektiven Sein. Husserl, der dies klar erkannte, suchte gleichwohl für den sprachlichen Sinn ein objektives Sein sui generis zu retten, nämlich das objektive Sein von »idealen, rein-logischen Einheiten, den Begriffen, Sätzen, Wahrheiten ... denen das Gedacht- und Ausgedrücktwerden zufällig ist«.[1] Husserls Auffassung läuft ersichtlich auf den Versuch hinaus, das Sein des sprachlich ausgedrückten Sinns als von seinem sprachlichen Ausdruck unabhängig zu begreifen, und das heißt ja: das Sein der in der Sprache ausgedrückten und kommunizierten Bedeutungen als unabhängig von der Sprache und dem Sprechen zu begreifen. Unabhängig von der Sprache wie Steine, Wolken oder Elektronen, obgleich von anderer Seinsart: nämlich von der Seinsart idealer Gegenstände.

Husserls Versuch, für den sprachlichen Sinn ein objektives Sein analog dem von sprachunabhängigen Gegenständen in der Welt zu retten, ist nur ein besonders markanter innerhalb einer langen Reihe philosophischer Versuche, sprachlichen Sinn als etwas in der Welt – empirisch oder ideal – objektiv Vorhandenes zu denken. »Objektiv vorhanden« heißt hier: er, der sprachliche Sinn, ist, wo er auftritt, immer schon fertig da, allenfalls noch aufzufassen, auszudrücken, zu verstehen, auszulegen, zu übersetzen, aber doch so, daß dies Auffassen, Ausdrücken, Verstehen, Auslegen, Übersetzen dem Sein des schon vorhandenen sprachlichen Sinns nichts hinzufügt – gerade so, wie das Mineral schon da ist, das der Wissenschaftler in seiner Struktur zu erkennen versucht; dem Sein des Minerals, so wie es in der Sprache immer schon gemeint ist, wird durch die Erkenntnis des Minerals nichts hinzugefügt. Genau in diesem – wohlgemerkt: kantisch – nach-kritischen Sinne geht die naturwissenschaftliche Erkenntnis auf das »An-sich« der Dinge.

Ich möchte ein Verständnis des sprachlichen Sinns, das dessen Sein nach dem Modell des An-sich-Seins natürlicher Objekte versteht, »objektivistisch« nennen. Objektivistisch wäre somit ein Verständnis der Seinsweise des sprachlichen Sinns, welches das Sein des sprachlichen Sinns von dem durch die Sprache erschlos-

1 Vgl. Edmund Husserl, *Logische Untersuchungen*, Bd. II, 1, Tübingen 1980, S. 105.

senen objektiven Sein des gegenständlich »Vorhandenen« her versteht. »Objektivistisch« in diesem Sinne sind auch Sprachtheorien, die die Bedeutung sprachlicher Zeichen auf die subjektiven (»bedeutungskonstitutiven«) Intentionen von Sprechern oder auf die objektiven Bezeichnungskonventionen einer Sprache zurückführen, also »intentionalistische« oder »konventionalistische« Sprachtheorien. In beiden Fällen wird nämlich sprachlicher Sinn als etwas mit Hilfe von Sprachzeichen bloß »Ausgedrücktes« oder »Bezeichnetes« (Intentionen, Vorstellungen, Dinge, Klassen von Dingen, ideale Gegenstände) erklärt, das heißt aber durch Rekurs auf etwas in der inneren oder äußeren oder einer idealen Welt Gegebenes, Vorhandenes, das mit Hilfe sprachlicher Zeichen bloß bezeichnet, kommuniziert, »ausdrücklich gemacht« wird. Dementsprechend bedeutet »Verstehen« dann das richtige Auffassen des durch Sprachzeichen bezeichneten oder mit ihnen gemeinten Sinnes, eines Sinnes, der immer schon fertig da ist und vom Verstehen bloß identifiziert werden will als dasjenige, was in der Spur der Sprachzeichen seinen Abdruck hinterlassen hat. Auch die scheinbar anti-objektivistische Hermeneutik Schleiermachers zeigt noch starke objektivistische Züge, wie Gadamer gezeigt hat: Schleiermacher macht zwar durch seine Ausarbeitung des »Ineinander« von »grammatischen« und »psychologischen« Dimensionen des Verstehens das Verstehen zu einer unendlichen Aufgabe[2], aber er hält doch an der Unterstellung fest, daß der sprachliche Sinn als das in der hermeneutischen Anstrengung zu Erfassende, zu »Verstehende«, immer schon da ist; eben als ein vom Hörer, Leser oder Interpreten zu Erfassendes, in der Welt schon fertig Vorhandenes.

Die bedeutendsten Sprachphilosophien unseres Jahrhunderts lassen sich verstehen als ebensoviele Ansätze zu einer Kritik an solchen in der Tradition der europäischen Philosophie tief verankerten objektivistischen Verständnissen der Seinsweise des sprachlichen Sinns. In diesem Punkt stimmen die Hermeneutik Gadamers, die Spätphilosophie Wittgensteins, die Kommunikationstheorien von Apel und Habermas, die dekonstruktive Sprachphilosophie Derridas und sogar noch die Sprachtheorie von Davidson miteinander überein. In allen diesen Fällen ist –

2 Vgl. F.D.E. Schleiermacher, *Hermeneutik*, hg. v. H. Kimmerle, Heidelberg 1959, S. 81, 88.

oder impliziert – die Kritik am semantischen Objektivismus, als Kritik an der »Sprachvergessenheit« der europäischen Philosophie, zugleich eine Kritik der Metaphysik. Man könnte daher behaupten, daß die hermeneutische Reflexion – wenn man das Wort in einem weiten Sinne versteht – die entscheidend neue Reflexionsgestalt in der Philosophie des 20. Jahrhunderts darstellt. Die hermeneutische Reflexion ist eine Art Meta-Reflexion: ihr Universalitätsanspruch macht sich darin geltend, daß sie Folgen hat nicht nur für alle philosophischen Disziplinen, sondern für den Begriff der Philosophie selbst: die hermeneutische Reflexion scheint unlösbar verbunden mit einer Infragestellung des traditionellen Begriffs philosophischer Theorie. Ich möchte im folgenden verschiedene Gestalten dieser hermeneutischen Reflexion zueinander in Beziehung setzen und bis zu einem gewissen Grade gegeneinander ausspielen. Ich hoffe, auf diese Weise die hermeneutische Reflexion selbst ein Stück weitertreiben zu können.

II

Um die Seinsweise des sprachlichen Sinns zu erläutern, beginne ich mit einem gewissermaßen primitiven, aber gleichwohl tief im philosophischen wie im alltäglichen common sense verankerten Modell dessen, was das Verstehen sprachlichen Sinns ist. Ich werde dann dieses Modell sukzessive zu modifizieren bzw. zu »dekonstruieren« versuchen. Nach diesem Modell verstehe ich eine sprachliche Äußerung – einen Text –, wenn ich das vom Sprecher mit seiner Äußerung – vom Autor mit seinem Text – Gemeinte richtig auffasse, also das, was der Sprecher mit seiner Äußerung – der Autor mit seinem Text – hat sagen wollen. Nun ist diese Auskunft nicht durchaus falsch – gerade darin liegt ihr Verführerisches; falsch wird sie erst, wenn Ausdrücke wie »meinen«, »richtig auffassen«, »sagen wollen« usw. im Sinne eines objektivistischen Sprachverständnisses gedeutet werden. Zweifellos hat ja das eben genannte Modell in einem begrenzten Anwendungsbereich einen guten und unproblematischen Sinn. Ich denke an Situationen sprachlicher Verständigung, in denen die Auskunft des Sprechers, wen oder was oder wie er etwas gemeint hat, zum richtigen Verständnis seiner Äußerung führt. In solchen Fällen akzeptieren wir die Autorität des Sprechers als desjenigen, der wissen muß, wen oder was oder wie er etwas meinte. Nur ist genauer nach den Bedingungen zu fragen, unter denen solche Fälle möglich sind. Eine dieser Bedingungen wird sichtbar, wenn man bedenkt, daß auch die zum Verständnis einer zunächst nicht verstandenen Äußerung führenden Auskünfte eines Sprechers verstanden werden müssen. Dies Verstehen aber wird, wenn wir nicht einen infiniten Regreß annehmen wollen, das heißt, wenn es überhaupt Verstehen geben soll, an irgendeinem Punkt ein zweifelsfreies, ein »blindes« Verstehen sein. Solch »blindes« Verstehen ist nur möglich auf dem Boden einer gemeinsamen Sprache, die die Möglichkeiten des »Mit-einem-Wort-(oder-Satz)-etwas-Meinens« ebensowohl eröffnet als auch eingrenzt. Der Spielraum des Meinens, des Verstehens und des Nicht-Verstehens wird eröffnet und begrenzt durch die Gemeinsamkeit einer Sprache, zu der – als einer gemeinsamen – das Moment eines blinden, zweifelsfreien Verstehens ebenso gehört wie die Möglichkeit des Nicht-Verstehens.

Was aber ist gemeint mit einem »blinden«, zweifelsfreien Verstehen? Gemeint ist ein Verstehen von Äußerungen, das sich nicht mehr ohne Gewaltsamkeit als ein Deuten, ein Interpretieren von Äußerungen beschreiben läßt, weil die Deutung – sieht man einmal von der Sprecher- und Hörerrelativität von Personalpronomina und deiktischen Termini ab – in einer Wiederholung der Worte des Sprechers bestehen würde. Wenn eine Kassiererin sagt »Das macht zusammen 25 Mark zwanzig« und ich verstehe »Das macht zusammen 25 Mark zwanzig«, oder wenn mein Freund sagt »Ich war heute abend im Kino« und ich verstehe, daß er heute abend im Kino war, so handelt es sich um solche Fälle blinden Verstehens. Was ich blindes Verstehen nenne, ist analog dem, was Wittgenstein ein »blindes« Regelfolgen nennt. Es sind denn auch Wittgensteins Reflexionen zum »Verstehen« und »Meinen«, an die an dieser Stelle vor allem zu erinnern ist. Was Wittgenstein zeigt, ist, daß ich eine Sprache verstehe, wenn ich mich darauf verstehe, Worte und Sätze in konkreten Situationen richtig zu verwenden – und das Wort »richtig« möchte ich hier so verstanden wissen, daß es auf verschiedene Dimensionen der Wahrheitsgeltung sich beziehen läßt. Die Fähigkeit, Worte und Sätze in konkreten Situationen richtig zu verwenden, schließt die Fähigkeit ein, Äußerungen kompetenter Sprecher richtig zu verstehen; die beiden Fähigkeiten bedingen einander. Zum »Meinen« gehört ein

Können, und zum Verstehen des Gemeinten gehört das gleiche Können: die Fähigkeit, richtige Äußerungen zu machen, und die Fähigkeit, Äußerungen richtig zu verstehen, sind korrelativ.
Natürlich will ich nicht behaupten, daß es einen Bereich sprachlicher Praxis gäbe, in dem kompetente Sprecher nur »richtige« Äußerungen machen und in dem kompetente Hörer die Äußerungen anderer Sprecher nur richtig verstehen werden. Mißverstehen und Nicht-Verstehen sind an keinem Punkte der sprachlichen Verständigungspraxis prinzipiell auszuschließen – genausowenig wie Irrtum und Täuschung an irgendeinem Punkte unserer gewöhnlichen Wahrnehmungspraxis prinzipiell ausgeschlossen werden können. Aber ebenso wie Irrtum und Täuschung im Falle unserer gewöhnlichen Wahrnehmungspraxis unverständlich würden ohne den Hintergrund zweifelsfreier Wahrnehmungsgewißheiten, so würden Mißverstehen und Nicht-Verstehen im Falle der sprachlichen Kommunikation unverständlich ohne den Hintergrund zweifelsfreien Verstehens. Jeder einzelne Fall zweifelsfreien Verstehens – ebenso wie jeder einzelne Fall zweifelsfreier Wahrnehmungsgewißheit – mag sich als Fall einer nur täuschenden Verstehens- (Wahrnehmungs-) Gewißheit herausstellen; aber ohne den Boden solcher Gewißheiten würde der Zweifel seinen Sinn verlieren. Jener feste Boden ist nicht durch bestimmte, aufzählbare Gewißheiten definiert, sondern dadurch, daß es immer einen Bereich zweifelsfreier Gewißheiten gibt, in dem wir faktisch nicht zweifeln können, weil der Zweifel gleichsam keinen Halt findet. Der Zweifel – auch der Zweifel des Vielleicht-nicht-Verstehens – setzt immer einen solchen Boden zweifelsfreier Gewißheiten voraus. Im Falle des Verstehens wird ein solcher Boden zweifelsfreier Gewißheiten durch die Gemeinsamkeit einer Sprache konstituiert.
Gehen wir also zunächst von der Voraussetzung einer gemeinsamen Sprache aus. Wenn ich eine Sprache verstehe, so habe ich eben gesagt, so verstehe ich mich darauf, die Sätze (d. h. grammatischen Einheiten) dieser Sprache in konkreten Situationen angemessen zu verwenden und mich hierdurch anderen verständlich zu machen. Der Ort des Verstehens ist die sprachliche Verständigung. Hieraus folgt zweierlei: erstens, daß Sprachverstehen im alltäglichen Sinn das Verstehen von Äußerungen-in-Situationen ist, und zweitens, daß das Paradigma des Sprachverstehens das einer Verständigung von Sprechern miteinander über etwas ist. In

der alltäglichen Verständigung sind das Verstehen von Äußerungen und das Verstehen ihres Situationsbezuges nicht zwei verschiedene Dinge, sondern eines; solches situative Verstehen aber ist nur das Korrelat unserer eigenen Fähigkeit, Sätze unserer Sprache in konkreten Situationen angemessen zu verwenden. Nicht die geringste von Wittgensteins Einsichten ist die, daß Bedeutungstheorien, die dies praktische Können von Sprechern – das immer schon ein Reden- und Verstehen-Können zugleich ist – in Form eines expliziten Regelsystems zu formulieren versuchen, nicht nur zum Scheitern verurteilt sind, sondern auf einem *category mistake* beruhen. Nichts anderes besagt auch Derridas Insistieren auf der Unendlichkeit und Nicht-Objektivierbarkeit des Rede-Kontextes. Kontexte lassen sich erläutern, erhellen, verständlich machen; aber jede solche Erläuterung steht wieder unter der Bedingung jener Einheit von Äußerungs- und Situationsverstehen, also jenes holistisch verfaßten und zum Teil immer praktischen Wissens, das systematische Bedeutungstheorien vergeblich in die Form eines explizit-propositionalen Wissens zu bringen versuchen. Im situativen Bezug des Verstehens ist zugleich der Geltungs- und Sachbezug des Verstehens enthalten, und zwar in einem doppelten Sinne: erstens so, daß das alltägliche Verstehen einen Vorgriff auf situationsangemessenen Sinn enthält, und zweitens so, daß sprachliche Verständigung auf Verstehen im Sinne eines Einverständnisses abzielt.

Nehmen wir ein einfaches und zugegebenermaßen sehr banales Beispiel, nämlich den Satz »Ich hätte gern ein Steak«. Wenn ich diesen Satz im Restaurant zu einem Kellner äußere, der an meinem Tisch steht, um eine Bestellung aufzunehmen, so wird dieser meine Äußerung vermutlich ganz richtig als Bestellung eines Steaks verstehen. Daß der Kellner meine Äußerung, und zwar als situationsangemessene Äußerung, verstanden hat, zeigt sich spätestens, wenn er mir das Steak bringt. Aber könnte die Äußerung nicht anders gemeint sein? Gewiß: etwa wenn ich hinzufüge: »aber ich möchte gern erst wissen, wie bei Ihnen die Steaks zubereitet werden«. Jetzt ist klar, daß meine Äußerung (noch) keine Bestellung war, sondern nur die Äußerung eines Wunsches. Der Kellner könnte meine Bitte akzeptieren und mir eine Erklärung geben; er könnte meine Bitte auch als unangemessen zurückweisen: er versteht meine Bitte als in dieser Situation angemessen oder unangemessen. Angenommen nun, ich äußerte den gleichen Satz unter analogen Bedingungen in einem vegetarischen Restaurant; der Kellner würde vermutlich meine Bitte in einem Sinne als situationsangemessen (nämlich als Bestellung eines Gerichts) und zugleich in einem anderen Sinne als situationsunangemessen verstehen, nämlich als Ausdruck einer falschen Voraussetzung über den Charakter des Restaurants: »Dies ist ein vegetarisches Restaurant, mein Herr«. Er könnte meine Äußerung auch als Provokation verstehen, d. h. als unangemessen in einem anderen, sagen wir: moralischen Sinn. Und sie könnte so gemeint sein; etwa wenn ich mich über die in dem Restaurant zur Schau gestellte vegetarische Ideologie und ihren moralischen Überlegenheitsanspruch ärgere. Nehmen wir an, mein Begleiter, der sich auch ärgert, hat mich richtig verstanden, aber rügt mich gleichwohl wegen meines unzivilisierten Betragens; schon sind wir in der schönsten Diskussion über Vegetarismus, richtiges Betragen in der Öffentlichkeit, Toleranz usw. Wenn ich nun wiederum den gleichen Satz wie oben in einer Fleischerei äußere, so wird meine Äußerung nicht die Bestellung eines gebratenen Steaks sein, sondern die Äußerung eines Kaufwunsches: ich will ein Stück (rohes) Fleisch kaufen. Könnte ich meine Äußerung auch als Bestellung eines fertigen Gerichts meinen? Doch wohl nur, wenn ich annähme, daß es hier auch fertige Gerichte zu bestellen (bzw. zu kaufen) gibt. Und diese Annahme könnte richtig oder falsch sein. Wenn ich schließlich unseren banalen Satz auf einer Bergwanderung zu einem Freunde äußerte, so wäre es höchst merkwürdig, wenn der Freund meine Äußerung als Bestellung eines Steaks verstünde; man möchte fragen: wie könnte er es anstellen, die Äußerung so zu verstehen, und, was auf dasselbe hinausläuft: wie könnte ich es anstellen, meine Äußerung so zu meinen? Es fehlen ja die Umstände, unter denen der Satz so gemeint und so verstanden werden könnte. Mein Freund wird meine Äußerung vermutlich ganz richtig als Äußerung eines (zur Zeit unerfüllbaren) Wunsches verstehen; und vielleicht wird er mich zurechtweisen und sagen: »Denk bloß nicht an sowas; wir müssen noch eine Weile durchhalten«. Wiederum hätte er meine Äußerung als in einem Sinne situationsangemessen und in einem anderen Sinne als situationsunangemessen verstanden. (Und natürlich gibt es – je nach Kontext – noch viele andere Möglichkeiten: meine Äußerung im Gebirge könnte Teil einer Erzählung sein, das Zitat eines Gedichtsanfangs, der Beginn eines Spiels usw.).

Was sich an diesem simplen Beispiel zeigen läßt, ist, daß zum alltäglichen Sprachverstehen einerseits immer schon ein Vorgriff auf die Situationsangemessenheit des Sinns gehört und daß das alltägliche Sprachverstehen andererseits in Prozesse sprachlicher Verständigung eingelagert ist, bei denen es immer schon um die Wahrheit, Richtigkeit, Angemessenheit des Gesagten geht. Der Vorgriff auf Situationsangemessenheit ist analog dem, was Davidson als »principle of charity« formuliert hat. Der Vorgriff auf die Situationsangemessenheit des Sinns ist ein Vorgriff auf die Verständlichkeit des Gesagten. »Verständlichkeit« aber heißt hier: Zugehörigkeit zu einem Bereich des Wahren, Richtigen, Angemessenen. Was ganz außerhalb dieses Bereiches fällt, kann auch nicht mehr verstanden werden. Es »macht keinen Sinn«. Sprachliches Verstehen ist deshalb immer schon die »Ortung« des Verstandenen in einem Wahrheitsraum. In der sprachlichen Verständigung werden Geltungsansprüche erhoben und akzeptiert oder zurückgewiesen; der paradigmatische Fall des Verstehens ist dementsprechend nicht der, in dem die Geltung des Gesagten dahingestellt bleibt, sondern in dem eine Äußerung als wahr oder unwahr, angemessen oder unangemessen, aufrichtig oder unaufrichtig, plausibel oder unplausibel usw. verstanden wird. Das Verstehen von Äußerungen schließt somit in den elementaren Fällen ein Moment des Stellungnehmens, des Urteilens, ein. Dies Stellungnehmen setzt seinerseits die Verständlichkeit des Gesagten voraus; »verständlich« aber können Äußerungen als Äußerungen-in-Situationen nur aufgrund eines Kerns von Situationsangemessenheit sein: wir verstehen Äußerungen so, wie sie – nach unserem eigenen Situations- und Sprachverständnis – in einer konkreten Situation gemeint sein könnten. Die Verständlichkeit von Äußerungen bedeutet somit ihre wie auch immer schwache Teilhabe an einem gemeinsamen Wahrheitsraum.

Nun will ich natürlich nicht behaupten, daß das Verstehen von Äußerungen immer schon, wenn es sich etwa um Behauptungen handelt, ihr Verstehen als wahr oder falsch ist. Ich kann vielmehr Behauptungen – und dieser Fall ist für die Wissenschaft fundamental – als zweifelhaft, unsicher, hypothetisch, gewagt (aber deshalb nicht unbedingt falsch) usw. verstehen; und dieser Fall ist es u. a., der zu der Meinung Anlaß gegeben hat, man müsse zwischen dem Verstehen des Sinns einer Äußerung (eines Textes) und der Beurteilung ihrer Wahrheit (seines Wahrheitsgehalts) begrifflich unterscheiden. Nehmen wir diesen Fall ernst. Wir könnten dann etwa, in Anknüpfung an Habermas, sagen, eine Äußerung zu verstehen heiße, ein Potential von Gründen zu kennen, auf die ein Sprecher rekurrieren könnte, um seine Äußerung zu rechtfertigen. Im Falle von empirischen Behauptungen müßte ich etwa wissen, wie sich eine Behauptung gegebenenfalls begründen ließe, ich müßte aber nicht wissen, ob sie begründet ist oder ob sie sich begründen läßt. Man könnte daher versucht sein zu sagen: eine Äußerung zu verstehen heißt, sie entweder als begründet oder als unbegründet oder als zweifelhaft zu verstehen; und der Sinn der Äußerung – das, was zu verstehen ist – wäre das, was in allen diesen Fällen das gleiche bleibt; etwa die Voraussage (illokutionärer Bestandteil), daß das Wetter morgen wolkig bis heiter sein wird (propositionaler Gehalt). Nun ist gar nicht zu bestreiten, daß das Verstehen von Äußerungen in vielen Fällen so funktioniert; wäre es anders, so wäre kein Dahinstellen von Geltungsansprüchen, wäre keine Argumentation über gemeinsam verstandene Geltungsansprüche, wäre keine Wissenschaft möglich. Meine These ist aber, daß eine hypothetische Einstellung zu Geltungsansprüchen, bei denen die positiven oder negativen Gründe uns zum Zeitpunkt der Äußerung nicht zugänglich sind, nur denkbar ist auf dem Hintergrund einer Entscheidung über den in einer konkreten Situation jeweils möglichen Sinn einer Äußerung. Da aber bei dieser »Entscheidung« das Sprach- und Situationsverständnis des Hörers gleichermaßen ins Spiel kommen – bzw. das Sprachverständnis des Hörers zugleich als Situationsverständnis ins Spiel kommt –, ist das hypothetische, d. h. die Geltung dahinstellende Äußerungsverstehen nur möglich auf dem Hintergrund eines urteilenden Verstehens, bei dem der Hörer die verstandene Äußerung in bestimmter Weise in einem gemeinsamen Wahrheitsraum lokalisiert, und sei es als eine im oben erläuterten Sinne verständliche, d. h. sinnvolle Äußerung. Selbst jene Fälle, die ich als paradigmatisch genommen habe für die Möglichkeit einer begrifflichen Unterscheidung zwischen dem Verstehen von Äußerungen und der Beurteilung ihres Geltungsanspruchs, hängen somit gleichsam an langer Leine zusammen mit (und sind daher sekundär gegenüber) jenen Fällen, in denen das Verstehen von Äußerungen ihr Verstehen als wahr oder falsch, angemessen oder unangemessen, aufrichtig oder unaufrichtig, treffend oder unpassend usw. ist, in denen also das Verstehen in einem starken Sinne situatives Verstehen ist, die Verständigung gelingt oder mißlingt, der Hörer mit »Ja« oder »Nein« antwortet – wobei, es sei noch einmal betont, ein Kern situationsangemessenen Sinns die Bedingung dafür ist, daß überhaupt von »Verstehen« die Rede sein kann. Was das Verstehen betrifft, so hat somit die gelingende Verständigung eigentümlicherweise einen »ontologischen« Vorrang. »Zur Verständigung durch die Sprache«, sagt Wittgenstein, »gehört nicht nur eine Übereinstimmung in den Definitionen, sondern (so seltsam dies klingen mag) eine Übereinstimmung in den Urteilen. Dies scheint die Logik aufzuheben; hebt sie aber nicht auf. – Eines ist, die Meßmethode zu beschreiben, ein Anderes, Messungsergebnisse zu finden und auszusprechen. Aber was wir »messen« nennen, ist auch durch eine gewisse Konstanz der Messungsergebnisse bestimmt.«[3]

Eine hermeneutische Reflexion gibt es freilich nur wegen der Ubiquität einer nicht-gelingenden Verständigung, des Nicht-Verstehens und des Miß-Verstehens. Wenn ich eben vom »ontologischen Vorrang« gelingender Verständigung gesprochen habe, so wollte ich damit nur auf die Intersubjektivität der Sprache als des Bodens aller möglichen sprachlichen Verständigung hinweisen. Zur Gemeinsamkeit der Sprache gehört aber wesentlich auch die Möglichkeit mißlingender sprachlicher Verständigung. Es ist sogar so, daß die Gemeinsamkeit der Sprache nichts ein für allemal Vorgegebenes oder Gesichertes ist; in gewissem Sinne bildet sie sich immer wieder erst und immer nur vorläufig in Prozessen sprachlicher Verständigung heraus; und erst mit dieser Bemerkung kommen wir überhaupt in die Nähe des hermeneutischen Problems.

Ich möchte zunächst zwischen zwei Fällen mißlingender oder gestörter sprachlicher Verständigung unterscheiden: Der erste Fall ist der des verstehenden »Neins«; d.h., der Hörer versteht, was der Sprecher sagt, als falsch, unangemessen, unaufrichtig usw. Dies ist der von den Kommunikationstheorien von Apel und Habermas ins Zentrum gerückte Fall. Im Falle einer solchermaßen gestörten Verständigung bietet sich der Übergang zum Diskurs, zur Argumentation an, wobei ich das Wort »Argumentation« hier in einem weiten Sinne verstehen möchte: Wenn mein Freund, in dem oben erläuterten Beispiel, mich wegen meiner unangemesse-

3 L. Wittgenstein, *Philosophische Untersuchungen. Schriften*, Bd. 1, Frankfurt am Main 1960, § 242.

nen Provokation tadelt und ich beginne, mich zu verteidigen, sind wir bereits mitten in einer Argumentation über die Berechtigung meiner Äußerung. Eine solche Argumentation, ein solcher Diskurs, mag am Ende zu einem Konsens – zu gelingender Verständigung – führen oder nicht; sicherlich aber zielt die Argumentation auf einen Konsens ab: Wer argumentiert, möchte den anderen überzeugen. Nun kann in jeder Phase einer solchen Argumentation auch der zweite Fall des Nicht-Verstehens, nämlich das Mißverstehen oder Falsch-Verstehen zum Problem werden: am Tadel meines Freundes sehe ich, daß er mich mißverstanden hat; an meiner Reaktion sieht er, daß ich ihn (er meinte den Tadel ironisch) oder daß ich die Situation falsch verstanden habe. Auch in solchen Fällen des Mißverstehens oder Falsch-Verstehens gibt es häufig die Möglichkeit einer Verständigung über das Mißverständnis. Hermeneutisch interessant ist nun aber die Frage, wie die beiden Formen gestörter Verständigung – also das Verstehen einer Äußerung als falsch, unangemessen usw. auf der einen Seite und das falsche Verstehen einer Äußerung auf der anderen Seite – miteinander zusammenhängen. Ein Hörer (Interpret) kann sich im Prinzip ja immer fragen: »Sagt die Sprecherin (wirklich) etwas Falsches, oder habe ich sie bloß mißverstanden?« In einfachen Fällen läßt sich diese Frage sicherlich häufig mit Hilfe wechselseitigen Nachfragens und wechselseitiger Erläuterungen klar beantworten: Die Sprecherin hat nicht X, sondern Y gemeint, sie meinte ihre Bemerkung nicht ernsthaft, sondern ironisch, sie wollte nicht dies, sondern jenes sagen (und jenes ist nun für den Hörer unmißverständlich) usw. In diesen Fällen befinden wir uns gleichsam immer noch auf dem gesicherten Boden einer gemeinsamen Sprache und eines gemeinsamen Situationsverständnisses (selbst wenn wir vielleicht in einem bestimmten Punkt verschiedener Meinung sind). Indes sind solche einfachen Fälle insofern irreführend, als sie suggerieren, auch der allgemeine Fall ließe sich nach ihrem Muster deuten: Demnach brauchten wir bloß (etwa durch Nachfragen) jeweils die Intentionen anderer Sprecher zu eruieren, um die oben gestellte Frage zu beantworten. Aber in dem »bloß« steckt gerade das hermeneutische Problem, wie Davidson zu Recht betont hat. Sprecherintentionen sind uns nur zugänglich über ein Verständnis dessen, was Sprecher sagen; deshalb läßt sich die Frage, wie sie meinen, was sie sagen, im allgemeinen Fall nicht durch Rekurs auf ihre Intentionen als etwas gleichsam unabhängig

Eruierbares beantworten. Genau dies war ja auch die Pointe unserer bisherigen Überlegungen; sie wird noch deutlicher werden, wenn wir uns jetzt komplexeren Fällen des Nicht-Verstehens zuwenden.
In den bisher betrachteten Fällen einer gestörten Verständigung hatten wir auf seiten des Hörers eine bestimmte Deutung des Gesagten unterstellt: Er versteht eine Äußerung falsch (er hat eine falsche Interpretation), oder er versteht sie als falsch. Um Fälle eines emphatischeren Nicht-Verstehens handelt es sich demgegenüber dort, wo der Hörer es gar nicht bis zu einer klaren Deutung, gleichsam einer Übersetzung in die eigene Sprache, bringt. Hierbei interessieren mich nicht die Anfangsstadien einer Situation »radikaler Übersetzung« im Sinne von Quine oder Davidson, sondern Situationen des Nicht-Verstehens auf dem Hintergrund einer gemeinsamen Sprache. Beispiele für Äußerungen eines solchen Nicht-Verstehens wären etwa:

Ich habe die Erklärung nicht verstanden (heißt etwa: sie hilft mir nicht, mich zurechtzufinden, den Apparat in Gang zu bringen).
Ich verstehe dein Argument nicht (heißt etwa: ich kann nicht sehen, was dieses Argument mit jener These zu tun haben soll).
Ich verstehe nicht, was du meinst (sagen willst).
Ich verstehe die Hegelsche Logik nicht.

Ich möchte anhand dieser Beispiele zunächst auf die zweideutige Negativität des Wortes »Nicht-Verstehen« hinweisen: Wenn ich nicht verstehe, so kann das einmal heißen, daß ich nicht »mitkomme«; d. h., es gibt da etwas (Einleuchtendes, Richtiges, Wahres), das mir dunkel bleibt (es leuchtet mir nicht ein). Ich verstehe die Erklärung nicht: sie hilft mir nicht, mich zurechtzufinden. Ich verstehe die Hegelsche Logik nicht: ich finde mich in diesem Text nicht zurecht; ich kann nicht sehen, warum es hier so weitergeht, ich kann, was der Text sagt, nicht in meinen eigenen Worten wiedergeben, ich sehe nicht, welchen Zusammenhang er hat mit den Problemen, wie ich sie verstehe usw. Oder aber »Ich verstehe nicht« heißt soviel wie: Was du sagst (was der Text sagt), ist unklar, konfus, inkohärent und in diesem Sinne: unverständlich. Diese zweideutige Negativität des Nicht-Verstehens will sagen, (1) daß im Nicht-Verstehen ein gestörtes Einverständnis über etwas (eine Sache, wie Gadamer sagen würde) sich zeigt und (2) daß das Nicht-Verstehen ein »Nicht-Mitkommen« des Nicht-Verstehenden ebenso bedeuten kann wie die Unverständlichkeit des nicht Verstandenen. In gewissem Sinn haben wir es hier noch einmal mit den beiden oben unterschiedenen Fällen zu tun: etwas falsch verstehen und etwas als falsch verstehen; nur daß jetzt von Verstehen (im Sinne einer bestimmten Deutung bzw. einer »Übersetzung« in die eigene Sprache) noch gar nicht die Rede sein kann. Das Nicht-Verstehen im jetzt betrachteten »radikalen« Sinne ist allenfalls der mögliche Beginn eines Verstehensversuchs. Ein solcher Verstehens-Versuch kann sich aber im Prinzip immer in zwei komplementären Richtungen bewegen: Er kann erstens ein Versuch sein, eine mir fremde »Sprache« (etwa die der Computertechnik oder die der Hegelschen Logik) zu lernen – wobei unterstellt ist, daß der Interpret in seiner eigenen Sprache die Ressourcen noch gar nicht hat, die es ihm erlauben würden, das Nicht-Verstandene in die eigene Sprache zu übersetzen; und er kann zweitens ein Versuch sein, für das *prima facie* Nicht-Verständliche in der eigenen Sprache eine sinnvolle Deutung zu finden und in diesem Sinne aus ihm »Sinn zu machen«. Sicherlich kann dieses »Sinn machen« die Form einer »Übersetzung« haben (so daß also ein für den Sprecher klarer Sinn in einen für den Interpreten klaren Sinn transformiert wird); aber dies muß keineswegs der Fall sein. Interessanter sind vielmehr jene Fälle, in denen erst durch die Anstrengung des Deutens ein verständlicher (d. h. intersubjektiv teilbarer) Sinn hervorgebracht wird. Am interessantesten und aufschlußreichsten sind schließlich jene Fälle (wenn wir zunächst noch einmal von den Problemen des Textverstehens absehen), in denen die Negativität des Nicht-Verstehens sich gewissermaßen auf beide Seiten verteilt, in denen also der Versuch, über eine Sache sich zu verständigen, erst zur Ausbildung einer gemeinsamen Sprache führt. Erst in solchen Fällen kommt das Sprachvermögen der Beteiligten in voller Breite ins Spiel: als rezeptives Vermögen (als Vermögen, eine Sprache zu lernen), als produktives Vermögen (als Vermögen, die eigene Sprache zu erweitern) und als Vermögen der Interpretation (im Sinne einer Übersetzung in die eigene Sprache). Wenn in solchen Fällen die Gesprächspartner noch nicht (ganz) verstehen, was der andere meint (sagen will), dann mag dies bedeuten, daß sie selbst (oder doch einer von ihnen) noch nicht ganz wissen, was sie meinen mit dem, was sie sagen. Es ist hier nicht so, als hätte jeder von ihnen schon eine Sprache, in der er (gleichsam beiseite) sagen könnte, was er meint, und nun müßte er nur noch dem anderen dies verständlich machen; vielmehr wird er selbst erst wissen, was er meint, wenn er sich mit dem andern verständigt hat, wenn also in Rede und Gegenrede die Worte und Begriffe in Bewegung geraten sind, sich verändert, sich geklärt haben.[4] Eine Erweiterung der Sprache und eine Verschmelzung von Horizonten finden in jedem produktiven Dialog statt. Sprachlicher Sinn bildet sich als gemeinsamer im Prozeß sprachlicher Verständigung. Der Bezugspunkt solchen sich bildenden sprachlichen Sinns aber ist immer eine Verständigung über etwas, eine Verständigung in der Sache, wie Gadamer zu Recht hervorgehoben hat. Am Doppelsinn des Nicht-Verstehens zeigt sich zugleich auch noch einmal der Wahrheits- oder Sachbezug des Verstehens ebensowohl als das Moment des Sich-Zurechtfindens, des Anwenden-Könnens, das zum Verstehen gehört; in Gadamers Worten: das Moment der Applikation im Verstehen.

III

Die Gemeinsamkeit (Intersubjektivität) des sprachlichen Sinns ist somit nichts ein für allemal Vorgegebenes, »Vorhandenes«, sie ist vielmehr prekär und gebrochen: leicht zerfallend, niemals vollständig und immer wieder neu herzustellen im Prozeß sprachlicher Verständigung, der zugleich die Fortbildung des sprachlichen Sinns ist. Prekäre Intersubjektivität, Geschichtlichkeit und Wahrheitsbezug machen die Seinsweise des sprachlichen Sinns aus; dieser ist nur aus der performativen Perspektive derer faßbar, die am Prozeß sprachlicher Verständigung beteiligt sind und daher in die Sach- und Geltungsfragen verwickelt sind, um die es in der sprachlichen Verständigung geht. Sprachlicher Sinn hat kein Sein außerhalb dieser performativen Perspektive der Sprecher.
Dies ist der Punkt, an dem ich zu den Problemen der Hermeneutik im engeren Sinne übergehen möchte. Ich glaube, daß das meiste, was ich bisher gesagt habe, dem sehr nahe steht, was Gadamer in *Wahrheit und Methode* über den Zusammenhang zwi-

4 Vgl. F. Kambartel, »Versuch über das Verstehen«, in: B. McGuinness u. a. (Hg.), *Der Löwe spricht ... und wir können ihn nicht verstehen*, Frankfurt am Main 1991, S. 121-137, v. a. S. 126 ff.

schen Verstehen und Verständigung gesagt hat. Ich möchte jetzt, gewissermaßen in einem Sprung, meine Skizze einer Gadamerschen Perspektive auf das hermeneutische Problem vervollständigen, um dann meinen Überlegungen eine »dekonstruktive« Wendung zu geben.

Gadamer hat in höchst eindringlicher Weise die Geschichtlichkeit und den Wahrheitsbezug des Verstehens für das Verstehen von Texten herausgearbeitet; und zwar insbesondere von Texten, mit denen – oder mit deren eigenem Horizont – wir immer schon durch ein »Überlieferungsgeschehen« verknüpft sind und denen gegenüber wir gleichwohl immer wieder einen »Zeitenabstand« überbrücken müssen, indem wir sie aus dem Horizont unserer eigenen Gegenwart neu lesen und neu aneignen, sie gleichsam in unsere eigene Sprache übersetzen und sie hierdurch in unserem eigenen Welt- und Selbstverständnis neu zur Geltung bringen. Gadamer hat den Wahrheitsbezug des Verstehens und das Moment der Applikation im Verstehen insbesondere am Beispiel der theologischen und juristischen Hermeneutik aufgewiesen: Die Auslegung überlieferter Texte ist die Auslegung ihres Wahrheitsanspruchs aus dem Horizont der eigenen Gegenwart und damit zugleich ihr Neu-Einlegen in den Horizont der Gegenwart. Gegenüber dem Objektivismus der älteren Hermeneutik zeigt Gadamer, daß der je eigene Horizont der Gegenwart ebensowohl eine Grenze als auch eine Bedingung der Möglichkeit allen Verstehens bildet. Dieser Horizont der Gegenwart ist freilich nicht in sich geschlossen; er ist vielmehr, wie Gadamer sagt, »in steter Bildung begriffen«, und zwar nicht zuletzt durch seine Vermittlung mit den Horizonten der Vergangenheit in der Neu-Auslegung überlieferter Texte. Freilich nicht nur so; daß der Horizont der Gegenwart in steter Bildung begriffen ist, folgt auch schon aus jenen Charakteren sprachlicher Verständigung, die ich früher beschrieben habe: aus ihrem Wahrheits- und Erfahrungsbezug, aus ihren produktiven Momenten, kurz, aus ihrer konstitutiven Geschichtlichkeit.

Daß die Bedingungen der Endlichkeit und Geschichtlichkeit, die in der »Horizontalität« allen Verstehens zum Ausdruck kommen, ebensowohl eine Grenze allen möglichen Verstehens als auch dessen Bedingung der Möglichkeit bezeichnen, ist eine der zentralen Einsichten Gadamers. Hieraus folgt schon, daß die Rede von einem Sinn-an-sich der Texte sinnlos wird. Denn die Rede von einem Sinn ›an sich‹ setzt begrifflich einen Standpunkt jenseits aller möglichen Horizonte voraus: sie ist metaphysisch im Sinne aller großen Metaphysik-Kritik der Neuzeit. Freilich verwirft Gadamer die Nietzschesche Alternative, wonach das Verstehen als ein Einlegen oder Setzen von Sinn verstanden werden müßte, wenn es nicht als das Auffinden eines vorhandenen Sinns verstanden werden darf.[5] »Auffinden« versus »Einlegen« von Sinn ist deshalb eine schlechte Alternative, weil sie selbst noch jenem objektivistischen Verständnis des sprachlichen Sinns verhaftet bleibt, welches die hermeneutische Reflexion zu destruieren versucht. Wenn demgegenüber die Horizonthaftigkeit des Verstehens zusammengedacht wird mit seinem Wahrheits- und Sachbezug, wenn also das Verstehen in den umfassenden Horizont sprachlicher Verständigung gerückt wird, so zeigt sich, daß das Auslegen von Texten nicht das Einlegen eines beliebigen Sinns sein kann, sondern begrenzt und geleitet sein wird von einem den Text mit dem Interpreten verbindenden Wahrheits- und Sachbezug. Daher Horizontverschmelzung – der berühmte Terminus Gadamers. Der Interpret wird bei der Auslegung eines Textes *nolens volens* – wenn er den Text überhaupt ernst nimmt – in die Sprache und die Sachprobleme des Textes verwickelt werden, und zwar aus dem Horizont seiner eigenen Sprache und seines eigenen Vorverständnisses. Wie beim produktiven Dialog werden bei solcher Auslegung der Horizont, die Sprache, die Begriffe und Vorurteile des Interpreten in Bewegung versetzt, nicht um im Horizont des Textes zu verschwinden, sondern um das im Text Gesagte in die eigene Sprache aufzunehmen und Wahres und Falsches, Erhellendes und Fragwürdiges des Textes im eigenen Horizont zur Aussage zu bringen. Es gibt kein Verständnis von Texten ohne solche Trennung des Wahren vom Falschen, des Erhellenden vom Fragwürdigen, des Stringenten vom Brüchigen. An diesem Punkt, so denke ich, wird die hermeneutische Reflexion durch die elementarsten Erfahrungen bestätigt.

Die hermeneutische Reflexion setzt an die Stelle eines »Sinns-an-sich« den Wahrheitsbezug sprachlicher Verständigung, der immer schon, und zwar über alle partikularen Horizonte hinweg, Sprecher und Hörer, Autor und Interpreten miteinander verbindet.

5 H.-G. Gadamer, »Text und Interpretation«, in: Ph. Forget (Hg.), *Text und Interpretation*, München 1984, S. 27.

Nicht um den wahren, d. h. objektiven Sinn des Textes geht es, sondern um die Wahrheit seines Sinns. Da solche Wahrheit aber immer nur aus dem je bestimmten Horizont einer Gegenwart faßbar und zugänglich ist, hat der Prozeß der Auslegung kein Ende. Bedeutende Texte – solche, die viel Wahrheit enthalten – müssen immer wieder neu ausgelegt, neu angeeignet, neu übersetzt, neu gelesen werden. Es gibt kein endgültiges Verstehen, es gibt, wie Gadamer auch sagt, »keine richtige Auslegung ›an sich‹ «.[6] Deshalb macht auch die Idee eines Fortschritts der Textauslegung als Annäherung an die richtige Auslegung keinen Sinn; sie setzt nämlich als ein – und sei es faktisch unerreichbares – Telos der sprachlichen Verständigung einen Stand der Sprache und der sprachlichen Verständigung voraus, bei dem es keiner Auslegung mehr bedürfte, bei dem die sprachliche Kommunikation die Bedingungen ihrer Endlichkeit und Geschichtlichkeit hinter sich gelassen hätte und die Wahrheit in voller Transparenz vor aller Augen läge. Ein solches Telos der sprachlichen Verständigung – nennen wir es, kantisch, das Reich Gottes oder, mit Apel, die ideale Kommunikationsgemeinschaft – können wir nicht kohärent denken, wenn es richtig ist, daß die Bedingungen der Endlichkeit zugleich die Bedingungen der Möglichkeit sprachlicher Verständigung sind. Es hilft auch nichts, wenn man, wie Kant oder Apel, jenes Telos im Sinne einer regulativen Idee interpretiert; denn sofern diese regulative Idee die Negation der Bedingungen der Möglichkeit (endlicher) sprachlicher Verständigung enthält, läßt sich nicht mehr angeben, was unter einer Annäherung an jenes Telos zu verstehen sei. Dieses Telos wird, aus dem Horizont einer geschichtlichen Vernunft, ununterscheidbar vom Nirwana, wie schon Nietzsche bemerkte.

Wenn zur Seinsweise des sprachlichen Sinns das Moment seiner immer wieder sich erneuernden Dunkelheit und Nicht-Transparenz gehört, dann macht in der Tat die Idee einer richtigen Auslegung ›an sich‹ keinen Sinn. Heißt dies nun auch, daß es Fortschritte des Verstehens nicht geben kann? Gadamer scheint dies zu behaupten, wenn er der Vorstellung eines Immer-besser-Verstehens den Gedanken eines immer wieder anders Verstehens entgegensetzt. Apels Versuch[7], auch die hermeneutische Praxis

6 H.-G. Gadamer, *Wahrheit und Methode*, Tübingen 1960, S. 375.

7 Vgl. etwa K.-O. Apel, »Szientismus oder transzendentale Hermeneu-

noch unter die regulative Idee eines letzten Konsenses in einer idealen Kommunikationsgemeinschaft zu stellen, ist ein Protest hiergegen. Aber ist die Alternative wirklich klar?

Zunächst kann sich Apel ja, gegen Gadamer, auf die kaum bezweifelbare Tatsache berufen, daß wir uns faktisch zutrauen und auch zutrauen müssen, zwischen besseren und schlechteren, zwischen erhellenden und verdunkelnden Interpretationen zu unterscheiden; und zwar nicht nur mit Bezug auf Zeitgenossen, sondern auch mit Bezug auf vergangene Interpreten. Zwar muß die Textauslegung nicht auf die richtige Interpretation abzielen, aber doch auf eine richtige, angemessene, erhellende Interpretation, und häufig werden solche Interpretationen – Gadamers Interpretationen beweisen es – sich gegen andere, unzulängliche, frühere Interpretationen richten. Sobald wir also in Rechnung stellen, daß auch die früheren Interpretationen eines Textes vor kritischer Auslegung nicht sicher sein können, macht es durchaus Sinn zu sagen, daß wir es nicht nur anders, sondern besser machen wollen; und ein Stück dieser Ambition ist wohl in den meisten produktiven Interpretationen wirksam. A priori läßt sich daher nichts darüber aussagen, ob Verstehen jeweils bloß ein Anders-Verstehen oder auch ein Besser-Verstehen ist. Wenn man nun auch

tik«, in: ders., *Transformation der Philosophie*, Bd. II, Frankfurt am Main 1973, S. 178-219. Ich habe mich hier der Deutlichkeit halber auf eine frühere Position von Apel bezogen. Apel hat in späteren Arbeiten wiederholt betont, daß es sich bei der Idee eines hermeneutischen Fortschritts um eine (notwendige) *regulative* Idee handelt und nicht etwa um »die *idealistische Utopie der völligen Transparenz*«; vgl. K.-O. Apel, »Regulative Ideen oder Wahrheitsgeschehen? Zu Gadamers Versuch, die Frage nach den Bedingungen der Möglichkeit gültigen Verstehens zu beantworten«, unveröffentlichtes Manuskript; englische Fassung in: L. E. Hahn (Hg.), *Library of Living Philosophers: The Philosophy of H.-G. Gadamer*, La Salle (im Erscheinen). Eine genauere Auseinandersetzung mit Apels neuerer Gadamer-Kritik würde es erforderlich machen, seinen Begriff der »regulativen Ideen« im Zusammenhang seiner Letztbegründungs- und »Selbsteinholungs«-Argumente zu »dekonstruieren« (vgl. den zuletzt genannten Aufsatz). Ich glaube allerdings, daß meine Kritik an Apel in *Ethik und Dialog. Elemente des moralischen Urteils bei Kant und in der Diskursethik* (Frankfurt am Main 1986, Abschn. VIII) auch die neuere Version von Apels Gadamer-Kritik noch trifft. Da es mir an dieser Stelle nicht in erster Linie um eine Auseinandersetzung mit Apel geht, muß ich mir den Nachweis ersparen.

noch berücksichtigt, daß jedes vermeintliche Besserverstehen sich natürlich als illusionär herausstellen kann, ist kaum noch zu sehen, wogegen Gadamer hier noch Einspruch erheben sollte. Was freilich gleichwohl in Kraft bleibt, sind Gadamers Einwände gegen Apels Deutung dieser immer offenen Möglichkeit und Wünschbarkeit eines Besserverstehens. Auch diese Möglichkeit muß nämlich verstanden werden als eine immer nur geschichtlich und vorläufig, aber nie endgültig und definitiv aktualisierbare Möglichkeit.

Soweit eine erste Auflösung jener Alternative, die ich oben in Frage gestellt habe. Es ist, im wesentlichen, eine Auflösung aus der Perspektive Gadamers. Allerdings enthält diese Auflösung der Alternative aus der Perspektive Gadamers, wie ich glaube, nicht die ganze Wahrheit über Apels Einwände gegen diese Perspektive. Was an Apels Einwänden auch unabhängig von seinen teleologischen Denkfiguren Gewicht behält, betrifft Tendenzen zu einer gewissermaßen umgekehrten Teleologie, gleichsam einer Archäologie der Wahrheit, bei Gadamer: Danach wäre die Wahrheit immer schon da – in den großen Texten der Tradition; und daher wären diese Texte bloß immer wieder neu – und das heißt jetzt: anders – zu lesen und anzueignen. Natürlich hängt diese Tendenz bei Gadamer mit seiner Orientierung am Modell der theologischen und juristischen Hermeneutik zusammen. Was die theologische Hermeneutik betrifft, so liegt die Sache auf der Hand: Das geoffenbarte Wort Gottes eröffnet jene Wahrheit, die in immer wieder neuen Situationen und unter immer wieder neuen geschichtlichen Umständen neu, eben anders zu aktualisieren, zu konkretisieren, zu »applizieren« ist. Aber ganz ähnlich verhält es sich bei Gadamer mit der juristischen Hermeneutik: Diese soll einen vorgegebenen Gesetzestext in jeweils neuen Situationen aktualisieren, konkretisieren und applizieren. Die Parallelisierung des Wortes Gottes mit dem Text des Gesetzes sollte uns freilich stutzig machen; sie läßt sich grundsätzlich in zwei Richtungen lesen: Nach der ersten Lesart würde dem Text des Gesetzes ein Stück jener unbedingten Autorität zuerkannt, die im Falle der heiligen Schriften vorausgesetzt wird. Nach der zweiten Lesart würde die Autorität der heiligen Schriften im gleichen Maße relativiert wie diejenige von Gesetzen, von denen wir ja wissen, daß sie schlecht und ungerecht sein können. Nun glaube ich, daß Gadamers Theorie, vielleicht nicht intentional, aber doch strukturell (und zwar aufgrund seiner konservativ gewendeten heideggerianischen Prämissen) von der ersten Lesart bestimmt ist; deshalb tritt bei ihm das Moment der Applikation im Verstehen gegenüber dem der Kritik gänzlich in den Vordergrund. Eine Wahrheit, die sich – als welteröffnende – schon ereignet hat, kann immer nur neu – und anders – angeeignet und konkretisiert werden: Verstehen ist immer Anders-Verstehen. Wenn demgegenüber die Wahrheit eines Textes nicht dogmatisch unterstellt wird, sondern, im Prozeß der Auslegung auf Probe gestellt, sich in der gelingenden Interpretation erst erweisen muß (und daher durch eine kritische Interpretation auch in Frage gestellt werden mag), so reicht der Begriff der »Applikation« nicht mehr hin, um die Übersetzungs- und Konkretionsleistung der Auslegung zu beschreiben; und genau deshalb kann das Modell der juristischen Hermeneutik hier leicht in die Irre führen.

Ich glaube, wie gesagt, daß *Wahrheit und Methode* »strukturell« von der ersten der oben unterschiedenen Lesarten bestimmt ist (was Gadamer nicht daran gehindert hat, vehement deren Konsequenzen zurückzuweisen). Apel dagegen würde ganz ohne Zweifel die zweite Lesart wählen, wonach kein Text sich gleichsam vor kritischen Fragen sicher fühlen darf. An diesem Punkte stimme ich mit Apel überein. Wenn nun aber die Wahrheit ebensowenig am Grund des Überlieferungsgeschehens sicher verankert werden kann wie im Telos einer idealen Kommunikationsgemeinschaft, dann stellt sich die Frage: »anders« oder »besser« verstehen, noch einmal in einer neuen Weise. Dies bringt mich zum »dekonstruktiven« Teil meiner Überlegungen.

IV

Gadamer hat natürlich immer gemeint, daß sich über Interpretationen streiten läßt, daß es bessere und schlechtere, richtige und falsche Interpretationen gibt. Selbst wenn es keine Methode des richtigen Verstehens geben kann, so gibt es doch ein »Handwerkszeug« (zum Beispiel ein philologisches) der Textauslegung, und es gibt die Möglichkeit einer Argumentation über die Angemessenheit und Unangemessenheit von Interpretationen. Schon der Begriff der »Urteilskraft«, den Gadamer in diesem Zusammenhang rehabilitiert, enthält in sich die Unterscheidung zwischen dem

Richtigen und dem Falschen sowie einen impliziten Verweis auf die Möglichkeit von Begründungen (nur eben nicht: von Beweisen). Wenn Gadamer daher sagt, »Verstehen« heiße immer: anders verstehen, so will er damit nicht das normative Moment im Begriff des Verstehens – Verstehen heißt: richtig verstehen – in Frage stellen. Ganz im Gegenteil: Gerade im Wahrheits- und Sachbezug des Verstehens ist die Unterscheidung zwischen einem »richtigen« und einem »falschen« Verstehen vorgezeichnet: Richtig kann danach das Verständnis eines Textes nur dann sein, wenn es (1) aus dem Text Sinn macht und darin (2) zugleich als richtiges Verständnis der im Text verhandelten Sache sich äußert. Genau an diesem Punkt steht Gadamer Apel durchaus nahe; und in gewissem Sinne sogar, wie ich glaube, zu nahe. Das Gewicht von Apels Einwänden gegen Gadamers Perspektive hat, so paradox es klingen mag, damit zu tun, daß das normative Moment in Gadamers Begriff des Verstehens diesen zu wenig von Apels »metaphysischem« Wahrheitsbegriff entfernt.

Zur Begründung dieser Vermutung möchte ich noch einmal zurückkommen auf die doppelte Negativität des Nicht-Verstehens, von der ich oben gesprochen habe. Ihr entspricht, wie ich glaube, eine doppelte Möglichkeit des Verstehens. Ich möchte sie als die des »internen« oder »immanenten« und die des »externen« oder »produktiven« Verstehens unterscheiden. Die Unterscheidung hat eine gewisse Affinität zu Derridas Unterscheidung zwischen »verdoppelndem Kommentar« und »kritischer« bzw. »produktiver« Lektüre.[8] Die Unterscheidung, so denke ich, bekommt etwas phänomenologisch unmittelbar Einleuchtendes, wenn wir uns nur an entsprechende Grenzfälle des Interpretierens erinnern: philologisch getreue immanente Nachkonstruktionen von Texten auf der einen Seite, produktiv-kritische Neulektüren von Texten, wie man sie etwa bei Heidegger oder Adorno findet, auf der anderen. Die Unterscheidung ist freilich ebenso klärungsbedürftig, wie sie einleuchtend scheint. Ich möchte sie im folgenden erläutern, um dann zu zeigen, daß sie Gadamers Begriff einer hermeneutischen »Normalität« (oder »Normativität«) in Frage stellt.

Zunächst muß betont werden, daß auch das immanente Verstehen ein aktiv-auslegendes Verstehen im Sinne von Gadamer ist. Es ist gekennzeichnet durch Horizontverschmelzung, Wahrheitsbezug

8 Vgl. etwa J. Derrida, *Grammatologie*, Frankfurt am Main 1974, S. 273 ff.

und ein applikatives Moment. Vom »externen« Verstehen unterscheidet es sich jedoch darin, daß es sich einem gegebenen Text gleichsam ausliefert, tendenziell in ihm verschwindet. Das heißt: der Horizont des Interpreten verschmilzt gleichsam mit dem des Textes, der hier als Maßstab eines richtigen Problem- und Sachverständnisses und angemessener begrifflicher Unterscheidungen wenn nicht unterstellt, so doch wirksam wird. Wir alle kennen die Erfahrung des »Eingefangenseins« in Texten: eingeschlossen in den Horizont, das »Terrain« des Textes, vermögen wir seine Bruchstellen und Probleme nicht mehr zu sehen, seine Fragestellungen nicht mehr zu überschreiten; die Sprache des Textes ist zu unserer Sprache geworden, die keinen Blick von oder nach außen mehr erlaubt. Gemessen am immanenten Verstehen ist das »externe« Verstehen gewaltsam, verfremdend, kritisch. Auch hier findet eine »Horizontverschmelzung« statt; aber tendenziell wird der Horizont des Textes im Horizont des Interpreten aufgehoben. Auch hier kann von Verstehen die Rede sein, nämlich dann, wenn es dem Interpreten gelingt, den Text nach Maßgabe von dessen eigenem Wahrheitsanspruch zu überschreiten, wenn also Wahrheit und Unwahrheit des Textes im Horizont und in der Sprache des Interpreten in einem neuen und schärferen Licht erscheinen. Alle wahrhaft produktiven und erhellenden Interpretationen haben etwas von diesem Charakter; sie sind für gewöhnlich produktiv und kritisch zugleich, verwandeln und destruieren den Wahrheitsanspruch des Textes – und deshalb mögen sie als gewaltsam[9]

9 Das Wort »gewaltsam« steht hier für das kritische, verfremdende Überschreiten der Perspektive eines Textes, eines Autors, einer kulturellen Tradition durch einen Interpreten. In dieser hermeneutischen »Gewaltsamkeit« *kann* ein Stück realer Gewalt sich manifestieren oder auch einfach hermeneutische Borniertheit. Das muß an dieser Stelle betont werden, weil ich im folgenden eher die *produktiven* Aspekte solcher hermeneutischer »Gewaltsamkeiten« hervorhebe. Mein Argument ist eigentlich, daß sich keine A-Priori-Grenzlinie zwischen dem einen und dem anderen ziehen läßt. Gleichwohl verdienten natürlich die Phänomene einer hermeneutisch ausgeübten realen Gewalt eine genauere Betrachtung. Auf das – unter Gesichtspunkten einer »Ethik« des Verstehens – möglicherweise Irreführende in meinem Gebrauch des Wortes »gewaltsam« hat mich R. Sonderegger aufmerksam gemacht. Vgl. auch R. Sonderegger, »(Un)Making Sense – Bemerkungen zu einer antiobjektivistischen Konzeption sprachlicher Bedeutung mit Wittgenstein und Derrida« (demnächst in englischer Fassung im *European Journal of*

erscheinen. Das Recht solcher produktiver und kritischer Interpretationen bemißt sich an ihrem Beitrag zur Klärung der Sachfragen. Aus der Perspektive der Interpretation mögen die Begriffe des Textes in Bewegung geraten, Textschichten voneinander sich abheben, Wahrheit und Unwahrheit des Textes sich voneinander scheiden; und wenn dies geschieht, verstehen wir den Text besser als zuvor. Es ist daher der Wahrheitsbezug des Verstehens selbst, der uns nötigt, neben der Möglichkeit eines immanenten Verstehens auch die Möglichkeit eines »externen« Verstehens zuzulassen.

Nun könnte man versucht sein, gewissermaßen aus der Perspektive Gadamers zu erwidern, daß der Normalfall des Verstehens eben die jeweils richtige Mitte zwischen dem bloß »internen« und dem »externen« Verstehen bezeichne. Es scheint mir indes offensichtlich, daß eine solche Auskunft ein Problem, das sich hier auftut, nur verdecken würde. Ich möchte versuchen, das Problem genauer zu erläutern.

Zunächst einmal läßt sich das »immanente« Verstehen, so wie ich es oben erläutert habe, unter einem doppelten Gesichtspunkt betrachten: Auf der einen Seite ist es, etwa im Sinne des »verdoppelnden Kommentars« bei Derrida, bis zu einem gewissen Grade die Voraussetzung eines kritisch-produktiven Umgangs mit Texten. Dies ist uns nicht zuletzt aus der Praxis des philosophischen Unterrichts vertraut. Man muß einen Text zunächst einmal genau lesen und in seiner internen Konstruktion verstehen, um überhaupt über ihn, nämlich den Text, hinausgehen zu können. Hier erscheint die Forderung des immanenten Verstehens als die Forderung, sich auf die Sprache des Textes, seine Sicht der Probleme, seinen eigenen Wahrheitsanspruch einzulassen, und zwar im Sinne eines Aufs-Spiel-Setzens der eigenen Perspektive und der eigenen Vorverständnisse. Auf der anderen Seite kann das immanente Verstehen auch eine Forderung der Gerechtigkeit gegenüber dem Text (oder dem Autor) sein. Was dies bedeutet, wird klarer, wenn wir einmal nicht von Texten, sondern von Gesprächssituationen oder, um ein besonders prägnantes Beispiel zu wählen, vom Verstehen einer fremden Kultur reden. Die ausgedehnte Diskussion

Philosophy), eine Arbeit, die sich thematisch eng mit der hier vorliegenden berührt. Ich verdanke R. Sonderegger wichtige kritische Hinweise zur ersten Fassung dieser Arbeit.

über das Verstehen primitiver Kulturen hat ja deutlich gemacht, daß das Verstehen des Anderen, Fremden hier auf einen Anspruch des Anderen, Fremden, antwortet, nach eigenem Recht, eben immanent, verstanden zu werden. Aber wie auch immer das Postulat des immanenten Verstehens begründet sein mag: Zum immanenten Verstehen gehört das Sich-Einlassen auf die Perspektive des Anderen und daher ein Moment des Erlernens der Sprache des Anderen. Zum Erlernen einer Sprache aber gehört immer auch ein Moment dessen, was für das Sprachlernen von Kindern konstitutiv ist: die Übernahme von Standards des Richtigen und Falschen, von Maßstäben einer angemessenen und unangemessenen Beschreibung von Situationen und Problemen (im Unterschied zu einer bloßen Übersetzung – d. h. »Abbildung« – einer fremden Sprache in die eigene). Im Falle des Verstehens fremder Kulturen bedeutet immanentes Verstehen tendenziell, daß der Horizont des Interpreten sich in dem der verstandenen Kultur auflöst; im Grenzfall würde der Interpret zu einem Eingeborenen werden. Demgegenüber wird das »externe« Verstehen die Perspektive des Anderen überschreiten, sie aus dem Horizont der eigenen Sprache, des eigenen Problemverständnisses, der eigenen Gegenwart neu deuten, Ausdruck nicht so sehr des rezeptiven als des produktiven Sprachvermögens des Interpreten. Als »gewaltsam« wird das externe Verstehen erscheinen, insofern es die Perspektive, das Selbstverständnis eines Textes, eines Gesprächspartners, einer fremden Kultur von einem dieser Perspektive, diesem Selbstverständnis gegenüber externen Punkte aus, gleichsam verfremdend, rekonstruiert. Dementsprechend werden Versuche, primitive Kulturen aus dem Horizont der Moderne zu deuten, immer ein Stück weit als gewaltsam erscheinen, einfach deshalb, weil sie die Perspektive der Betroffenen überschreiten und in Frage stellen, sie gleichsam aus einem ihr selbst fremden Horizont als beschränkte konstruieren.

In beiden Fällen, dem des immanenten und dem des externen Verstehens, droht eine jeweils spezifische Gefahr des Nicht-Verstehens: der internen Perspektive droht die Distanz des Verstehens abhanden zu kommen und daher die Möglichkeit, die Wahrheit des zu Verstehenden im Horizont der eigenen Sprache und Gegenwart zur Geltung zu bringen (und das wäre, nach dem bisher Gesagten, eine Form des Nicht-Verstehens); der externen Perspektive droht das Verfehlen des spezifisch Anderen, Fremden, in die eigene Perspektive Nicht-Integrierbaren in dem, was ein Text oder was ein anderer Sprecher sagt (und auch das wäre ersichtlich eine Form des Nicht-Verstehens). Die Gefahr des immanenten Verstehens ist der Verlust der kritischen Distanz, die Gefahr des externen Verstehens ist der Dogmatismus der die Interpretation leitenden Vorurteile. Im einen Fall löst sich der Horizont des Interpreten in dem des Interpretierten auf; im anderen Fall bringt der Interpret den Horizont des Interpretierten in seinem eigenen Horizont zum Verschwinden. Oder, wenn man dasselbe in Begriffen einer »Übersetzung« in die eigene Sprache ausdrücken will: Im ersten Fall wird der Interpret es nicht bis zu einer Übersetzung in die eigene Sprache bringen (der Fall des Diltheyschen, »nacherlebenden« Interpreten), im zweiten Fall wird er die eigene Sprache nur als dogmatisch vorausgesetzte Norm ins Spiel bringen (der Fall des Davidsonianischen Interpreten, der immer nur verstehen kann, was dem eigenen Vorverständnis schon entspricht). In beiden Fällen kann von »Verstehen« nicht wirklich die Rede sein: dem immanenten Verstehen fehlt die produktive Distanz zu dem, was verstanden werden soll: es wird den interpretierten Text nicht zum Leben erwecken. Dem externen Verstehen fehlt die Distanz zur eigenen Sprache und zu den eigenen Vorurteilen: es wird diese durch den fremden Text nicht irritieren und in Bewegung setzen lassen; es fehlt ihm also gerade die Immanenz des Verstehens.

Wenn das richtig ist, dann wäre Verstehen im Sinne des angemessenen Verstehens der jeweils richtige Ausgleich der Spannung zwischen bloß immanentem und bloß externem Verstehen. Ein solcher »Ausgleich« scheint in der Tat in allem Verstehen, wo es problematisch ist, unausweichlich: Die beiden Momente des immanenten und des externen Verstehens bezeichnen ja nur die Desiderate der hermeneutischen Offenheit (und das heißt: der Bereitschaft zur Infragestellung der eigenen Vorurteile, der eigenen Sprache) auf der einen Seite und der Übersetzung in die eigene Sprache (und das heißt: der Aneignung der fremden Wahrheit – und Unwahrheit – durch den Interpreten) auf der anderen Seite. »Ausgleich« meint: Horizontverschmelzung, wie Gadamer zu Recht betont. Ein Stück davon ist unausweichlich, wenn überhaupt – und sei es in einem defizitären Sinne – von »Verstehen« die Rede sein soll. Denn auch der »immanent« Interpretierende kann gar nicht anders, als sein Vorverständnis in der Interpretation zur

Geltung zu bringen; auch der »extern« Interpretierende muß den fremden »Text« in seiner Eigenlogik zur Kenntnis nehmen. Auch die immanente Interpretation kann keine bloße Verdopplung des fremden Textes sein; auch die externe Interpretation kann sich dem »Rückstoß« des fremden Textes auf die eigene Sprache und das eigene Vorverständnis nicht ganz entziehen. Es scheint mir aber fraglich, ob man der Idee einer »richtigen Balance« der beiden genannten Verstehensimperative einen klaren und eindeutigen Sinn geben kann – d. h. einen klaren und eindeutigen Sinn jenseits der jeweils die Interpretation leitenden Zwecke und Fragestellungen. Denn jene Imperative drängen das Verstehen gleichsam in zwei entgegengesetzte Richtungen, in denen es doch nicht zugleich sich bewegen kann; will sagen: das Verstehen kann nicht im gleichen Maße rezeptiv oder »gerecht« und distanziert oder »konstruktiv« sein. Besser noch, und um das Mißverständnis abzuwehren, es handele sich um ein psychologisch bedingtes »Nicht-Können«: kein Maß ist hier vorgegeben, das der Rede von einem »gleichen« oder »ungleichen« Maß einen unabhängigen Sinn verleihen könnte. Über das Verfehlen oder Nicht-Verfehlen des richtigen Maßes kann am Ende nur die Überzeugungskraft einer Interpretation entscheiden, und die wird abhängig sein vom Kontext und von den Zwecken der Interpretation. Was vorgegeben ist, ist die Spannung zwischen den »rezeptiven« und den »konstruktiven« Desideraten des Verstehens selbst. Mir scheint aber, daß in allem Interpretieren, wo es problematisch ist, diese Spannung sich bemerkbar macht; wenn nicht für den Interpreten, so doch im Streit über Interpretationen – und zwar als eine Art Widerstreit zwischen der Forderung, dem im fremden Sinn verschlossenen Wahrheitsanspruch sich zu öffnen, und der Notwendigkeit, aus dem eigenen Horizont die Perspektive des zu Verstehenden zu rekonstruieren oder kritisch zu überschreiten.

Die Spannung im Verstehen, von der ich spreche, ließe sich verschieden charakterisieren: als Spannung zwischen »Gerechtigkeit« (gegenüber dem zu Verstehenden) und »Eigensinn«, als Spannung zwischen hermeneutischer Offenheit und konstruktiver Kraft (Phantasie), als Spannung zwischen mimetischen und konstruktiven Desideraten des Verstehens. Um eine Spannung, einen Widerstreit im Verstehen handelt es sich deshalb, weil der Versuch zu verstehen die Nötigung in sich enthält, in zwei verschiedene Richtungen zugleich zu gehen, und dieses Gehen in zwei verschiedene Richtungen, dieses Zugleich eines rezeptiven und eines produktiven Verstehens-»Gestus«, immer nur partiell und gleichsam in prekärer Balance möglich ist. Der eine Weg führt in die Schleiermachersche Unendlichkeit des immanenten Verstehens – auf dem, das muß betont werden, immer noch etwas Nicht-Verstandenes, etwas zu Verstehendes liegt; den anderen Weg zu gehen heißt, die unendliche Bewegung des immanenten Verstehens zu sistieren und das Verstehen in der konstruktiven Richtung einer Klärung der Sachprobleme voranzutreiben. Heideggers und Adornos interpretatorische »Gewaltsamkeiten« sind, unter diesem Gesichtspunkt betrachtet, nicht Ausdruck eines defizienten hermeneutischen Bewußtseins, sondern ein Ausdruck für die Priorität des konstruktiven Moments in ihren Interpretationen.

Mir scheint, daß Gadamer dem – empirisch wohl kaum bestreitbaren – Spannungsverhältnis zwischen »interner« und »externer« Lektüre deshalb kein theoretisches Gewicht gegeben hat, weil es vom Paradigma eines Textes ausging, der als wahrheitseröffnender zugleich ein Maß des Verstehens in sich enthält. Aus diesem Grunde kann der Begriff der »Horizontverschmelzung« bei Gadamer einen scheinbar unzweideutigen Sinn bekommen. Das Maß dieser Horizontverschmelzung ist die in der Interpretation unterstellte Wahrheit des Textes, gleichsam als Maß dessen, was als je richtige Konkretisierung und Applikation des Textsinns gelten kann. Die durch den Text eröffnete Wahrheit ist zugleich das Maß für den Wahrheits- und Sachbezug des Verstehens. Solches Verstehen läßt sich dann als Horizontverschmelzung, und man möchte hier sagen: als die richtige Horizontverschmelzung, charakterisieren. Zugleich fordert der Text als das »Wahrheitsmaß« des Verstehens eine immanente Lektüre; die Spannung zwischen »internem« und »externem« Verstehen ist bereits in der Grundkonstruktion von Gadamers Hermeneutik neutralisiert.[10] Demgegen-

10 Hierauf deutet auch die Rolle, die Gadamer dem hermeneutischen »Prinzip« eines »Vorgriffs auf Vollkommenheit« gibt: es »besagt, daß nur das verständlich ist, was wirklich eine vollkommene Einheit von Sinn darstellt«. *Wahrheit und Methode*, a. a. O., S. 278. Ein Wahrheits-»Vorsprung« des zu verstehenden Textes ist im übrigen vielfach schon in der Rhetorik von *Wahrheit und Methode* angelegt, etwa in der Verschmelzungsmetaphorik, die es schwierig macht, die Momente der

über müssen wir als Normalfall denjenigen ansehen, wo die immanente Lektüre tendenziell in Konflikt gerät mit einem Maß des Verstehens, das außerhalb des Textes angesiedelt ist oder das in Kooperation mit dem Text erst konstruktiv hervorgebracht wird. Wenn es aber kein vorgegebenes Maß des Verstehens gibt, so gibt es auch kein vorgegebenes Maß der Horizontverschmelzung. Wir befinden uns auf unsicherem Gelände, wo wir je nach Problemorientierung, Erkenntnisinteresse und begrifflicher Fähigkeit die Wahl zwischen einer eher internen und einer eher externen Lektüre zu treffen haben. Beide möglichen Lektüren mögen sich, je nach Situation, mit Gründen rechtfertigen lassen, und beide mögen etwas zutage fördern, was die jeweils andere verdeckt oder unerhellt läßt. Ich will sagen, in beiden Fällen kann von »Verstehen« und von Fortschritten des Verstehens die Rede sein; aber gerade weil auch das immanente Verstehen seinen Wahrheitsbezug niemals ganz abwerfen kann, könnten wir nicht voraussetzen, daß es im konkreten Falle jeweils eine richtige Mitte, gleichsam einen vollkommenen Ausgleich der Gerechtigkeiten gibt. Ein banales Indiz hierfür ist übrigens die Tatsache, daß in vielen Fällen die Frage, ob etwas als Kritik oder als Interpretation eines Autors gelten soll, »objektiv« unentscheidbar ist. Unter Sachgesichtspunkten wird die Frage oft unerheblich sein; unter Gesichtspunkten hermeneutischer Gerechtigkeit mag sie von großer Wichtigkeit sein. Sobald wir uns aber entschließen, im Sinne hermeneutischer Gerechtigkeit einen Text so stark wie möglich zu machen, mögen wir uns in ihm verfangen, und zwar auf Kosten der Möglichkeit einer Außenperspektive, die uns vielleicht erst ermöglichen würde, den Wahrheitsgehalt des Textes in den Horizont der Gegenwart kritisch einzulagern.

V

Der schlechten Unendlichkeit des immanenten Verstehens entspricht eine produktive Unendlichkeit des externen Verstehens. Starke Texte bieten immer neue Möglichkeiten einer produktiven Verfremdung, einer kritischen Anknüpfung, einer selektiven Ein-

Kritik, der Distanzierung, des Überschreitens, der Transformation *im Namen der Wahrheit* in den Begriff des Verstehens einzutragen.

lagerung in neue Kontexte. Solange hierbei der Wahrheits- und Sachbezug des Verstehens leitend bleibt, wird die Gewaltsamkeit solcher verfremdender Auslegungen aufgewogen durch den Gewinn neuer Perspektiven auf alte Probleme, durch eine Erneuerung der Sprache, die auch den überlieferten Texten noch zugute kommen mag. Zuweilen vermag erst eine entschlossene Verfremdung von Texten deren eigenes Potential wieder sichtbar zu machen, und nicht selten bedarf es distanzierender Perspektiven oder neuer »Vokabulare« (Rorty), um den Traditionsschutt wegzuräumen, der die überlieferten Texte verdeckt oder verdunkelt. Die »entstellenden« Operationen des externen Verstehens mögen erst die Lesbarkeit eines Textes wiederherstellen, die »externe« Lektüre mag der »internen« zu Hilfe kommen, deren applikatives Potential wieder freisetzen. An solchen Stellen zeigt sich, daß »internes« und »externes« Verstehen aufeinander verweisen; nicht nur ist das erste die notwendige Vorstufe des zweiten, vielmehr mag oft erst der Blick von außen den Zugang zum Innern des Textes ermöglichen. Dies hat auch Adorno bemerkt, wenn er feststellt, daß immanente Kritik ohne einen Blick von außen sich nicht durchführen läßt.

»Internes« und ›externes« Verstehen verweisen aufeinander; gleichwohl stehen sie in einem grundsätzlich nicht auflösbaren Spannungsverhältnis zueinander. Wenn nun aber die Wahrheit nicht am Ursprung der Überlieferung oder in den großen Texten der Tradition sicher verankert ist, dann muß allein schon das Bewußtsein jenes Spannungsverhältnisses die Gewichte zugunsten des konstruktiven Moments im Verstehen verschieben. Der Wahrheitsbezug des Verstehens erhält gewissermaßen die Priorität gegenüber dem Desiderat hermeneutischer Gerechtigkeit. Hierin könnte man eine »posthermeneutische« Wende der hermeneutischen Reflexion sehen. In ihr stößt die hermeneutische Reflexion auf die konstruktiven und innovativen Bedingungen des Verstehens; man könnte sagen: auf die Einsicht, daß wir nur durch einen kritischen, produktiven, erfinderischen und distanzierenden Umgang mit der Tradition deren Wahrheitsgehalte für das geschichtliche Jetzt unserer Gegenwart zu retten vermögen. Wenn man den Begriff der »Applikation« in diesem Sinne neu ausbuchstabiert, so wäre Applikation immer Transformation und Kritik in einem. Es verhält sich hier ähnlich wie in der Kunst: Nur durch das Überschreiten der Tradition können wir diese lebendig halten. Im Falle der Philosophie ist es gerade der Wahrheitsbezug des Verstehens, der uns immer wieder nötigt, aus der Immanenz des »bloßen Verstehens« auszubrechen und die Wahrheit neu zu konstruieren. Eine posthermeneutische Wende der hermeneutischen Reflexion kann man, in ganz verschiedenen Ausprägungen, bei Adorno, Derrida und Rorty erkennen. Sie bedeutet zugleich eine Wendung gegen die bildungsbürgerlichen Elemente der hermeneutischen Tradition, ein verändertes Verhältnis zur Tradition; nämlich die Einsicht, daß wir nur durch das Überschreiten und die Kritik der Tradition diese fortsetzen können. Es ist diese Einsicht, die dem hermeneutischen Bewußtsein seinen historistischen Rest austreibt.

Soviel zum formalen Aspekt der hermeneutischen Reflexion. Diese hat freilich auch einen inhaltlichen Aspekt, der damit zusammenhängt, daß die hermeneutische Reflexion eine spezifisch moderne Reflexionsgestalt ist, die in den Zusammenhang einer Aufklärung der Aufklärung über sich selbst gehört. Aufklärung der Aufklärung über sich selbst, sobald sie sich nicht mehr in metaphysische Denkfiguren zurückzuretten versucht, bedeutet zwangsläufig eine Radikalisierung der Aufklärung. Die Kritik am Objektivismus des sprachlichen Sinns bedeutet eine Radikalisierung der Aufklärung insofern, als sie die Augen öffnet für die Spuren der Kontingenz, des Sinnfernen und der Gewalt im sprachlichen Sinn. Zugleich macht die hermeneutische Reflexion das Vergebliche aller Versuche sichtbar, der Wahrheit am Ursprung oder am Ende der Geschichte, in der Natur oder in der Geschichte, in transzendentalen Fundamenten oder in einer letzten Versöhnung einen sicheren Ort zu geben. Die hermeneutische Reflexion ist die radikalisierte Kritik der Metaphysik; so war es schon bei Nietzsche, so ist es bei Derrida – und so ist es, etwas halbherzig zwar, auch bei Gadamer. Wenn es sich aber so verhält, dann muß in der hermeneutischen Reflexion auch schon ein Maß des Verstehens enthalten sein – nicht im Sinne einer Methode, eines Wahrheitsmaßstabes oder dergleichen, sondern in dem Sinne, in dem ich früher behauptet habe, daß weder ein Überlieferungsprinzip noch ein Konsensprinzip ein solches Maß des Verstehens in sich enthalten können. Das Maß des Verstehens, das die hermeneutische Reflexion in sich enthält, ist das Maß einer sich als kontingent wissenden und gleichwohl nicht hinter ihre eigenen Reflexionsgewinne zurück können den Moderne, einer

Moderne ohne festen Boden und ohne sichere Aussichten, einer Moderne mit zweideutiger Vergangenheit und offener Zukunft, einer Moderne, die ebensoviel Freiheit wie Schrecken in die Welt gebracht hat und die sich nur, und immer wieder nur, am eigenen Schopfe aus dem Sumpf ziehen kann. Das Maß des Verstehens, das die hermeneutische Reflexion in sich enthält, ist ein negatives, kritisches: es mißt die Texte der Vergangenheit und die Ideologien der Gegenwart am Grad ihres hermeneutischen Bewußtseins. Vieles, was unter dem Titel der »Dekonstruktion« heute gehandelt wird, ließe sich verstehen als die Aufdeckung ihres hermeneutischen Unbewußtseins in den Texten der Vergangenheit. Aber wie auch immer es sich hiermit verhalten mag: Die hermeneutische Reflexion, das wollte ich sagen, ist eine auf den Traditionsbruch der Moderne positiv bezogene Reflexionsgestalt; indem sie das Verstehen herausreißt aus der Geborgenheit der Tradition ebenso wie aus den Träumen vom Ende der Geschichte, verweist sie es auf die Jetztzeit als den Ort, an dem sich die Wahrheitsfragen für uns entscheiden müssen.

Mein letzter Satz sollte nicht dezisionistisch mißverstanden werden. Der moderne Dezisionismus ist überhaupt immer nur die schlechte Alternative zu einem falschen Verständnis der Vernunft gewesen. Mein Verweis auf die Jetztzeit als den Ort des Verstehens soll vielmehr abschließend zwei Aspekte der hermeneutischen Reflexion in den Vordergrund rücken: Zur Erläuterung des ersten Aspekts knüpfe ich noch einmal an Wittgenstein und Gadamer an; mit der Erläuterung des zweiten Aspekts versuche ich, Apels dialogtheoretischen Einwänden gegen die (Gadamersche) Hermeneutik eine postmetaphysische Pointe zu geben.

Ad (1): Von Wittgenstein wie von Gadamer können wir lernen, daß das »Jetzt« des Verstehens nicht das Jetzt eines psychischen Ereignisses ist. Auf verschiedene Weise haben Wittgenstein und Gadamer auf das Moment des Könnens, des »Sich-auf-etwas-Verstehens« im Verstehen hingewiesen. Ich verstehe ein Wort, einen Satz, wenn ich sie richtig, d. h. situationsangemessen, zu gebrauchen weiß; ich verstehe einen Text, wenn ich mich in ihm so auskenne, daß ich richtig mit ihm umzugehen weiß. Wenn wir nun in Rechnung stellen, daß es letzte Kriterien oder Maßstäbe solcher Richtigkeit nicht geben kann – es gibt nur die uns jeweils verfügbaren, vielfach schwankenden und veränderbaren Maßstäbe der Richtigkeit –, so tritt am Moment des Könnens im Verstehen vor allem dessen futurischer Bezug hervor. »Die Anwendung bleibt ein Kriterium des Verständnisses«, sagt Wittgenstein; und ähnlich hätte es Gadamer sagen können. Das heißt: der Rede vom Verstehen haftet, wie der von der Wahrheit, ein provisorischer, fallibilistischer Zug an; unser Verstehen muß sich immer noch in unserer Praxis als solches erweisen. Es gibt keine Gewißheit des Verstehens, nicht einmal im gewöhnlichen Dialog zwischen Menschen, die dieser Fallibilität des Verstehens entzogen wäre. Das Verstehen muß sich in der Praxis, in der Fortführung des Dialogs, in seiner Anwendung immer erst als solches erweisen. Und das heißt: in unserer Praxis, unserem Dialog, unserer Anwendung. Die Jetztzeit, von der ich sprach, ist nicht in symmetrischer Weise mit Vergangenheit und Zukunft geladen; denn die Erfahrungen und Einsichten, die unser Verstehen korrigieren – oder auch bestätigen – können, sind, uns unverfügbar, immer zukünftige Erfahrungen und Einsichten. Weil das Verstehen immer auf zukünftige Erfahrung angewiesen bleibt, kann es keinen sicheren Halt in irgendeiner Vergangenheit finden; weil die künftige Erfahrung prinzipiell unverfügbar ist, kann es sich nicht auf futurische Gewißheiten verlassen. Die Jetztzeit des Verstehens ist die Jetztzeit des Entwurfs in eine prinzipiell offene Zukunft; dieser Entwurf aber ist zugleich immer der Entwurf der eigenen Vergangenheit, sei es im affirmativen oder im kritischen Sinne. Sowenig wir uns dem Überlieferungsgeschehen entziehen können, sowenig sind wir in es eingeschlossen. Der Wahrheitsbezug im Verstehen zusammen mit seiner futurischen Dimension machen jenes kritische Verhältnis zur Tradition möglich, das Apel gegen Gadamer einklagen möchte. Ich glaube, daß sich Apels Einwänden noch eine andere wichtige Pointe abgewinnen ließe.

Ad (2): Apel hat schon früh, als er seine Idee eines hermeneutischen Fortschritts gegen Gadamer zu verteidigen versuchte, darauf hingewiesen, daß die Idee eines solchen Fortschritts von der eines Fortschritts der praktischen Vernunft sich begrifflich nicht trennen ließe. Apel mußte daher die ideale Kommunikationsgemeinschaft, die er als Bezugspunkt des hermeneutischen Fortschritts annahm, als im kognitiven wie im moralischen Sinne gleichermaßen ideal ansetzen. Ich habe den Kantianismus dieser Konstruktion bereits kritisiert. Ich glaube aber, daß sich Apels kritische Intention in einem schwachen Sinne verteidigen ließe. Dann würde sie besagen, daß die hermeneutische Reflexion keineswegs neutral ist gegenüber den moralischen und institutionellen Verständigungsverhältnissen moderner Gesellschaften. Die Kritik am Objektivismus des Sinnverstehens und das Bewußtsein der Bodenlosigkeit der modernen Vernunft lassen eigentlich nur noch zwei moralisch-institutionelle Optionen übrig: den Zynismus der Gewalt, des Terrors und der Manipulation auf der einen Seite – und die Einrichtung der Gesellschaft nach den egalitären Prinzipien einer liberalen und demokratischen Kultur auf der anderen. Sicherlich ist die hermeneutische Reflexion nicht der Ort, an dem diese Alternative entschieden wird. Sehr wohl aber ließe sich behaupten, daß eine liberale und demokratische Kultur die einzige Kultur ist, die von der hermeneutischen Reflexion einen Zuwachs an Legitimität erwarten darf, und daß nur in einer solchen Kultur die hermeneutische Reflexion als ein Ferment von Aufklärung zugleich wirksam und produktiv werden kann. Insofern sind hermeneutische Reflexion und liberale Kultur aufeinander verwiesen. In diesem schwachen Sinne möchte ich Apels These verteidigen. Indes bleibt der Zusammenhang zwischen beiden, zwischen hermeneutischer Reflexion und liberaler Kultur, von äußerst zerbrechlicher Art. Gegen Apel wäre einzuwenden, daß kein philosophisches Argument wird verhindern können, daß die hermeneutische Reflexion statt von aufgeklärten Liberalen von den Nachfolgern Carl Schmitts in Regie genommen wird. Diese Gefahr scheint mir indes um so geringer, je mehr eine liberale und demokratische Kultur die hermeneutische Aufklärung in ihrem eigenen Selbstverständnis zur Geltung kommen und produktiv werden läßt. Das wäre die liberale Kultur einer postmetaphysischen Moderne.

Gottfried Gabriel

Logisches und analogisches Denken

Zum Verhältnis von wissenschaftlicher und ästhetischer Weltauffassung

I

Vorangestellt sei eine *vorläufige* Erläuterung der Begriffe. Mit »logischem Denken« ist hier ein Denken gemeint, das sich argumentativ auf der Grundlage deutlicher Unterscheidungen vollzieht, d. h. in »scharf begrenzten Begriffen« (G. Frege). »Analogisches Denken« soll demgegenüber ein Denken bezeichnen, das sich der »Übergänge« bedient und die begrifflichen Grenzen durchlässig hält. Logisches Denken drängt auf Unterscheidung des Ähnlichen, analogisches Denken sucht Ähnlichkeiten im Verschiedenen. Logisches Denken drückt sich aus in Definitionen, analogisches Denken in Vergleichen. Dieser Gegensatz bildet einen zentralen Ausgangspunkt des Konflikts zwischen Logik und Rhetorik, wie er auch dem gegenwärtigen Streit zwischen analytischer und kontinentaler Philosophie zugrunde liegt, der seinerseits wesentlich durch den Gegensatz von wissenschaftlicher und ästhetischer Weltauffassung bestimmt ist.

Damit soll nicht behauptet werden, daß Rhetorik und Ästhetik zusammenfallen (hatte doch schon Aristoteles außer einer *Rhetorik* auch eine *Poetik* geschrieben), auch nicht, daß Poesie und Beredsamkeit in analogischem Denken ohne Rest aufgehen. Tatsache ist aber, daß die gegenwärtige Rückkehr der Rhetorik in die Philosophie – unter dem Stich-Wort »Metapher« – mit einem Aufbegehren ästhetischen gegen logisches Denken einhergeht.

Vordergründig besteht das Ziel dieser rhetorischen Wende darin, den Gattungsunterschied zwischen Philosophie und Literatur sowie deren Erkenntnisformen einzuebnen. Weitergehende, praktisch-philosophische Bedeutung bekommt dieser Versuch dadurch, daß er mit einer Kritik des abendländischen Rationalitätsbegriffs einhergeht. Hinter der erkenntnistheoretischen Frage nach dem Verhältnis von logischem und analogischem Denken steht die anthropologische Frage nach dem angemessenen Verhältnis des Menschen zur Welt – im Widerstreit von logisch-wissenschaftlicher und analogisch-ästhetischer Weltauffassung. Eine bekannte Lösung, diesem Antagonismus beizukommen, besteht darin, die sogenannten Defizite der analytischen Wissenschaft durch rhetorische Kunst *kompensieren* zu wollen (O. Marquard). Dies dürfte jedoch nicht nur gegenüber der Wissenschaft ungerecht sein, sondern auch der Kunst zuwenig zutrauen. Ein Kompensat verkommt nur zu leicht zum bloßen Surrogat. Angemessener dürfte die offensivere Auffassung sein, daß Wissenschaft und Kunst einander als *gleichberechtigte* Modi der Welterschließung ergänzen (N. Goodman), *komplementieren*, ohne daß die Unterschiede, die »Gattungsunterschiede«, dabei verschwinden. Die folgenden Überlegungen sollen diese Ansicht stützen helfen und zeigen, daß eine solche Offensive berechtigt ist und nicht bloß eine Flucht nach vorne darstellt – vor der hereinbrechenden Flut der Postmoderne.

Das Aufbegehren der Rhetorik gegen die Logik läßt sich am besten so nachvollziehen, daß wir vom Zweck der Logik selbst ausgehen. In ihr geht es darum, die Regeln aufzustellen, mit deren Hilfe aus wahren Urteilen (den Prämissen) wahre Urteile (als Konklusionen) gewonnen werden können, *Schlußregeln* also, deren Anwendung garantiert, daß die Konklusionen wahr sind, *wenn* die Prämissen wahr sind. Dieser Zweck ist für die traditionelle aristotelische Syllogistik genauso bestimmend wie für die moderne formale Logik in ihrer Fregeschen Gestalt. Im Zentrum beider Auffassungen steht daher der Wahrheitsbegriff, und zwar zugeschnitten auf die Wahrheit von *Urteilen*. Entsprechend werden die Bestandteile der Urteile, nämlich die *Begriffe*, danach bewertet, welchen Beitrag sie zum Inhalt der wahren oder falschen Urteile liefern. Die traditionelle Logik enthält daher gemäß ihrem Aufbau – vom Einfachen zum Komplexen übergehend – als Elemente die Lehre vom *Begriff*, die Lehre vom *Urteil* und die Lehre vom *Schluß*. Entsprechend äußert sich das Aufbegehren der Rhetorik gegen die Logik auf allen diesen Ebenen. Es tritt dabei in zwei Formen auf, als skeptischer Zweifel an der Möglichkeit von Erkenntnis überhaupt oder als Zweifel an dem Erkenntniswert des *logischen* Denkens. Bezweifelt wird im ersten Fall, daß formale Schlüsse allgemeingültig, Urteile wahr und Begriffe bestimmt sein können. Behauptet wird im zweiten Fall, daß formale Schlüsse unergiebig seien, urteilendes Denken zu beschränkt sei und abstrakte Begriffsbildungen der Wirklichkeit nicht gerecht werden könnten.

Die Logik steht in dem Verdacht, Denken überhaupt auf ein logisches Schließen reduzieren zu wollen. Auch wenn dieser Vorwurf in seiner Allgemeinheit unberechtigt ist, bleibt die Frage nach der Reichweite des logischen Denkens und die Frage nach anderen Denk- und Erkenntnisformen. Diese mögen argumentativer oder nicht-argumentativer Art sein. Es ist also noch nicht damit getan, innerhalb der Argumentationstheorie über das deduktive logische Schließen hinauszugehen und nicht-deduktive Argumentationsformen zur Anerkennung zu bringen. Es ist vielmehr auch nach der Funktion nicht-argumentativer, wie zum Beispiel erzählender Darstellungsformen zu fragen, seien diese nun fiktionaler oder nicht-fiktionaler Art. Es versteht sich, daß in solchen Texten nicht Urteile mit Urteilen zu Beweisen verbunden werden. In ihnen werden Sachverhalte nicht bewiesen, sondern vergegenwärtigt. Unser Interesse gilt dem Erkenntniswert *aller* Darstellungsformen. Noch hierin könnte man eine unzulässige Beschränkung sehen wollen, weil es Darstellungsformen geben möchte, deren Wert nicht in der Vermittlung von Erkenntnis besteht. Diese Möglichkeit soll keineswegs bestritten werden. Betont sei allerdings, daß der Begriff der Erkenntnis hier sehr weit gefaßt ist. Dessen Ausweitung ist gerade das Ziel der folgenden Überlegungen, so daß die Konzentration auf das Erkenntnismoment eine geringere Beschränkung bedeutet, als zunächst vermutet werden könnte.

Wir hatten davon gesprochen, daß die rhetorische Kritik auf allen Ebenen des logischen Denkens ansetzt. Im Mittelpunkt steht allerdings das Urteil. Dies liegt daran, daß die rhetorische Kritik es insbesondere auf den Begriff der Wahrheit abgesehen hat und das Urteil als Ort der Wahrheit bestimmt worden ist. Hier ist noch eine Erweiterung des terminologischen Feldes vorzunehmen. Neben dem Ausdruck »Urteil« bietet die Tradition zahlreiche Entsprechungen an, wie zum Beispiel »Satz«, »Behauptung«, »Aussage«, »Gedanke«, »Proposition«, die allerdings keineswegs äquivalent sind, sondern philosophisch bedeutsame Unterschiede markieren. Von diesen Unterschieden einmal abgesehen kommen sie alle als Kandidaten in Betracht, wenn wir mit Aristoteles danach fragen, wer oder was es ist, von dem man sagen kann, daß es wahr oder falsch ist, oder wenn wir mit Frege danach fragen, wer oder was es ist, dem der Wahrheitswert des Wahren oder des

Falschen zuzuordnen ist. Allen wahrheitswertfähigen Gebilden ist gemeinsam, daß sie grammatisch am Typ des Aussagesatzes ausgerichtet sind und daher aussageartig oder propositional sind. Diese Orientierung wird schon bei Aristoteles deutlich, der zwischen bedeutungsvollem Satz im allgemeinen und Aussage- oder Behauptungssatz im besonderen unterscheidet, um dann diejenigen Sätze, die keinen Aussagecharakter haben, wie zum Beispiel Bittsätze, mit der Begründung, daß sie nicht wahrheitsfähig sind, aus der Logik in die Rhetorik oder Poetik zu verweisen. Entsprechend können wir sagen, daß die Logik von einem *propositionalen* Wahrheitsbegriff ausgeht, und es ist dieser Wahrheitsbegriff, auf den sich die rhetorische Kritik bezieht. Sie setzt bei den Bestandteilen des Urteils, den Begriffen an. Es stellt sich nämlich sofort die Frage nach den Bedingungen, die Begriffe erfüllen müssen, um dem propositionalen Wahrheitsbegriff genügen zu können. Dieser verlangt, daß die Frage, ob ein Urteil wahr oder falsch ist, eindeutig beantwortet werden kann. An dieser Stelle kommt es zu dem bereits angedeuteten Hauptkonflikt: Metaphern, die Lieblingskinder der Rhetorik, werden von den Logikern nicht zugelassen, weil deren Bedeutung nicht scharf begrenzt ist.

Die Forderung der scharfen Begrenzung der Begriffe ergibt sich aus der Zweiwertigkeit der klassischen Logik. Begriffe, für die nicht bestimmt werden kann, ob ein vorgelegter Gegenstand unter sie fällt oder nicht fällt, verhindern, daß Aussagen, in denen eine solche Subsumtion behauptet wird, als wahr oder falsch bestimmt werden können. Bereits in seiner *Begriffsschrift* stellt Frege fest, daß Inhalte, in denen solche Begriffe vorkommen, als »beurteilbare« und damit als wahrheitswertfähige Inhalte ausscheiden.[1] Beachtung verdient, daß Frege als Beispiel für einen auszuschließenden Begriff ausdrücklich den Begriff des Haufens nennt und damit den sogenannten Haufenschluß oder Sorites anspricht, der seit der Antike von der Rhetorik als logisches Paradox und weitergehend auch als Argument für ein analogisches Denken in Übergängen ins Spiel gebracht worden ist. Es ist aber nicht so, daß Frege vage Begriffe überhaupt ausschließt. Er betont nur, daß die Logik mit ihnen nicht arbeiten kann. Die Logik der vagen Begriffe, erst recht die sogenannte »Fuzzy Logic«, ist eine spätere

1 G. Frege, *Begriffsschrift*, Halle a. d. S. 1879, S. 64 (Nachdruck in: ders., *Begriffsschrift und andere Aufsätze*, Darmstadt 1964).

Entwicklung. Sie darf auch als Versuch gelten, bestimmte Formen des analogischen Denkens logisch zu rehabilitieren. Wir wollen uns in den folgenden Überlegungen auf den bei Frege klar zutage tretenden Gedanken beschränken, daß die Logik die Begriffe, mit denen sie arbeiten will, auswählen bzw. zubereiten muß. Damit stellt sich die Frage, ob diese Zubereitung eine Verfälschung der Wirklichkeit vornimmt. Genau dieses ist nämlich der Einwand, den F. Nietzsche – zwar in Unkenntnis Freges, aber zeitgleich – vorgebracht hat. Der Klassiker des modernen logischen Denkens und der Klassiker des postmodernen analogischen Denkens sprechen wie zueinander. Dies erleichtert uns den Vergleich und die Prüfung der Argumente Nietzsches und seiner Nachfolger.
Im folgenden werde ich zunächst Nietzsches Kritik am logischen Denken prüfen, um aus ihr, abweichend von Nietzsches Übertreibungen, das berechtigte Anliegen des analogischen Denkens zu entwickeln. Ausgehend von einer Analyse und Neubewertung des Wittgensteinschen Begriffs der »Familienähnlichkeit« werde ich sodann logisches und analogisches Denken in ein angemessenes Verhältnis zu rücken versuchen, das sich vorab als Komplementarität zweier gegensinniger *Darstellungsformen* beschreiben läßt. Überraschend ist, daß in beiden Fällen (von Frege für das logische Denken und von Wittgenstein für das analogische Denken) der Begriff der *Übersichtlichkeit* in Anspruch genommen wird. Abschließend werden die historischen Hintergründe beider Formen der »übersichtlichen Darstellung«, die Traditionen von logischem »Scharfsinn« (*acumen*) und ästhetischem »Witz« (*ingenium*), kurz gestreift, um die These zu untermauern, daß der Antagonismus von Logik und Rhetorik nur vordergründig besteht und seine Wurzeln in zu einseitigen Orientierungen hat, die einer anthropologisch begründeten Komplementarität der Erkenntnisformen nicht gerecht werden.

II

Freges Denken in »scharf begrenzten« Begriffen heißt in der neueren Logikkritik, die auf Nietzsche und die Rhetoriktradition zurückgeht, »identifizierendes« Denken. Diejenigen, die sich auf die eine oder andere Weise Nietzsches Sicht angeschlossen haben, wie u. a. Th. W. Adorno, J. Derrida und J.-F. Lyotard, gelten daher als »Anwälte des Nicht-Identischen«.[2] Anwälte sind Verteidiger. Diese Anwälte sind jedoch eher Ankläger, und die Anklagen sind von Adorno noch dadurch verschärft worden, daß die logische Ordnung der Begriffe gezielt in einen Zusammenhang mit den Herrschaftsverhältnissen politischer Ordnung gestellt wird:

»Die Allgemeinheit der Gedanken, wie die diskursive Logik sie entwikkelt, die Herrschaft in der Sphäre des Begriffs, erhebt sich auf dem Fundament der Herrschaft in der Wirklichkeit.«[3]

Bereits bei Nietzsche ist andeutungsweise davon die Rede, daß die Logik nicht aus dem Willen zur Wahrheit, sondern aus dem Willen zur Macht entspringt. Begründet wird dieser Einwand damit, daß Begriffsbildung identifizierendes Denken in dem Sinne voraussetzt, daß *Verschiedenes* als *dasselbe* in bestimmter Hinsicht aufgefaßt wird. Diese Abstraktion als das Absehen von den Besonderheiten der Einzelnen führt eben zu der von Adorno angesprochenen »Allgemeinheit der Gedanken«. Nietzsche meint, daß das Urteil unter der Voraussetzung arbeite, »daß es überhaupt identische Fälle gibt«, damit aber »an sich ungleiche Fälle ausgleicht und verähnlicht« und so »eine grundsätzliche *Fälschung* alles Geschehens« annimmt.[4] Er behauptet also, allgemeiner gesagt, daß das logische Denken mit seiner Orientierung am propositionalen Wahrheitsbegriff den Zugang zur Wirklichkeit verstelle, so daß der Anspruch auf Wahrheit sich geradezu in seine Negation verkehre. Zu betonen ist, daß Befürworter Frege und Kritiker Nietzsche darin übereinstimmen, daß eine begrenzende Begriffsbildung Voraussetzung propositionaler Wahrheit ist.
Der Zusammenhang zwischen begrenzender Begriffsbildung und identifizierendem Denken ergibt sich dadurch, daß die »identischen Fälle« zu verstehen sind als Fälle desselben *Allgemeinen* unter Absehung von individuellen Unterschieden. Eine Formulierung wie »Dies und dies ist so« (Nietzsches Beispiel) besagt, daß *verschiedene* einzelne »dies« mit Blick auf das allgemeine »so« *dasselbe* sind. Das Urteil ist hier eine prädikative Aussage, und sie

2 Vgl. A. Wellmer, *Zur Dialektik von Moderne und Postmoderne. Vernunftkritik nach Adorno*, Frankfurt am Main 1985. Vgl. insbesondere die Ausführungen S. 85 f., 141 f., 148 f.
3 M. Horkheimer/Th. W. Adorno, *Dialektik der Aufklärung*, Frankfurt am Main 1969, S. 20.
4 Nietzsche, *Werke*, hg. v. K. Schlechta, München 1966, Bd. 3, S. 476.

setzt in der Tat voraus, daß dasselbe Prädikat verschiedenen Subjekten zukommen kann. In diesem Sinne deutet Nietzsches Formulierung eine Aufzählung von Elementaraussagen an, in denen verschiedenen Gegenständen dasselbe Prädikat zugesprochen wird. Über die Unterschiede wird im gemeinsamen Prädikat hinweggegangen. Nun könnte man gerade ein solches Verfahren ein analogisches nennen wollen, weil *Verschiedenes* gleichgeschaltet werde. Dieses stünde dann gar nicht im Gegensatz zum logischen Denken, sondern bildete geradezu, wie es bei Nietzsche heißt, dessen »Voraussetzung«. Um hier möglichen terminologischen Mißverständnissen vorzubeugen, ist herauszustellen, daß nicht jedes Vergleichen auf ein analogisches Denken hinausläuft, sondern nur ein solches, das sich ein Denken in Übergängen bewahrt. Der von Nietzsche angesprochene Prozeß der Verähnlichung des *an sich* Verschiedenen schließt solche Übergänge aus, weil er auf eine Vereinnahmung der Einzelfälle im Sinne einer Klassifikation hinausläuft, die um der Trennschärfe zu anderen Begriffen (Klassen) willen die Besonderheiten der Einzelfälle unterschlägt. Der Einwand gegen das logische Denken bestimmt sich also nicht einfach dadurch, daß hier subsumierende Urteilskraft am Werk ist, sondern erst durch den Zusatz, daß für deren Subsumtionen die Sätze vom ausgeschlossenen Dritten und vom ausgeschlossenen Widerspruch im Verein gelten. Die Subsumtionen folgen damit der Logik des *ausschließenden* »oder«, des »entweder – oder«.

Vergleichend geht in der Tat nicht nur das analogische, sondern auch das logische Denken vor; aber mit unterschiedlicher Zielsetzung. Das logische Vergleichen ist generalisierend, indem es von den Besonderheiten der Einzelfälle *nivellierend* absieht. Das analogische Vergleichen ist differenzierend, indem es die Besonderheiten *nuancierend* hervorhebt. Wenn hier das analogische Denken als »differenzierend« beschrieben wird, so sind die angesprochenen Differenzen natürlich nicht im Sinne strenger Unterscheidungen gemeint, durch die sich ja gerade logisches Denken auszeichnet, sondern durch die Möglichkeit von Übergängen bestimmt. So sind also auch zwei Begriffe der Differenz zu unterscheiden, ein logischer der *exakten*, subtilen Distinktionen (im Bereich des Allgemeinen) und ein analogischer der *genauen*, feinen Nuancen (im Bereich des Besonderen). Wittgensteins Begriff der Familienähnlichkeit wird uns noch Anlaß geben, diesen Unterschied weiter zu erläutern.

In diesem Zusammenhang ist noch eine weitere vorbeugende Bemerkung am Platze, nämlich zum Verständnis des Satzes der Identität. In der traditionellen Logik steht der Satz »A=A« in erster Linie für die Identität von Begriffen, nicht von Gegenständen. Unterschieden wurden diese Fälle häufig nicht, weil man Gegenstände als Individualbegriffe betrachtete. Die moderne Logik ist hier (seit Frege) genauer, und da sie zudem Identität in erster Linie als *Gegenstands*identität faßt, kann die Rede vom »identifizierenden Denken« vor diesem Hintergrund leicht mißverstanden werden. Noch einmal sei daher betont: »identische Fälle« sind bei Nietzsche nicht derselbe Fall, sondern verschiedene Fälle desselben Begriffs. Somit sind die »Anwälte des Nicht-Identischen« Autoren, die gegen ein Denken in scharf begrenzten *Begriffen* Front machen. Diese einschränkende Hervorhebung ist freilich nur mit Blick auf die genannten Autoren und nicht aus systematischen Gründen zu machen. Wenn wir ganz allgemein die Frage nach der Möglichkeit (oder Unmöglichkeit) der *Identität des Verschiedenen* als unsere Grundfrage bestimmen, über die sich logische und rhetorische Tradition entzweit haben, so macht diese Frage nicht nur für Begriffe Sinn, sondern auch für Gegenstände. Schließlich hat die moderne Logik und Semantik sie ja auch (im Anschluß an Freges Unterscheidung von »Sinn« und »Bedeutung«) für beide Fälle einheitlich dahingehend beantwortet, daß bei verschiedener Intension die Extension dieselbe sei.

Nietzsches Vorwurf gegen das logische Denken besteht darin, daß die Wirklichkeit in ihrer Komplexität und Vielfalt verfälscht wird, wenn versucht wird, sie in distinkten Begriffen einzufangen. Um diesen Vorwurf angemessen zu würdigen, sind zwei Aspekte zu unterscheiden, nämlich erstens die Frage, ob Nietzsche das Verfahren der Logik zutreffend beschreibt, und zweitens die sich anschließende weitergehende Frage, ob seine Bewertung dieses Verfahrens angemessen ist. Die erste Frage läßt sich, nach allem, was wir über das logische Denken gesagt haben, eindeutig mit »ja« beantworten. Die Beantwortung der zweiten Frage hängt davon ab, wie weit der Anspruch des logischen Denkens reicht. Würde dieser so weit gehen, und in manchen Fällen geht er vielleicht so weit, daß *nur* ein Denken in scharf begrenzten Begriffen Erkenntniswert beanspruchen könne, so ließe sich gegen eine solche Anmaßung zugunsten des analogischen Denkens argumentieren. Allerdings nicht in der übertriebenen Weise Nietzsches, der dem

logischen Denken seinen Erkenntniswert unter Hinweis auf den metaphorischen Charakter der Sprache überhaupt bestreitet, anstatt ihm den eigenständigen Erkenntniswert des analogischen Denkens positiv gegenüberzustellen.[5]
Für eine Verhältnisbestimmung von logischem und analogischem Denken ist die Frage, wie der metaphorische Charakter der Sprache zu bewerten ist, von entscheidender Bedeutung. Ist dieser Charakter Anlaß einer *negativen Kritik* jeder Möglichkeit von Erkenntnis oder Anlaß einer *positiven Erweiterung* der Möglichkeit von Erkenntnis über die Wissenschaften hinaus? Wenn Frege es als eine Aufgabe der Philosophie ansieht, »die Herrschaft des Wortes über den menschlichen Geist zu brechen«[6], so meint er dieser Aufgabe dadurch gerecht werden zu können, daß die »Vieldeutigkeit«[7], d. h. die Ambiguität der Zeichen, und das »rastlose Fließen«[8], d. h. die Vagheit eines Denkens in Übergängen, ausgeschaltet wird. Beides sieht Frege in engem Zusammenhang mit dem »bildlichen«, d. h. metaphorischen Charakter der Sprache. Erkenntnis würde also wesentlich die Überwindung dieses Charakters durch eine Sicherung fester begrifflicher Grenzen verlangen, ja voraussetzen. Die konträre Gegenposition, wie sie im Anschluß an Nietzsche vor allem von Fritz Mauthner in seiner Sprachkritik vertreten worden ist, geht von demselben Befund aus, bestreitet aber, daß der metaphorische Charakter der Sprache überwunden werden könne, und fällt deshalb einem radikalen Skeptizismus anheim. Bei Mauthner wird besonders deutlich, was sich bereits bei Nietzsche andeutet, daß der Skeptizismus die Kehrseite des Dogmatismus ist (I. Kant). Erkenntnis wird zunächst objektivistisch als Zugang zu den Sachen selbst gedeutet, und weil diese »metaphysische« Erkenntnis nicht zu haben ist, gibt man den Erkenntnisanspruch ganz auf.

5 Für Nietzsche scheint bereits der schlichten Prädikation eine Metaphernbildung zugrunde zu liegen, weil vorausgesetzt ist, daß der Prädikator von einem Gegenstand auf den anderen »übertragen« werden kann. Danach gäbe es überhaupt keine nicht-metaphorischen Begriffsbildungen (Verallgemeinerungen). Dies würde bedeuten, daß für Nietzsche bereits *jede* Verallgemeinerung auf eine »Verfälschung« hinausliefe.
6 G. Frege, *Begriffsschrift*, a. a. O., S. VI.
7 G. Frege, »Über die wissenschaftliche Berechtigung einer Begriffsschrift«, in: *Begriffsschrift und andere Aufsätze*, a. a. O., S. 52.
8 Ebd., S. 53.

Nun mag es schon sein, daß wir in Metaphern so »verstrickt« sind, daß wir ihnen nicht entgehen können. Die Frage ist nur, wie wir darauf reagieren, ob uns diese Tatsache in die erkenntniskritische Depression oder in die rhetorische Euphorie stürzt oder uns schließlich zur Besinnung eines ausgewogenen Verhältnisses von Logik und Rhetorik führt. Wir müssen den kritischen Umgang mit Metaphern genauso lernen wie den kritischen Umgang mit unseren Unterscheidungen. In dieser Hinsicht ist der Metaphorologe H. Blumenberg nicht kritischer als der Orthosprachler P. Lorenzen. Der eine beläßt alles bei dem bestehenden Metapherngewebe, und der andere will sich daraus befreien, indem er für alles neue Unterscheidungen herausarbeitet. Was wir benötigen, ist eine sprachanalytische Hermeneutik, die sowohl unsere metaphorischen Gleichmachereien als auch unsere definitorischen Trennschärfen kritisch thematisiert.
Der Anwälte des Nicht-Identischen bedarf es immer dann, das wollen wir zugestehen, wenn die Logik sich anschickt, einen universalen Anspruch zu erheben. Hiergegen gilt es die Erinnerung an die Wahrheit des »Omnis determinatio est negatio« komplementär wachzuhalten, daß jede Bestimmung aufgrund ihrer Ausgrenzung von Besonderheiten mit einem »Verlust« verbunden ist (sofern man in Begriffen von Ganzheit denkt). Anders sieht es aus, wenn man Identifizieren bzw. Klassifizieren nicht als eine *generelle* Maßnahme, sondern als eine Maßnahme zu einem *bestimmten* Zweck versteht, zum Beispiel zu einem solchen wissenschaftlicher Art.
Zugestehen wollen wir auch, daß die durch Definitionen gezogenen Grenzen nicht Grenzen in der Wirklichkeit selbst sind. Aber deshalb braucht man solchen Begriffsbildungen nicht eine »grundsätzliche *Fälschung* alles Geschehens« vorzuwerfen. Von »Fälschung« zu sprechen, hätte überhaupt nur Sinn, wenn es – was von Nietzsche gerade bestritten wird – einen Zugang zur Wirklichkeit *an sich* gäbe, so daß die Fälschung »als Fälschung« entlarvt werden könnte. Verdächtig ist in diesem Zusammenhang, daß Nietzsche von »an sich« ungleichen Fällen spricht. Damit unterstellt er nämlich, wir hätten doch einen Zugang zur Wirklichkeit an sich, nur daß diese Wirklichkeit eben nicht so ist, wie es die Logik mit ihrer Setzung »identischer Fälle« voraussetzt. Hier gilt es nun Symmetrie herzustellen, indem wir festhalten, daß beides, Unterscheidungen zu treffen und Ähnlichkeiten hervorzuhe-

ben, nicht von den Dingen selbst (an sich) aufgezwungen wird, sondern eine Sache der Perspektive ist, die wir ihnen gegenüber einnehmen können, und zwar in Abhängigkeit von bestimmten Zwecken. Damit deutet sich bereits eine Antwort auf unsere Frage nach dem angemessenen Verhältnis von logischem und analogischem Denken an, die nun im Ausgang von Überlegungen Wittgensteins weiter entwickelt werden soll.

III

Entgegen einer verbreiteten Tendenz, Wittgenstein als Verbündeten von Nietzsche und Adorno anzuführen oder gar als postmodernen Denker zu reklamieren, läßt sich dessen Spätphilosophie als Entwurf einer analogischen Weltauffassung begreifen, in der logisches Denken seinen eingeschränkten Platz behält und analogisches Denken kritisch bedacht wird.

Der frühe Wittgenstein hatte sich dem zweiwertigen logischen Denken in der Tradition Freges und dessen Forderung nach scharfer Begrenzung der Begriffe verschrieben. Später widerspricht er dem mit seinem Programm der »übersichtlichen Darstellung«, dessen Leitbegriff der Begriff der Familienähnlichkeit ist. Dieser Begriff vermag in besonderer Weise als Stütze analogischen Denkens zu dienen. Seine Pointe ist nämlich nicht damit erschöpft, daß er die »Porösität« (F. Waismann) unserer Alltagsbegriffe hervorhebt. Dazu hätte der gängige Begriff der Vagheit genügt. Wesentlicher ist, daß die Relation der Familienähnlichkeit, logisch betrachtet, eine transitive Relation ist: Wenn a und b familienähnlich sind und b und c familienähnlich sind, dann sind auch a und c familienähnlich. Dies muß auf den ersten Blick überraschen, weil Familienähnlichkeit zunächst weniger verlangt als normale Ähnlichkeit (im Sinne einer partiellen Identität von Merkmalen) und daher die »schwächere« Relation zu sein scheint. Wie kann die Relation der Familienähnlichkeit transitiv sein, obwohl dieses nicht einmal für die »stärkere« Relation der normalen Ähnlichkeit gilt?[9] Dies liegt daran, daß zur Familienähnlichkeit als Hintergrund eine gemeinsame Entwicklungslinie der Fälle gehört. Vor

9 Beispiel: a: roter Ball, b: roter Würfel, c: grüner Würfel. Sowohl a und b als auch b und c sind ähnlich, nicht aber a und c.

einem solchen Hintergrund können zwei Dinge familienähnlich sein, ohne daß sie ein einziges Merkmal gemeinsam haben.[10] Mit seinem Begriff der Familienähnlichkeit hat Wittgenstein einen Ähnlichkeitsbegriff gefaßt, mit dem es gelingt, auch entferntere Dinge, die untereinander nicht ähnlich sind, in Beziehung zu einander zu setzen und so die vielfältigen Erscheinungen einer »übersichtlichen Darstellung« zuzuführen:

»Die übersichtliche Darstellung vermittelt das Verständnis, welches eben darin besteht, daß wir die ›Zusammenhänge sehen‹. Daher die Wichtigkeit des Findens und des Erfindens von *Zwischengliedern*.
Der Begriff der übersichtlichen Darstellung ist für uns von grundlegender Bedeutung. Er bezeichnet unsere Darstellungsform, die Art, wie wir die Dinge sehen. (Ist dies eine ›Weltanschauung‹?)«[11]

Die im letzten Satz dieses Zitats angefragte Weltanschauung läßt sich als analogische Weltanschauung oder *analogische Weltauffassung* bestimmen. Hinzuweisen ist hier auf die von Schopenhauer beschriebene Weltauffassung des kontemplativen Genies und deren Vorbildcharakter für Wittgenstein. Was bei Schopenhauer das Wesen der Sachen selbst ist, wird bei Wittgenstein in die *Darstellungsform* verlegt. Wir haben es nicht mit einem materialen Essentialismus, sondern mit einem formalen zu tun, mit einem Essentialismus der Sichtweisen, der Einstellungen, ja, des Stils. Wittgensteins emphatische Hervorhebung der Darstellungsform

10 Diese Ähnlichkeit ist auch in R. Musils *Der Mann ohne Eigenschaften* (Hamburg 1970, S. 1289) angesprochen, wenn es zur Verwandtschaft von »Eß-, Mist-, Ast-, Gewehr-, Weg- und anderen Gabeln« heißt: »Denn sie brauchen nicht einmal untereinander alle ähnlich zu sein [d. h.: sie brauchen kein Merkmal gemeinsam zu haben, G. G.], es genügt schon, wenn eins das andere gibt, wenn man von einem zu anderen kommt, wenn nur Nachbarglieder einander ähnlich sind: entferntere sind es dann durch ihre Vermittlung.«

11 L. Wittgenstein, *Philosophische Untersuchungen. Werkausgabe* Bd. 1, Frankfurt am Main 1984, § 122. Ausgehend von dem Begriff der übersichtlichen Darstellung hat J. Schulte überzeugend die methodologische Verwandtschaft mit Goethe nachgewiesen: »Chor und Gesetz. Zur ›morphologischen Methode‹ bei Goethe und Wittgenstein«, in: ders., *Chor und Gesetz. Wittgenstein im Kontext*, Frankfurt am Main 1990, S. 11-42, insbesondere S. 23 ff. u. 36 ff.; zu Goethe vgl. T. Rehbock, *Goethe und die ›Rettung der Phänomene‹*, Konstanz 1995, insbesondere Kap. VII.6: »Analogie und Identität: Goethes Reduktionismuskritik.«

(»grundlegende Bedeutung«) leitet sich daraus ab, daß eine »Hauptquelle unseres Unverständnisses«, aus der die philosophische Verwirrung erwächst, darin besteht, »daß wir den Gebrauch unserer Wörter nicht *übersehen*. – Unserer Grammatik fehlt es an ›Übersichtlichkeit‹ «.[12]

Wie weit nun geht Wittgenstein in seinem analogischen Denken? Hier ist die Einschränkung wichtig, daß Familienähnlichkeit eine gebiets*interne* Ähnlichkeit ist. Sie besteht zwischen den Mitgliedern *einer* Familie. Auch wenn die Familie nicht »scharf begrenzt« ist und offenbleibt, wer von den sozusagen entfernteren Verwandten noch zur Familie zu zählen ist, einer gebiets*übergreifenden* Familienähnlichkeit im Sinne der These, daß alles mit allem zusammenhänge, wird nicht das Wort geredet.

Wittgenstein gibt das Unterscheiden denn auch keineswegs auf: »Wir werden [...] immer wieder Unterscheidungen *hervorheben*, die unsre gewöhnlichen Sprachformen leicht übersehen lassen.«[13] Dies Verfahren ist insbesondere dann notwendig, wenn es um Vergleiche kategorial verschiedener Gebiete, um kategoriale Metaphern geht; denn hier birgt das analogische Denken seine Gefahren. Die Ambivalenz wird von Wittgenstein dadurch zum Ausdruck gebracht, daß er einerseits betont, daß ein »gutes Gleichnis« den Verstand erfrische, und überdies sein eigenes Denken als ein Erfinden »neuer Gleichnisse« beschreibt[14], andererseits aber auch warnt, daß Gleichnisse einen »falschen Schein« bewirken können, der uns »gefangen« hält.[15] Unterscheiden läßt sich so zwischen der erläuternden, hinführenden Funktion von Vergleichen und der Behauptung oder gar metaphysischen Festschreibung von Analogien. Wittgensteins Methode besteht darin, neue Gleichnisse gegen alte auszuspielen. Er streitet mit analogischen Mitteln dagegen, daß kategorial verschiedene Gebiete analogisiert werden, dagegen, daß zum Beispiel die räumliche Rede von Innen und Außen auf das Verhältnis von Ich und Welt übertragen wird und dann metaphysisch wörtlich genommen wird.

12 So die Einleitungssätze zu dem vorigen Zitat: L. Wittgenstein, *Philosophische Untersuchungen*, a. a. O., § 122.

13 Ebd., § 132. Die Formulierung »Unterscheidungen *hervorheben*« unterstreicht die Rolle des Subjekts.

14 L. Wittgenstein, *Vermischte Bemerkungen*, Frankfurt am Main 1977, S. 11 u. 43.

15 L. Wittgenstein, *Philosophische Untersuchungen*, a. a. O., §§ 112 u. 115.

Die metaphysikkritische Tendenz von Wittgensteins »Betrachtung«, die er selbst eine »grammatische« nennt, besteht gerade darin, die kategorialen »Mißverständnisse« aufzudecken und »wegzuräumen«, die unter anderem »durch gewisse Analogien zwischen den Ausdrucksformen in *verschiedenen Gebieten* unserer Sprache« hervorgerufen werden.[16]

Diese Gefahr besteht nicht, wenn wir uns in einem kategorial wohlbestimmten einheitlichen Gebiet bewegen. Aufschlußreich ist hier Wittgensteins Vergleich seines eigenen Denkens mit demjenigen Hegels (unabhängig von der Frage, ob dieser Vergleich zutreffend ist):

»Mir scheint, Hegel will immer sagen, daß Dinge, die verschieden aussehen, in Wirklichkeit gleich sind, während es mir um den Nachweis geht, daß Dinge, die gleich aussehen, in Wirklichkeit verschieden sind.«[17]

Wenn dies ein Bekenntnis zum unterscheidenden Denken sein soll, so doch nicht im Sinne des scharfen Begrenzens, sondern des feinen Nuancierens, wie es oben beschrieben worden ist. Wittgensteins analogisches Denken besteht nicht darin, das verschieden Erscheinende dadurch ähnlich (oder gleich) zu machen, daß Unterschiede geleugnet werden, sondern dadurch, daß sie weiter verfeinert werden, so daß die scharfen Begrenzungen zwischen ihnen verwischt werden. Die Methode ist gerade, daß ein nuancierendes Differenzieren das Auseinanderliegende sozusagen zusammenrücken läßt, weil sich die Unterschiede als stufenlose Übergänge darstellen, wie die Übergänge zwischen den Farben im Farbspektrum. Die Pointe des Begriffs der Familienähnlichkeit ist, scheinbar paradox fomuliert, daß er Zusammenhang *durch* Differenz stiftet.

In dieser Weise werden wir auch Wittgensteins Erwägung zu verstehen haben, seinen *Philosophischen Untersuchungen* als Motto das folgende Zitat aus *King Lear* voranzustellen: »Ich werd' dich Unterschiede lehren.« Was nämlich gelehrt wird, sind *Unterschiede* im Sinne einer größeren *Vielfalt* der Fälle, aber nicht *Unterscheidungen* im Sinne fester *Grenzen* der Begriffe. Klassifi-

16 Ebd., § 90 (Hervorhebung G. G.).

17 R. Rhees (Hg.), *Ludwig Wittgenstein. Porträts und Gespräche*, Frankfurt am Main 1987, S. 217. Die Formulierung »in Wirklichkeit« lese ich nicht ontologisch, sondern als Hervorhebung der eigenen Sichtweise gegenüber derjenigen Hegels.

zieren und Differenzieren fallen also nicht zusammen. Das klassifizierende Differenzieren, die strenge Begrenzung der Begriffe benötigen wir, wenn wir Urteile zu Prämissen von Schlüssen zusammenfügen. Das nuancierende Differenzieren ist gefordert, um der Komplexität der Phänomene gerecht zu werden, ohne die Zusammenhänge aus dem Blick zu verlieren. Differenzieren im Sinne einer Erzeugung größerer Komplexität oder Vielfalt widerspricht also nicht derjenigen Form des analogischen Denkens, wie sie sich bei Wittgenstein in Orientierung an physiognomischen und morphologischen Vorstellungen findet.

Die Linie der bisherigen Überlegungen findet ihre Bestätigung darin, daß auch die Rede von der übersichtlichen Darstellung zweifach verstanden werden kann. Damit rückt das Verhältnis von wissenschaftlicher und ästhetischer Weltauffassung in den Blick, das im Untertitel dieses Beitrages angesprochen ist. »Übersichtlichkeit der Darstellung« fordert auch Frege, und zwar für den logischen Formalismus.[18] Wenn Frege zu Recht betont, daß seine zweidimensionale Begriffsschrift diesem Anspruch besser genügt als die (bis heute üblichen) eindimensionalen logischen Notationen, so ist das Maß die optische Deutlichkeit (Distinktheit), in der sich verwickelte logische Verhältnisse mit Hilfe räumlicher Abgrenzungen so darstellen lassen, daß sie synoptisch, »auf einmal«, überblickt werden können: »So werden die einzelnen Inhalte von einander *deutlich getrennt* und doch in ihren logischen Beziehungen leicht *übersehbar*.«[19] (Erwähnt sei hier nur der Vorzug der klammerfreien Darstellung logischer Formeln.) Die Idee der Synopsis ist für Wittgenstein ebenfalls bestimmend. Sie steht bei ihm aber in der Tradition der ästhetischen Kontemplation Schopenhauers. Entsprechend sind die Kriterien nicht logischer, sondern ästhetischer Art. Für die Synopsis der familienähnlichen Verhältnisse in der analogischen Weltauffassung gilt, daß die Übersichtlichkeit durch die Vielfalt der Fälle und den Zuwachs an Komplexität nicht gemindert, sondern erhöht wird. Dies ist ästhe-

18 G. Frege, »Über die wissenschaftliche Berechtigung einer Begriffsschrift«, a. a. O., S. 55; vgl. ders., »Über den Zweck der Begriffsschrift«, in: ders., *Begriffsschrift und andere Aufsätze*, a. a. O., S. 7 f.

19 G. Frege, »Über den Zweck der Begriffsschrift«, a. a. O., S. 8 (Hervorhebung G. G.).

tische Übersichtlichkeit im Sinne einer »vollständigen« *Klarheit*, Freges Übersichtlichkeit ist dagegen logischer Art im Sinne einer abgrenzenden *Deutlichkeit*. Begriffliches Denken im Modus der Übergänge, das ist »ästhetische Theorie«, nämlich Theorie, die selbst »ästhetisch« zu heißen verdient und eine ästhetische Sicht der Dinge vermittelt. Adorno hat sie gefordert, aber Wittgenstein hat sie verwirklicht.

IV

Die analogische *Welt*auffassung ist eine Welt*auffassung*. Wir haben es mit einer *Darstellungs*form der Dinge zu tun. Dies bedeutet, daß sie eine Sache unserer *Sicht*weise ist und nicht von den Dingen selbst erzwungen wird. Wir könnten die Dinge also auch *anders* sehen. Unterstrichen wird diese Freiheit von Wittgenstein noch dadurch, daß die familienähnlichen Verhältnisse, in denen die »Zusammenhänge« sichtbar werden, nicht nur durch ein »Finden«, sondern auch durch ein »*Er*finden« von Zwischengliedern gewonnen werden, so daß der Einbildungskraft hierbei eine produktive Rolle zukommt. Ausdrücklich gewarnt wird davor, die »Darstellungsweise« oder »Form« für eine Bestimmung des Wesens der Sache selbst zu halten.[20]
Wenn wir den Gedanken der Darstellungsform als Sichtweise verallgemeinernd auf die Begriffe der *Ähnlichkeit* und der *Verschiedenheit* übertragen, so können wir diesen die ontologische Deutung entziehen und sie *beide* erkenntnistheoretisch verstehen. Das würde bedeuten, daß wir die Dinge *als* verschieden und *als* ähnlich *sehen* – *an*sehen – können, je nachdem, wie wir die Welt gliedern. *Wir* betonen die Unterschiede oder die Ähnlichkeiten; wir, d. h. die interessierten Subjekte, sehen die Welt im Lichte der Unterschiede oder der Ähnlichkeiten. Beides gegeneinander auszuspielen macht keinen Sinn. Vielmehr haben wir uns von der Fixierung auf eine einzige Erkenntnisweise freizumachen und verschiedene Erkenntnisvermögen und Erkenntnisformen als komplementär zu einander anzuerkennen. Und daß es in der Philoso-

20 Vgl. L. Wittgenstein, *Philosophische Untersuchungen*, a. a. O., §§ 50, 114 u. 104: »Man prädiziert von der Sache, was in der Darstellungsweise liegt.«

phie nicht mit analogischem Denken getan ist, sondern des unterscheidenden Denkens ebenfalls bedarf, sehen wir daran, daß in den vorausgegangenen Überlegungen wesentlich von Unterscheidungen Gebrauch gemacht worden ist. Eine durch und durch analogische ästhetische Weltauffassung wäre einseitig. Eine logische wissenschaftliche Weltauffassung als *Alternative* wäre es nicht minder.

Unterschiede zwischen ähnlich erscheinenden Dingen festzuhalten, indem man begriffliche Grenzen zieht, und Ähnlichkeiten zwischen verschieden erscheinenden Dingen sichtbar zu machen, indem man die begrifflichen Grenzen öffnet, das sind einander entgegengesetzte Denkbewegungen, die im *Einzelfall* dialektisch gegeneinander ausgespielt werden können, aber nicht grundsätzlich. Damit dieses Spiel ausgewogen bleibt, gilt es, beide Formen zu beherrschen. Nur so kann es gelingen, logische und ästhetische Weltauffassung in ein angemessenes komplementäres Verhältnis zueinander zu bringen.

Das ausgewogene Verhältnis von logischem und analogischem Denken ist eine Forderung, die Kant zu Recht aus anthropologischen Gründen erhoben hat. In seiner *Anthropologie in pragmatischer Hinsicht* wird diese Frage im Rahmen der Theorie der Erkenntnisvermögen behandelt. Kant setzt hier die Tradition der empirischen Psychologie (Psychologia empirica) seiner rationalistischen Vorgänger seit Chr. Wolff fort. Diese unterschieden den Witz (*ingenium*) als Vermögen der Analogie von dem Scharfsinn (*acumen*) als Vermögen des Unterscheidens. Kant verschiebt die Terminologie ein wenig, weil er stärker die konkrete Tätigkeit als deren Ziel im Blick hat. Daher tritt bei ihm das Bemerken von »kleinsten Ähnlichkeiten oder Unähnlichkeiten« im Verbund auf.[21] Psychologisch gesehen vollzieht sich nämlich das eine nicht ohne das andere. Für das Vermögen, dieses Wechselspiel von Ähnlichkeit und Unähnlichkeit zu beherrschen, verwendet Kant abweichend von der Tradition den Ausdruck »Scharfsinnigkeit«. Das »Verähnlichungsvermögen« selbst heißt aber auch bei ihm »Witz«[22], und in der Sache bleibt der polare Gegensatz von logischer »Genauigkeit« (im Sinne der Exaktheit oder Deutlichkeit)

21 I. Kant, *Anthropologie in pragmatischer Hinsicht. Werkausgabe* Bd. XII, hg. v. W. Weischedel, Frankfurt am Main 1968, § 44.

22 Ebd., § 54.

und ästhetischem »Reichtum« (im Sinne der Komplexität oder Klarheit) bestehen.[23]

Dieser historische Hinweis soll nicht gerade einer Wiederbelebung der umstrittenen Theorie der »Vermögen« das Wort reden, aber ins Bewußtsein zurückrufen, daß die Tradition ganz selbstverständlich davon ausgegangen ist, daß dem Menschen, der *nur* logisch oder *nur* analogisch zu denken »vermag«, etwas fehlt. Führt die Übertreibung des logischen Denkens zu leeren Distinktionen, so endet die Übertreibung des analogischen Denkens in blinder Ideenflucht, im Chaos freier Assoziationen, ja, im Wahnsinn. Von diesem Wahnsinn sind wir umgeben. Er ist Mode und hat »Methode«.

Unter dem Gesichtspunkt der alle Philosophie leitenden Frage »Was ist der Mensch?« haben wir aus anthropologischen Gründen ein komplementäres Verhältnis von logischem und analogischem Denken zu fordern. Entsprechendes gilt für das Verhältnis von Wissenschaft und Kunst. Dieses stellt sich als polar-konträr dar, als eine Skala, auf der wir möglicherweise – analogisch denkend – in Übergängen von Familienähnlichkeiten von einem Pol zum anderen schreiten können; aber das bedeutet eben nicht, daß die Pole selbst zusammenfallen. Die Übergänge werden auch auf dieser höheren Stufe der Betrachtung nicht durch Gleichmacherei, sondern nur durch nuancierende Differenzierungen möglich.

23 Ebd., § 44.

Franz Koppe

Ist Kunst Verklärung des Gewöhnlichen?

Zur Symbolstruktur des Kunstgebildes

I

Sein kunstphilosophisches Hauptwerk hat Arthur C. Danto *The Transfiguration of the Commonplace* überschrieben.[1] In seiner bemerkenswerten Übersetzung gibt Max Looser den Titel, dem er gewiß besondere Aufmerksamkeit widmete, als *Die Verklärung des Gewöhnlichen* wieder. Dem hat der Autor offenbar nicht widersprochen. Auch wenn hier keine im ganzen autorisierte Übersetzung vorliegt, darf man doch wohl unterstellen, daß Danto jedenfalls zumindest den Titel, der seine Kunstphilosophie formelhaft auf den Nenner bringt, in dieser Version akzeptiert. Danach erfährt das Gewöhnliche (das im Sinne des *Commonplace* sowohl den Gemeinplatz als auch die alltägliche Sache umfaßt) durch die Transfiguration der Kunst nicht eine beliebige Umwandlung, etwa ins nur andere und womöglich noch Gewöhnlichere, sondern eine Umgestaltung als Verwandlung, Erhöhung oder Verklärung im Sinne des seinerseits figurativen (ursprünglich religiösen) Sprachgebrauchs von Transfiguration.

Kunst also als Verklärung des Gewöhnlichen – das ist nun allerdings eine ebenso plausible wie befremdliche Formel. Plausibel im Blick auf die Tradition: vielleicht bereits auf Archaisches, insbesondere aber auf klassische oder klassizistische Kunst oder auch auf die Romantik, etwa bis hin zum Jugendstil. Befremdlich dagegen im Blick auf einen nicht zu übersehenden Zug der Moderne, durch den sie alles daransetzte, traditionelle Verklärungen zu entzaubern: ihre Überhöhungen einzureißen, ihre Verbrämungen zu zerstören, ihre Illusionen zu desillusionieren, um statt dessen das Alltägliche, ja Banale ungeschminkt und gnadenlos hervorzukehren. Der Extremfall avantgardistischer Anti-Kunst ist hier be-

1 A. C. Danto, *The Transfiguration of the Commonplace. A Philosophy of Art*, Cambridge, Mass. 1981 (dt. *Die Verklärung des Gewöhnlichen. Eine Philosophie der Kunst*, übers. v. Max Looser, Frankfurt am Main 1984).

kanntlich das Ready-made, das ja nun das Triviale bewußt unverwandelt, gleichsam pur präsentiert. Sein Paradigma ist Marcel Duchamps inzwischen legendäres Urinal. Also nicht, jedenfalls nicht mehr, Verklärung des Gewöhnlichen, sondern umgekehrt: Entzauberung, Vergewöhnlichung des Verklärten.

Natürlich hat Danto das alles gewußt und bedacht. Und er hat in seinem Buch denn ja auch die Moderne keineswegs ausgeklammert. Ganz im Gegenteil. Ist er doch der Meinung, daß gerade und allererst die in der Gegenwart erfolgte Erreichung eines Modus der Kunst, deren äußere Wahrnehmung von der eines gewöhnlichen Dings ununterscheidbar geworden ist, eine Kunstphilosophie erlaubt, die nicht (wie bloß an der Tradition orientierte Theorien) durch die Kunstpraxis von morgen wieder überholt wird und deshalb zum ersten Mal die Chance hat, umfassend zu sein: Vergangenheit und Zukunft der Kunst bereits hier und jetzt zu überwölben. Deshalb hat er zur experimentellen Kunstpraxis der Avantgarden womöglich noch extremere Experimente hinzugedacht, um sie vollends auf die Spitze des hier Möglichen zu treiben: insbesondere in der Ununterscheidbarkeit von Kunstwerk und Alltagsding. Und dennoch der Titel von der *Transfiguration*, von der *Verklärung des Gewöhnlichen* als umfassende Formel – auch und gerade als Resultat der Auseinandersetzung mit der Provokation zeitgenössischer Anti-Kunst. Wie kann das angehen?

II

Das läßt sich nicht ohne weiteres beantworten. Jedenfalls nicht, ohne zuvor Klarheit über einen wichtigen Gedanken der Dantoschen Theorie zu gewinnen, der freilich in deren weitläufigem Geflecht nicht leicht auszumachen ist. Ich fasse ihn, als darin eher verborgenen Haupt- und Kerngedanken, thesenhaft wie folgt zusammen: *Die Transfiguration des Gewöhnlichen ereignet sich in der Stilmetapher; denn die Stilmetapher ist es, die den Kunstcharakter aller Kunst ausmacht. Sie ist die ästhetische Differenz.*

Aber was heißt das nun genauerhin? Was heißt hier Stil, was Stilmetapher (zumal letzteres terminologisch bei Danto nicht vorkommt)?

Stil ist für Danto die Gesamtheit oder, wie ich es auch gern wiedergebe, das Ensemble der Darstellungsmittel (Formen, Farben,

Klänge, Worte, Bewegungen, Techniken usf. gleichsam als Instrumente von *Darstellung* im weitesten Sinn). Und dieses Gesamtgebilde oder Ensemble der Darstellungsmittel ist insofern Metapher, als es das, was es zu verstehen gibt, nicht unmittelbar (denotierend oder exemplifizierend) zu verstehen gibt, sondern konnotativ. Das entspricht ziemlich genau meinem eigenen (seinerzeit parallel entstandenen) Theoriekonzept, wo ich die Metapher als Paradigma für die inexplizite Mittelbarkeit solcher Konnotation verwendet und daran gezeigt hatte, daß das so *Mitnotierte* nicht auf assoziative Beliebigkeit hinausläuft, wohl aber das Konnotationspotential einer Metapher durch keine Beschreibung einzuholen und in seinem Ausdruckswert durch nichts zu ersetzen ist.[2] So sieht und expliziert das auch Danto.[3] Ein gewisser Unterschied liegt im Terminologischen (obwohl in beiden Fällen von Metapher und Konnotation die Rede ist). Ich hatte das entsprechende Kriterium des Kunstcharakters unter diesem – am Beispiel der Metapher paradigmatisch erläuterten – Begriff der *Konnotation* gefaßt, der damit auch über das Darstellungsmittel der Metapher im üblichen (verbalen) Sinn hinaus sich auf die konnotative Dimension aller künstlerischen Mittel und deren Gefüge erstreckt. Dagegen erweitert Danto den Begriff der *Metapher* über den üblichen, engeren Sprachgebrauch hinaus so, daß er alle im angedeuteten Sinn konnotativen Zeichengebilde als Metaphern bezeichnet. (So heißt es bei der vergleichenden Erörterung eines gewöhnlichen Diagramms mit dessen Verwendung als künstlerischem Mittel, daß letzteres kraft seiner Konnotationen, die das gewöhnliche Diagramm nicht besitzt, eine Metapher ist[4], und ein Kunstwerk verstehen bedeute ganz allgemein soviel wie seine Metapher verstehen, die immer vorhanden sei.[5]) Diesen erweiterten Metaphernbegriff mache ich mir gern zu eigen. Hat er doch den Vorzug, daß sich damit meine umfänglicheren Überlegungen zum Konnotationscharakter der Kunst zugleich mit Dantos verzweig-

2 F. Koppe, *Grundbegriffe der Ästhetik*, Frankfurt am Main 1983 (seit Frühjahr 1981 zur Drucklegung beim Verlag, wie das Vorwort ausweist), besonders Teil II, Kapitel 3. Siehe auch ders., *Sprache und Bedürfnis. Zur sprachphilosophischen Grundlegung der Geisteswissenschaften,* Stuttgart/Bad Cannstatt 1977, Teil II, Kapitel 3.2 und 3.3.

3 A. C. Danto, *Die Verklärung des Gewöhnlichen*, a. a. O., S. 264 f.

4 Ebd., S. 226.

5 Ebd., S. 262.

ten Gedankengängen auf den gemeinsamen Nenner einer prägnanten Formel bringen lassen: Das Gesamtgebilde der Darstellungsmittel oder kurz der *Stil, als Metapher aufgefaßt,* macht den Kunstcharakter aus. Hier, in der *Stilmetapher*, liegt mit anderen Worten die ästhetische Differenz. Oder vollends kurzgefaßt: *Kunst ist Stilmetapher.*

Der zugehörige weitere Gedanke ist bekannt. Nach Danto drückt Kunst, und zwar (wie sich jetzt hinzufügen läßt) als und kraft Stilmetapher, *Sichtweisen der Welt* aus. Auch das entspricht wiederum meinem Konzept, wo dieser Ausdruck von Sichtweisen als Artikulation oder Vergegenwärtigung von Bedürfnis- und Wertperspektiven charakterisiert ist. Auf die Bedeutsamkeit dieses Rekurses auf die Bedürfnis- und Wertdimension, kurz auf den *endeetischen* Charakter der hier relevanten Sichtweise, kann ich an dieser Stelle nicht erneut eingehen.[6] Sie wird aber auch bei Danto als *existentielle* Bedeutsamkeit kenntlich, wenn er den stilmetaphorischen Ausdruck einer Sichtweise der Welt als Selbstausdruck des Künstlers bezeichnet; als Ausdruck seiner Epoche, seines Lebens- und Schaffenszusammenhangs und – in diesen und durch sie hindurch – eben seiner selbst. In diesem Sinn heißt es bei Danto auch, daß das Kunstwerk eine »Metapher des Lebens«[7] und, vollends zugespitzt, daß »der Stil der Mensch ist«.[8] Der Stil ist mit anderen Worten eine »Entäußerung des Künstlerbewußtseins«, so daß er es gleichsam »von außen sehen» kann und auch wir es, und gelingendenfalls darin auch uns selbst, sehen können (während gewöhnlich »unser Bewußtsein nicht Teil von dem ist, dessen wir uns bewußt sind«).[9] Das sind Umschreibungen des selbstreflexiven Charakters der – produktiv wie rezeptiv – in der Stilmetapher eröffneten ästhetischen Erfahrung. Insofern ist der Kunstcharakter die Stilmetapher und die Stilmetapher selbstreflexiver Ausdruck einer Lebenssicht der Welt. *Im Stilgebilde gewinnt dieser metaphorische Weltbezug artefaktische Gestalt.*

6 Siehe dazu F. Koppe, »Kunst als entäußerte Weise, die Welt zu sehen. Zu Nelson Goodman und Arthur C. Danto in weitergehender Absicht«, in: *Perspektiven der Kunstphilosophie. Texte und Diskussionen*, hg. v. F. Koppe, Frankfurt am Main 1991, S. 81-103, sowie die dazugehörige Diskussion, S. 322-343.

7 A. C. Danto, *Die Verklärung des Gewöhnlichen*, a. a. O., S. 263.

8 Ebd., S. 309.

9 Ebd., S. 249 ff.

III

Mit Dantos Verwendung des Stilbegriffs sind allerdings Vor- und Nachteile verbunden. Der Vorteil liegt im eingelebten Sprachgebrauch, wo sich der Stilbegriff mit dem Kunstbegriff fast zwangsläufig verbindet. Um diesen Vorteil hier unbeschadet zu nutzen, ist jedoch eine Reihe irreführender Nachteile zu beheben und dabei auch Dantos Theoriekonzept an einer zentralen Stelle zu ändern.

Zunächst ist der Stilbegriff, soll er hier überhaupt im Sinne Dantos tauglich sein, in doppelter Hinsicht zu aktualisieren. Erstens ist er üblicherweise mit der Vorstellung einer mehr oder weniger auffälligen bis extravaganten Formgebung (›Stilisierung‹) verbunden (man mag dabei an chinesische Tuschzeichnungen, Rokokoputten, Menuette oder Jugendstilvasen denken). Angesichts der Gegenwart ist diese Vorstellung jedenfalls so abzuwandeln, daß auch Kunstformen der Moderne, die herkömmliche Stilisierungen deutlich abweisen, unter den Stilbegriff subsumierbar sind, da auch sie ja so etwas wie eine eigene Stilistik entwickeln – und mag sie bewußt auch noch so ungewohnt oder karg ausfallen (wie beispielsweise Beuyssche Installationen). Zweitens ist der Stilbegriff, wiederum üblicherweise, ein Sammelbegriff, der sich also nicht auf einzelne Kunstgebilde als einzelne bezieht, sondern auf Perioden und Richtungen auf der Ebene von Epochen oder von Künstlerbiographien (man denke dabei etwa an die Gregorianik oder die Gotik, an die Nazarener oder die Neuen Wilden, an ›einen‹ Rubens (gleichgültig welchen) oder an die Blaue Periode Picassos). Brauchbar im Sinne Dantos ist der Stilbegriff aber nur, wenn er so verwendet wird, daß auch und vor allem vom singulären Stil eines einzelnen Kunstobjekts gesprochen werden kann, unbeschadet kollektiver Stilvorstellungen aufgrund von Ähnlichkeiten zwischen Einzelwerken. So verwendet es auch Werner Strube im Rahmen seiner idealtypischen Unterscheidung von Kunstkritikern, wobei es für den Stilkritiker darauf ankommt, daß in einem Kunstgebilde »alle seine Elemente in dem ihm und nur ihm eigenen Stilprinzip zusammenstimmen«.[10]

Zu dieser zweifachen Revision des Üblichen, die bei Danto offen-

10 W. Strube, »Ästhetische Wertäußerungen«, in: F. Koppe (Hg.), *Perspektiven der Kunstphilosophie*, a. a. O., S. 247.

bar stillschweigend vorausgesetzt wird, ist aber als wichtigstes Moment noch eine Revision des Dantoschen Konzepts selbst hinzuzufügen. Denn da Danto den Stil als Gesamtheit der Darstellungsmittel eines Kunstobjekts bestimmt, die eine Beleuchtung oder Sichtweise des Dargestellten metaphorisch zum Ausdruck bringt, gerät auch und gerade der Stilbegriff in die Dichotomie von *Dargestelltem* und *Darstellungsweise*, indem er hier allein und ausschließlich auf die Darstellungsweise bezogen wird und damit den obsoleten Kunstdualismus von Inhalt und Form in die Gegenwart verlängert. Dagegen ist der individuelle Stil eines Kunstgebildes nicht als Gesamtheit seiner *Darstellungssmittel abzüglich des Dargestellten* zu fassen, sondern vielmehr als Gesamtheit *aller* Elemente, die das Kunstgebilde konstituieren. Dazu gehören nicht nur Elemente von der Art rhythmischer, klanglicher, figürlicher oder farblicher Qualitäten und Strukturen, sondern auch das, was Danto als das (mit diesen Mitteln) *Dargestellte* bezeichnet: zum Beispiel die Fabel einer Dichtung oder die Ikonographie eines Gemäldes oder das Motiv einer Photographie. Also sowohl, was man herkömmlich zur ›Form‹, als auch, was man herkömmlich zum ›Inhalt‹ zählt: sowohl syntaktische als auch (gegebenenfalls) semantische Elemente, sowohl Rhythmen, Kontraste, Bewegungen, Klänge und Farben als auch (gegebenenfalls) propositionale Bestandteile – all das sind nur und gleichermaßen *Materialien*, die erst im Zusammenhang ihrer Komposition das Kunstgebilde als Stilgebilde realisieren. Alles das sind die konstitutiven Elemente der hier verkörperten Metapher. Alles das miteinander, als Zusammenhang, macht hier das Kunstgebilde als Stilmetapher aus.

Damit hebt sich auch für die sogenannten gegenständlichen oder darstellenden Künste (nicht nur in der Moderne, sondern überhaupt) die traditionelle Unterscheidung von ›Inhalt‹ (als einer Art substantiellen Bedeutungskerns) und ›Form‹ (als einer Art nuancierender Bedeutungshülle) als unangemessen auf, die für die abstrakten Künste ohnehin keinen Sinn ergibt. Die abstrakte Farbkomposition ist ebenso eine Stilmetapher wie die Komposition eines Stillebens, und in beiden Fällen nur als Ganzes, gleichgültig ob zu den Elementen des Kunstgebildes außer gemalten Farben auch gemalte Gegenstände gehören oder nicht. Und das Streichquartett ist ebenso eine Stilmetapher wie die Ballade, und wiederum jeweils als Ganzes, gleichgültig ob zu den Elementen des Ganzen nur Klänge oder auch Verse gehören. In jedem Fall ist die Stilmetapher die im Kunstgebilde als Ganzem (mit allen seinen Elementen) verkörperte Metapher eines unverwechselbaren Weltbezugs, der in keine andere Gestalt zu übersetzen ist. (Gewöhnliche, verbale Metaphern sind immerhin in andere Sprachen, soweit sie über entsprechende Sprachbilder verfügen, übersetzbar. Nicht aber Kunstgebilde, auch wenn man um sprachliche ›Nachschöpfung‹ von Dichtung bemüht ist.) In diesem umfassenden Sinn ist das Kunstgebilde, als Stilmetapher, synonymlos. Und die ›Bedeutung‹ des Kunstgebildes ist das Unsagbare (weil Unübersetzbare), wofür sie Metapher ist. Das schließt interpretierende Erschließung nicht aus, sondern fordert sie im Gegenteil heraus (je fremder die Stilmetapher, um so mehr), auch wenn hier die reflektierende Urteilskraft, wie wir seit Kant wissen, an kein Ende kommt.

Will man, angesichts der erörterten Vorbehalte, den Stilbegriff hier lieber vermeiden, um einerseits allzu traditionellen Vorstellungen, die sich damit verbinden mögen, zu entgehen und um sich andererseits auch von Dantos Begriffsversion, die auf ihre Weise (im Dualismus von Inhalt und Form) ebenfalls traditionsverhaftet bleibt, zu distanzieren, so steht dem nichts im Wege. Auf dem Hintergrund der Erläuterungen in diesem Abschnitt ließe sich *»Stilmetapher«*, wie ich es hier und im folgenden verstehe, überall zum Beispiel durch *»verkörperte Metapher«* terminologisch ersetzen (womit zugleich der Unterschied des Kunstgebildes gegenüber der gewöhnlichen Metapher signalisiert ist). An dem Gedankengang, um den es hier, dem Titel entsprechend, in bezug auf das Ungewöhnliche des Kunstgebildes geht, ändert das freilich nichts.

IV

Wo liegt darin nun aber, gemäß der Ausgangsfrage, das Moment der Transfiguration, der Umgestaltung, der Verklärung des Gewöhnlichen?[11] Wo liegt da, wie es in der einschlägigen Diskussion auch kurz heißt, das *transzendierende* Moment der Kunst und das

11 Und zwar über den Umstand hinaus, daß Kunst, im Unterschied zum bloßen Ding, eine Bedeutungsdimension (ein Sujet, ein *Worüber*) hat:

entsprechende Erfüllungsmoment der ästhetischen Erfahrung? Das wird bei Danto, dem Titel zum Trotz, nicht thematisiert. Im Sinne derselben einschlägigen Diskussion liegt es jedenfalls, wiederum kurz gefaßt, in der *Stimmigkeit* der Kunst und ihrer Erfahrung. Und das heißt nun, nach dem bisher Gesagten: es liegt in der *Stimmigkeit der Stilmetapher.* Es fragt sich nur, ob damit etwas gewonnen ist. Ob das die bislang eher enigmatisch gebliebene *Stimmigkeit* des Ästhetischen, die überdies bei aller Disparität das Kontinuum zwischen traditioneller und moderner Kunstpraxis ausmachen soll, einer Klärung näherbringt. Und ob sich damit schließlich auch eine aus dem Verfahren der Kunst, als ihrem Handlungscharakter, begründete Antwort auf die Frage nach dem Verhältnis von Kunst und Leben eröffnet.

Thomas Rentsch hat auf anthropomorphe Züge des Ästhetischen (am Beispiel des Naturschönen) hingewiesen, in denen Grundzüge unseres In-der-Welt-Seins wiederkehren. (Diesen Gedanken hatte ich, freilich mit konkretem Bezug aufs Kunstverfahren und insbesondere gemünzt auf die anthropomorphe Einheit von Sinnlichkeit und Sinn der Kunst, seinerzeit schon in *Grundbegriffe der Ästhetik* verfolgt.)[12] So entspreche dem Gestaltcharakter des ästhetischen Gebildes die endliche Ganzheit des Lebens, seinem Besonderheitscharakter die Einmaligkeit des Individuums, seiner Nicht-Instrumentalität der Selbstzweck menschlichen Daseins und dem ästhetischen Erfüllungscharakter unser Streben nach Sinn und Glück. Solche Entsprechungen sind nicht von der Hand zu weisen und überdies allesamt als Momente ästhetischer Stimmigkeit irgendwie intuitiv einsichtig. Allerdings ist damit noch nicht gesagt, wie sie zustande kommen. Genauerhin: in welcher Grundform der Kunstpraxis sie fundiert sind.

was im Fall des zum Kunstwerk erhobenen Alltagsgegenstandes zwar auch bereits eine Umwandlung ist, aber eben in einen noch nicht kunstspezifischen Status, der allen Zeichengebilden bzw. jeder Form von Darstellung eignet, so daß dies hier die gemeinte Transfiguration noch nicht (jedenfalls nicht allein) ausmachen kann.

12 Siehe Th. Rentsch, »Ästhetische Anthropomorphie. Die Konstitution des Schönen und die transzendental-anthropologische Bestimmung thaumatisch-auratischer Weltverhältnisse«, in: F. Koppe (Hg.), *Perspektiven der Kunstphilosophie*, a. a. O., S. 27-35. Vgl. F. Koppe, *Grundbegriffe der Ästhetik*, a.a.O., Kap. II.9, besonders S. 168, und Kap. II.4.

Auf die Frage nach diesem Zusammenhang von Kunstpraxis und Lebensbezug kann die Bestimmung des Kunstcharakters als Stilmetapher womöglich den Weg einer Antwort weisen. Und zwar deshalb, weil die *Stilmetapher* – eben als Metapher und damit als Gebilde einer kommunikativen Praxis – jene Kriterien in der Tat erfüllt, von denen hier die Rede war. Lassen bereits gewöhnliche Metaphern sich nur schwer übersetzen und, solange sie nicht »tot« sind, schon gar nicht definieren, so sind Stilmetaphern vollends unersetzbar – ohne Synonym. Das macht ihre Einzigartigkeit, ihren *Besonderheitscharakter* aus. Und wie jede gelungene Metapher ist erst recht die Stilmetapher ein Ausdrucksganzes, von dem sich nichts wegnehmen läßt und das man auch nicht in buchstäbliche Teile zerlegen und etwa durch Auflistung wieder zusammenstellen kann, ohne der Metapher Abbruch zu tun. Das macht ihre *Gestalthaftigkeit*, ihren Ganzheitscharakter aus. Andererseits verbindet sich das metaphorische Ganze, wegen seiner begrifflichen Uneinholbarkeit, mit dem Charakter konnotativer *Offenheit*, die sich im Fall der Stilmetapher vollends »lebendig« darstellt. Dabei bleibt der Vollzug ihrer gedanklichen Erforschung ständig auf ihre sinnliche Gestalt zurückverwiesen und bewerkstelligt so, hin und her gehend, eine permanente *Synthese von Sinnlichkeit und Sinn.*

Auf letzteres hat bekanntlich zuerst Kant hingewiesen mit seiner Formel des freien Zusammenspiels von Einbildungskraft und Verstand und zugleich deutlich gemacht, daß es sich dabei um reflexive Erfahrung, um Selbsterfahrung handelt. Nach Kant eine wohlgefällige Erfahrung, weil man sich hier in seinen erkenntniskonstitutiven Kräften und damit im eigentlichen Moment dessen, was den Menschen als Erkenntniswesen auszeichnet, selber erfährt. Kant hat das allerdings, nicht von ungefähr, als ein trockenes Wohlgefallen bezeichnet.[13] Und in der Tat ist der *Erfüllungscharakter* des Ästhetischen, um den es hier geht, mit dieser Bestimmung zwar treffend, aber noch im Rahmen und in den Grenzen traditioneller Bewußtseinsphilosophie, in der sich Kant bewegt, doch nur zum Teil erfaßt. Denn wie jeder weiß, ist ja der Erfüllungscharakter ästhetischer Erfahrung so trocken nicht. Da-

13 I. Kant, *Werke*, hg. v. der Königlich Preußischen (später: Deutschen) Akademie der Wissenschaften, Berlin 1910-1966, Bd. v: *Kritik der Urteilskraft*, § 14, 6. Absatz. Den Hinweis verdanke ich Werner Strube.

gegen macht die Charakterisierung des Kunstcharakters als Stilmetapher von vornherein auf die kommunikative Dimension ästhetischer Erfahrung aufmerksam; sind doch Metaphern allemal im weitesten Sinn *sprachlicher* und mithin kommunikativer Natur. Dann ist aber auch die Lust an der Erfahrung der eigenen Erkenntniskräfte nicht (nur) abstrakte Bewußtseinslust, sondern wesentlich kommunikativ geprägte Lust. Und die entsprechende Selbsterfahrung hat dann ihr entscheidendes Moment dessen, was uns als Menschen auszeichnet, nicht in einem abstrakten Zusammenhang von Erkenntniskräften a priori, sondern im sprachlich kommunikativen Wesen unserer sinnlich leibhaftigen Existenz, die sich hier im freien Wechsel- und Zusammenspiel dieser ihrer Momente selbst erfährt.

Insofern geht es also auch in der Ästhetik um *kommunikative Transformation* der Kantischen Transzendentalphilosophie (die im übrigen bei Kant selbst in seinen Bemerkungen zur allgemeinen Mitteilbarkeit ästhetischen Wohlgefallens zumindest angelegt ist). So wie die Bewußtseinsabstraktion dieser klassischen Transzendentalphilosophie für den Bereich der theoretischen und praktischen Vernunft inzwischen kommunikativ transformiert wurde (insbesondere durch Karl-Otto Apel und Jürgen Habermas[14]), so ist auch die bei Kant abstrakt »trockene« Fassung der ästhetischen Erfahrung kommunikativ zu transformieren und (im Hegelschen Sinn) aufzuheben. In der Auffassung vom Kunstcharakter als Stilmetapher ist eine solche Transformation in nuce vollzogen. Jedenfalls dann, wenn man sie, wie hier verdeutlicht, transzendental-anthropologisch interpretiert und erschließt (was freilich Danto völlig fernliegt). Der *Erfüllungscharakter* des Ästhetischen als Entsprechung unseres Strebens nach Sinn und Glück wäre dann verbunden mit einer Selbsterfahrung, die das nicht länger abstrakte Moment einer Erfüllung unseres kommunikativen Daseins enthält: nämlich als *Synthese sinnlich-reflexiver Einheit, in der zugleich Individualität, Ganzheit und Offenheit als konstitutive Züge humaner Existenz vermittelt sind* – wie im Artefakt der Stilmetapher, an dem sich ästhetische Erfahrung kommunikativ entfaltet. Ist doch der so verstandene Erfüllungs-

14 Unter anderem K-O. Apel, *Transformation der Philosophie*, 2. Bde., Frankfurt am Main 1973, und Jürgen Habermas, *Theorie des kommunikativen Handelns*, 2 Bde., Frankfurt am Main 1981.

charakter im stilmetaphorischen Gebilde der Kunst *strukturell*, gleichsam in ihrer (invarianten) Tiefenstruktur, angelegt.

V

Spätestens an dieser Stelle ist allerdings ein kardinaler Einwand fällig und berechtigt: daß nämlich diese strukturelle Charakterisierung der Kunst und ihrer ästhetischen Erfahrung, wonach sich hier die Grundzüge humanen Lebens kommunikativ vermitteln und erfüllen, offenbar auf eine Idealisierung hinausläuft, die durch Kunst nicht nur vergegenwärtigt oder evoziert, sondern auch gebrochen wird. Sonst brauchte es im Grunde nur ein einziges Kunstwerk, gleichsam als Prototyp seiner stilmetaphorischen Idealstruktur, zu geben. Es gibt aber deren viele. Es gibt die Geschichte der Kunst, die in und aus dem Kontext ihrer jeweiligen Lebens- und Gesellschaftswirklichkeit jene Idealisierung schon immer – mehr oder weniger – gebrochen hat und sie in neuerer Zeit und vollends in den Anti-Künsten der Moderne in Frage stellt und bis ins Absurde dementiert.

Daß dies in der Tat so ist, läßt sich kaum in Abrede stellen. Allerdings wurde und wird damit jene Struktur nicht obsolet, sondern sie wird vielmehr allererst in ihrer (hier bisher noch ausgeblendeten) eigentümlichen *Dialektik* durchschaubar. Auch und just darin aber entspricht sie vollends der existentiellen Wirklichkeit menschlichen Daseins. Daß nämlich einerseits unser kommunikatives Wesen in seiner Erfüllungsdimension immer schon, wenigstens im Ansatz, wirklich ist (sonst könnte man an seinem Defizit nicht leiden); daß es aber andererseits hinter seiner Erfüllung auch schmerzlich, ja verzweifelt zurückbleibt.

Erst in dieser Dialektik wird der Kunstcharakter als Stilmetapher angemessen faßbar. Kann doch Stil offensichtlich auch Metapher der Not und Weglosigkeit, narzißtischer und destruktiver Begierden oder privater Phantasmagorien und Mythen sein. Hier, in der Kunst, hat der Ausdruck von Bedürfnis- und Wertperspektiven, auch ohne sich vorab schon Vernunftzügel anzulegen, sein öffentliches und unzensiertes Recht, seine unbeschränkte und ungekränkte Sprache. Hier hat existentielle Subjektivität, und zwar bereits um des Eigenwerts menschlicher Selbstbekundung willen, ihren öffentlich legitimen Ort, ohne den dann freilich praktische

Vernunft in ihrer transsubjektiven Intention buchstäblich blind und taub bliebe. Die Kunstzensur der Diktaturen aller Provenienz, auf Dauer der sicherste Weg zum eigenen Ruin, gibt davon ohnmächtig beredtes Zeugnis. Aber diese subjektive Freiheit der Kunst bleibt bis in den Aufschrei der Vermessenheit oder der Verzweiflung andererseits stets gebunden an die Kehrseite jener Tiefenstruktur der Kunst als Stilmetapher und ihren kommunikativen Erfüllungscharakter: wo expressive Subjektivität immer auch schon im Verständigungshorizont transsubjektiver Vermittlung unter den strukturellen Vorzeichen humanen Daseins steht.
In diesem strukturellen Sinn also behält das Kunstgebilde, das sich zur Stilmetapher fügt, seine Stimmigkeit auch in ihrer dialektischen Fassung. Also auch und gerade wenn es Leiden an der Unstimmigkeit entfremdeten Lebens zum Ausdruck bringt: an seiner Kontingenz angesichts der Indifferenz der Natur, deren sinnleerem Zufall alles Leben unterliegt, und angesichts der Indifferenz gesellschaftlichen Zwangs, der seinerseits als Kontingenz der Willkür, und gegebenenfalls nur um so empfindlicher, erfahren wird. Mit anderen Worten: Es gehört zur Dialektik der Kunst stets auch das Moment der Kontingenzüberwindung, das selbst als kontrafaktisches seine Befestigung in der Lebenswirklichkeit unserer kommunikativen Existenz nicht verliert. So bleibt Kunst – auch die »nicht mehr schöne Kunst« in ihren Brechungen und Verwerfungen bis hin zum Entsetzlichen – dennoch schön. In diesem Sinn ist, zum Beispiel, Celans *Todesfuge* entsetzlich schön.
Dieses Verständnis des Kunstcharakters unterscheidet sich einerseits von dem der älteren Kritischen Theorie insbesondere darin, daß das *transzendierende* Moment der ästhetischen Erfahrung jedenfalls nicht als utopisch antizipierende Umkehrung der neuzeitlichen Ausdifferenzierung von Wissenschaft, praktischer Vernunft und Kunst anzusehen ist. Hier kann es keine regressive Umkehrung, sondern nur produktive Verschränkung geben. Und es geht andererseits über die triadische Unterscheidung dieser Kommunikationsformen bei Habermas hinaus, der zwar zu Recht die Kunst dem expressiven Modus zuordnet, ohne indes die sich gegenüber aller sonstigen Expression auszeichnende strukturelle Eigenart der Kunst näher zu bestimmen. Ebendarum geht es hier in der Charakterisierung des Kunstcharakters als *Stilmetapher*: nämlich als in existentielle Grundstrukturen kommunikativer Transsubjektivität eingelassene Expression von Bedürfnis- und

Wertperspektiven, auch und zumal im Ausdruck unbeschränkter Subjektivität.

VI

Ist damit die Ausgangsfrage beantwortet? Noch nicht ganz. Jedenfalls nicht in ihrer Zuspitzung, wie es angehen kann, selbst im Blick auf Kunst durch schiere Präsentation des Alltagsdings von Verklärung des Gewöhnlichen zu sprechen. Das sollte ja für eine auch morgen haltbare Kunstphilosophie der Prüfstein sein: jener Modus der äußeren Ununterscheidbarkeit von Kunst und Nicht-Kunst, wie ihn das materiale, aber auch das akustische oder verbale Ready-made unüberholbar (und zwar aus logischen Gründen unüberholbar) erreicht. Und da fragt sich ja nun wirklich, ob das, was hier in anspruchsvollen Worten und Formeln gesagt wurde, nicht am Ende doch viel zu hoch gegriffen ist im Blick auf derart minimalistische Kunstexperimente. Geht das nicht insbesondere am Prüfstein des Ready-made einfach vorbei und ins Leere?
Gewiß, auf Celan mag solcher Anspruch zutreffen. Da ist stimmige Komposition von Klang, Rhythmus und Bildlichkeit zu einer *Fuge* des Entsetzlichen, da ist das transzendierende Moment der Kunst auch und gerade im Entsetzlichen unüberhörbar, unübersehbar. Da ist klar, daß es sich dem Stilgebilde dieser verbalen Fuge und ihrer artefaktisch-kontrafaktischen Suggestion verdankt, in die ungesagte Trauer nur um so tiefer versenkt ist (einer vergangenen Passionsmusik vergleichbar). Da ist offensichtlich, daß hier sinnlich-gedankliche Synthese, gestalthafte Einheit und individuelle Einzigartigkeit zu einer Erfüllung vereinigt sind, die zugleich tödlich gebrochen wird. Und da ist auch einsichtig, daß diese Dialektik der Stilmetapher in allen ihren Momenten existentiell kommunikativer Natur ist.
Aber was hat das alles, noch einmal und auf diesem Hintergrund nur um so dringlicher gefragt, mit so etwas wie einem Ready-made gemein? Was hat das mit dem Flaschentrockner oder dem Urinal zu tun? Wo ist hier überhaupt Kunstcharakter, und zumal im beschriebenen Sinn? Wo ist hier denn etwa Stil, daß sich von einer Stilmetapher auch nur sprechen ließe? Wo ist hier Dialektik, und gar existentielle Dialektik, in der unsere kommunikative Natur sich zugleich erfüllen und brechen könnte? Nirgends, so sollte

man meinen. Überhaupt nirgends. Aber gehen wir die Fragen der Reihe nach durch.

Zunächst also: Wo ist hier Stil? *Stil*, so hieß es, ist das Ensemble der Darstellungsmittel. Solche aber scheint es hier, bei der bloßen Präsentation eines Gebrauchsdings, eben gar nicht zu geben. Wird doch der Gegenstand ohne jede bildnerische Bearbeitung übernommen: unverändert – wie er im Alltag geht und steht. Zwar gab es da stets gewisse signifikante Veränderungen und Zutaten: das Aufbringen auf einer Art Sockel (bei Duchamps *Fahr-Rad*, das er auf einen Schemel montierte), eine vielsagende Signatur (wie bei dem Urinal, das er mit dem Namen des Fabrikanten handsignierte) und vor allem die Verleihung eines Titels (in diesem Fall *Fontaine)*, wie er einem bloßen Ding nicht zukommt.[15] Aber das alles brauchte nicht einmal zu sein. Man könnte auf derlei schließlich auch ganz verzichten und buchstäblich »ohne weiteres« einen Gebrauchsgegenstand als Kunst ausstellen (oder auch Alltagsgeräusche als »konkrete Musik« zu Gehör bringen oder aus einem mathematischen Lehrbuch auf der Bühne vorlesen). Und man könnte dabei notfalls sogar jedweden Titel weglassen, selbst den dezidiert leeren Titel *Ohne Titel* (der ja trotz allem immerhin noch ein Titel bleibt). Das wäre dann das nackte, idealtypische Ready-made (das es so vielleicht nie gegeben hat oder geben wird). Aber auch nach Verzicht auf solch marginale, aber doch noch offenkundige und womöglich höchst bedeutsame Mittel der Darstellung würden trotz allem am Ende immer noch mindestens zwei Darstellungselemente, die zwar leicht zu übersehen, aber offenbar unumgänglich und deshalb hier ausschlaggebend sind, als minimales Ensemble übrigbleiben. Zum einen die Wahl des Gegenstands, der als Alternativentscheidung nicht auszuweichen ist (selbst dann nicht, wenn man sich hier für den Zufall entscheidet). Zum anderen die Kontextverschiebung des gewählten Gegenstands, der, sobald er wo und wie auch immer als Kunst präsentiert wird, damit zwangsläufig aus dem vorgefundenen oder angestammten Verwendungskontext herausgehoben und in den Kunstkontext hineingestellt wird. Das ist also die *Minimalstilistik des Ready-made*: dieses Junktim von *Objektselektion und Kontextübertragung*. Faktisch erweitert sie sich zwar, wie gesagt, in aller Regel zu einem durchaus komplexeren Darstellungsgefüge.

15 Vgl. F. Koppe, *Grundbegriffe der Ästhetik*, a. a. O., S. 175-178.

Aber die rudimentäre Form des Ready-made, allein mit den Mitteln der Gegenstandswahl und Kontextverschiebung, ist jedenfalls unhintergehbar. In diesem Sinn ist sie die dem Ready-made und nur ihm eigentümliche Stilistik: ihr eigentlicher Stil.

So weit, so gut. Oder auch so schlecht. Denn es könnte ja sein, daß diese minimale Stilistik so belang- und bedeutungslos bleibt, daß sie die Bezeichnung *Stil* (trotz Begriffserweiterung) hier denn doch nicht mehr verdient. Deshalb kommt jetzt alles auf die genannte weitere Frage an, bei der es darum geht, was solcher Stil und ob er überhaupt etwas hergibt. Das ist die Frage nach der *Stilmetapher*. Wo ist sie hier zu suchen? Gibt es das hier überhaupt? Hat es überhaupt Sinn, hier von so etwas noch zu reden, oder nicht?

Eines ist jedenfalls klar: Das bloße Ding, einmal gewählt und aus seinem gewöhnlichen Kontext herausgehoben in den der Kunst, ist damit ipso facto zugleich etwas anderes und mehr als ein bloßes Ding. Denn sobald es seiner puren Faktizität enthoben und in die Bedeutungswelt der Kunst übertragen ist, steht es zwangsläufig (so sehr und gerade weil es unverkennbar ein Alltagsding bleibt) stets zugleich dieser Faktizität auch gegenüber, eben als ein *Übertragenes*: als *Metapher*. Das heißt, mit nur anderen und kürzeren Worten: Das Faktische (das sich selbst exemplifiziert) wird hier zur Metapher des Kontrafaktischen. Das ist die unausweichliche Formel des nackten Ready-made, die denkbar knappe Formel ihrer Stilmetaphorik: *das Faktische als Metapher des Kontrafaktischen.*

Eine karge Stilistik, aber von offenbar bündiger Stimmigkeit. Und bei aller Kargheit weiß Gott keine leere, keine tote Metapher. Vielmehr, seit dem Zeitpunkt ihres Innovationsschocks, eine höchst lebendige Metapher, deren Konnotationspotential sich ständig und bis zur Stunde wirksam entfaltet. Mehr noch: Das Kunstexperiment des Faktischen als Metapher des Kontrafaktischen hat sich als der wohl tiefste Einschnitt im Kunstprozeß der Moderne erwiesen. Es hat wie kein anderes die Kunst und mit ihr unsere Lebenswelt in Frage gestellt: ins Zwielicht der Kunstverspottung durch Zumutung kruder Banalität (»Ich warf ihnen den Flaschentrockner und das Urinoir ins Gesicht als Herausforderung«) und der Nobilitierung noch des Banalsten zur Kunst (»Das

Schöne ist da, wo man es erfindet«).[16] Es hat, indem es das Faktische als Kontrafaktisches präsentiert, alle Utopien in eins zerbrochen und überboten. Es hat im Paradox seines verwegenen Versuchs, Kunst durch deren Unterlassung zu machen, die Kunst gezielt und radikal reflexiv gemacht. Und mit der so herausgeforderten Selbstreflexion von Kunstpraxis und ästhetischer Erfahrung ist zwangsläufig auch deren kommunikative Natur, als Voraussetzung aller Reflexion, hervorgetrieben. Nicht theoretisierend, sondern allein durch die Provokation dieser unerhörten *Darstellung*.

Im übrigen konnte, wie man weiß, die Rezeptionsgeschichte nicht umhin, jene mutwillige Exposition des alltäglich Faktischen und Banalen, das – in den Kontext der Kunst übertragen – stets auch sein eigenes metaphorisches Gegenbild ist, vollends zu stilisieren. Wird doch auf dem unwiderstehlichen Hintergrund vorgängiger Kunsterfahrung (gegen den das Ready-made so vehement angegangen war) das kontextverschobene Objekt schließlich in allen seinen Facetten und Zufallsaspekten zum ausgesprochenen, komplexen Stilgebilde, dessen Dichte und Fülle (im Sinne Nelson Goodmans) der stimmigen Schönheit herkömmlich durchgearbeiteter Artefakte kaum noch nachsteht – fast wie ein »Kunstwerk« alter Schule. (So preist schon Robert Rauschenbach Duchamps *Fahr-Rad* als »eine der schönsten Skulpturen«, die man »je gesehen« hat.)[17]

VII

Damit wäre die Verklärung des Gewöhnlichen perfekt. Es erweist sich darin aber auch ihre Fragwürdigkeit. Läuft doch solche Verklärung Gefahr, die Ambivalenz der originären Stilistik des Ready-made zu übersehen. Denn indem das Faktische, und zwar in seiner Gewöhnlichkeit, im Ready-made zur Metapher des Kontrafaktischen gemacht wird, zeigt sich zugleich, daß das transzendierende Moment ästhetischer Erfahrung nicht in einer Magie des Kunstobjekts liegt. Nicht in einer auratischen Kraft, die verklärend etwa aus geheimnisvollen Tiefen aufsteigt oder von jensei-

16 Ebd., S. 176.
17 Ebd.

tigen Höhen oder utopischen Fernen herrührt. Kurz: nicht in irgendeiner Metaphysik des Schönen (die sich hier ad absurdum führt), – sondern *in uns selber.* Genauerhin darin, daß wir uns in der gewöhnlichen Gegenständlichkeit des Alltags stilmetaphorisch vergegenwärtigen, daß, wenn überhaupt, nur wir selbst die Kontingenz des Daseins überwinden. Und zwar in unserem kommunikativen Vermögen, das hier das gewöhnliche Ding zur Metapher wandelt: Darin liegt seine Transfiguration. Und dieses Vermögen bekräftigt sich auch und erst recht dann, wenn das stilmetaphorische Sinngebilde im Ausdruck von Fraglichkeit, Not und Verzweiflung gebrochen oder, wie beim Ready-made, ins Zwielicht ironischer Ambivalenz der Flaschentrockner und Urinale gerückt ist.

Die Einsicht, daß der Grund ästhetischer Erfahrung in uns selbst liegt, hatte Kant mit seiner transzendentalen Wende in der Geschichte der Philosophie gedanklich eröffnet. Aber erst das Ready-made führt und zwingt gleichsam dazu, daß diese Einsicht (und zwar in ihrer kommunikativen Transformation) in der Geschichte der Kunst als »ästhetische Erfahrung zu sich selbst kommt«.[18] Deshalb ist es als Prüfstein für die Kunstformel von der *Verklärung des Gewöhnlichen* wie nichts sonst geeignet. Damit sind wir am Ende wieder auf die Ausgangsfrage zurückgekommen. Ist Kunst, gemessen am nicht überholbaren und deshalb ausschlaggebenden Extremfall des Ready-made, Verklärung des Gewöhnlichen oder nicht? Die Antwort liegt nach allem auf der Hand. Verklärung des Gewöhnlichen ist Kunst jedenfalls nicht im üblichen Sinn, sondern weitgehend eher das Gegenteil. Aber sie ist es dennoch in ihrer Verfassung als Stilmetapher: als im Kunstgebilde verkörperte Metapher. Und sie erweist sich am Testfall des Ready-made als eine Transzendenz der Verwandlung, die nur in uns selber liegen kann: da, wo wir selbst über uns hinaus sind. Wo unser auf Erfüllung gerichtetes kommunikatives Wesen, an dessen Defizit wir leiden, noch die stumme Welt der Dinge, selbst der gewöhnlichsten, zum Sprechen bringt.

18 P. Bürger, »Duchamp 1987«, in: *Kunstforum International* 100 (1989), S. 207-213, hier S. 213.

Thomas Rentsch

Wie ist eine menschliche Welt überhaupt möglich?

Philosophische Anthropologie als Konstitutionsanalyse der humanen Welt

Im folgenden[1] soll ausgeführt werden, daß und wie eine philosophische Anthropologie als eine grundlegende philosophische Disziplin entwickelt werden kann. Es kommt darauf an, den *kritischen* (und partial *negativen*) Status einer solchen Disziplin zu verdeutlichen. Es geht darum, die notwendig systematisch komplexe Gestalt anthropologischer Analysen methodisch in die Reflexion selbst aufzunehmen und sie nicht ontologisch, essentialistisch oder szientistisch zu überspringen.

Im Grunde ist und bleibt Kants kopernikanische Wende das gegenüber der antiken und christlichen Metaphysik entscheidende philosophische Ereignis, auf das die Philosophiegeschichte zuläuft und von dem her überhaupt erst verstehbar wird, was dann geschieht. Deswegen kann eine philosophische Anthropologie nur transzendental-sinnkritisch – nämlich im Fragen nach den *Konstitutionsbedingungen* der Rede vom Menschen – vorgehen. Und deswegen muß eine philosophische Anthropologie auch diejenigen systematischen Grundeinsichten mitführen, die *nach* Kant zur Präzisierung und zur Radikalisierung seiner Behandlungsart der Konstitutionsthematik dienten.

Zwar waren und sind in allen systematischen Entwürfen der Philosophie, wenn auch latent, Vorgriffe auf das Wesen des Menschen, *anthropologische Präsuppositionen*, leitend. Ob Platon oder Augustinus, Thomas von Aquin oder Descartes – sie alle mußten allein schon aufgrund der Bedingungen und Bedingtheiten der

1 Die Überlegungen schließen an meine Untersuchungen *Die Konstitution der Moralität. Transzendentale Anthropologie und praktische Philosophie*, Frankfurt am Main 1990, sowie: *Heidegger und Wittgenstein. Existential- und Sprachanalysen zu den Grundlagen philosophischer Anthropologie,* Stuttgart 1985, an. Vgl. zum Gesamtkontext: F. Kambartel, *Philosophie der humanen Welt*, Frankfurt am Main 1989.

philosophischen Reflexion einen solchen sich selbst auslegenden, hermeneutischen Vorgriff praktizieren. Aber erst Kant war es, der alle Grundfragen der Philosophie in der einen: »Was ist der Mensch?« zusammenfaßte. Er war es, von dem der Titel einer *transzendentalen Anthropologie* stammt, denn er bezeichnete zuerst »die Selbsterkenntnis des Verstandes und der Vernunft« als »*Anthropologia transcendentalis*«.[2]

Wie können wir einen solchen Anspruch heute wieder aufnehmen?

Soll eine solche philosophische Anthropologie als grundlegende Disziplin methodisch möglich sein, so muß sie konsequent das kritische Reflexionspotential aufnehmen, welches in der Konsequenz der Kantischen »Selbsterkenntnis des Verstandes und der Vernunft« nach Kant entwickelt wurde. Sie muß also insbesondere aufnehmen *erstens* die Destruktion der Vorhandenheitsontologie und die Verzeitlichung der Präsenzmetaphysik, wie sie Heidegger in *Sein und Zeit* entwickelt hat, *zweitens* die Destruktion der Vorhandenheitssemantik und die Gebrauchsanalyse der Bedeutung, die Wittgenstein in den *Philosophischen Untersuchungen* unternahm. *Drittens* muß sie die wohlbegründete Destruktion der subjektzentrierten Bewußtseinsphilosophie aufgreifen, wie sie – auf unterschiedlichen Wegen – von Heidegger wie von Wittgenstein ausgeführt worden ist. Sie muß *viertens* gerade als philosophische Anthropologie diejenigen materialistischen, tiefenhermeneutischen und psychoanalytischen Elemente der Analysen von Marx, Nietzsche und Freud aufnehmen, die sich als systematisch haltbar erweisen lassen. Das gilt auch für Elemente einer phänomenologischen Anthropologie der menschlichen Leiblichkeit.

Eine konstitutionsanalytische philosophische Anthropologie muß somit auf mehrfache Weise kritisch entfaltet werden. Sie muß die traditionelle Frage nach der konstitutiven transzendentalen Subjektivität – subjektivitätskritisch – in diejenige nach der Weltkonstitution transformieren. Sie muß die Transzendentalpragmatik der *Weltkonstitution* so thematisieren, daß ihr Charakter als *zeitlich, endlich und sprachlich verfaßte gesellschaftlich-geschichtliche Praxis* zur Geltung kommt. Sie muß die Destruktion der Bewußtseinsphilosophie auf diesem Hintergrund so vollziehen,

2 I. Kant, *Kants Opus Postumum*, hg. A. Buchenau, Berlin 1936, No. 9132.

daß an die Stelle der Aporien einer subjektzentrierten Vorhandenheitsontologie *die volle Konstitution der menschlichen Intersubjektivität* tritt. Sie muß die Transformation der traditionellen Erkenntnistheorie in eine sprachkritische Analyse der grammatischen Konstitution einer menschlichen Welt aufnehmen. Schließlich muß sie die ganze *Negativität und Materialität* in der Konstitution einer menschlichen Welt und Praxis unverkürzt reflektieren.

Im Blick auf die genannten Aspekte der Weltkonstitution, der zeitlich-geschichtlichen Praxis, der Intersubjektivität, der grammatischen Konstitution und der wesentlichen Negativität und Materialität aller anthropologischen Phänomene ergibt sich zum einen, daß diese Aspekte nicht nachträglich einer ohne sie bereits »rein«, »abstrakt« oder isoliert von ihnen methodisch gewinnbaren anthropologischen Analyse gleichsam angestückt werden können. Methodisch stehen die wesentlichen anthropologischen Phänomene vielmehr im Verhältnis der Gleichursprünglichkeit. Das besagt, daß diese Phänomene erstens unableitbar voneinander, zweitens irreduzibel aufeinander, drittens aber nur wechselseitig durch einander verstehbar sind.

Dabei ist es systematisch zum einen von zentraler Bedeutung, daß wir den *methodischen* Status von »Gleichursprünglichkeit« stets bewußt halten und ihn sowohl dialektisch als auch hermeneutisch entfalten, ihn mithin nicht in den *Schein eines Objektivismus der Totalität der menschlichen Situation* – weder ontologisch noch szientistisch – verwandeln.

Angesichts der im folgenden zu analysierenden gleichursprünglichen Aspekte einer (überhaupt möglichen) menschlichen Welt und Praxis ergibt sich aber zum anderen die verdinglichungskritische Destruktion eines anderen Scheins; des Scheins nämlich einer dualistischen Dissoziation von Faktizität und Normativität, Sein und Sollen, theoretischer Deskription und praktisch-philosophischer Reflexion. Kurz: philosophische Anthropologie als kritische Philosophie steht gegen eine solche Dissoziation und dafür, die ethische, moralische und politische Dimension der Wirklichkeit des Menschen als untrennbar von deren Faktizität zu begreifen. Wenden wir uns nun systematischen Kernaspekten einer Anthropologie, nämlich Welt, Zeit und Praxis, Intersubjektivität, Negativität und Materialität in thesenartiger Konzentration zu.

1. Die Grundfrage der Philosophie: Wie ist eine menschliche Welt (und Praxis) überhaupt möglich?

Sowohl Menschen als auch alle nicht-menschlichen Phänomene erscheinen nur in menschlichen Lebenssituationen. Sie erscheinen und können nur erscheinen in einem sie ermöglichenden und sie allererst verstehbar machenden situationalen Kontext. Für lokale Phänomene ist dieser kontextuelle Holismus ebenso sinn- und bedeutungskonstitutiv wie für komplexe Sinnzusammenhänge. Wir können nun die Frage nach den Voraussetzungen von Sinn und Bedeutung, die Frage nach den Möglichkeitsbedingungen von Verstehen, weder im Rekurs auf (bereits konstituierte) Objektivität noch im Rekurs auf (bereits konstituierte) Subjekte beantworten. Deswegen kann die Grundfrage der Philosophie auch weder als die Frage nach dem Sinn von Sein – fundamentalontologisch – noch als die Frage nach der Bedeutung von Bedeutung – sprachanalytisch – formuliert werden. Vielmehr führt die Frage nach dem Sinn von Sein auf die nach dem »einzig seinsverstehenden Seienden« – dem Menschen; und die Frage nach der Bedeutung von Bedeutung führt auf die nach dem einzig der Sprachverwendung fähigen Wesen – dem Menschen.
Wir können, und diese grundlegende Einsicht wird mit jedem Subjektivismus und jedem Objektivismus gleichermaßen *a primis fundamentis* unkritisch übersprungen, in philosophischen Analysen nicht auf isolierte Subjekte und auf deren Intentionen und Handlungen *unmittelbar* rekurrieren, und ebenso nicht unmittelbar auf irgend etwas positiv Gegebenes, sondern immer nur so, wie diese Subjekte, Intentionen, Handlungen und gegebenen Objekte in komplexen, ganzen und geschichtlichen Lebenssituationen allererst sichtbar und verstehbar werden. Das eint so verschiedene Konzeptionen der modernen Philosophie wie die der Husserlschen Lebenswelt, der geschichtlichen Praxis im Hegel-Marxschen Denken, des sorgenden In-der-Welt-seins bei Heidegger, der ›Geschichten‹ bei Wilhelm Schapp und der ›Sprachspiele‹ in Lebensformen bei Wittgenstein.
Drei Gesichtspunkte sind hervorzuheben, wenn wir grundsätzlich fragen: *Wie ist eine menschliche Welt überhaupt möglich*?
1. Die Frage hintergeht mit dem einsichtsbezogenen (dianoietischen, s. u.) Prädikat »menschlich« systematisch gezielt eine

vorgängige Dissoziation von Sein und Sollen, Faktizität und (wie ein Schein über ihr schwebender, reiner) Normativität, kurz: sie ist gegen eine (undialektische, unhermeneutische, dualistische) *Dissoziation von Anthropologie und Ethik* gerichtet. Was geschieht, wenn man diese Dissoziation systematisch praktiziert, zeigt sich besonders deutlich im krude biologistischen Funktionalismus der defizitären Anthropologie Arnold Gehlens und ihrer Grundbestimmung des »Mängelwesens« Mensch. Was hier als »Mangel« erscheint, muß als anthropologische Negativität (s. u.) auf die unverkürzte Totalität der menschlichen Praxis bezogen werden. Wir können den Menschen dann praktisch als Wesen mit Möglichkeiten bzw. als Chancenwesen verstehen.

2. Der *Weltbezug* der Grundfrage hat den kritischen Sinn, methodisch eine Ebene anzuzielen, die allen Theorien und Stilisierungen (auch solchen der praktischen Philosophie) noch voraus- und zugrunde liegt. Diesen kritischen Sinn hat der Weltbezug also *negativ*: indem er bestimmte (theologische, ontologische, psychologische, soziologische) konstruktive Vergegenständlichungen des menschlichen Lebens und seiner Praxis einklammert und ihrerseits auf ihre Möglichkeitsbedingungen hin befragt. Eine Lebenswelt – mit einem von mir verwendeten Terminus: eine *primäre Welt* vor und außerhalb theoretischer, technischer, instrumenteller und geschichtlicher Vermittlungen, vor und außerhalb lokaler Materialität und Konkretisation – kann es zwar für keine philosophische Reflexion geben, es sei denn um den Preis des Rückfalls in den höherstufigen Schein der Unmittelbarkeit. Dennoch lebt eine rationale philosophische Analyse von prinzipiell vortheoretisch möglichen Rekursen auf die menschliche Lebenserfahrung (auf Erfahrungen in der primären Welt) diesseits aller nachträglichen Konstruktionen und Stilisierungen. Solche gilt es vielmehr bewußt zu machen.

3. Der *transzendentale Status* der Grundfrage nach den Möglichkeitsbedingungen einer menschlichen Welt zielt kritisch darauf ab, die *notwendigen* Voraussetzungen einer solchen Welt, also deren Konstitution, freizulegen. Dabei muß von vornherein eine Verbindung oder gar Gleichsetzung der systematischen Bedeutung des Terminus »transzendental« mit subjektzentrierten Vorstellungen einer cartesianischen oder idealistischen Bewußtseinsphilosophie zurückgewiesen werden. Der transzendentale Rückgang hat *lebensformbezogen* und *sprachkritisch* zu sein. Die Konstitutions-

bedingungen der menschlichen Welt werden nicht durch empirische Sätze und auch nicht mit lediglich analytischen Urteilen im Rahmen einer formalen Semantik erfaßt. Die Möglichkeitsbedingungen von Empirie und Analyse werden vielmehr durch *inter-existentiale* (s. u.) und *grammatische Präsuppositionsanalysen* freigelegt. Methodische Elemente solcher inter-existentialen und grammatischen Präsuppositionsanalysen sind näherhin zu charakterisieren *erstens* als *phänomenologisch-deskriptiv*: Lebenssituationen müssen beschreibend erfaßt werden; *zweitens* sind sie *hermeneutisch-sinnexplikativ*, d. h. auslegend auf der Basis eines paradigmatischen Fundaments (denn das ›Ganze‹ unseres Welt- und Selbstverhältnisses steht uns nicht gegenständlich gegenüber, sondern ist uns nur ›lokal‹ zugänglich). *Drittens* sind die transzendentalen Konstitutionsanalysen *praktisch* an einer durchsichtigeren eigenen Weltorientierung interessiert und so *dialektisch* auf unsere eigene Situation zurückbezogen: Sie dienen der Selbstverständigung in praktischer Absicht.

Der universale Kontext der menschlichen Praxis, auf den die Grundfrage nach den Möglichkeitsbedingungen einer menschlichen Welt zielt, läßt sich zunächst durch die folgenden Konstituentien näher charakterisieren: durch die Situationalität (bzw. Weltlichkeit selbst), das Sich-zu-sich-und-zu-anderem bzw. -zu-Anderen-Verhalten, die Sprachlichkeit, die Wirklichkeit (Faktizität, Tatsächlichkeit), die Möglichkeit (Potentialität), die Räumlichkeit, die Zeitlichkeit, die Gemeinsamkeit mit Anderen, die Einsamkeit des Selbstseins, schließlich die leibliche Materialität. Diese Konstituentien einer menschlichen Welt (transzendentale Situationalität, Reflexivität, Grammatik, Faktizität, Potentialität, Lokalität, Temporalität, Sozialität, Individualität, Leiblichkeit und Natur) habe ich andernorts ausführlich analysiert.[3]

Eine wichtige Eigenart der Konstituentien einer menschlichen Welt ist deren *Gleichursprünglichkeit*. Das heißt, die (hier nur als Überschriften genannten) Konstituentien qualifizieren die Welt unableitbar voneinander, irreduzibel aufeinander und nur zugleich mit- und durcheinander. Mit Blick auf diese Gleichursprünglichkeit läßt sich ein anthropologischer Holismus und Kontextualismus – und zwar kritisch gegen reduktionistische Unterbestimmungen der menschlichen Praxis – durch die Begriffe

3 Heidegger und Wittgenstein, a. a. O.

einer *minimalen internen Komplexität* von Lebenssituationen methodisch präzisieren. Eine solche minimale interne Komplexität besitzen Lebenssituationen und ihre sprachlichen Beschreibungen; die minimale interne Komplexität unserer temporalen, lokalen und interpersonalen Orientierungen zeigt sich an den jeweiligen Indikatorengruppen (früher – später – jetzt; hier – da – dort; ich – du – er/sie); sie zeigt sich in der internen Minimalkomplexität eines Satzes, eines Gedankens im Sinne Freges.

2. Wie sieht die Grundform menschlicher Weltorientierung aus?

Wir sahen bereits, daß eine menschliche Welt sich nicht so rekonstruieren läßt, als zerfiele sie in einzelne, voneinander isolierte Vollzüge. Alles Handeln geschieht vielmehr in einem situativen Sinnhorizont. Dieser Horizont ist dem Handeln nicht äußerlich, gleichsam wie eine es lediglich umkleidende Hülle, sondern gehört *als jeweilige Erfüllungsrichtung* zum Handeln untrennbar dazu.

Betrachten wir eine beliebige Szene als Beispiel: Kinder spielen am Meer mit einem Ball. Wir *verstehen* eine solche Szene im Augenblick nur, wenn wir sie nach ›hinten‹ in die Vergangenheit und nach ›vorne‹ in die Zukunft *prinzipiell* verlängern, d. h. ergänzen können. Eines der Kinder *hat gerade* den Ball geworfen, ein anderes *will* ihn *jetzt* fangen. Was sich zeigt, ist der minimale qualitative Holismus (die minimale interne Komplexität) primärer Sinnsituationen: Situationen in der menschlichen Welt erscheinen im Horizont ihrer Erfüllungsgestalten und werden nur in einem solchen Horizont überhaupt verstehbar. Minimale Einheiten einer überhaupt möglichen menschlichen Welt – zum Beispiel ganze Sätze, ganze Bildgestalten, ganze Melodien – weisen bereits an der Basis der handelnden Weltorientierung des Menschen darauf hin, daß diese sich nur als *Einheit von praktischen Sinnentwürfen mit davon untrennbaren Erfüllungsgestalten* begreifen läßt. Wir müssen daher fundamentalanthropologisch von einer *primären Sinnorientierung* als Möglichkeitsbedingung einer menschlichen Welt sprechen. Die Sinnentwürfe lassen sich in lokalere und totalere Entwürfe gliedern. Da alles menschliche Leben leiblich getragen ist – Leiblichkeit ist ein Konstituens der primären Welt –, finden sich an der Basis Vollzüge wie Essen, Sexualität, Schlaf, Krankheit, die Befindlichkeit von Lebensaltersstufen. Einzelne lokale Sinnentwürfe stehen in einem größeren Zusammenhang der Lebenserhaltung, und dieser wird umgriffen von ganzen Lebensplänen, leitenden Hoffnungen und Rahmenzielen. Wesentlich (fundamentalanthropologisch begrifflich notwendig) ist: Ohne die *jeweilige Erfüllungsrichtung* lassen sich die Sinnentwürfe in der primären Welt nicht verstehen; und dies gilt nicht etwa nur für einen Beobachter, sondern auch für jeden Menschen in bezug auf sich selbst. Auch er kann sich nur im Licht der Erfüllungsgestalten seiner Entwürfe überhaupt verstehen. Eine menschliche Welt ist nur möglich, indem Menschen primäre Sinnentwürfe ihrer selbst (ihres Lebens) praktizieren, die untrennbar mit spezifischen Erfüllungsgestalten verklammert sind. Wir können diese Grundform menschlicher Weltorientierung das Apriori der Sinnorientierung auf der Basis des *teleologischen Wesens* des Menschen nennen. Über die Qualität und Dignität der Entwürfe ist damit noch nichts entschieden.

3. Sind beliebige Austauschbarkeit und Partikularität letzte Grundzüge unserer Handlungen, unseres Lebens und unserer selbst?

Sind praktische Sinnentwürfe und die untrennbar mit ihnen verklammerten Erfüllungsgestalten Grundformen menschlicher Weltorientierung, so verweist dieses Konstituens auf eine *Praxis menschlicher Welterzeugung* (Weltkonstitution), die wesentlich (= es gehört notwendig zu ihrem Begriff) zeitlich, endlich, geschichtlich, konkret, geworden, partial und lokal ist. Faktizität und Normativität sind miteinander verschränkt (s. u. zur dianoietischen Grammatik einer menschlichen Welt) und nur einem dialektisch-hermeneutisch verfahrenden holistischen Kontextualismus zugänglich. In seiner methodischen Perspektive können Arbitrarität, Opazität, Kontingenz und Partikularität einer menschlichen Praxis und Handlungswelt nur so in den Blick treten, daß gleichzeitig die *singuläre Totalität* einer (überhaupt möglichen, denkbaren) menschlichen Welt ins Auge gefaßt wird. Inwiefern? Das menschliche Leben muß als ein sowohl *ganzes* wie auch *einmaliges* Leben begriffen werden. Das *principium indivi-*

duationis der Tradition hat einen dezidiert praktischen Sinn: Menschen als singuläre Wesen müssen ihrem Leben *als ganzem*, als Totalität, eine eigentümliche, individuelle Form geben. Diese praktische Notwendigkeit, eine existentielle Konfiguration ihrer selbst zu schaffen, weist zurück auf die Grundform der praktischen Sinnentwürfe und Erfüllungsgestalten. Die singuläre Totalität als Lebensform läßt sich in der Perspektive einer kritischen Anthropologie als zweifache Begrenzung unserer Erkenntnismöglichkeiten artikulieren: *Erstens* als die ›Unsagbarkeit‹ der Individualität, als die begriffliche Unerreichbarkeit der Singularität jedes menschlichen Lebens; *zweitens* als die unerkennbare und nicht zu vergegenständlichende Ganzheit jeden Lebens. Wir sind uns selbst nur augenblicklich und paradigmatisch (konkret und situativ) zugänglich und können das Ganze unseres Seins nicht zu einem Objekt unserer Praxis oder Theorie machen. Inwieweit, dies nebenbei, die Analysen, die Th. W. Adorno in seiner *Negativen Dialektik* hinsichtlich der »Nichtidentität« von Begriff und Sache, hinsichtlich des »Nichtidentischen« der Individualität und hinsichtlich des »Vorrangs des Objekts« entwickelt, mit diesen Konstitutionsfeststellungen zusammengehören, muß hier offenbleiben.[4]

Und obwohl das Ganze unserer Welt und die Einmaligkeit unserer individuierten Leben begrifflich uneinholbar, unverfügbar und unabbildbar sind, lassen sie sich praktisch nur nicht-partikular und nicht-kontingent angemessen begreifen. Jeder Mensch ist sein ganzes Leben und seine ganze Welt. Die singuläre Totalität des Lebens bildet sich gemäß einer existentiellen Dialektik von Einmaligkeit und Ganzheit in den Wandlungen des Lebens. Die singuläre Totalität wird – gegen Heideggers Thanatologie – nicht auf ausgezeichnete Weise in der Antizipation des eigenen Endes erfahrbar, sondern in den Weisen des Sichtwandels des sinnerfahrenden Lebens. Die alle Partikularität und Kontingenz übergreifende singuläre Totalität des Lebens zeigt sich in der Unvertretbarkeit durch und für andere, in den Modi der Verantwortung und

4 Vgl. dazu meinen Aufsatz, »Vermittlung als permanente Negativität. Der Wahrheitsanspruch der *Negativen Dialektik* auf der Folie von Adornos Hegelkritik«, in: C. Menke/M. Seel (Hg.), *Zur Verteidigung der Vernunft gegen ihre Liebhaber und Verächter*, Frankfurt am Main 1993, S. 84-102.

der Schuld. Sie zeigt sich in der praktischen Perspektive der Möglichkeit erfüllter Ganzheit, Identität und Individualität. Hier bereits zeigt sich die konstitutive Verklammerung von Anthropologie und Ethik und von Individualität und Intersubjektivität.

4. Kann sich ein Mensch isoliert orientieren? Ist ein Subjekt für sich allein denkbar?

Ein isoliertes Orientierungssubjekt ist undenkbar. Soll eine transzendentale Anthropologie als kritische Philosophie möglich sein, so muß sie die Grundfehler einer subjektzentrierten Vorhandenheitsontologie und einer erkenntnisunkritischen Bewußtseinsphilosophie von vornherein vermeiden. Es gilt, das *kommunikative Wesen des Menschen* anthropologisch zu denken. Die Möglichkeit der Welt kann weder faktisch noch praktisch monologisch und mit Bezug auf einzelne Subjekte angemessen beschrieben und erst recht nicht begriffen werden. Die menschliche Welt ist primär eine gemeinsame, erst sekundär eine ›subjektive‹ Welt, d. h. die Welt eines einmaligen Lebens. Die Konstitutionsbedingungen von Subjektivität, Individualität und Innerlichkeit sind allesamt intersubjektiv und prinzipiell öffentlich zugänglich. Während die philosophische Tradition weithin, ob im Rationalismus, im Empirismus oder im Idealismus, von *einzelnen Subjekten* ausgegangen war, denen Eigenschaften, Erkenntnisleistungen und Vermögen als ihre Prädikate zukamen, und während noch Heidegger trotz seiner prätendierten Destruktion des Cartesianismus die ›Existentialien‹ als Grundstrukturen des ›jemeinigen In-der-Welt-seins‹ konzipierte, muß davon ausgegangen werden, daß vor aller Existenz bereits (begrifflich, hinsichtlich der Weltkonstitution) die *Interexistenz des gemeinsamen Lebens* liegt. Dessen Grundzüge lassen sich im Anschluß an und in Absetzung von Heidegger als *Interexistentiale* bezeichnen. Die weltkonstitutiven Interexistentiale – auch Gefühle, Stimmungen, Befindlichkeiten – sind, das ist das methodisch Entscheidende, *keine Eigenschaften von Subjekten*, sondern jeweils *Beziehungen des gemeinsamen Lebens*, und zwar so, daß *in ihnen* (durch sie) *Menschen überhaupt erst in ihrem Selbstverhältnis möglich werden*. Die Menschwerdung (Genesis und Konstitution) erfolgt im Medium der kommunikativen Interexistentiale. Es sind hier insbesondere die *verdeckten* Interexistentiale hervorzuheben: so zum Beispiel »Gegenstand« und »Wirklichkeit«. Denn es gilt *prinzipiell*, daß ich nicht etwa für mich allein ausfindig machen und feststellen kann, was und wie ein Gegenstand ist bzw. was als Wirklichkeit gilt. Ich stehe dabei – und das gehört begrifflich notwendig zur Bestimmung von »Gegenstand« und »Wirklichkeit« – in der *Antizipation möglicher Anderer*, von denen ich unterstellen muß, daß sie die gleichen Referentialisierungen, Identifikationen und Prädikationen vollziehen werden wie ich. Werden diese interexistentiellen Sinnkriterien verletzt, so sprechen wir von Einbildungen, Phantasien oder Halluzinationen, bestenfalls von Irrtümern. ›Sich irren‹ ist also nur möglich auf dem gemeinsamen Boden der Interexistenz. Dies ist im Falle der »Wirklichkeit« im alltäglichen Verständnis ebenso deutlich wie zum Beispiel im Verständnis der physikalischen Wirklichkeit: Niemand behauptet, Wirklichkeit sei die Angelegenheit eines isolierten Subjekts. Physikalische Wirklichkeit kommt vielmehr nur in der Forschergemeinschaft – interexistentiell und im Netz ihrer paradigmatischen Sinnentwürfe – überhaupt zustande. Niemand kann, weder im Alltagsleben noch in den Wissenschaften, für sich allein bestimmen, was Wirklichkeit ist.

Philosophische Anthropologie als kritische Philosophie muß in Rechnung stellen, daß die kommunikative Realität des gemeinsamen Lebens faktisch, praktisch und methodisch-systematisch den unhintergehbaren Primat vor jeder monologischen und subjektzentrierten Perspektive besitzt. Es gilt daher, die sowohl genetische wie auch konstitutive Bedeutung der Interexistenz zu erfassen. Gegen die Existentialanalyse Heideggers ist eine Interexistentialanalyse zu entwickeln.

In ihr zeigt sich *erstens*, daß »Welt« kein »Existential des Daseins« ist, sondern konstitutiv allen ›subjektiven‹ Orientierungen als eine kommunikative Form des gemeinsamen Lebens – als Interexistential – vorausliegt. Die apriorische Situationalität ist *interexistentiell* verfaßt. Erst diese Tatsache bzw. dieser Grundzug der Konstitution vermag das Wesen dessen zu präzisieren, was Heidegger ›Erschlossenheit‹ nennt. Das gilt dann zum Beispiel auch für mögliche praktische Bestimmungen von existentieller Authentie (Eigentlichkeit). In einer praktisch-anthropologischen Analyse muß der nicht-monologischen Form eigentlicher Selbstverständnisse Rechnung getragen werden. Es muß hermeneutisch und

konstitutionsanalytisch herausgearbeitet werden, daß selbstbestimmte Lebensformen (Autonomie, Solidarität, Gerechtigkeit) sich einer subjektiven Bestimmung entziehen müssen, und zwar aus begrifflich notwendigen Gründen.
Zweitens muß sich zeigen lassen, daß das gemeinsame Leben in der Welt ebenfalls nur als Interexistential begriffen werden kann. *Je mein* Leben ist es nur, insofern es bereits zuvor (a priori) interexistentielles Leben war, ist und sein wird. Nur interexistentiell vermag ich ein Verständnis auch meiner eigenen Lebenswirklichkeit zu gewinnen. So muß ich mich mit den Augen der anderen sehen lernen und beurteilen können, um selbst überhaupt meine eigenen Sinnentwürfe verstehen zu können. Erst das gemeinsame, das interexistentielle Leben ermöglicht ›mein‹ ›einziges‹ Leben.
Drittens kann schließlich die Sprache nur als Interexistential *par excellence* verstanden werden. *Meine* ›ureigensten‹ Lebenssituationen erschließen sich mir allein durch die interexistentielle Grammatik der Sprachgemeinschaft und der Sprachpraxis, in der ich mich allererst zu orientieren, zu artikulieren und zu verständigen gelernt habe. Primär ist demnach der *Zugang zu mir selbst* interexistentiell-grammatisch konstituiert. Wittgenstein hat diese Einsicht in die Konstitution der menschlichen Welt in den §§ 243 ff. der *Philosophischen Untersuchungen* entwickelt.
Jede Lebenssituation, die wir fingieren, wird uns die interexistentielle Konstitution bestätigen. Stets – und das ist ein wichtiger Prüfstein dieser Konstitutionsfeststellung – werden wir (sprachliche und praktische) *Relationen zwischen Personen* antreffen, die *überhaupt erst* die Selbstverhältnisse der Personen je zu sich selbst ermöglichen und von diesen vorausgesetzt werden müssen; die Verhältnisse von Menschen zu den Dingen, zu nicht-menschlichen Gegenständen, lassen sich ihrerseits nur auf der Basis der interexistentiellen Beziehungen entwickeln und verstehen. Wir können diesen Konstitutionszusammenhang schematisch folgendermaßen wiedergeben, wobei (3) die Ebene (2), (2) die Ebene (1) voraussetzt:
(3) *Kategoriale, dingliche Konstitution* durch Menschen in der Interexistenz und Existenz.
(2) *Existentielle Konstitution* der einzelnen Personen und ihres Sich-zu-sich-Verhaltens.
(1) *Interexistentielle Basis der Konstitution*, Interexistentiale in der Praxis und in der Rede.

Die Basis der Konstitution einer menschlichen Welt bilden kommunikative Interexistentiale in der Praxis und in der Rede. Sie wird noch umgriffen und getragen von den natürlichen Lebensbedingungen. Ein Mensch kann sich nicht isoliert orientieren, ein Subjekt ist nicht für sich allein denkbar. Unsere Orientierungswelt gliedert sich in einen öffentlichen Raum, in eine öffentliche Zeit, und diese raumzeitliche Öffentlichkeit liegt jeder subjektiven Orientierung bereits als interexistentielle Sprache und Praxis voraus.

5. Sind »Sein« und »Sollen« in einer menschlichen Welt dichotomisch bzw. dualistisch voneinander getrennt?

Bereits die Analyse der Sinnentwürfe und ihrer Erfüllungsgestalten als der Minimalform menschlicher Weltorientierung zeigte die Unmöglichkeit einer Dissoziation von Faktizität und einer – wie auch immer gearteten – normativen Perspektive. Ich meine nun, daß die These, die Dialektik und Hermeneutik immer schon gegen die Dichotomie von Sein und Sollen, gegen Humes Analyse des naturalistischen Fehlschlusses und gegen die neopositivistische Zurechtstellung der Sprache vorgebracht hatten, sich durch eine Analyse der *Grammatik der* von mir so genannten *dianoietischen*, d. h. einsichtsbezogenen (von gr. *dianoia*, Einsicht) *Termini* erhärten läßt. Diese Termini spielen für die Konstitution einer menschlichen Welt eine entscheidende Rolle. Wir gebrauchen nämlich bereits in unserer alltäglichen Redepraxis Worte, die wir weder rein faktenbezogen verstehen können noch auch bloß normativ. Betrachten wir folgende Beispiele:
– Wie kann eine Mutter so etwas zulassen!
– Sie hat sich nicht gerade als Schwester erwiesen.
Die Verwandtschaftsprädikate »Mutter« und »Schwester« sind semantisch keineswegs bloß auf die natürlichen Verhältnisse bezogen; sie besitzen eine Fülle normativer Bedeutungsaspekte (bezogen zum Beispiel auf die Erwartungshorizonte hinsichtlich sozialer Rollen).
In einer menschlichen Welt mit ihrer spezifischen Grammatik finden sich die dianoietischen Prädikate keineswegs nur im Bereich der Verwandtschaftsbeziehungen.
– Das ist doch kein Leben mehr!

– Er hat sich nicht menschlich verhalten.

An der *Basis* unserer Wortverwendung finden sich, heißt das, *semantisch verzweigte* Termini, mit denen wir sowohl bestimmte Unterscheidungen im Bereich der Faktizität treffen als auch Differenzierungen im Bereich des Normativen. Mit den dianoietischen Termini sprechen wir über bestimmte Arten der *Einsicht*, d. h. der *menschlichen Selbsterkenntnis*. Dianoietische Urteile sind somit zugleich Feststellungen und normative Urteile. Ersichtlich wird an der Grammatik der dianoietischen Termini, daß die menschliche Welt nicht in Fakten einerseits und Ideale andererseits zerfällt. Vielmehr ist durch ihre semantische Verzweigtheit die konstitutive Gleichursprünglichkeit von Faktizität und Normativität strukturell in den Gebrauch dieser Termini eingearbeitet. Es sind dieselben Menschen in derselben (einen) primären Welt, über die wir mit demselben Wort »Mensch« hinsichtlich der Semantik der biologischen Faktizität und *zugleich* hinsichtlich der praktischen und moralischen Einsichten und Selbstverständnisse sprechen können.

Man sieht an dieser Stelle der Analyse, daß und wie philosophische Anthropologie, Sprachphilosophie und Ethik ineinandergearbeitet sind. Sie zeigt, daß unsere primäre Orientierungswelt nicht die von bestimmten Rekonstruktionstraditionen der praktischen Philosophie unterstellte dichotomische, ontologisch bzw. grammatisch dualistische Struktur hat. Bereits in der durchschnittlichen Alltäglichkeit der Umgangssprache ist im Gebrauch der dianoietischen Termini die semantische »Seins«-Seite von der anderen, die Seite des faktischen Lebensformbezuges von der »Sollens«-Seite des normativen Verständnisses unserer selbst und unseres gemeinsamen Lebens untrennbar. Wir erreichen die »reine Faktizität« unterhalb unserer Sinnentwürfe *nur künstlich und nachträglich*, d. h. ihrerseits zu bestimmten Zwecken. Die Fakten unseres Lebens erscheinen jeweils bereits im Kontext (Horizont) möglicher Erfüllungsgestalten.

Zur Grundlegung eines praktisch-anthropologischen Universalismus und zur Analyse der »Interexistentiale der Menschheit«, Autonomie und Solidarität, habe ich die Grammatik der dianoietischen Termini und damit die systematische Verklammerung von Anthropologie und Ethik weiter untersucht.[5]

5 Vgl. Th. Rentsch, *Die Konstitution der Moralität*, a. a. O., S. 190-269.

6. Wie erzeugen die Menschen ihre Welt?

Die Antwort lautet:
1. durch Arbeit,
2. durch Sprache,
3. durch Modi der Solidarität.

Diese drei Titel nennen *kommunikative Interexistentiale*. Sie sind eng miteinander verbunden, und sie bilden die praktischen Möglichkeitsbedingungen einer menschlichen Welt im engeren Sinne.

Zu 1. Unsere praktischen Sinnentwürfe mit ihren Erfüllungsgestalten konkretisieren sich in der Interexistenz in *Werken*. Das kommunikative Interexistential der Zusammenarbeit und die gemeinsamen Werke der Menschen sind es vornehmlich, die wir als die Konstituentien der *Geschichte* einer menschlichen Welt ansehen müssen. Die Werke sichern die Dauer der kommunikativen Interexistenz, und die »Arbeit der Weltgeschichte« ist die Weltgeschichte der Arbeit. Welterzeugend ist hier sowohl die kontinuitätsstiftende Überlieferung (pädagogische Interexistentiale des Lehrens und Lernens) als auch das *Erfinden* neuer Handlungsmöglichkeiten (neuer Werke) – in der Architektur wie in der Musik, in der Mathematik und Physik wie in der Lyrik. Insbesondere die Technikgeschichte zeigt hier die weltermöglichende Funktion des Interexistentials der Arbeit. Als Bedingung der Möglichkeit einer Welt ist es gleichermaßen Konstituens der menschlichen *Kultur* und Zivilisation, und zwar weil es die zentrale Voraussetzung des Freiwerdens der Menschen von der Natur bildet.

Zu 2. Bereits durch Arbeit ist ein kreatives, schöpferisches Weltverhältnis eröffnet, denn es können vorbildlose Werke hergestellt bzw. erschaffen werden. Um so mehr gilt dies im Bereich des kommunikativen Interexistentials der Sprache. Es sind hier genuine Sinnentwürfe möglich, die keinerlei Abbild von irgend etwas in der Welt sind, sondern die im reinen Sinne Welt erzeugen. In der Interexistenz wird – das ist das Einzigartige einer menschlichen Welt – selbst der Entwurf kommunikativer Interexistentiale möglich. Ein ausgezeichnetes Beispiel stellt das Wort »Würde« dar, in Formulierungen wie »jeder Mensch hat eine unantastbare Würde«. Dieses Wort läßt sich nicht als ein empirisches Prädikat analysieren wie etwa »groß«, »klein« etc. Es benennt keine beobachtbare Eigenschaft von Subjekten, sondern bestätigt zentral die Interexistentialanalyse: Sein Gebrauch nämlich ist mit dem des Wortes »Achtung« pragmatisch verbunden, so wie der des Wortes »Person« mit dem von »Anerkennung«. Mit solchen *kommunikativen Interexistentialen in der Rede und in der Praxis* wird *gesellschaftliches* Zusammenleben überhaupt erst möglich. Freie interexistentielle Entwürfe bilden hier die selbst nicht weiter erklärbare Voraussetzung der praktischen Weltkonstitution. In die Grammatik von Würde und Achtung sind die Bedingungen der *Reziprozität* bereits eingelassen, die die Perspektive einer *Gleichheit* der Menschen und damit des Freiwerdens von Herrschaft und Unterdrückung einschließt.

Zu 3. Das ganze Spektrum der Liebe und Solidarität als kommunikatives Interexistential hat zunächst als Sexualität eine genuin welterzeugende Bedeutung. Sie steht gleichermaßen mit Aspekten der *Moralität* in Verbindung. Es sind Modi der Solidarität, Partnerschaft, Freundschaft, Liebe, des sozialen Gemeinsinns möglich und wirklich, in denen ein egozentrisches Selbstverständnis der einzelnen schwindet, aufgehoben wird und in denen die praktisch begriffene Interexistenz selbst als Erfüllungsgestalt der eigenen Sinnentwürfe sichtbar wird. Die Kernstruktur der moralischen Interexistentiale im genuinen Sinne läßt sich als die des Opfers für andere ohne entsprechende Gegenleistung, als Solidarität ohne Lohn, bestimmen.

Verstehen wir die Modi der Solidarität als kommunikative Interexistentiale, so werden psychologisierende, emotionale und zum Beispiel sentimentale Verständnisse ausgeschlossen, so verbreitet sie in einer von egozentrischen Vorstellungen geprägten Kultur auch sein mögen. Genau gegen solche Ideologien der Selbstbezogenheit und Selbstbefangenheit richten sich die Formen der Praxis, die ich als Modi der kommunikativen Solidarität bezeichne. Mit ihnen eröffnet sich die Perspektive gemeinsamen Lebens, die in der Tradition emphatisch als »Freiheit von sich selbst« beschrieben wurde. Mit ihnen eröffnet sich auch allererst die Möglichkeit des Reichtums und der Tiefe erfüllter Individualität und Subjektivität. Diese Perspektive gehört aber – nicht als etwas »Ideales«, sondern als etwas höchst Reales – zu den Möglichkeitsbedingungen einer menschlichen Welt.

Mit den kommunikativen Interexistentialen der Arbeit, der Sprache und der Solidarität sind somit in eins Möglichkeitsbedingungen der menschlichen Kultur und Zivilisation, der Gesellschaften und der Moralität gegeben, und zwar als genuine praktische Sinnentwürfe, die vorbildlos und nicht abbildend sind. Sie stellen gleichzeitig Weisen möglicher Befreiung dar: der Freiheit bzw. des Freiwerdens von zwischenmenschlichen Gewaltverhältnissen durch gesellschaftliche Ordnungen gemäß der Menschenwürde, des Freiwerdens von illusionärer Selbstbefangenheit durch kommunikative Solidarität. Erst so und nur so ist eine menschliche Welt möglich: Die kommunikativen Interexistentiale bilden *die Basis* einer solchen Welt, und sie sind gleichzeitig die zentralen praktischen Sinnentwürfe ›über die Faktizität hinaus‹. Es handelt sich um die praktischen Möglichkeitsbedingungen einer menschlichen Welt, so daß ich von ihnen auch als von den kommunikativen Interexistentialen *der Menschheit* spreche.

7. Welche Bedeutung hat die menschliche Endlichkeit für die Konstitution der humanen Welt?

Zur Beantwortung dieser Frage nach der Bedeutung der fundamentalen anthropologischen Endlichkeit knüpfe ich zunächst an die Analysen des frühen Heidegger zu den Zeitekstasen Vergangenheit, Gegenwart und Zukunft an. Wie läßt sich die Endlichkeit näherhin erfassen?

Erstens. Hinsichtlich der Vergangenheit ergibt sich die Verdecktheit bzw. eine Verdeckungstendenz in der Existenz des Menschen. Was bedeutet das? *Der Mensch hat auf Grund seiner Endlichkeit eine Geschichte, die er nicht gänzlich durchschauen kann.* Er kann seine Vergangenheit nur in sehr geringfügigem Maße, und dies beim besten Willen, transparent machen. Dies gilt für die individuellen Biographien, dies gilt aber auch für die menschliche Geschichte im ganzen. Heidegger spricht vom maskenhaften, larvanten Charakter des Menschen. Statt von der Larvanz können wir auch von der Opazität (von lat. *opacus*, schattig, dunkel; *opacites*, der Schatten), der Undurchlässigkeit des gelebten Lebens sprechen. Die Rede von der Verdecktheit und Larvanz meint hier, daß der Mensch große Teile seiner Vergangenheit, seiner Geschichte (des Gewesenen) vergißt und vergessen muß. Dieses Vergessen ist notwendig, weil die Menschen stets *hier und jetzt* da sein müssen, ihr Leben führen müssen. Würden wir nur in der

Erinnerung der Vergangenheit aufgehen, so wäre dies eine pathologische Verzerrungsform der menschlichen Existenz. Könnten wir uns an alles erinnern, so würden wir wahnsinnig. Der Larvanzcharakter des Daseins besteht in der zeitlich-ekstatischen Sich-Verdecktheit, in dem das faktische Leben notwendigerweise in *Vergessenheit und Verdrängung* seiner eigenen Geschichtlichkeit sich in seine Zukunft entwirft. Prinzipiell können die Menschen ihre Gewesenheit nicht gänzlich durchschauen und nie einholen.

Zweitens. Bezüglich der ekstatischen Gegenwärtigkeit bezeichnet Heidegger die Endlichkeit in der Konstitution der Existenz des Menschen mit dem Begriff der *Verfehlung* und als *Sturzcharakter*. Was heißt das? Wir müssen uns ständig um uns selbst kümmern, uns um uns »sorgen«, und indem wir dies müssen, übernehmen wir Arbeiten, Besorgungen, Aufgaben, wir setzen uns ein oder auch nicht. Beides läuft in bestimmtem Sinne auf das gleiche hinaus. Diese Bewegungen sind nämlich jedenfalls *immanent*, d. h., sie sind auf nichts anderes bezogen als *auf das menschliche Leben selbst.* Da aber nicht von irgendwoher bestimmt ist, was wir jeweils tun, kann von einer *Leere* bzw. Unbestimmtheit die Rede sein, in die hinein sich die Lebensbewegung vollzieht. Heidegger spricht auch von der *Undurchsichtigkeit des Lebens*, und er prägt den Ausdruck »die Diesigkeit des Lebens« (diesig: neblig, trüb). Die Nichtigkeit, die schon mit der leeren Zukünftigkeit verklammert ist, zwingt das Dasein zu ihrer Füllung bzw. Überdeckung.

Wir können hier an den Satz des Aristoteles erinnern, der besagt, daß das Vorbeischießen beim Bogenschießen einfach und leicht ist, das Treffen jedoch selten und schwer (vorbeischießen = gr. *hamartano*; gr. *hamartia* = Sünde). Somit kann der Mensch Zielgestalten seines Lebens auf unendlich vielfältige Weise verfehlen, in Heideggers Terminologie: an das innerweltlich Seiende verfallen, sich verlieren und verlorengehen; und die Mühe des Daseins besteht darin, sich aus den mannigfach gegebenen Möglichkeiten des Verfallens, der Ruinanz, zu lösen, ihnen zu entgehen, sich ihr zu entfernen. Nicht an das innerweltlich Seiende zu verfallen, sondern um das »eigentliche In-der-Welt-sein« Sorge zu tragen. Dies wäre gegen die Ruinanz die rationale Sorge um selbstbestimmte Praxis. *Diese aber denkt Heidegger nicht.* Der Ruinanzcharakter modifiziert sich im Leben zum Beispiel als Verdinglichung, Vergegenständlichung, Fetischisierung, Selbstentfremdung, Gewalt und

Asymmetrie, als ökonomische, politische und psychische Selbstentfremdung. Der Ruinanzcharakter läßt sich im übrigen auch sprachanalytisch reformulieren, indem von einem Verfallen an Begriffe und von einer Fetischisierung ganzer Bereiche der Sprache auszugehen ist. Philosophische Systeme, szientistische Konstruktionen, unkontrollierbare Ansätze der Tiefenpsychologie, leerlaufende Politikerphraseologie, der propagandistische Schein offizieller Verlautbarungen in Diktaturen, die diffusen Intuitionen der Esoterik, der Wirrwarr televisionärer Beliebigkeit, sie alle sind Beispiele für den existentialen und in eins sprachlichen Ruinanzcharakter des Daseins, der stets möglich ist.

Die Durchsetztheit der menschlichen Existenz von Endlichkeit wird nun *drittens* mit der dritten, der futurischen Zeitekstase sichtbar. Die Ekstasen der Zukünftigkeit: Was soll werden? Was soll geschehen? Was wird aus uns? Wie sollen wir uns verstehen? können, folgen wir Heidegger, in ihrer Endlichkeit nur gefaßt werden als nun *definitive Nichtigkeit*, als Sein-zum-Ende, d. h. als Sterblichkeit und Tod. Jedoch ist mit dem Sein-zum-Ende nicht allein das faktische Ende, der Tod gemeint. In Wahrheit, so Heidegger, verendlichen wir uns ununterbrochen. Daraus ergibt sich eine ständig gegebene Verletzlichkeit, Hinfälligkeit, Zerbrechlichkeit, die als existentielle *Fragilität* bezeichnet werden kann. Als definitive Sterblichkeit und Angst vor dieser wird sie in der Alltäglichkeit verdrängt und verdeckt, um die Normalität aufrechtzuerhalten. Mit der Fragilität geht eine moralische *Korrumpierbarkeit* einher; die Tradition entfaltete diesen Sachverhalt als den konstitutiven Zusammenhang der *Angst* mit dem Bösen bzw. theologisch als den Zusammenhang von Sünde und Tod.

Die Endlichkeit läßt sich also mit Heidegger näherhin so differenzieren: als Verdeckungstendenz, als Ruinanzcharakter bzw. Verfallen und als Fragilität. Die Überlegungen Heideggers erwecken nun den Anschein, als beträfe die Endlichkeit allein einzelne Subjekte. Ich meine hingegen, daß die als Endlichkeit bezeichnete Struktur von ihrem Zuschnitt auf einzelne Subjekte loszulösen ist. Heideggers Analyse bleibt partial und ist daher falsch.

Wir müssen die Endlichkeitsanalyse vielmehr gemäß dem unter 4. zur Unmöglichkeit rein subjektiv konzipierter Orientierung Ausgeführten in die Dimension des *kommunikativen Wesens des Menschen*, in die Dimension der Interexistentialität, rücken.

1. Die *Larvanz* erscheint dann als die primäre *interexistentielle*

Verdecktheit, als die wechselseitige Sich-Entzogenheit der Menschen.

2. Mit dem Begriff der *Ruinanz* kann die ständige *interexistentielle Möglichkeit des Verfallens und der Verdinglichung*, des Sichverfehlens und des Nichtverstehens der anderen bezeichnet werden.

3. Die *Fragilität* schließlich läßt sich als die wechselseitige *interexistentielle Gefährdetheit und Verletzlichkeit* explizieren.

Die Endlichkeit *konstituiert* zwar eine menschliche Welt; aber auch ihre vermeintlich ganz und gar subjektiven und individuellen Modi lassen sich nur im Kontext der gemeinsamen Sprache und der gemeinsamen Praxis überhaupt thematisieren. Subjektive Endlichkeit erscheint auf diese Weise von vornherein als interexistentielle Entzogenheit des Mitmenschen. Gerade auf ihrem Hintergrund lassen sich nämlich spezifisch *kommunikative praktische Interexistentiale* als Konstituentien einer menschlichen Welt freilegen:

1. Die interexistentielle Verdecktheit ist der defiziente Modus des interexistentiellen *Verstehens*; der Larvanzcharakter ist der Hintergrund möglicher *kommunikativer Transparenz.*

2. Der Ruinanzcharakter ist der negative Modus der kommunikativen Auflösung von Verdinglichung, Verfallenheit und Instrumentalisierung in Formen *interexistentieller Autonomie.*

3. Die Fragilität ist die negative Form der *interexistentiellen, kommunikativen Solidarität.*

Wenn wir, heißt das, die Endlichkeitsanalysen auf die Frage nach den vollen Konstitutionsbedingungen einer menschlichen Welt beziehen, sie nicht – wie zum Beispiel Heidegger – einschränken, dann stoßen wir auf die *praktischen* Möglichkeitsbedingungen der interexistentiellen Transparenz, Autonomie und Solidarität. Sie bilden (neben anderen) die Antwort auf unsere Grundfrage: Wie ist eine menschliche Welt überhaupt möglich? Sie enthalten auch jene Sinnbedingungen und normativen Kriterien, die zur Kritik unserer Praxisformen in der Gesellschaft dienen können. Auch Transparenz, Autonomie und Solidarität stehen zwar unter den Bedingungen der Endlichkeit – sie sind also nur gebrochen möglich –, dennoch lassen sie sich als normative Folie für die Kritik unserer Praxis begreifen.

Ich möchte hier eine Nebenbemerkung zur gegenwärtig vieldiskutierten Diskursethik machen, die vor allem K.-O. Apel und

J. Habermas in unterschiedlichen Varianten entwickelt haben. Die Diskursethik läutert aus unserer alltäglichen, gestörten und gebrochenen, gleichsam von Grundrauschen untermalten Verständigungspraxis deren *ideale* Bedingungen heraus. Das Bild einer idealen Kommunikationsgemeinschaft, das die Autoren entwerfen, erscheint mir als Fehlkonstruktion aufgrund eines objektivistischen Mißverständnisses der (normativen) Voraussetzungen unserer Redepraxis. Auch die verständigungsorientierte Kommunikation ist strukturell fragil, opak, naturhaft, materiell und endlich. Die negativen Aspekte, die unserer verständigungsorientierten Kommunikation anhaften, sind nicht zufällige Störungen unserer Redepraxis, sondern sie selbst enthalten das kritische Potential, welches zur Aufklärung von Rationalität und Moralität dringend erforderlich ist und zur Destruktion von Dogmatismus, Fanatismus und Fundamentalismus beitragen kann – zur Einsicht, daß Dogmatismus, Fanatismus und Fundamentalismus mit ihren Ansprüchen *auf Sand gebaut und daher nichtig* sind. Die Konstruktion einer idealen Kommunikationsgemeinschaft, die sich den Prozeß der Verständigung reibungslos vorstellt, wird kriterial kraftlos. Kommunikation, die immer schon gelingt, ist keine mehr. Auch hier geht es vielmehr darum, Faktizität und Normativität – ich erinnere an meine Überlegungen zur dianoietischen Rede – in ihrer internen Verschränktheit und dialektischen Bezogenheit zu sehen und sie nicht dualistisch voneinander abzuspalten. Die negativen Momente unserer Kommunikation müssen vielmehr als deren ermöglichender Grund und Movens, als die treibende Kraft und »Macht der Negativität« (Hegel), begriffen werden. Die negativitätsfreie Diskursethik liefert keinen archimedischen Punkt des Denkens. Ohne diese Kritik an einem der faszinierendsten systematischen Entwürfe der Gegenwartsphilosophie weiter im einzelnen fortzuführen, möchte ich den Zusammenhang von Anthropologie und Ethik abschließend noch näher charakterisieren.

Der Begriff der Endlichkeit wurde als anthropologischer Grundbegriff eingeführt. Sie erwies sich als das einzelne Leben ebenso strukturierend wie auch vor allem das gemeinsame Leben der Menschen. Im Kontext der Endlichkeit ließen sich im dritten Schritt normativ kommunikative Interexistentiale analysieren.

Ich hatte eingangs auf den Zusammenhang von Anthropologie und Ethik verwiesen. Welche Konsequenzen ergeben sich nun mit dem anthropologisch fundamentalen Stellenwert des Endlichkeitsbegriffs für die Ethik bzw. Moralphilosophie?

Bei der Rede von der Endlichkeit in bezug auf die Ethik sind zunächst einmal zwei Aspekte zu unterscheiden: die Analyse der anthropologischen Endlichkeit hat erstens Konsequenzen *inhaltlicher* Art für die Ethik. Aus der Endlichkeit folgt zum Beispiel die Zurückweisung bestimmter Selbstmißverständnisse, die weithin verbreitet sind und die ich kurz benennen möchte. Zweitens ergeben sich aus dem fundamentalen Stellenwert der Endlichkeit Konsequenzen *methodischer* Art, die im Zusammenhang ethischer Überlegungen zu beachten sind: Ethik ist zwar auf mancherlei Weisen möglich – dies ist und bleibt völlig unbestritten –, letztlich aber nach meiner Überzeugung nur als negative Ethik.

Inhaltliche Konsequenzen, die sich aus der anthropologischen Endlichkeit für die Ethik ergeben, lassen sich als negative Konstitutionsbedingungen menschlichen Handelns präzisieren. Diese sind:

erstens die deterministische und naturalistische Unableitbarkeit unserer freien Handlungen. Zum Begriff der Handlung gehört: Wir können unsere Handlungen (in der öffentlich vertrauten Handlungswelt) aus *nichts* noch einmal vor, hinter oder über ihnen ableiten. Sonst verstehen wir uns als humane Wesen falsch.

Zweitens die Nichtobjektivierbarkeit der singulären Totalität unseres Lebens. Diese singuläre Totalität unseres Lebens (die begrifflich und instrumentell uneinholbare Gestalt personalen Lebens) ist kein Gegenstand der Verdinglichung, der Abbildung oder Verfügbarmachung. Es ist schließlich

drittens die damit gleichursprüngliche wechselseitige *Entzogenheit* der Personen füreinander (und auch für sich selbst).

Die menschliche Interexistenz ist konstitutiv durch pragmatische Unverfügbarkeit gekennzeichnet. Aus den Konstitutionsbedingungen der *Unableitbarkeit*, der *Nichtobjektivierbarkeit* und der wechselseitigen *Entzogenheit* ergibt sich ferner die methodische Konsequenz eines negativen ethischen Universalismus.

Negativ deswegen, weil dieser anthropologische Universalismus keinerlei positive ontologische oder metaphysische Voraussetzungen mehr hat. Es ist gerade das *Fehlen* solcher das Wesen des Menschen festlegenden Bestimmungen, die Einsicht in die untilgbare interexistentielle Entzogenheit und Unverfügbarkeit, die diesen Universalismus jenseits der unaufhörlichen philosophischen und wissenschaftlichen Selbstvergewisserungsversuche der Subjekte in der Neuzeit ausmacht. Das biblische Bildverbot war die archaische Vorgestalt dieser Einsicht. Mit dieser Einsicht verbindet sich mithin ein *postdogmatisches* und *posttraditionalistisches* Rationalitätsverständnis, welches einerseits szientifische, essentialistische, substanzmetaphysische und remythisierende Ansätze zurückweist, andererseits aber weit zurückreicht in die Genesis der okzidentalen Rationalität.

Der Geltungssinn meiner Analysen läßt sich auch als der *Schutz der Negativität* beschreiben, unter dem menschliche Wesen konstitutiv stehen. Ihm gegenüber stellen alle szientifischen, aber auch im weiteren Sinne politischen Formen der Instrumentalisierung und Verdinglichung schlicht eine ethische Zumutung, eine moralische Unverschämtheit dar. So kann die Macht der Negativität, von der Hegel spricht, mit Platon als die rettende Macht des Guten begriffen werden.

Und so kann philosophische Anthropologie Beiträge zu einer – ständig kritisierbaren, ständig revidierbaren – Konstitutionsanalyse der humanen Welt leisten.

Reiner Wimmer

Anthropologie und Ethik

Erkundungen in unübersichtlichem Gelände[1]

1. Philosophische Anthropologie als Grundlagendisziplin

Ihrem Gegenstand oder Inhalt nach ist die philosophische Anthropologie fast so alt wie die Philosophie selbst, die – spätestens seit Sokrates und der delphischen Aufforderung, sich selbst zu erkennen – immer auch, zumindest einschlußweise, ein Nachdenken des Menschen über sich selbst war. Philosophie ist noch – und wieder – bei Kant die Antwort auf die Frage, wer oder was der Mensch sei – diese Fragen, wie schon bei Sokrates, nicht so sehr in theoretischer als vielmehr in praktischer, d. h. in lebensorientierender Abzweckung gestellt. Allerdings leiden die Konzeptionen philosophischer Anthropologie dieses Jahrhunderts häufig an gravierenden Einseitigkeiten: Entweder sind sie individualistisch, gesellschaftsfern konzipiert, oder sie propagieren ein kollektivistisches bzw. ein institutionalistisches, häufig auch biologistisches Menschenbild. Demgegenüber hat philosophische Anthropologie, grundsätzlich gefaßt, die Gesamtsituation des menschlichen Daseins im Auge zu behalten: seine Personalität wie seine Gesellschaftlichkeit, seine Leiblichkeit wie seine Vernünftigkeit.

1 Einige Streifzüge bei diesen »Erkundungen in unübersichtlichem Gelände« habe ich nicht allein unternommen, sondern in Begleitung Friedrich Kambartels. Dabei denke ich vor allem an die gemeinsamen Überlegungen, die wir seinerzeit mit weiteren Mitarbeitern aus dem Umkreis seines Lehrstuhls in Konstanz anstellten, als es um die Erarbeitung eines Antrags für ein Forschungsprojekt ging, das ich dann unter dem Titel »Begriffliche und anwendungsbezogene Untersuchungen zum Verhältnis von Normen und Praxisformen« bei der Deutschen Forschungsgemeinschaft einreichte und das von ihr mit Schreiben im August 1989 bewilligt wurde. Über diese und andere bedeutsame Gelegenheiten zu philosophischem Gespräch mit Friedrich Kambartel hinaus fühle ich mich vor allem dem Geist verpflichtet, in dem er philosophiert. Ich wünsche und hoffe, daß diese Erkundungen davon Zeugnis ablegen.

Philosophische Anthropologie hat demgemäß als der zentrale Ort zu gelten, an dem sich der Mensch um ein vertieftes, kritisch geklärtes Verständnis seiner selbst bemüht. Innerster Kern und Ansatzpunkt solchen – sekundären, philosophisch-reflexiven – Selbstverständigungsbemühens ist das anthropologische Grundfaktum des spontanen, primären, mit dem menschlichen Lebensvollzug als solchem gegebenen Selbsterkenntnis- und Lebensorientierungsprozesses: daß der Mensch immer schon sich und sein Dasein zu verstehen, zu begreifen sucht und sich immer schon zu sich selbst und zum Ganzen seines Daseins, sei es bejahend, sei es verneinend, verhält. Er kann nicht anders leben, als wenigstens implizit sich ein Verständnis seiner Existenz zu erarbeiten und zu sich und seinem Leben Stellung zu nehmen.
Mit diesem Grundfaktum ist unter anderem der anthropologische Grund und Ausgangspunkt einer jeden Ethik angesprochen, die ihre lebensbezogenen praktischen Einsichten nicht letztlich dem Belieben anheimstellt. So gründet zum Beispiel Kants Selbstzweckformel des kategorischen Imperativs unmittelbar, wie Kants Darlegungen in der *Metaphysik der Sitten* ausweisen, in diesem anthropologischen Tatbestand, ohne den seine (wie jede) Ethik bodenlos wäre. Zu ihrer Entfaltung bedarf es allerdings weiterer anthropologischer Einsicht in die verschiedenen Dimensionen des Menschseins: Leiblichkeit, Sprachlichkeit, Kulturfähigkeit, Geschichtlichkeit etc.
Um solche Einsichten zu gewinnen, hat die philosophische Anthropologie nicht nur die alltäglich-lebensweltlichen und -lebensgeschichtlichen Erfahrungen eines jeden heranzuziehen, sondern sucht auch die Ergebnisse der philosophischen und der empirischen Einzelforschung, soweit sie den Menschen betreffen – also zum Beispiel der Humanbiologie, der Medizin, der Ethologie, der Ethnologie und der Sozialwissenschaften –, kritisch zu interpretieren und in einen begrifflich konsistenten Zusammenhang zu bringen, was nicht ohne mühevolle begriffliche Übersetzungsarbeit möglich ist. Zugleich aber reflektiert philosophische Anthropologie die faktischen und die normativen Bedingungen der Möglichkeit, die für das Zustandekommen der genannten einzelwissenschaftlichen Bemühungen notwendig sind. Hier überschreitet sie auch jede wissenschaftstheoretische Reflexion insofern, als sie nicht in immanenter Orientierung die dem wissenschaftlichen Vorgehen als solchem oder die jeder einzelnen Disziplin eigene

methodische Rationalität rekonstruiert, sondern nach den Bedingungen fragt, die das wissenschaftliche und außerwissenschaftliche Verhalten des Menschen und seine durch dieses Verhalten konstituierte Lebenswelt begründen. Damit verhält sich philosophische Anthropologie zu den Einzelwissenschaften nicht nur reaktiv und verarbeitend, sondern, wie es ihr als Grundlagendisziplin zukommt, auch konstitutiv und begründend.
Philosophische Anthropologie tritt also noch einmal einen Schritt hinter die vorwissenschaftlich-lebensweltlichen und die wissenschaftlichen Orientierungsbemühungen des Menschen zurück und fragt nach dem in ihnen zum Ausdruck kommenden grundlegenden Selbstverständnis des Menschen angesichts der unhintergehbaren und unaufhebbaren Konstitutiva seines Seins, nämlich seiner Selbstbezüglichkeit, seiner Leiblichkeit, seiner Sprachlichkeit, seiner Endlichkeit usw.

2. Sein und Sollen von der philosophischen Anthropologie aus gesehen

Schon diese Skizze einer fundamental verstandenen philosophischen Anthropologie macht deutlich, daß sich die übliche Dichotomie, Polarisierung von Sein und Sollen einer oberflächlichen Sicht verdankt: Die in Selbsterkenntnis und Stellungnahme zu sich und dem eigenen Dasein zum Ausdruck kommende Selbstbezüglichkeit des Menschen faßt Sein und Sollen immer schon in eins – oder genauer: Der Mensch existiert als einer, der sich und sein Dasein wertet und zu orientieren bemüht. Damit ist das Ethische im Sein des Menschen immer schon mitgesetzt, so daß der Naturalismusvorwurf, jedenfalls an dieser sehr fundamentalen Stelle, keinen Angriffspunkt findet. Auch für das Inhaltliche dieser Daseinsorientierung ist insofern schon gesorgt, als es nicht im Widerspruch zu den genannten Grundzügen des Menschen wie Leiblichkeit, Gemeinschaftlichkeit, Sterblichkeit stehen darf. Und daß das so sein *soll*, der Mensch sich nicht über die Bedingungen seines Daseins hinwegzusetzen versuchen darf, ist unmittelbar einsichtig. Die Forderung, der Wahrheit des Daseins im Leben zu entsprechen, ist einer Begründung weder fähig noch bedürftig.
Im übrigen scheint die These vom naturalistischen Fehlschluß Voraussetzungen zu machen, die nicht zutreffen. Sie nimmt näm-

lich an, daß die Sein-Sollen- bzw. Tatsache-Wert-Differenz eine vollständige Disjunktion darstellt. Wer jedoch eine Position vertritt, die gewöhnlich dem ethischen Naturalismus zugerechnet wird, meint in der Regel nicht, er ziehe aus einer puren Tatsachenbehauptung wertende Konsequenzen, sondern er hält die von ihm in Anspruch genommene Beschreibung der menschlichen Natur im Horizont sogenannter ›wertfreier‹ Feststellungen für nicht angemessen interpretiert. Des weiteren müßte man zuerst wissen, daß zwischen Sein und Gutsein ein unüberbrückbarer Graben klafft, bevor man einen naturalistischen Fehlschluß konstatiert; man setzt also voraus, was erst zu zeigen wäre.

Der naturalistische Fehlschluß ist denn auch nach MacIntyre eher ein ideengeschichtliches als ein logisches Problem: Der Fehlschlußvorwurf ergibt sich aus einem veränderten Natur- und Vernunftbegriff, der das traditionelle Begründungsschema für praktische Regeln sprengt; solange mit dem Begriff der menschlichen Natur ein teleologischer Wesensbegriff unterstellt wurde, enthielt er ein Wissen davon, wie das dem Menschen Mögliche wirklich werden kann. Unter dieser Voraussetzung war der Schluß vom Sein aufs Gutsein bzw. aufs Sollen so unbedenklich wie der Schluß von der Prämisse ›Er ist ein Seekapitän‹ auf die Verpflichtung ›Er soll das tun, was die Aufgabe eines Seekapitäns ist‹. Allerdings greift MacIntyres Kritik in zweifacher Hinsicht zu kurz und fällt damit hinter das rechtens festzuhaltende Niveau der neuzeitlichen Aufklärung zurück: Die ethische Dimension hat ihren anthropologisch genuinen Ort weder in den vom Menschen geschaffenen Institutionen noch in seiner biologischen, teleologisch verstandenen Natur; die Frage nach den zu wählenden Institutionen ist selber eine ethische Frage, und sie kann auch nicht dadurch beantwortet werden, daß man ein teleologisches Naturverständnis unterstellt oder wiederherzustellen sucht, wie es MacIntyre möchte. Insofern genügt es auch nicht, Aristoteles – fälschlicherweise – in Anspruch nehmend darauf hinzuweisen, daß die Moderne den Menschen in der abstrakten Unmittelbarkeit seiner bloß physischen Bestimmtheit genommen habe, sich unter Natur also eine von allen Kontexten und Institutionen unabhängige Größe vorstelle, so daß zwangsläufig ein unüberwindbarer Hiatus zwischen Sein und Sollen, Fakt und Wert entstehe.

Ist aber der Begriff eines bloßen Naturwesens Mensch eine unzulässige Abstraktion, kennen wir den Menschen nur mit praktischer Vernunft begabt, so läßt sich der Streit um den naturalistischen Fehlschluß rechtens auf die Frage nach dem angemessenen Begriff der menschlichen Natur verlagern; die Frage nach der Ethik wird so zur Grundfrage der Anthropologie. Diese Strategie kann ausgerechnet Kant zu ihrem Kronzeugen aufrufen, der es zwar für unabdingbar hält, das Sittengesetz nicht auf die Natur des Menschen zu gründen, wenn anders es »absolute Notwendigkeit bei sich führen« solle[2], der aber andererseits die vernünftigen Wesen insgesamt als Personen begreift, deren »Natur sie schon als Zwecke an sich selbst (...) auszeichnet«, so daß er den Grund seines obersten praktischen Prinzips in der Behauptung finden kann: »die vernünftige Natur existiert als Zweck an sich selbst«.[3]

3. Das kritisch-ethische Potential der philosophischen Anthropologie

Wenn man die Verschränkung von philosophischer Anthropologie und Ethik betont, so daß es von der Sache her keine Lehre von der Grundsituation des Menschen geben kann, die mit der Analyse des kommunikativ-praktischen In-der-Welt-seins nicht auch deren moralische Dimension zum Thema machen müßte, so wie andererseits jede praxisbezogene Ethik sich der anthropologischen Bedingungen versichern muß, die das moralisch-praktische Daseins- und Handlungsfeld konstituieren, so ist doch bei aller berechtigten anti-dualistischen Abzweckung eine entgegengesetzte Gefahr zu meiden, nämlich die mit der Moralität gegenüber dem faktisch Bestehenden verbundenen Anspruchs- und Sollensmomente zu nivellieren und in die immer schon kommunikativ und praktisch bestimmte Grundsituation des Menschen zurückzunehmen. Über der Betonung der – häufig vernachlässigten – fundamentalanthropologisch-ethischen Perspektive darf nicht übersehen werden, daß sich moralische Einzelfragen keineswegs durch bloßen Rekurs auf jene Perspektive beantworten lassen. Welcher Art diese fundamentalanthropologisch-ethischen Ein-

2 I. Kant, *Grundlegung zur Metaphysik der Sitten. Gesammelte Schriften*, hg. v. Königlich Preußische (später: Deutsche) Akademie der Wissenschaften, Berlin 1910ff., Bd. IV, S. 389 (A VII).
3 Ebd., S. 428 (A 65 f.).

sichten sind, sei exemplarisch verdeutlicht anhand einer ihrer kritischen Funktionen, nämlich der, falsche Selbstverständnisse zu korrigieren. Mißverständnisse der Grundsituation des Menschen äußern sich stets praktisch folgenreich – so auch ihre Behebung. Jemand, der sich zum Beispiel über die eigene Sterblichkeit hinwegzusetzen sucht, täuscht sich nicht nur selbst in einem irgendwie gearteten theoretischen Sinn, sondern er führt ein falsches Leben aus der falschen Sicht seines Daseins heraus, die sich ihrerseits aus der falschen Lebensführung ergeben kann; Lebensführung und Lebensverständnis bedingen sich gegenseitig. Was die Möglichkeit der Korrektur solcher lebenspraktischen Selbsttäuschungen betrifft, so ist das später zur Änderung von Einstellungen Gesagte heranzuziehen.

Fundamentale begriffliche Einsichten gehören, sofern sie das Dasein des Menschen betreffen, natürlich zum Kernbereich einer jeden philosophischen Anthropologie, ihr praktischer Charakter macht zugleich ihre ethische Bedeutsamkeit aus. Ein weiteres Beispiel: Das, was wir ›Lebenssinn‹, ›Daseinsfreude‹, ›Weltvertrauen‹ nennen, läßt sich nicht fordern oder einklagen. Es macht keinen Sinn, jemanden dazu aufzufordern, sich seines Lebens zu freuen, wenn ihm die Einsicht in den Sinn seines Lebens fehlt. In anderer Hinsicht kann es aber sinnvoll, ja notwendig sein, zur Freude zu mahnen, nämlich dann, wenn sich Menschen die Freude nicht gestatten. Das kann seinen Grund in einem existentiellen Mißverständnis haben, daß man den Sinn und damit die Freude seines Daseins zum Beispiel von bestimmten Ereignissen in seinem Leben abhängig macht. Doch auf diese Weise kann nur eine partikulare, relative Sinngebung erfolgen. Ein absoluter, das Leben als Ganzes umfassender Sinn läßt sich dagegen nur unabhängig vom Auf und Ab der wechselnden Sachlagen und Situationen im Leben gewinnen. Hier ist ein lebenslanger Prozeß der Loslösung von den bedingten Sinngebern vonnöten. Nur ein Mensch, der aus der Vielfalt der vermeintlichen, weil nur partikularen, bedingten Sinngeber in die Einzigkeit des unbedingten Sinns des Lebens getreten ist, hat dann auch die Einheit seiner Person gewonnen; denn er hat seine verschiedenen Persönlichkeitsbereiche mit ihren divergierenden Ansprüchen zu einer einzigen Grundhaltung integriert.

4. Zur Methodik der philosophischen Anthropologie

Zunächst einmal ist zwischen philosophischer Anthropologie – die es, recht verstanden, nur in der Einzahl geben kann – und den empirischen Anthropologien, von denen es eine Vielzahl gibt, zu unterscheiden. So behandelt die Paläoanthropologie die Naturgeschichte des Menschen, die Humanethologie als eine spezielle Art empirischer Verhaltensforschung untersucht menschliches Verhalten, soweit es Analogien zum Verhalten von Tieren aufweist. Hier erscheint der Mensch als eine besondere Art von Tier; man sucht nach Verhaltensgesetzen, wie sie sich etwa durch frühkindliche, vorsprachliche Prägungen ergeben haben mögen. Von der Biologie inspirierte Anthropologien neigen dazu, die Ausstattung des Menschen mit kulturellen und technischen Fähigkeiten funktionalistisch zu begreifen; so wird der Mensch zum Beispiel als Mängelwesen charakterisiert, dem Handlungsfähigkeit, insbesondere Werkzeugherstellung und -gebrauch, als Kompensation für vielfältige körperliche und instinktmäßige Mängel zur Verfügung stünde. Demgegenüber abstrahiert die philosophische Anthropologie von den naturgeschichtlichen Bedingungen der Menschwerdung. Statt dessen sucht sie jene Züge zu erheben, die dem Menschen als solchem in den Verschiedenheiten seiner geschichtlichen Situationen zukommen.

Methodisch bedeutet dies, daß philosophische Anthropologie keine empirische Wissenschaft ist im üblichen Sinn dieses Ausdrucks. Allerdings besagt dies auch nicht, daß sie erfahrungs- und argumentationsüberhobene Spekulation ist. Vielmehr ist sie die grundsätzlichste Form des erkenntnismäßigen Sich-zu-sich-selbst-Verhaltens des Menschen. Sein darin zum Ausdruck kommendes Interesse an sich selbst ist nicht dasjenige an wissenschaftlicher Objektivität im Sinne theoretischer Distanz zu Zwecken systematischen Erkenntnisgewinns oder praktisch-technischer Handhabbarkeit und Verfügbarkeit, sondern Suche nach angemessenem Selbstverständnis bzw. Klärung eines solchen.

Sätze der Anthropologie – wie zum Beispiel daß der Mensch ein tätiges, ein leibliches, ein sprachliches Wesen ist, daß er seiner selbst bewußt ist oder daß es ihm in seinem Verhalten zu anderem immer auch um sich selbst geht – sind keine bloßen Definitionen oder Angaben über den Gebrauch des Wortes ›Mensch‹, sondern es sind Aussagen, näherhin Feststellungen über den Menschen als

solchen. Andererseits – so wurde oben behauptet – handelt es sich bei ihnen nicht um empirische Aussagen im wissenschaftlichen Sinne des Wortes ›Erfahrung‹. Sie können zwar als Allaussagen aufgefaßt werden – ›Alle Menschen sind tätige Wesen‹ oder ›Jeder Mensch ist tätig‹ –, doch erweist sich ihre Wahrheit oder Falschheit nicht durch Beobachtung. Vielmehr ist ein Begriff von Erfahrung hier einschlägig, der dem der Lebenserfahrung nahekommt, ›Erfahrung‹ aber auch nicht im erlebnismäßigen Sinne, sondern eher im Sinne des Bekanntseins und Vertrautseins mit sich und seinesgleichen, das heißt mit eigenem und fremdem menschlichen Leben oder Dasein. Natürlich bedürfen Sätze der genannten Art in höchstem Maße der Erläuterung. Aber auch diese Erläuterungen sind weniger als Wortgebrauchsregeln oder -erklärungen, etwa der Ausdrücke ›tätig‹ oder ›selbstbewußt‹, zu verstehen denn als Auslegung von anthropologischen Sachverhalten selbst.
Wenn deren Universalität keine Angelegenheit wissenschaftlicher oder vorwissenschaftlich-lebensweltlicher Untersuchung ist (und sein kann, weil sie nicht nur die Menschen der Gegenwart, sondern auch die der Vergangenheit und der Zukunft umfaßt) – wie sind anthropologische Aussagen dann zu prüfen? Die bloße Behauptung, daß jeder Mensch bzw. der Mensch schlechthin und als solcher ständig von sich und von anderen diese oder jene Tatsachen in Erfahrung bringt, verbürgt ja noch nicht ihre Wahrheit. Andererseits – so wurde nun schon mehrfach betont – läßt sich die Wahrheit bzw. Falschheit nicht durch Augenschein oder experimentelles Handeln zum Zwecke der Prüfung von Theorien erweisen. Es geht ja voraussetzungsgemäß um Sachverhalte, die im Grunde offen zutage liegen, mit denen jeder vertraut ist, die jedem zugänglich sind, weil sie zu ihm, zu seinem Leben gehören. Jeder ist somit sachkundig. Seine Kompetenz erstreckt sich freilich nicht umstandslos auch auf die Möglichkeit, die eigenen Erfahrungen, die auch die jedes anderen sind, angemessen zu artikulieren. Aber die Notwendigkeit der angemessenen Artikulation ist auch nicht mit der Etablierung bestimmter philosophischer Fachsprachen oder Theorien zu verwechseln, weil diese – wie auch einzelwissenschaftliche Theorien, wie später ansatzweise gezeigt werden soll – jene Erfahrungen und ihre Artikulation immer schon voraussetzen (müssen). Das Vorbild ist hier Sokrates. Er benutzte die Sprache des Alltags, um zu erinnern oder hervorzulocken, wovon ein jeder Kenntnis hat, und um dadurch zugleich

prätendiertes Wissen zu zerstören, Selbsttäuschungen aufzudekken, abkünftiges Wissen auf seine Ursprünge hin durchsichtig zu machen, Daseinsverständnisse zu klären und zur Scheidung angemessener von unangemessenen Lebensorientierungen zu verhelfen.
Eine Prüfung und Erprobung anthropologischer Sätze hat dialogisch zu geschehen. Es geht um die Sicherung ihres *gemeinsamen* Verständnisses. (Im übrigen ist dieses Verständnis nie abgeschlossen; sowohl Korrekturen als auch Vertiefungen sind immer möglich oder sollten doch stets möglich sein.) Anthropologische Dialoge müssen prinzipiell mit jedem geführt werden können; denn jedem Menschen sind anthropologische Einsichten zuzutrauen, aber auch zuzumuten; geht es doch um eines jeden eigenes Leben, und dies im Sinne des Lebenkönnens und in eins damit des Verstehens dessen, was das menschliche Leben ausmacht. Das Verstehen des Lebens kann freilich durch mancherlei kulturell wie durch einen selbst erzeugte Täuschungen verstellt sein. Anthropologische Besinnungen und Gespräche werden dann auch zu solcher Klärung beitragen müssen.
Als einen anthropologischen Fundamentalsatz hatten wir die Feststellung bezeichnet, der Mensch sei ein tätiges Wesen. Ein Aspekt des Tätigseins ist beim Menschen das Handeln. So können wir auch sagen, der Mensch sei ein handelndes Wesen. Was aber heißt ›Handeln‹, was sind Handlungen, was besagt Handlungsfähigkeit?

5. Der Antibehaviorismus und Antipsychologismus der philosophischen Anthropologie

In den heutigen Wissenschaften vom Menschen begegnen einander komplementäre Mißverständnisse: behavioristische Theorien einerseits, psychologistische andererseits. Der physikalische Behaviorismus deutet alles leibliche Verhalten als körperlichen Vorgang: Körperliche Zustände gehen in andere körperliche Zustände über dank körperlicher Dispositionen und körperlicher Auslöser. Die psychologistische Rede von ›inneren‹ Zuständen wird überführt in oder ersetzt durch die Rede von ›Dispositionen‹. Solche Dispositionen sind selbst nicht direkt beobachtbar, wohl aber indirekt, wenn sie nämlich aktualisiert werden, sich im

Verhalten zeigen. Der Psychologismus hält demgegenüber an unmittelbar, nämlich in der Selbstwahrnehmung zugänglichen inneren Zuständen und Vorgängen fest. Nach dieser Konzeption klären wir uns anhand des Charakters dieser inneren Sachverhalte über den Charakter unserer Leibbewegungen auf, nämlich ob es sich bei ihnen um Widerfahrnisse handelt, die an und in unserem Körper ohne unser Zutun geschehen, oder ob es sich um Vorgänge handelt, für die wir selbst verantwortlich sind, die wir selbst – so wird dann diese Vorstellung in Analogie zum Verständnis von Naturvorgängen häufig weiter entfaltet – verursacht haben. Neben diesem mechanistischen Psychologismus existieren nicht-mechanistische Varianten, zum Beispiel der phänomenalistische Psychologismus und die alte Hypothese eines psychophysikalischen Parallelismus.
Diese Versionen des Psychologismus haben eine Schwierigkeit gemeinsam: Wenn wir einem Menschen eine Handlung zuschreiben, dann kann nur dieser selbst – so der Psychologismus – Auskunft darüber geben, ob er wirklich gehandelt hat oder ob ihm lediglich etwas zustößt. Außenstehende bringen Deutungen vor, die aber nur der Sichverhaltende als zutreffend auszeichnen kann. Eine intersubjektive Prüfung solcher Aussagen ist also unmöglich; damit ist die Kernthese des Psychologismus nicht wissenschaftsfähig. Die Schwierigkeiten reichen jedoch noch weiter: Der Psychologismus muß die Bedeutung der von ihm verwendeten Ausdrücke wie ›Absicht‹, ›Zweck‹ voraussetzen; er appelliert ja bei ihrer Verwendung an ein gegebenes Verständnis, er unterstellt die Gemeinsamkeit ihres Verständnisses, hat sich aber die Möglichkeit dazu entzogen, weil auch Bedeutungen angeblich rein innere und damit private psychische Zustände sind. Wie aber Wittgenstein gezeigt hat, gibt es keine rein privaten Bedeutungen von Wörtern und Sätzen; Privatsprachen kann es nicht geben. Wenn also Ausdrücke wie ›Intention‹ überhaupt eine Bedeutung haben, dann muß es für das Vorkommen von Intentionen öffentliche, einer Vielzahl von Menschen zur Verfügung stehende Kriterien geben.
Der Solipsismus ist eine der Philosophie spätestens seit Descartes inhärente Neigung; die neuzeitliche Subjektphilosophie ist sein prominentester Repräsentant. Aber er stellt eine fundamentale anthropologische Selbsttäuschung dar. Ein weiterer Fundamentalsatz der Anthropologie muß deshalb etwa so formuliert werden: Der Mensch ist ein von Grund auf und von allem Anfang an ge-

meinschaftliches Wesen. Ihren tiefsten Ausdruck findet diese Gemeinschaftlichkeit des Menschen in seiner Sprachlichkeit: Daß es keine Privatsprache geben kann, bedeutet unter anderem, daß es keine Sprache geben kann, die ein Mensch ausschließlich zu seiner eigenen Orientierung in der Welt und zu seiner Selbstverständigung über das, was er ist und tut, was er sein und tun möchte, entwerfen und verwenden könnte. Das ließe sich auch so sagen: Der Solipsismus als erkenntnistheoretisch gesprochen reiner Subjektivismus oder Egoismus im Sinne eines Ego- oder Mono-Logismus ist nicht nur eine unmöglich zu verwirklichende, sondern auch eine unmöglich zu denkende, weil widersprüchliche Position.

Aber muß der Mensch überhaupt den Schritt in die Sprache tun, ist es nicht möglich, unabhängig von ihrer sprachlichen Artikulation innere, seelische Vorgänge, Zustände und Ereignisse wahrzunehmen und als etwas Bestimmtes zu identifizieren und so von anderem zu unterscheiden? Ja, vielleicht in dieser oder jener Hinsicht. (Ein Hund bellt im Schlaf, weil er im Traum eine Katze sieht.) Aber, wie uns Wittgenstein ebenfalls einzusehen lehrte, nicht hinsichtlich des uns hier beschäftigenden anthropologischen Fundamentalsatzes vom Menschen als handelndem Wesen: Handeln oder Unterlassen, sich eine Meinung oder eine Absicht bilden oder sie haben, sich einen Zweck setzen und ihn verfolgen oder wieder aufgeben, sind – entgegen den Vorstellungen des Psychologismus – überhaupt keine inneren, ›psychischen‹ Vorgänge, Zustände oder Ereignisse, Prozesse oder Abläufe. Sie können wohl von solchen, zum Beispiel Vorstellungsbildern oder Gefühlen, begleitet sein. Aber diese Begleitphänomene stellen weder notwendige noch gar hinreichende Bedingungen für die Bildung von Entschlüssen usw. oder deren Identifikation dar.

Um dies einzusehen, ist mindestens zweierlei zu beachten: 1. Die Bildung von Absichten, Entschlüssen und Zwecken ist kein Naturvorgang, soll heißen: kein Geschehen, das uns im strengen Sinne zustößt, sondern eine bestimmte Art von Tätigkeit, nämlich die des Bildens und Abwägens von Handlungsgründen, zum Beispiel Zwecken. Situationen und Situationsaspekte heben wir im Lichte unserer Bedürfnisse heraus und versehen sie so mit Bedeutsamkeit für uns, machen sie so zu Gründen oder Gegengründen für mögliches Tätigsein, prüfen sie auf ihre Konsistenz und auf ihre Angemessenheit, zum Beispiel, indem wir sie (versuchsweise) in größere Praxis- und Motivationszusammenhänge einbetten oder vor einem umfassenderen Hintergrund von zu Zwecken erhobenen Situationen oder Bedürfnissen stellen.

2. Das Fassen und Erfassen, das Abwägen, Annehmen und Verwerfen von Gründen, die Bildung von Absichten und Zwecken, die Vergegenwärtigung von ganzen Praxis- und Lebensformen – all dies sind *sprachliche* Tätigkeiten; denn ihr gegenständlicher, besser gesagt: situationaler Gehalt läßt sich nur sprachlich, durch Beschreibungen, identifizieren und charakterisieren (in archaischen Kulturen etwa durch Mythen). Diese Notwendigkeit besteht vorgängig zu jeder Verständigung über diesen Gehalt mit anderen Menschen. Allerdings bedarf er dann keiner (erneuten) sprachlichen Artikulation, wenn er unumstritten gilt, wenn individuelle oder gemeinschaftliche Absichten auf Dauer gestellt sind, wenn Praxis- und Lebensformen gar den selbstverständlichen Unter- oder Hintergrund des Daseins bilden und unhinterfragt tradiert werden. Dann allerdings kann es sein, daß sie dem Bewußtsein der Agierenden – und das heißt: der sprachlichen Vergegenwärtigung durch sie – weitgehend entzogen sind und ihnen als quasi-natural vorgegebene Unabänderlichkeiten erscheinen. Es bedarf dann unter Umständen erheblicher hermeneutischer Anstrengungen, um jene Formen wieder ins Bewußtsein und damit in die Sprache und den Bereich der Wahl zurückzuholen.

Der Behaviorismus verkennt nicht, wie der Psychologismus, die grundsätzliche Intersubjektivität von Bedeutungen, d. h. die Notwendigkeit der intersubjektiven Verfügbarkeit von Kriterien zur Identifizierung von Sachverhalten im allgemeinen, von Verhaltenskriterien zur Identifizierung von ›geistigen‹ Sachverhalten, zum Beispiel Absichten und Zwecken, im besonderen. Er steht aber seinerseits in der Gefahr, die Kategorie des Verhaltens zu undifferenziert zu verwenden und gewisse Unterschiede zwischen tierischem und menschlichem Verhalten, die oben pauschal mit den Ausdrücken ›Intentionalität‹ und ›Selbstbezüglichkeit‹ bezeichnet wurden, zu verwischen oder gar zu leugnen. Diese Tendenz kennzeichnet nicht nur den physikalischen Behaviorismus, sondern auch aktuellere Varianten, wie solche biologistischer Provenienz. Als sich ihrer begrifflichen und methodischen Begrenztheit wohl bewußte Standpunkte sind sich als behavioristisch bezeichnende Theorien allerdings unanstößig; ideologisch anfechtbar werden sie bei Vernachlässigung der immanenten Beschränktheit ihrer Aussagekraft. Wegen ihrer sowohl aktuellen als auch grundsätzlichen anthropologischen Bedeutung sei die Auseinandersetzung mit solchen Positionen noch ein wenig weitergetrieben, die den Begriff der Handlung für das Verständnis und die Erklärung menschlichen Verhaltens nicht zu benötigen meinen und ihn durch deterministische Konzepte ersetzen zu können glauben.

6. Freiheit als transzendentales, nämlich lebensweltliches und wissenschaftliches Handeln ermöglichendes Faktum

Das Kausalverhältnis in den neuzeitlichen Natur- und Sozialwissenschaften bezieht sich seit David Hume gewöhnlich nicht mehr auf empirisch festgestellte Verknüpfungen von Ereignissen mit ihren Ursachen, sondern regelmäßige Abfolgen solcher voneinander unabhängig identifizierter Ereignisse. Weil ein kausales Umwillen sich empirisch nicht belegen lasse – so argumentierte man –, könne man sich nur noch an ein unter gleichen Bedingungen regelmäßig wiederkehrendes zeitliches Nacheinander als Ausweis einer bestimmten Naturgesetzlichkeit halten. Damit schien der Kausalbegriff sogar überflüssig geworden zu sein.
Andererseits ist aber der Wissenschaftler nach wie vor für die Beschreibung eines Beobachtungsarrangements oder eines Versuchsaufbaus auf die Kategorie der Verursachung, und zwar der Verursachung durch Handeln (!), angewiesen: Die Beobachtungs- und Versuchsanordnung ist nämlich zum einen handelnd vom Experimentator im Hinblick auf ein bestimmtes angestrebtes Ziel hergestellt, zum andern ist sie für das angestrebte Resultat ursächlich ›verantwortlich‹: Ohne das im Blick auf eine bestimmte Fragestellung und Zwecksetzung erstellte experimentelle Design, in dem störende Faktoren, soweit bekannt, eliminiert sind und die zu untersuchenden Variablen sorgfältig variiert werden, gibt es keine zuverlässige, d. h. verallgemeinerungsfähige und zu Prognosen taugliche Erkenntnis von Regelmäßigkeiten im Ablauf von Ereignissen. Handeln, so als Eingriff in den Lauf der Dinge verstanden, ist *verursachendes Handeln*, und die naturgesetzliche Regelhaftigkeit läßt sich von zufälliger Regelmäßigkeit nur dann unterscheiden – und um genau diese Unterscheidung treffen zu

können, ist es ja dem Natur- und Sozialwissenschaftler unter anderem zu tun –, wenn das experimentelle Handeln als *verursachendes* Handeln verstanden wird, wenn gesehen wird, daß der Begriff der gesetzlichen Regelmäßigkeit oder – kürzer – des Naturgesetzes den der Ursache und dieser den der Handlung voraussetzt. Georg Henrik von Wright hat hierauf nachdrücklich aufmerksam gemacht und einen von ihm als ›aktionistisch‹ oder ›experimentalistisch‹ genannten, besser aber als ›interventionistisch‹ zu bezeichnenden Begriff der Ursache gegründet.

Die Fähigkeit zu handeln läßt sich, wie gesagt, verstehen als das Vermögen, von sich aus nach Belieben in den Lauf der Dinge einzugreifen, oder auch als das Vermögen, einen Zustand von selbst anzufangen, so daß anderes geschieht als ohne diesen Eingriff. Nach Belieben in den Lauf der Dinge eingreifen oder einen Zustand von selbst anfangen heißt natürlich nicht, den Lauf der Natur beliebig außer Kraft setzen. Die Konstanz, Verläßlichkeit und Selbständigkeit der Natur, ihre (relative) Unabhängigkeit von menschlichem Wollen sind gerade eine notwendige Voraussetzung für die Möglichkeit handelnden Eingreifens, ja menschlichen Handelns überhaupt. Denn unser Handeln ist konstitutiv leibgetragen, wir müssen unsere Handlungen über Ereignisse an und in unserem Leibe und deren Wirkungen vollziehen, und dazu bedarf es der Widerständigkeit der Natur und der Konstanz ihrer Zustände und Abläufe. Sonst wäre die Verwirklichung unserer Absichten nicht unterscheidbar von ihrer Nicht-Verwirklichung (jedenfalls unserer in die Welt oder auf die Natur gerichteten Handlungsabsichten; unsere auf ›innere‹ Handlungen oder Tätigkeiten, wie zum Beispiel das sogenannte ›Kopfrechnen‹ oder das Nachdenken über ein Problem, gerichteten Absichten sind nicht in dieser *begrifflichen* Weise an ›äußere‹, leibliche Vollzüge gebunden). Die Ausdrücke ›nach Belieben‹ und ›von selbst‹ in den obigen Wendungen artikulieren dabei den anderen Aspekt menschlichen Tuns, seine Freiheit im Sinne seiner Naturüberhobenheit und seiner Selbstbestimmtheit. Naturgesetzlichkeit und menschliche Freiheit schließen einander also nicht aus, sondern diese ist auf jene *ontisch* angewiesen, während jene von dieser *begrifflich* abhängt. Diese letztere Behauptung sei noch kurz erläutert und begründet.

Damit jemand nach Belieben in den Lauf der Dinge eingreifen oder von selbst Zustände in der Welt herbeiführen und dieses auch erkennen kann, muß er ein Wissen um den natürlichen Ablauf der Ereignisse in der Welt unabhängig vom eigenen Eingreifen haben. Im Begriff der Handlung ist so ein Vergleich enthalten zwischen jenem Sachverhalt, der sich aus der Handlung ergibt, und jenem Sachverhalt, der bestünde oder einträte, würde die fragliche Handlung nicht vollzogen. Den Gegenstand dieser impliziten Bezugnahme einer jeden nach außen gerichteten Handlung kann man mit von Wright ihr ›kontrafaktisches Element‹ nennen, das man rechtens mit irrealen Konditionalsätzen zum Ausdruck bringen kann. Nun läßt sich aber Kontrafaktisches, Irreales, empirisch nicht unmittelbar bewahrheiten, weil man vom Nicht-Existenten kein durch direkte Beobachtung begründetes Wissen haben kann. Trotzdem ist man gewöhnlich der festen Überzeugung, daß es zutrifft. Ist diese Überzeugung rational zu rechtfertigen? Worauf beruht sie? Sie gründet auf der Beobachtung und der Vertrautheit mit einem bestimmten Grad von Regelmäßigkeit (nicht: Determiniertheit im Sinne von Naturgesetzlichkeit!), den die natürlichen Abläufe zeigen. Ohne diese Regelmäßigkeit und das Wissen um sie wären wir nicht imstande, in Geschehensverläufe einzugreifen, d.h. von uns aus einen Anfang in einer Abfolge von Ereignissen zu setzen und – zum Beispiel experimentell – herauszufinden, welche der beobachteten Regelmäßigkeiten nur zufälliger und welche von ihnen gesetzlicher Art sind. Diese Unterscheidung zwischen akzidentellen und nomischen Regularitäten läßt sich konkret nicht durch Beobachten allein treffen, sondern durch Handeln, Geschehenlassen und Beobachten dessen, was ohne unser Zutun und was mit ihm geschieht. So sind die Kausaltheorie oder der Begriff der naturgesetzlichen Determiniertheit sowie ihre konkrete Anwendung abhängig von der menschlichen Handlungsfähigkeit und der darin mitgesetzten Handlungsfreiheit. Zu diesem Ergebnis war schon Kant gelangt. Er zeigte, daß die Determiniertheit des Naturgeschehens ein Entwurf unseres Verstandes und ein Resultat unseres Umgangs mit ihm ist.[4] Im Unterschied zur Auffassung der Empiristen, zum Beispiel von John Locke, ordnet nach ihm der Verstand nicht lediglich das Wahrgenommene, sondern entwirft eine eigene Art der Erkenntnis, die

4 Vgl. I. Kant, *Kritik der reinen Vernunft. Werkausgabe*, Bd. III u. IV, hg. v. W. Weischedel, Frankfurt am Main 1968, B 248, sowie die Vorrede zur zweiten Auflage, XII f.

Kant ›Erfahrung‹ nennt. Die Gesetzlichkeit der Natur ist eine Leistung unserer handelnden Vernunft, nicht etwas, das unabhängig von ihr bestünde und von ihr entdeckt werden könnte. Wir nötigen die Natur durch unser experimentelles Handeln, auf unsere Fragen zu antworten.[5] Die Vernunft

»gibt der Natur Gesetze, nach denen sich die Natur richten muß. (...) Die Ordnung und Regelmäßigkeit also an den Erscheinungen, die wir Natur nennen, bringen wir selbst hinein, und würden sie auch nicht darin finden können, hätten wir sie nicht (...) ursprünglich hineingelegt«.[6]

Was wir ›Natur‹ nennen und in den Naturwissenschaften erforschen, ist kein eigenständiges Phänomen, als was es der Determinismus voraussetzt, sondern eine besondere Praxis des Menschen. Wer wissen will, was die Natur (als Gegenstand der Wissenschaft!) ist, muß in einer langen Ausbildung die auf Handlungen zurückführenden Konstruktionen verstehen lernen, die die sogenannte ›Natur‹ konstituieren. Gegen den Determinismus versteht Kant die Naturwissenschaften gerade als eine Emanzipation des Menschen gegenüber der Natur[7], er macht sich eine Ordnung nach eigenen, freilich nicht beliebigen, sondern transzendentalen Ideen. Deshalb ist es widersinnig, wenn Naturwissenschaftler ein deterministisches Selbstverständnis des Menschen verbreiten; denn 1. sind ihre Erkenntnisse nur durch Freiheit möglich, und 2. ist es der Sinn der Naturwissenschaften, die Freiheit des Menschen wirklich werden zu lassen bzw. zu erweitern, nicht sie zu negieren. Programm der Naturforschung ist die Darstellung der Naturabläufe nach ihren Ursachen und Folgen, weil »die Vernunft nur das einsieht, was sie selbst nach ihrem Entwurfe hervorbringt«[8] und weil sie ohne solche Einsicht nicht oder nur begrenzt in der Welt zu handeln vermöchte.

Von den Bedingungen der Möglichkeit der Wissenschaft her zeigt sich somit die Eigenständigkeit der menschlichen Handlungswelt. Die Irreduzibilität unserer Handlungen auf Naturvorgänge bringt das Wort ›Freiheit‹ zum Ausdruck. Das menschliche Handlungsvermögen ist ein transzendentales Faktum unserer menschlichen Welt und hat nur in ihr seinen Platz. Das zeigt sich begrifflich

5 Ebd., B XIII.
6 Ebd., A 125.
7 Ebd., B XIII.
8 Ebd.

auch darin, daß Handlungen nicht auf Ursachen, sondern auf Gründe führen und nur von ihnen her verständlich gemacht werden können. Zwar sind wir Menschen auch Naturwesen und damit Ursachen und Gesetzen unterworfen, zugleich aber sind wir als Handlungswesen Freiheits- und Vernunftwesen.
Den Sinn von Handlungen erfahren wir nicht durch Naturforschung, sondern nur dadurch, daß wir uns gemeinsam über die Absichten und Gründe unserer Handlungen verständigen. Um Handlungen zu verstehen, können wir nicht hinter sie zurück. Wir begreifen sie ausschließlich immanent aus unserer menschlichen Handlungswelt. Ihr geht nichts vorher. Was der Mensch sei, kann nur noch beschreibend, nicht erklärend beantwortet werden: So ist der Mensch; so machen wir das! Diese Einsicht verdanken wir nicht erst Wittgenstein[9], sondern schon Kant. Auf ihr beruht sein gesamtes kritisches Werk. Sie erhält eine leicht faßbare Gestalt in seiner Lehre vom Faktum der Vernunft. Diese transzendentale Faktizität der Vernunft wird zum Beispiel bei der Beantwortung der notorischen Frage ›Warum sollen wir moralisch sein?‹ bedeutsam.

7. Kritik der sogenannten ›Prinzipienethik‹ aufgrund des lebens- und praxisformbezogenen Einstellungskonzepts

Nach Streifzügen, die eher auf dem Terrain der Anthropologie stattfanden, ohne daß es vermeidbar gewesen wäre, das damit aufs engste verwobene Feld der Ethik immer auch mit zu erkunden, sei nun dasselbe Gebiet ausdrücklicher von der Seite der Moralphilosophie aus begangen. Dabei sollen jene Hinweise genauer bedacht und kritisch gegen die verschiedenen Arten der traditionell vorherrschenden Prinzipienethik gewendet werden, die sich im Voraufgehenden auf die Einbettung unserer moralischen Urteilskategorien in umfassendere Praxis- und Lebensformen bezogen. Unter dem Titel ›Prinzipienethik‹ seien im folgenden alle geläufigen Arten von Pflichten-, Werte-, Zwecke- und Güterethik ver-

9 Vgl. L. Wittgenstein, *Philosophische Untersuchungen. Werkausgabe Bd. 1*, Frankfurt 1984, Teil I, § 124; ders., *Über Gewißheit. Werkausgabe Bd. 8*, Frankfurt am Main 1984, § 110.

standen (wobei die Pflichten- und die Werteethik häufig auch unter die Bezeichnung ›deontologische‹, die Zwecke- und die Güterethik unter die Bezeichnung ›teleologische Ethik‹ zusammengefaßt werden). Insofern übergreift der hier gebildete Begriff der Prinzipienethik die traditionellen Unterschiede zwischen den im angelsächsischen Raum dominanten utilitaristisch orientierten Ethikmodellen und den sich direkt oder indirekt auf Kant beziehenden kontinentaleuropäischen Ethikansätzen.

Die genannten Typen der Prinzipienethik orientieren sich leitmotivisch an der Idee eines systematischen Aufbaus. Er ist vor allem durch folgende Merkmale gekennzeichnet:

1. die Vielstufigkeit, zugleich aber Uniformität des Aufbaus;
2. die Wohlbestimmtheit und Abgegrenztheit (Partikularität), zugleich aber situationsabgehobene Allgemeinheit (Universalität) der normativen Grundeinheiten (›Werte‹, ›Normen‹, ›Zwecke‹ usw.) und Aufbaustufen;
3. die Ausschließlichkeit ihres Verständnisses als Handeln und Verhalten anleitende Orientierungen und eine dadurch nahegelegte Mißverständlichkeit im Sinne voluntaristischer und technizistischer Auffassungen;
4. die Geschlossenheit des Aufbaus nach Art und Vorbild eines (wissenschaftlichen) Systems mit eindeutigem Anfang und Abschluß; schließlich
5. Begründungs- und Rechtfertigungsverfahren als einzige Ausweise nichtformaler Rationalität des Gesamtaufbaus und der einzelnen Aufbaustufen.

Zum einzelnen: Leitend ist für eine Prinzipienethik die Vorstellung eines gegliederten Aufbaus, der sich in Stufen vom Konkreteren zum Allgemeineren vollzieht, wobei aber die auf jeder Stufe verwandten normativen Grundeinheiten begrifflich von derselben Art sind. Diese Grundeinheiten werden je nach erkenntnistheoretischer Einstellung unterschiedlich verstanden und bezeichnet, nämlich (a) als ›Werte‹, ›Güter‹, oder ›Ideen‹, (b) als ›Normen‹, ›Grundsätze‹, ›Prinzipien‹, ›Gesetze‹ oder ›Regeln‹ oder (c) als ›Ziele‹ oder ›Zwecke‹. Gemeinsam ist diesen verschiedenen Auffassungen sowohl die ausschließlich handlungs- und verhaltensorientierende Funktion jener normativen Grundeinheiten als auch (allerdings in unterschiedlicher Ausprägung) ihre ›Rekursivität‹ auf jeder Aufbaustufe, was die Rede von ›Werten/Normen/Zwekken höherer und niederer Ordnung‹ oder von ›Ober- und Unter-,

End-, Zwischen- und Ausgangs-Zwecken/-Normen/-Werten‹ oder ähnliches ermöglicht.

Die Wohlbestimmtheit der Grundeinheiten hat eine gewisse Isoliertheit voneinander zur Kehrseite: Sie können leicht als selbständige Einheiten, losgelöst von ihrer normativen Umgebung, mißverstanden werden, wo doch ihr normativer Stellenwert an ihrer Einbettung in den Gesamtaufbau hängt. Der Vorzug übersichtlicher Gliederung in Stufen, Ebenen und Ordnungen hat den Nachteil situationsabgehobener Allgemeinheit; Begrifflichkeit und Aufbau heben tendenziell von den konkreten ethischen Problemlagen ab.

Die Frage nach der Verankerung eines Wertes, einer Norm oder eines Zweckes wird durch Hinweis auf ihre Abhängigkeit innerhalb der Stufen- oder Ebenenhierarchie beantwortet, die ihrerseits mit Hinweis auf (a) intuitiv einsichtige ›objektive‹ Werte- oder Güterordnungen oder auf (b) ›subjektive‹ Zwecksetzungen und deren kausale und institutionelle Vermittlungen oder auf (c) ›intersubjektiv‹ bzw. ›transsubjektiv‹ begründete Normen- oder Gesetzesstrukturen gerechtfertigt werden. Andere Weisen des Verankert- und Eingebettetseins normativer Einheiten geraten so aus dem Blick, wie zum Beispiel ihre mögliche Einstellungsbezogenheit.

Demgegenüber lassen das Konzept der ethischen Einstellung und das es übergreifende Konzept der ethischen Lebensform die Ansicht von der Fundamentalität der normativen Einheiten und die skizzierten Auffassungen vom hierarchisch-systematischen Aufbau einer Ethik und den dazu aufgebotenen Rechtfertigungsverfahren nur noch als Teilwahrheiten erscheinen: Das Verhältnis von Einstellung und Verhalten ist nämlich ein anderes als das von Wert/Norm/Zweck und Handeln, und eine Wert-/Norm-/Zweck-übergreifende Lebensform läßt sich nicht selber noch einmal als Wert/Norm/Zweck oder Prinzip verstehen. Wohl aber muß damit gerechnet werden, daß sogenannte ›oberste‹ Werte, Normen, Zwecke oder Prinzipien ihrerseits in Lebensformen gründen und dann als ihr *Ausdruck* zu begreifen sind, allerdings als ihr partikularistisch verkürzter und entstellter Ausdruck.

Aber auch diese Darstellung legt noch nahe, die oberste Stufe der normativen Hierarchie von einer Lebensform so abhängen zu lassen, wie die verschiedenen Ebenen oder Ordnungen innerhalb dieser Hierarchie voneinander abhängen. Statt dessen wäre einzu-

sehen, daß eine bestimmte Hierarchie als *ganze* in *allen* ihren Stufen Ausdruck einer bestimmten Lebensform ist oder sein kann und die Ausdruckskategorie nicht mit noch so weit gefaßten Begründungs- und Ableitungskategorien identifiziert werden darf, wenn denn an der Leitidee eines hierarchisch-systematischen Aufbaus der Ethik überhaupt noch festgehalten werden kann und soll. Unsere Überlegungen legen nahe, diese Konzeption zumindest als Leitidee zugunsten von in ethischen Lebens- und Praxisformen wurzelnden Grundeinstellungen und Grundhaltungen, kurz ›Grundorientierungen‹ genannt, aufzugeben.
Wenn dem auf dem genuin moralischen Feld im wesentlichen so ist, daß Grundorientierungen für das Verhalten maßgebend sind, dann stehen am Anfang einer Ethik nicht Werte, Güter, Normen oder Zwecke sowie deren Begründung, sondern die anthropologische Reflexion auf die menschliche Grundsituation und ihre Variabilität in verschiedenen Lebenssituationen, die ihren Ausdruck in unterschiedlichen Lebensformen und den sich in ihrem Rahmen bewegenden Einstellungen zum Leben im ganzen und zu bedeutsamen Einzelsituationen im Leben und deren Ausdruck im Verhalten finden. Demnach würde es ein normativistisches Mißverständnis bedeuten, das voluntaristische und technizistische Mißverständnisse nach sich ziehen kann, die rechte Sicht des Lebens als normative Idee oder als Handlungsziel zu begreifen. Vielmehr wäre von durch begriffliche und dabei phänomenologisch orientierte Analysen gewonnenen Exempla, Paradigmata und Vorbildern aus die Frage zu stellen, wie sich ungünstige Einstellungen beeinflussen lassen, wie überhaupt Einstellungsänderungen so grundlegender Art zustande kommen und eingeleitet werden können. Darauf sind keine voluntaristischen oder technizistischen Antworten möglich, sondern neben der Aufdeckung begrifflicher Mißverständnisse, in denen sich Mißverständnisse über die menschliche Grundsituation und ihre möglichen Variationen zeigen, nur noch praktisch-therapeutische *Ratschläge*: etwa der Aufweis von Lebens(führungs)alternativen, die Darstellung von gelungenen wie mißlungenen Lebensgeschichten, der Hinweis auf exemplarisch bewältigte Lebenskrisen, das Lernen aus Erfahrungen in Versuch und Irrtum. Derartige Rechtfertigungs- und Überzeugungszusammenhänge unterscheiden sich wesentlich von Begründungsanforderungen im Rahmen normativ-hierarchischer Systematisierungen. So läßt sich einstellungs-

und lebensorientiert nicht sinnvoll sagen, das Ganze ›begründe‹ die Teile oder es gebe einen obersten Gesichtspunkt, der alles übrige ›begründe‹. Vielmehr geht es um ein Abwägen zwischen alternativen Lebens- und Praxiszusammenhängen, das sich letztlich durch das Leben selbst steuern und korrigieren lassen muß, und ein Durchsichtigmachen ihres inneren Zusammenhalts, so daß man ›sieht‹, wozu etwas Einzelnes im Ganzen dient.

Ein mit ihrer Situationsabgehobenheit zusammenhängendes Defizit der Prinzipienethik besteht darin, daß sie einer eigenen Vermittlungsinstanz bedarf – häufig als ›moralische Urteilskraft‹ bezeichnet –, die die Anwendung der Normen auf die konkreten Situationen besorgen soll. Der Möglichkeit dieser Anwendungen geht aber begrifflich die Beantwortung der entscheidenden Frage nach jenen Zügen der jeweils interessierenden Situation voraus, die moralische Relevanz beanspruchen dürfen. Wenn nun aber statt einer situationsabgehobenen Ethik ›von außen und oben‹ eine an der menschlichen Grundsituation und ihren Variationen orientierte lebensformbezogene Ethik ›von innen und unten‹ tritt, die die moralische Relevanz von Situationen im Leben immer schon vorgängig bestimmt, dann entfällt die Vermittlungsproblematik oder wird zumindest entschärft, weil die moralische Bedeutsamkeit der konkreten Lebenssituation ja schon feststeht. Allerdings kann es dann trotzdem noch beträchtlicher Anstrengungen bedürfen, um beurteilen zu können, welche konkreten Handlungen bzw. Unterlassungen oder Zwecksetzungen und deren Folgen den moralischen Grundorientierungen entsprechen und welche nicht. Diese Beurteilungskompetenz könnte man durchaus wieder als ›Urteilskraft‹ bezeichnen, wenn man nur darauf achtet, daß dieser Terminus nun eine anders geartete Fähigkeit benennt als zuvor.

Eine weitere Frage, die, wie angedeutet, sich in diesem Zusammenhang stellt, ist die nach den Möglichkeiten der Gewinnung, Erhaltung und Befestigung von Einstellungen und Lebensverständnissen. In bezug auf diese Aufgaben sind meines Erachtens gleichermaßen sowohl individualistisch-voluntaristische als auch sozialkybernetisch-technizistische Mißverständnisse abzuweisen. Vielmehr geht es primär um die Etablierung einer sozialen *Kultur* von Haltungen, Einstellungen und Lebensverständnissen. Dementsprechend wäre die gewöhnlich unter den Titeln der ›Akzeptabilität‹ und ›Durchsetzbarkeit von Sozialnormen‹ behandelte

Problematik der Aneignung von Einstellungen vor normativ-technizistischen Engführungen zu bewahren.
Eine zusätzliche hier relevante Einsicht besteht darin, daß neue Einstellungen nicht vor ihrer Praktizierung vorhanden sind und zur Verfügung stehen, sondern sich erst in der Lebenspraxis bilden und befestigen. Deshalb sind spezielle Situationen der Heranführung und Einübung nötig, wie sie – wenigstens ihrer Absicht nach, sofern sie über sich selbst aufgeklärt ist – zum Beispiel die Pädagogik und die Psychotherapie problem- und situationsorientiert ausarbeiten. Es ist ja in der Regel nicht damit getan, sich oder einem anderen zu sagen, was man zu tun und zu lassen hat (normative Vorgaben); vielmehr ist es oft in den lebensbedeutsamen Fällen so, daß die relevanten Einstellungen nicht als satzhaft formulierbares Wissen oder als sprachlich zu fassende Normen zur Verfügung stehen, sondern nur exemplarisch, in Personen, Bildern und Geschichten vorgeführt, gezeigt werden können, so daß eine grundsätzlich andere Form der Aneignung benötigt wird, als eine normative Ethik und eine mit ihr häufig einhergehende technizistische Programmatik voraussetzen.
Hiermit wird einer *indirekten* Form der Selbst- und Fremderziehung das Wort geredet. Dabei ist die Einsicht leitend, daß ethisch relevante Konfliktsituationen – seien sie individueller, auf den Lebenszusammenhang eines einzigen Menschen bezogener, seien sie zwischenmenschlicher Art – in der alltäglichen Praxis des Miteinanderredens, Einanderberatens und Handelns zumeist nicht durch Prinzipien, zum Beispiel orientiert am Vorbild juristischer Regelwerke oder technischer Handlungsanweisungen, lösbar sind, sondern entscheidend nur über Einstellungsveränderungen bewältigt werden können, die ihrerseits eben häufig nur im Rückgriff auf schon von anderen Menschen faktisch eingenommene Haltungen und von ihnen bewältigte Problemsituationen, also durch Hinweis auf bewährte Einstellungen, in Gang kommen. Statt der tatsächlich bewährten Orientierung mögen aber auch bloß imaginierte, fingierte Möglichkeiten der Bewältigung kritischer Lebenssituationen den Orientierungsmangel beheben, und zwar nicht theoretisch, sondern praktisch, indem der Orientierung Suchende es mit einer der ihm aufgegangenen bzw. aufgewiesenen Möglichkeiten ›versucht‹. ›Es mit etwas versuchen‹ oder auch ›sich an etwas versuchen‹, ›einen Versuch mit etwas (oder mit jemandem oder mit sich selbst) machen‹ hat hier keinen techni-

schen Sinn, sondern besagt in diesem Zusammenhang präzise, daß sich erst im lebensweltlich-praktischen Versuch der Aneignung, eben der ›Praktizierung‹ einer Orientierungsmöglichkeit diese für den Betroffenen selbst als gangbar erweisen muß. Diesen Erweis kann niemand theoretisch vorwegnehmen. So zeigt sich auch an dieser Stelle, daß die Rede von ›Orientierung‹ und ›Einstellung‹, ›Orientierungsveränderung‹ und ›Einstellungsänderung‹, so allgemein sie ist, doch nicht abstrakt, nämlich losgelöst von der Lebenspraxis des einzelnen und ihrer Einbettung in eine soziale Kultur moralischer Grundorientierungen verstanden werden kann (und dann auch nicht davon losgelöst verstanden werden darf).

Damit ist aber nicht die Möglichkeit verneint, zwischen grundlegenderen Orientierungen und weniger grundlegenden zu unterscheiden; diese Unterscheidung ist in den obigen Ausführungen sogar impliziert. Moralisch relevante Problem- und Konfliktsituationen sind ja gewöhnlich nicht so geartet, daß die moralische Lebensorientierung als solche und schlechthin auf dem Spiel stünde oder strittig wäre. Vielmehr dürfen, ja, müssen wir um der Möglichkeit der Bewältigung solcher Situationen willen eine, und zwar gemeinsame, Grundorientierung unterstellen. Jedenfalls besteht ein häufiger Fehlschluß in schwierigen und langwierigen Moraldisputen darin, dem oder den Kontrahenten mangelnden guten Willen zu unterstellen, wo es eigentlich und im Kern nur um ein unterschiedliches Situationsverständnis geht, was heißt, daß man sich darüber nicht einig ist, um was für eine Situation es sich überhaupt handelt, was hinwiederum heißt, in welchen Zusammenhang das Problem, das die Kontrahenten umtreibt, überhaupt gehört bzw. eingebettet ist – traditionell ausgedrückt: welches die moralisch relevanten Züge der vorliegenden Situation sind.

In solchen sicherlich außerordentlich häufigen Fällen moralischen Dissenses hilft kein Insistieren auf abstrakten Regeln, Normen, Werten, Gütern oder Zwecken, sondern nur das geduldige, gelassene, gemeinsame Bemühen um eine Annäherung in der Situationsbeurteilung. Dieses Bemühen kann philosophisch gefördert werden durch die Erarbeitung einer Hermeneutik der Lebenssituationen. Grundgelegt wird eine solche Hermeneutik durch eine philosophische Anthropologie, die die Situiertheit des Menschen bzw. seines Lebens in der Welt grundsätzlich reflektiert.

Diese Hermeneutik würde neben einer Methodenlehre eine Phänomenologie ethisch relevanter Situationen und der sich in ihnen manifestierenden Einstellungen enthalten, um zur Beantwortung der Frage befähigt zu sein, wie sich ethische Probleme im Leben konkret stellen. Eine solche Phänomenologie kann unter anderem einer vorschnellen Behandlung und Schematisierung von normativ geleiteten Bewältigungsstrategien Vorschub leisten, indem sie die in den lebenspraktisch-vortheoretischen Situationsanalysen enthaltene begriffliche Vielfalt ethischer Problemstellungen aufzeigt. Auch ergäbe sich in diesem Zusammenhang die Chance, die von den traditionellen Phänomenologen stark vernachlässigte Ethik mit den von ihnen erarbeiteten Mitteln neu zu gestalten. Schließlich würde eine solche Phänomenologie ethisch relevanter Situationen einerseits der bis vor kurzem – jedenfalls in bezug auf die kontinentale Philosophie – beklagten praktischen Irrelevanz philosophischer Ethik, andererseits ihrer kurzsichtigen Anwendungseuphorie von vornherein durch einen strengen Rekurs auf moralisch bestimmte Lebenssituationen und ihre Konfliktlagen begegnen.

Die skizzierte Möglichkeit der moralischen Einstellungs- und Verhaltensänderung mit Hilfe von exemplarischen Gestalten und Lebensgeschichten darf – das sei nochmals betont – weder voluntaristisch-aktionistisch noch kausalistisch-behavioristisch, also im weiteren Sinne technizistisch, verstellt werden. Ungünstige Einstellungen sind keineswegs direkt durch noch so hehre Entschlüsse, also moralistisch, allerdings auch nicht durch bloßes Verhaltenstraining oder durch Selbstdressur änderbar, und dies nicht etwa deshalb, weil eine solche Beeinflussung an Einstellungen nicht heranreicht, sondern weil die Beziehung zwischen einer Einstellung und ihrem praktischen Ausdruck nicht kausaler Art ist. Aber sie darf auch nicht als ein logisch-deduktives oder als ein normatives Verhältnis angesehen werden. Die Grammatik des Begriffs der Einstellung und ihres Ausdrucks ist nämlich von der des Zweckbegriffs oder der des Sollens- (bzw. des Gebots- oder Verbots-)begriffs abzuheben. Einstellungen und Ausdruck einer Einstellung sind vielmehr Korrelata, so daß von (dem Vorhandensein) einer Einstellung im konkreten Fall nicht gesprochen werden kann, wenn es für sie keinen bestimmten Ausdruck gibt.

Weiterhin sind psychologische Mißverständnisse vom Einstellungsbegriff auszuschließen, die den ›Ort‹ einer Einstellung und ihrer Äußerung in ein imaginäres ›Inneres‹ verlagern. Dieses grammatische Mißverständnis läßt sich unter anderem dadurch korrigieren, daß man darauf hinweist, wie eine bestimmte Einstellung in verschiedenen Lebenssituationen ganz unterschiedlichen Ausdruck finden bzw. sich geben kann, so daß es hier nicht wie in einer Prinzipienethik möglich ist, an einer situationsabgehobenen Allgemeinheit von Prinzipien festzuhalten, die sich in allen Situationen einen uniformen Ausdruck gibt.

Die Kritik der hier so genannten ›Prinzipienethik‹ darf jedoch nicht mißverstanden werden, als ob sie, gleichsam ›undialektisch‹, eine zu dieser Ethik konträre Ethik im Auge hätte und alternativ zu ihr zu entfalten suchte. Es geht nicht um eine schlichte Gegenposition zur landläufigen philosophischen im Unterschied zur alltagsweltlich-lebenspraktischen Auffassung von Moral, sondern darum, diese Auffassung dadurch zugleich zu relativieren wie in ihrem Recht zu bewahren, daß sie in eine Perspektive gestellt wird, die auch noch andere faktisch etablierte Formen moralischer Beurteilung kennt und anerkennt. In diesem Blick auf das Ganze unserer moralischen Vernunftorientierung rücken die einzelnen Formen solchen Umgangs mit der Wirklichkeit unseres Lebens an ihren Platz. Für diese Formen wurde hier der Ausdruck ›Praxisform‹ gewählt, um anzuzeigen, daß 1. das die Vernunft charakterisierende Allgemeine und Unparteiische, seit Kant und Hegel ihre ›Form‹ genannt, nichts Abstraktes, fern jeder Lebenspraxis ist und insofern die Etikettierung ›bloß theoretisch‹ auf sich zöge (im übrigen sind auch Theorien stets in einen übergreifenden Praxiszusammenhang eingelassen), und um anzudeuten, daß 2. das seit Hume etablierte Dogma von dem begrifflich-grammatischen Graben zwischen Normen und Tatsachen von der Wirklichkeit unseres moralischen Lebens nicht gedeckt ist. Vielmehr ist das Normative, wie ausführlich dargelegt, immer schon in unseren Umgang mit unseresgleichen und mit den Situationen unseres Lebens eingelassen. Für das Gesamt der Praxisformen und der durch sie ermöglichten Orientierungen hat Friedrich Kambartel die Bezeichnung ›(moralische) Kultur‹ gefunden. Der Terminus ›(moralische) Kultur‹ ist deshalb eine glückliche Prägung, weil er eine Reihe von für die moralische Lebensform wesentlichen Merkmalen in sich vereint: gegliederte Vielheit *und* Zusammenhalt, Offenheit *und* Ganzheit, Einheit *und* Wandlungsfähigkeit, Gemeinsamkeit *und* Individualität, Kreativität *und* Verbindlichkeit, Praxis *und* Vernünftigkeit, Konkretheit *und* Allgemeinheit, und vieles andere mehr. Natürlich wären diese Stichworte näher zu erläutern und zu entfalten; hier haben sie nur die Funktion, noch einmal nachdrücklich darauf hinzuweisen, wie sehr die übliche Vorstellung fehlgeht, die suggeriert, es gebe unwandelbare, uniforme, universal gültige, also invariable, über alle Lebenslagen hinweg gleichbleibende und gleich gültige Normen, Zwecke oder Werte oder gar ein einziges Prinzip, einen einzigen Zweck oder Wert, der alle übrigen Normen, Zwecke oder Werte (deduktiv oder nicht-deduktiv) begründete.

Lokal, für einen bestimmten Typ von moralischen Problemen oder Situationen, können solche Beziehungen der (deduktiven oder nicht-deduktiven) Begründbarkeit durchaus zutreffen und die anstehenden moralischen Beurteilungsfragen angemessen beantworten. Doch darf nicht übersehen werden, daß Normen, Werte oder Zwecke häufig in bestimmten Praxisformen ankern und aus ihnen ihr spezifisches Gewicht beziehen, also nicht austauschbar sind oder zueinander in einer Ableitungsbeziehung stehen. Die Vorstellung, als ob es im moralischen Bereich im wesentlichen lediglich um die Begründung von Regeln oder Werten ginge, ist somit ergänzungsbedürftig. Die Frage nach ihrer Verankerung läßt sich nicht nur als Frage nach ihrer Begründbarkeit stellen, sondern zum Beispiel, wie vorhin beschrieben, als Frage nach der sie tragenden und durch sie zum Ausdruck gebrachten Einstellung. Vollends unangemessen erscheint es, eine Normen, Zwecke oder Werte übergreifende und fundierende Lebensform als Norm oder Zweck anzusehen (dann natürlich als sogenannte ›Norm höherer Ordnung‹, als ›Super-‹ oder ›Metanorm‹ oder eben als ›Prinzip‹ bzw. als ›Endzweck‹).

Diese Sicht der Dinge schließt, wie gesagt, nicht aus, daß es einzelne Normen oder Werte gibt, die gleichermaßen in unterschiedlichen moralischen Lebensalternativen ihren Platz haben oder ihnen gegenüber eine gewisse Eigenständigkeit besitzen. Phänomenologische Analysen hätten, dies beachtend, vom Einfacheren zum Komplexeren, vom Kontextunabhängigeren zum stärker Eingebetteten voranzuschreiten.

Allerdings erscheint es mir möglich, auch eine (moralische) Orientierung zum Leben im ganzen einzunehmen. Dann kommt es, wenigstens zunächst, nicht in erster Linie auf bestimmte Weisen des Handelns oder Zweckesetzens, sondern auf eine bestimmte Art an, sein Leben im ganzen zu verstehen und sich auf es einzustellen. Aber auch hier ist, wie angedeutet, die Frage nach der richtigen Grundeinstellung anders zu beantworten als die Frage nach einem richtigen Grundsatz (Prinzip, Norm, Regel, Wert usw.); denn Einstellungen sind nicht nur handlungs- und zweckbezogen, und lebensformbezogene wie praxisformbezogene Probleme sind weitgehend einstellungsbezogene Probleme, die sich insofern nicht auf die Rekrutierung bestimmter Handlungsweisen, -grundsätze und -zwecke beziehen, sondern um die Organisierung ganzer Praxiszusammenhänge drehen.

Aber auch die Rede von ›Praxisform‹ ist noch nicht genügend semantisch pointiert; es geht hier nämlich auch um grammatische Fragen. Die Wahl bestimmter Begriffe, ihre Verknüpfung untereinander in Begriffsnetzen und (absichtliche oder unbeabsichtigte) Begriffsverschiebungen schlagen auf moralische Fragestellungen durch (Beispiele: Parteiprogramme; rechtliche Schlüsselworte, die in verschiedenen Rechtsbereichen vorkommen, wie die der ›Arbeit‹, des ›Einkommens‹ oder ähnliche). Klar dürfte nun sein, daß man nicht lediglich das Verständnis von Einzelnormen aufgreift, wenn man das Begriffsnetz einer Praxisform analysiert. Die kritische Analyse kann dann aber durchaus die (partielle) Neuordnung eines Begriffsnetzes erbringen, um es entweder gewandelten Verhältnissen anzupassen oder um ein besseres Leben zu antizipieren. Darüber hinaus wäre auf Verknüpfungen zwischen (den Begriffsnetzen von) Praxisformen zu achten, wobei besonderes Augenmerk auf die Beziehung zwischen einzelnen Praxisformen und der Einstellung zum Leben im ganzen zu richten wäre. Dabei wäre auf das Verhältnis zwischen dem Ganzen und seinen Teilen zu reflektieren; auch hier läßt sich ja nicht sagen, das Ganze begründe die Teile. Vielmehr geht es um ein In-Beziehung-Setzen von Ganzheiten und um ein Durchsichtigmachen ihres inneren Zusammenhalts, so daß man begreift, wozu etwas Einzelnes im Ganzen dient – bezüglich Lebensform und Praxisform gesagt: inwiefern sich in der einen Form, die jemand seinem Leben in der Unterschiedlichkeit seiner kulturell bedingten Praxisformen gegeben hat, eine bestimmte Lebenseinstellung ausdrückt.

8. Zum angeblichen Problem einer Begründung der Ethik

Eine Schlußbetrachtung gelte der sogenannten ›Begründungsproblematik‹ der Ethik. Einige Bemerkungen sind hier, im Lichte der vorangehenden Erörterungen, am Platze: 1. Wenn die vorgetragenen fundamental-anthropologischen Erwägungen im wesentlichen zutreffen, dann gibt es auf dieser transzendentalen Ebene keine begriffliche Differenz zwischen – sagen wir – Sein und Leben, Sein und Wirken, Dasein und Vollzug (nämlich von Sein oder Dasein), Sein und Wert (›Wert‹ im Sinne des transzendentalen Gutseins: *ens et bonum convertuntur*). Auf dieser Ebene lebt der Mensch sein Weltsein, seine Gemeinschaftlichkeit, seine Geschlechtlichkeit, seine Sprachlichkeit, seine Sterblichkeit, seine leibliche, emotionale, geistige Bedürftigkeit usw. Hinter diese Züge seines Daseins und die ihnen entsprechenden basalen Praxis- und Lebensformen kann der Mensch nicht zurück; sie sind – trotz des gegenteiligen Anscheins – nicht wirklich Objekte menschlicher Wahl. Zwar macht sie der Mensch auf der kategorialen Ebene ausdrücklich oder unausdrücklich zu Gegenständen seines Wählens. Aber in anthropologischer Reflexion sieht er, daß er sich, zumindest in den Fällen eines Entscheids gegen jene Grundzüge, in einen Widerspruch zu sich selbst setzt. Dieser Widerspruch verdient die Bezeichnung ›transzendental‹ oder ›transzendentalpragmatisch‹ in höherem Maße oder mit größerem Recht als die sonst auf diese Weise bezeichneten Widersprüche; denn er besteht nicht darin, daß jemand im Vollzug einer bestimmten Praxis – zum Beispiel des Argumentierens – die Möglichkeitsbedingungen dieser Praxis ignoriert (in die er aber gar nicht einzutreten braucht!), sondern im Ignorieren von Grundzügen oder Grundbedingungen des menschlichen Daseins im ganzen (die er aber, besäße er das Bewußtsein ihrer konstitutiven Universalität, nicht außer Kraft setzen wollen könnte!).

2. Daß ein Widerspruch nicht sein soll oder nicht sein darf, braucht eigens nicht begründet zu werden. Aber hier geht es nicht lediglich um das Vermeiden *formaler* Widersprüche, die zur Existenz und zum Selbstverständnis des Menschen in gar keiner Beziehung stehen, sondern von solchen, die von höchster existentieller Bedeutsamkeit sind, weil sie die Wahrheit menschlichen Selbstvollzugs betreffen. Aber wie auch immer – daß man der

Wahrheit folgen und die Unwahrheit aufdecken und meiden soll, bedarf keiner Begründung. Und grundsätzlicher noch, entgegen einer vulgären Vorstellung von der Notwendigkeit eines Begründens von allem und jedem: Sinnvoll ist eine Begründungs- oder auch Widerlegungsforderung nur in Fällen, wo Gründe gegen eine These bzw. Gründe für eine Gegenthese vorgetragen werden, wo mithin die Gegenseite selbst argumentiert und nicht dem Angegriffenen die gesamte Beweislast zuschiebt. Ernsthafte Versuche des Widerlegens können ja nicht darin bestehen, daß jemand lediglich Behauptungen verneint bzw. Gegenbehauptungen aufstellt, sondern daß er Sachgründe für seine Verneinung benennt, wie auch die durch solche Widerlegungsversuche angeforderten Begründungsversuche (bzw. Versuche, die Widerlegungsversuche zu widerlegen) nicht lediglich in Beteuerungen der Wahrheit der aufgestellten Behauptung bestehen können. Das bedeutet für unser Thema: Fundamentalanthropologische und entsprechende fundamentalethische Behauptungen bedürfen selbstverständlich sie begründender Aufweise, sollen sie argumentative Überzeugungskraft gewinnen, und sie sind natürlich auch nicht immun gegen Widerlegungen. Aber sie sind andererseits nicht schon dadurch ernsthaft in Frage gestellt oder gar widerlegt, daß man die Art der Fragestellung und ihrer spezifischen, dem Gegenstand entsprechenden Methodik bezweifelt und weitere Begründungen anmahnt, ohne seine Zweifel seinerseits zu begründen.

3. Ein geläufiger Vorwurf gegen transzendentale Argumente ist der der Zirkularität oder der *petitio principii*. Damit ist häufig gemeint, der so Argumentierende mache bei seinem Beweisversuch schon von dem Gebrauch, was er zu beweisen suche. Darauf kann er entgegnen, daß es ihm nicht um einen Beweis dafür gehe, daß das in Anspruch Genommene unabhängig von seiner Inanspruchnahme gelten *solle*, sondern daß es *faktisch* gelte in dem Sinne, daß ohne es gewisse Grundvollzüge menschlichen Lebens unmöglich sind. Ein solcher Aufweis ist demnach keine irgendwie geartete situationsabgehobene oder -überhobene, sozusagen ›absolute‹ Begründung, sondern bezogen auf eine bestimmte, konkrete Argumentations- und Begründungssituation und auf die so und nicht anders bestimmte menschliche Daseinslage, wobei die Konkretheit ihrer Züge und Bedingungen deren transzendentalanthropologischer Universalität und Notwendigkeit nicht widerspricht.

4. Von seiten der sogenannten ›Diskursethik‹ wird mit Recht auf die Unhintergehbarkeit der Vernunftvoraussetzungen einer jeden Argumentation hingewiesen. Allerdings scheint mir mit diesem Hinweis noch keine über eine Ethik des Argumentierens hinausreichende Basis gewonnen; denn so allgemein die Praxis des Argumentierens auch ist – die aus ihr gewonnenen normativen Gesichtspunkte scheinen zum einen auf sie beschränkt, zum anderen von ihrem Bestehen abhängig zu sein. Diese Praxis ist zwar vielleicht in dem Sinne universal, daß sie wohl in allen menschlichen Praxis- und Lebensformen Platz finden kann. Aber die normativen Züge jener Praxis, die in besonderem Sinne das darstellt, was wir unter ›Rationalität‹ verstehen, sind doch nicht mit jenen material-inhaltlichen normativen Zügen identisch, die für besagte Praxis- und Lebensformen kennzeichnend sind oder die sich aus den Grundzügen der *conditio humana* ergeben. Deshalb vermag die Diskursethik als solche, ohne eine anthropologische Erweiterung, nicht ausreichend die inhaltliche Seite einer Ethik zu profilieren.

5. Was genau durch die ins Auge gefaßte transzendental-anthropologische Grundlegung der Ethik inhaltlich gewonnen wird, wurde noch nicht genügend herausgestellt. Wenn von Ethik gesprochen wird, so denkt man zuerst an kategoriale Ethik, d. h. an die Ethik, die sich auf bestimmte Bereiche menschlichen Handelns bezieht: der zwischenmenschliche, gesellschaftliche, ökonomische, politische Bereich oder standes- und berufsspezifische Tätigkeitsfelder. Berührt wurde die kategoriale Ethik unter anderem mit den durchgängigen Hinweisen auf menschliche Praxis- und Lebensformen; des weiteren wäre hinzuweisen auf die in sie verflochtenen Funktionen von einzelnen und von Gruppen und die dadurch von ihnen übernommenen Verpflichtungen und Verantwortlichkeiten. Es liegt auf der Hand, daß hier ohne die empirischen Human- und Gesellschaftswissenschaften keine soliden ethischen Einzelerkenntnisse und Problemlösungen möglich sind. Andererseits ist zu beachten, daß diese spezielleren Orientierungen nur *prima facie* als moralisch (gut) ausgewiesen gelten können; ihren endgültigen Status erhalten sie erst auf dem Hintergrund umfassender ethischer Erkenntnisse, wie sie, wie angedeutet, von einer transzendentalen Anthropologie zur Verfügung gestellt werden und in Fragen wie der nach dem schlechthin guten Leben zum Ausdruck kommen; denn bestimmte funktionale und

institutionelle Normierungen, aber auch auf bestimmte Praxis- und Lebensformen bezogene Orientierungen sind ja noch nicht allein aufgrund ihres normativen Charakters auch schon schlechthin oder absolut moralisch gerechtfertigt; das Ganze des Daseins bzw. die moralische Kultur der Menschheit ist der letzte Bezugspunkt solcher unbedingten Rechtfertigung. Da die transzendentale Anthropologie den umfassendsten Horizont für die Situierung des Menschen darstellt, ist sie auch der angemessene Rahmen für ihre kritische Klärung und ethische Beurteilung.

6. Abschließend sei ein historischer Hinweis gestattet. Die Geschichte der europäischen Ethik erscheint, grob gesprochen, zweigeteilt oder, etwas angemessener formuliert: in ihr scheinen zwei Traditionen, in wechselnder Stärke, nebeneinander herzulaufen: Vor allem in den antiken Weisheitslehren philosophischer und religiöser Provenienz wurde nach der Güte des Lebens des einzelnen im ganzen gefragt, nach jenen Einstellungen, die geeignet sind, ein erfülltes, gesegnetes, glückliches Leben zu führen. Hier spielt, zum Beispiel in der Stoa, die Empfehlung eine entscheidende Rolle, in Übereinstimmung mit der Natur (im umfassenden Sinne dieses Wortes, nämlich als eigene Geist- und Leibnatur und als Kosmos) zu leben. Solche und verwandte Konzeptionen lassen sich als Verhältnisbestimmungen von transzendentaler Anthropologie und transzendentaler Ethik reformulieren, wie es hier versucht wurde. Während im Altertum besagte Weisheitslehren im Vordergrund standen, zeichnet sich die europäische Ethik des Mittelalters und der Neuzeit durch ein Übergewicht kategorialer Ethik und speziell der Prinzipienethik aus. Es dürfte deutlich geworden sein, daß diese, kritisch eingeschränkt, nur im Rahmen jener auf das menschliche Dasein im ganzen bezogenen Ethik ihren angemessenen Ort, auch und gerade im Sinne ihrer Fundierung, findet.

Christoph Demmerling

Vernunft, Gefühl und moralische Praxis

Überlegungen zur Kultur der praktischen Vernunft

> Man kann nicht gerecht sein,
> wenn man nicht menschlich ist.
> (Vauvenargues)

Es war vor allem die angelsächsische Tradition der Philosophie des ›moral sense‹, welche darauf aufmerksam gemacht hat, wie wichtig Gefühle und die Fähigkeit, sich affektiv auf andere Menschen zu beziehen, für das moralische Handeln und Urteilen sind. Trotz interner Unterschiede verfolgten die Überlegungen von A. A. C. Shaftesbury, F. Hutcheson, J. Butler, D. Hume und A. Smith, um die wichtigsten Autoren zu nennen, ein gemeinsames Ziel: Es ging ihnen darum, die Rolle intersubjektiver Affekte für die Herausbildung eines moralischen Selbstverständnisses zu unterstreichen. Einige Jahrzehnte später hat Arthur Schopenhauer eine Ethik des Mitleids formuliert. Ihm war es darum gegangen, ein affektives Fundament für den abstrakten Universalismus Kants aufzufinden. Was immer man von Schopenhauers Lösungsversuch halten mag, der letztlich in einer unausgewiesenen Metaphysik des Willens gründet, zuzugestehen ist seinen Überlegungen, die einschneidenden Schwachstellen einer Moralphilosophie vom Typus der kantischen vor Augen geführt zu haben.

Obgleich Ansätze wie die genannten lediglich Anhaltspunkte formulieren und nur unbestimmte Auskünfte darüber geben, in welcher Form affektive Komponenten in unsere moralische Praxis eingewoben sind, machen sie deutlich, daß der prinzipienorientierte Vernunftuniversalismus allenfalls die *eine* Hälfte unserer moralischen Praxis darstellt. Um die Frage nach der Kultur der praktischen Vernunft zu beantworten, möchte ich im folgenden eine Reihe von Überlegungen zum Verhältnis von Vernunft und Gefühl anstellen und mich fragen, welchen Ort Gefühle innerhalb unserer moralischen Praxis einnehmen. Um bereits an dieser Stelle einem kognitivistischen Vorurteil zu begegnen[1]: traditionelle Überlegungen – wie die eingangs angeführten – haben gezeigt, daß der Rekurs auf Gefühle nicht unbedingt mit einer *partikularistischen* Moral einhergehen muß. Neben den nunmehr schon klassisch gewordenen Ansätzen zu einer Kritik des Kognitivismus bemühen sich gegenwärtig viele, zum Teil ganz unterschiedliche Neuansätze innerhalb der Moralphilosophie um eine Formulierung des Universalismus, welche der Komplexität unserer moralischen Praxis Rechnung trägt. Sie alle machen zwar darauf aufmerksam, daß es nötig ist, in der Moralphilosophie auch den affektiven Grundton unserer Verhältnisse zu anderen Menschen zu thematisieren, teilen aber gleichwohl die universalistischen Prämissen.[2] Mehr und mehr beginnt man in der moralphilosophi-

1 Die prominenteste Version einer kognitivistischen Ethik stellt gegenwärtig die Diskursethik dar. J. Habermas und K.-O. Apel nennen den von ihnen in unterschiedlicher Form ausgearbeiteten Ansatz gleichzeitig *deontologisch* und *universalistisch*. Wenn meine folgenden Überlegungen eine Kritik des Kognitivismus implizieren, geht es mir nicht darum, dasjenige in Frage zu stellen, was Habermas einmal die ›Wahrheitsfähigkeit praktischer Fragen‹ genannt hat. Es geht mir vielmehr allein um die Korrektur der einseitigen Fixierung auf unsere kognitiven Vermögen und um die Kritik der wie selbstverständlich mitgeführten Unterstellung, es könne nur eine kognitivistische Ethik deontologisch und universalistisch sein. Vgl. K.-O. Apel, »Grenzen der Diskursethik? Versuch einer Zwischenbilanz«, in: *Zeitschrift für philosophische Forschung* 40 (1986) 1, S. 3-31; J. Habermas, »Diskursethik – Notizen zu einem Begründungsprogramm«, in: ders., *Moralbewußtsein und kommunikatives Handeln*, Frankfurt am Main 1983, S. 53-125.

2 Ich denke zum Beispiel an so verschiedene Bemühungen wie Th. Rentschs Versuch, anthropologische Fundamente der Ethik in einer den kognitiven Fähigkeiten von Subjekten vorausliegenden *Interexistentialität* aufzusuchen (*Die Konstitution der Moralität. Transzendentale Anthropologie und praktische Philosophie*, Frankfurt am Main 1990); an M. Wischkes Reformulierung der impliziten Moralphilosophie Adornos im Rückgriff auf die Denkfigur der Betroffenheit durch das Leiden anderer (*Kritik der Ethik des Gehorsams. Zum Moralproblem bei Theodor W. Adorno*, Frankfurt am Main, Berlin u.a. 1993); sowie an R. Mancinis Vorschlag, Wahrheit und Richtigkeit hermeneutisch in einer Ethik des Zuhörens zu fundieren (»Die Idee der Wahrheit in transzendentalpragmatischer Sicht«, in: A. Dorschel u. a.(Hg.), *Transzendentalpragmatik. Ein Symposium für K.-O. Apel*, Frankfurt am Main 1993, S. 118-136).

schen Diskussion, über die nichtkognitiven Anteile moralischen Urteilens und Handelns nachzudenken[3]; zudem gewinnen Ansätze an Bedeutung, welche den Universalismus kognitivistischer Ethiken im Rückgriff auf kontextualistische Erwägungen zu korrigieren suchen und nichtkognitive Elemente moralischer Situationsdeutungen und -bewältigungen berücksichtigen.[4] In allen Fällen geht es in der Regel *nicht* darum, um einen weiteren möglichen kognitivistischen Einwand sofort zu entkräften, den Gefühlen schon als solchen eine moralische Dignität zuzuerkennen.

E. Tugendhat hat den Versuch unternommen, das Plädoyer für den Universalismus mit den Mitteln einer Motivationstheorie nachträglich mit dem Reich des Affektiven in Verbindung zu bringen.[5] Anders als ihm ist es mir im folgenden darum zu tun, einen Vorschlag für das Verständnis moralischer Praxis zu formulieren, der die Dimension des Affektiven von *vornherein* berücksichtigt. Eine praktische Vernunft, die noch nicht halbiert ist, orientiert sich nicht nur an Regeln und Prinzipien moralischen Handelns, sondern sie ›hört‹ auch auf die ›andere Stimme‹ und kommt gar nicht umhin, sich zu und manchmal auch gemäß den affektiven Gegebenheiten zu verhalten.

3 Vgl. dazu A. Wildt, »Moralisches Sollen und seelisches Sein. Ein Programm zur empirisch-psychologischen Moralbegründung«, in: E. Angehrn u.a. (Hg.), *Dialektischer Negativismus. Michael Theunissen zum 60. Geburtstag*, Frankfurt am Main 1992, S. 57-81; ders., »Die Moralspezifität von Affekten und der Moralbegriff«, in: H. Fink-Eitel/ G. Lohmann (Hg.), *Zur Philosophie der Gefühle*, Frankfurt am Main 1993, S. 188-217 (alle Beiträge des Bandes widmen sich einer Rehabilitierung des philosophischen Diskurses über Gefühle); A. Dorschel, »Gefühl als Argument?«, in: ders. u.a. (Hg.), *Transzendentalpragmatik*, a. a. O., S. 167-186; J. Oakley, *Morality and the Emotions*, London/New York 1992.

4 Hier ist vor allem an die im Umfeld der feministischen Ethik geführte Debatte zu erinnern. Sie begann mit C. Gilligans umstrittenem Buch *In a Different Voice. Psychological Theory and Women's Development*, Cambridge/Mass. 1982; vgl. die Beiträge in dem Sammelband H. Nagl-Docekal/H. Pauer-Studer (Hg.), *Jenseits der Geschlechtermoral. Beiträge zur feministischen Ethik*, Frankfurt am Main 1993.

5 E. Tugendhat, *Vorlesungen über Ethik*, Frankfurt am Main 1993; vgl. Ch. Demmerling, »Richtiges Handeln, Identität und Glück. Zur Moralphilosophie Ernst Tugendhats«, in: *Deutsche Zeitschrift für Philosophie* 1995 (im Erscheinen).

Gerade mit Blick auf unsere (moralische) Praxis und die durch sie aufgegebenen Probleme liegt es nahe, die praktische Vernunft nicht allein in einem engen Sinn zu begreifen, sondern – ganz im Einklang mit Teilen der philosophischen Tradition, ich denke dabei zum Beispiel an Aristoteles – als eine Fähigkeit, die verschiedenen in praktischen Handlungszusammenhängen relevanten Vermögen, wozu die Vernunft im engeren Sinn ebenso gehört wie die auf andere Menschen bezogenen Affekte oder Haltungen – etwa diejenige der Sensibilität – miteinander zu koordinieren. Im Rahmen eines weiter gefaßten Begriffs von Vernunft sind Affekte und Gefühle nicht von vornherein als das der Vernunft gegenüber Andere zu verstehen, sondern als Teil ihrer selbst.

Ich werde mich von der These leiten lassen, daß praktische Vernunft in weitaus höherem Maß mit sinnlichen Komponenten verwoben ist, ja sogar verwoben sein muß, als der Begriff selbst vermuten läßt. Auf eine Formel gebracht: scheinbar weniger vernünftiges Handeln und Urteilen (im Sinn eines engen Vernunftbegriffs) ist vernünftiger (im Sinn des weiteren Vernunftbegriffs) als die ausschließliche Orientierung an der Vernunft im engeren Sinn. Gefühle ohne Begriffe sind zwar, so läßt sich im Anschluß an eine berühmte Formel Kants variieren, blind; Begriffe ohne Gefühle allerdings sind leer, d. h. zu allgemein und formal. Sie verfehlen die Komplexität der an unser Handeln gestellten Anforderungen.

Am Anfang steht ein kurzer, skeptischer Blick auf Kant, auf den sich die Vertreter des moralphilosophischen Kognitivismus fortlaufend berufen, und auf heute gängige Rationalitätsvorstellungen (I). Am Leitfaden der Frage, was es heißen kann, sich in der moralischen Praxis auf Gefühle zu beziehen, erfolgen erste Unterscheidungen innerhalb des Phänomenbereichs, auf den wir mit Begriffen wie »Gefühl« oder »Affekt« rekurrieren.[6] Selbstver-

6 Zur Begriffsgeschichte vgl. die Artikel »Affekt«, in: J. Ritter/K. Gründer (Hg.), *Historisches Wörterbuch der Philosophie*, Bd. 1, Basel 1971, Sp. 93 ff., und »Gefühl«, in: ebd., Bd. 3, Basel 1974, Sp. 82 ff. Ich benutze beide Begriffe in einem alltäglichen Sinn, der den Ertrag einer reichhaltigen philosophischen Diskussion vernachlässigt. Fragen nach unter Umständen sinnvollen Differenzierungen zwischen der Verwendung von Begriffen wie »Affekt«, »Empfindung«, »Emotion«, »Gefühl«, »Leidenschaft«, »Stimmung« usw. klammere ich bewußt aus, da es mir im vorliegenden Zusammenhang lediglich um ein allgemeines

ständlich sind nicht alle Gefühle moralspezifisch oder gar moralisch (II). Schließlich mache ich einen Vorschlag zur Formulierung eines weiteren Begriffs von praktischer Vernunft, in dem zumindest bestimmte Gefühle einen Ort erhalten (III).

I

Kant, der von allen kognitivistischen Moralphilosophen immer wieder bemüht wird, hat die Frage nach dem Verhältnis von Vernunft und Gefühl recht deutlich beantwortet. Zwar hat er den Vernunftbegriff von den Vereinseitigungen befreit, die durch die neuzeitliche Wissenschaft bedingt waren, und die Vernunft als ein Vermögen begriffen, das der bloßen Verstandestätigkeit übergeordnet ist. Sie wird als eine die Ansprüche von Wissenschaft, Moral, Ästhetik und Religion koordinierende Fähigkeit konzipiert, welche den einzelnen Gebieten den ihnen entsprechenden

Phänomen geht. Zwecks weiterer Klärungen ist zum einen die Lektüre phänomenologischer Texte wie zum Beispiel Max Scheler, *Der Formalismus in der Ethik und die materiale Wertethik*, Halle 1913/16; O. F. Bollnow, *Das Wesen der Stimmungen*, Frankfurt am Main 1956; H. Schmitz, *System der Philosophie*, Band III, 2. Teil: *Der Gefühlsraum*, Bonn 1969, aufschlußreich. Wenn die genannten Texte auch methodologisch unbefriedigend sind, indem aus einer streckenweise ausufernden Metaphorik weitreichende theoretische Schlüsse gezogen werden, kommt ihnen doch das Verdienst zu, ein entsprechendes Problembewußtsein hervorgerufen zu haben. Zur neueren Diskussion vgl. H. Fink-Eitel, »Affekte. Versuch einer philosophischen Bestandsaufnahme«, in: *Zeitschrift für philosophische Forschung* 40 (1986) 4, S. 520-542. Lehrreich ist auch die gesamte Diskussion innerhalb der analytischen Philosophie. Hier sind vor allem die klassischen Überlegungen von G. Ryle, *Der Begriff des Geistes*, Stuttgart 1969, S. 107ff., und A. Kenny, *Action, Emotion and Will*, London 1963 einschlägig. Die neuere Diskussion macht vor allem auf die verschiedenen ›Bestandteile‹ von Emotionen aufmerksam. Besonders hervorzuheben ist, daß dabei mehr und mehr auf die rationale und kognitive Komponente von Emotionen eingegangen wird. Vgl. J. Oakley, *Morality and the Emotions*, a. a. O., Kap. 1; R. de Sousa, *The Rationality of Emotions*, Cambridge/Mass. 1987; am Beispiel einer ganz bestimmten Emotion, der Liebe, haben W. Shibles, *Rational Love*, Whitewater (Wisconsin), und R. Brown, *Analyzing Love*, Cambridge/Mass. 1987, entsprechende Analysen vorgelegt.

Ort einräumt. Es war sein Ziel, die Vermengung der Geltungsansprüche des einen Gebietes mit denen eines anderen zu vermeiden. Er hat den verschiedenen Gebieten jeweils ihre eigene Dignität zuerkannt, und der Gedanke lag ihm fern, Moral, Ästhetik und Religion auf der Basis von im engeren Sinne wissenschaftlichen Geltungsansprüchen zu diskreditieren. Seine Vernunftkonzeption ist bereits in dem Sinn plural, daß sie ganz verschiedenen Ausprägungen derselben ihr jeweils eigenes Recht zuerkennt. Andererseits sind gerade seine Ausführungen zur Verfassung der praktischen Vernunft zum Inbegriff eines kognitivistisch verengten Blicks auf unsere Handlungspraxis geworden.[7]

Der kategorische Ausschluß von sinnlichen Affektionen ist konstitutiv in Kants Gebrauch des Wortes »moralisch« eingewandert. Eine Handlung ist nur dann moralisch, wenn sie ›aus Vernunft‹ (in einem engen Sinn), aus Pflicht, geschieht. Man kann seine Überlegungen (unproblematisch) als einen terminologischen Vorschlag zum Gebrauch der Worte »Moral« und »moralisch« verstehen. Das einzige Gefühl, dem er eine für unser moralisches Handeln zentrale Bedeutung zuerkennt, ist dasjenige der Achtung.[8] Freilich, auch die Achtung ist primär auf das moralische Gesetz (mehr als auf Personen) bezogen. Generell gilt, daß Handlungen nur dann moralisch sind, wenn sie aus Pflicht geschehen. Gefühle oder Affekte spielen keine Rolle in unserer moralischen Praxis und dürfen aus diesem Grund auch keine Rolle spielen, da sie »zu einer empirischen Seelenlehre, welche den zweiten Teil der Natur-

7 Die kritische Diskussion setzt mit den beiden Antipoden Hegel und Schopenhauer ein und reicht bis in die Gegenwart. Eine Diskussion von Kants Argumenten gegen eine Moralphilosophie, die auch den Gefühlen Rechnung trägt, findet sich in dem Band von J. Oakley, *Morality and the Emotions*, a. a. O., vor allem S. 86-121; eine ausgewogene Darstellung, die darauf aufmerksam macht, inwieweit und in welchem Rahmen Kant den Gefühlen Rechnung trägt, gibt N. Sherman, »The Place of Emotions in Kantian Morality«, in: O. Flanagan/A.O. Rorty (Hg.), *Identity, Character and Morality. Essays in Moral Psychology*, Cambridge/Mass. 1990, S. 149-170.

8 An zentraler Stelle von Kants *Kritik der praktischen Vernunft. Werkausgabe*, Bd. VII, hg. v. W. Weischedel, Frankfurt am Main 1968 (A 139), heißt es: »Achtung fürs moralische Gesetz ist also die einzige und zugleich unbezweifelte moralische Triebfeder, so wie dieses Gefühl auch auf kein Objekt anders, als lediglich aus diesem Grunde gerichtet ist.«

lehre ausmachen würde«, gehören.[9] Versteht man Kants Vorschläge allein in dem skizzierten – methodisch motivierten – Sinn, mag man sie als klärenden Beitrag hinnehmen, der für eine strikte Trennung der moralischen und der psychologischen Redeebene plädiert.

Problematisch ist seine Maßnahme, da ihr ein enges Verständnis des Moralischen innewohnt und der Ausschluß der Gefühle an eine pejorative Rhetorik gekoppelt ist. Gefühle sind kapriziös, impulsiv, wechselhaft und unvorhersehbar, allein die Vernunft ist beständig und verläßlich (so das ihn leitende Vorurteil). In seiner *Anthropologie in pragmatischer Hinsicht* – um nur eine der einschlägigen Bemerkungen zu zitieren – heißt es: »Affekten und Leidenschaften unterworfen zu sein, ist wohl immer *Krankheit des Gemüts*; weil beides die Herrschaft der Vernunft ausschließt.«[10] Hier möchte man Günther Anders recht geben, der der Kantischen Ethik eine latente »Mißgunst gegenüber der Neigung« bescheinigt. Hätte man Kant erklärt, so Anders weiter, »daß die Sinnlichkeit sogar unter die Nächstenliebe fallen kann – seine Ethik hätte vermutlich einen Schlaganfall erlitten.«[11]

Gefühle werden von vornherein als ungeeignete Kandidaten betrachtet, wenn es darum geht, etwas über Moral zu sagen. Sie stehen der Vernunft ganz und gar entgegen und sind ihr offensichtlich prinzipiell unzugänglich. Sie scheinen, folgt man Kant, an und für sich unvernünftig zu sein. Dies ist für ihn Grund genug, sie aus dem (normativen) Diskurs über Moral auszuklammern. Gefühle nehmen aber nicht nur *faktisch* einen Platz in unserer moralischen Praxis ein, um sich dann auf allenfalls störende Weise bemerkbar zu machen, sondern sie sind – wenn ich recht sehe – ganz wesentliche Bestandteile derselben. Sie sind auch nicht an und für sich unvernünftig, vielmehr können auch sie vernünftig oder aber unvernünftig sein. Bevor ich der Frage nachgehe, inwiefern Gefühle zum Bestand der praktischen Vernunft gehören, möchte ich den Sprung in die philosophische

9 I. Kant, *Grundlegung zur Metaphysik der Sitten. Werkausgabe*, Bd. VII, a. a. O., A 63.

10 I. Kant, *Anthropologie in pragmatischer Hinsicht. Werkausgabe*, Bd. XII, a. a. O., A 204 f.

11 G. Anders, *Ketzereien*, München 1991, S. 25, 26.

Gegenwartsdiskussion machen und die Grenzen der Rationalitätstheorie skizzieren, die für einen Großteil kognitivistischer Ethiken verbindlich geworden ist. Obwohl die Vorstellungen von der Vernunft auf umfangreiche Weise modifiziert wurden, hat die Rationalitätstheorie und mit ihr die kognitivistische Ethik heute noch immer an der durch Kant aufgegebenen Bürde zu tragen.

Analytische Philosophie, Handlungstheorie und kultursoziologische Analysen haben zu einer *Entsubstantialisierung* des klassischen Vernunftbegriffs beigetragen.[12] Vernunft bzw. Rationalität verstehen wir heute weder als objektive Instanz, die – sei es in der Geschichte, sei es in der Gesellschaft – unabhängig von menschlichen Sinnentwürfen und Handlungsweisen bestünde, noch auch als eine den Charakter einer Person ein für allemal qualifizierende *Eigenschaft*. Personen sind nicht *per se* rational oder irrational. Sie handeln – öfter oder nur zuweilen – rational, vertreten eine Reihe rationaler Meinungen, hegen einige rationale Wünsche, haben ein mehr oder weniger rationales Selbst- und Weltverständnis. Die neueren, postmetaphysischen Diskussionen des Rationalitätsproblems haben gezeigt, daß Rationalität sinnvollerweise und in bezug auf Personen (nur) als *dispositionales* Prädikat verwendet werden kann, *nicht-dispositional* lediglich in bezug auf Äußerungen, Meinungen, Handlungen usw. In diesen aktualisiert sich ein Personen im allgemeinen zukommendes Rationalitätspotential.[13]

12 Vgl. vor allem J. Bennett, *Rationalität. Versuch einer Analyse*, Frankfurt am Main 1967; auch die Beiträge in: H. Schnädelbach (Hg.), *Rationalität*, Frankfurt am Main 1984. Obschon es mitunter das Ziel der im folgenden skizzierten Debatte ist, den traditionellen Vernunftbegriff durch den antimetaphysisch konnotierten Begriff der Rationalität zu ersetzen, gebrauche ich beide Begriffe – wo möglich – nebeneinander. Ist einmal klar, daß mit »Vernunft« kein dem vernünftigen Handeln und Reden zugrunde liegendes Substrat bezeichnet werden soll, gibt es keinen Grund mehr, auf diesen Begriff zu verzichten. Mit Blick auf die von mir anvisierte Erweiterung des Vernunftbegriffs bietet es sich zudem an, auch unter postmetaphysischen Vorzeichen von »Vernunft« zu sprechen und den Begriff der Rationalität für jene Kontexte zu reservieren, in denen es nur um Begründungen geht.

13 Vgl. unter anderem H. Schnädelbach, »Philosophie als Theorie der Rationalität«, in: ders., *Zur Rehabilitierung des animal rationale. Vorträge und Abhandlungen 2*, Frankfurt am Main 1992, S. 41-60.

Der dispositionalen Rekonstruktion von Vernunft als Rationalität kommt ohne Zweifel das Verdienst zu, einer *nichtverdinglichten* und *antisubstantialistischen* Auffassung von der Vernunft den Weg bereitet zu haben. Sie hat aber die fatalen Folgen nicht mindern können, welche sich mit der Vorentscheidung Kants ergaben. Auch heute noch wollen Vernunft und Gefühl nicht zueinanderfinden. Dies wird spätestens mit der Frage deutlich, was es üblicherweise bedeutet, eine Entscheidung bzw. Handlung, einen Wunsch oder eine Meinung als rational bzw. irrational zu bezeichnen. Gängigen Vorstellungen zufolge hängt die Rationalität einer Äußerung, Meinung, Handlung usw. mit ihrer Begründetheit bzw. Begründbarkeit zusammen.[14] *Rational ist etwas dann, wenn es begründet ist.*

Mit der Explikation des Prädikates »ist rational« durch den Rekurs auf Gründe ist nicht sehr viel gewonnen. Alles hängt davon ab, was als Grund zugelassen und akzeptiert wird. Denken wir zum Beispiel an folgende Bemerkung:

»Ich gehe heute nicht aus dem Haus, weil mein Horoskop mir am Arbeitsplatz eine Niederlage verheißt.«

Obschon in dem soeben angeführten Satz (in einem ganz formalen Sinn) ein Grund für eine Verhaltensweise angegeben wird, ist die Äußerung unseren Intuitionen zufolge irrational. Bei einer Äußerung wie

»Ich gehe heute nicht aus dem Haus, weil infolge eines Reaktorunfalls Gesundheitsschädigungen zu erwarten sind«

sieht das anders aus. Erkenntnisse über den Zusammenhang von hoher Radioaktivität und Gesundheitschädigungen gelten als gesicherter (gelten in unserer Kultur als Gründe) denn Annahmen über die Verbindung von Sternenkonstellationen mit zukünftigen Ereignissen. Verlangen wir Gründe, meinen wir *gute* Gründe, d. h. solche, die für jeden auf der Basis gängiger Rationalitätsstandards nachvollziehbar sind. Die Explikation der Rationalität von Handlungen, Meinungen usw. im Rückgriff auf gute

14 Etwa J. Habermas, *Theorie des kommunikativen Handelns.* Bd. I: *Handlungsrationalität und gesellschaftliche Rationalisierung*, Frankfurt am Main ³1985, S. 25 ff.; ganz dezidiert auch St. Gosepath, *Aufgeklärtes Eigeninteresse. Eine Theorie theoretischer und praktischer Rationalität*, Frankfurt am Main 1992.

Gründe ist zirkulär bzw. verschiebt das Problem der Erläuterung des Rationalitätsbegriffs auf die Frage danach, was ein guter Grund ist.[15]

Ich habe den Verdacht, daß wir bei der Explikation von Rationalität mit Hilfe des Begriffs »begründet« ein in ganz bestimmten Kontexten gewonnenes Verständnis von »Begründungen«, ein in einer ganz bestimmten Begründungspraxis herrschendes Verständnis von »Begründung« auf die gesamte Welt unseres Handelns übertragen. In der Diskursethik zum Beispiel denkt man ganz unwillkürlich an die Begründung von Aussagen und Sätzen innerhalb einer wissenschaftlichen Theorie. Im Vergleich zu den gesamten, für unsere Lebenspraxis einschlägigen Begründungsvollzügen (d. h. insbesondere auch solchen, die in der Perspektive des Begründungsrationalisten nicht als Begründungen bzw. vernünftige Begründungen anerkannt werden würden), zu unseren authentischen Antworten auf die Fragen nach den Motiven unseres Handelns, ist mit der Orientierung an den Wissenschaften eine Einengung verbunden. In der wissenschaftlichen Forschung, aber zum Beispiel auch in der akademischen philosophischen Diskussion, stehen ja gemeinhin nicht alle diejenigen Aspekte und Momente meiner Person und meines Lebens in Frage, die im Zusammenhang mit der Frage nach dem moralischen Handeln wichtig werden. Hier nämlich sind wir entweder gar nicht oder aber in einer Weise in die Situation involviert, die sich mit dem traditionellen Begriff der *Totalität* beschreiben läßt. Wenn wir moralisch handeln, handeln wir als ›ganze‹ Menschen; wenn wir moralisch handeln sollen, sind wir als ›ganze‹ Menschen gefordert. Die für eine Vielzahl von Lebenssituationen charakteristischen Beschränkungen unseres Tuns, die sich daraus ergeben, daß wir zumeist lediglich *in* bestimmten Funktionen handeln (als Arzt, als Verkäufer, als Friseur, als Professor usw.), spielen dort keine Rolle mehr.

Auch im Fall der Wissenschaft zum Beispiel sind es eindeutig bestimmbare Fähigkeiten, die von uns verlangt werden, um als ›guter Forscher‹ oder ›intelligenter Kopf‹ zu gelten. Es wird niemand bezweifeln daß ein ›guter Mensch‹ etwas anderes ist als ein ›guter Forscher‹. Der Begründungsrationalist muß, will er seinen

15 Darauf hat Herbert Schnädelbach, »Über Rationalität und Begründung«, in: ders., a. a. O., S. 61-78, hingewiesen.

Vorschlägen auch für den Bereich moralischen Handelns Plausibilität verleihen, genau diese Unterstellung machen und sich die richtige Lösung eines moralischen Problems wie die richtige Lösung einer wissenschaftlichen Aufgabe vorstellen.[16]
Faktisch betrachtet, spielen bei der Bewältigung moralischer Problemlagen, darüber hinaus ganz generell bei der Bewältigung von Lebensproblemen, eine ganze Reihe von Fähigkeiten, Fertigkeiten und Haltungen eine Rolle, die weit über die etwa im Kontext wissenschaftlicher Bemühungen verlangte kognitive Anteilnahme hinausgehen. An erster Stelle sind hier evaluative Einstellungen und Emotionen, auf das Ganze unseres Lebens bezogene Vorstellungen und Absichten zu nennen. Folgt man den im Alltag verbreiteten Sprachgebräuchen, ist festzustellen, daß auch in bezug auf Projekte, die sich auf das Ganze des Lebens beziehen, in bezug auf Wertvorstellungen oder Emotionen von »vernünftig« bzw. »unvernünftig«, von »begründet« bzw. »unbegründet« die Rede ist. Die genannten Faktoren sind ebenfalls für die Beurteilung von Handlungen und Verhaltensweisen in moralischer Perspektive von Belang. Mehr noch: im Unterschied zur wissenschaftlichen Forschungspraxis, zur Abwicklung eines Geschäftsvorgangs oder eines bürokratischen Ablaufs ist das Gewebe von kognitiven Urteilen, Evaluationen, Emotionen usw. für die moralische Erfahrung geradezu konstitutiv.
Mit Blick auf die Komplexität moralischer Erfahrung und die Vielzahl der in ihr wirksamen Momente liegt es nahe, einen weiteren Begriff von Vernunft zugrunde zu legen, der dieser Vielfalt Rechnung trägt. Der nächste Abschnitt macht zum einen deutlich, warum Gefühle dem Begründungsrationalisten suspekt erscheinen müssen, zum anderen präzisiert er – als Kontrapunkt dazu – in einem ersten Anlauf den Ort der Gefühle innerhalb der moralischen Praxis.

16 Für die Diskursethik in der Apelschen Variante hat bereits A. Wellmer einen Kryptoszientismus diagnostiziert; vgl. A. Wellmer, *Ethik und Dialog. Elemente des moralischen Urteils bei Kant und in der Diskursethik*, Frankfurt am Main 1986, S. 84 ff.

unter dieser Voraussetzung sind wir in der Lage, uns in einer Weise durch Erfahrung auf die Realität positiv einzulassen, welche die jeweilige Begrenztheit begrifflicher Verdinglichung überschreitet. Von dieser Realität der Erfahrung, die Heidegger die »Gegnet« nennt, sagt er, sie sei uns so nahe, daß wir uns ihrer gewöhnlich nicht bewußt sind. Ja, man könnte von der Realität sagen, was Augustinus und die Mystiker von Gott sagen: daß sie uns näher sei, als wir uns selbst sind, d. h. näher als alle Vorstellungen, die wir uns von ihr machen. Sie ist damit auch reicher und umfassender als diese Vorstellungen, die immer nur einen begrenzten Aspekt der Realität erfassen.

Gelassenheit im positiven Sinne hat demgemäß eine Gelassenheit des Denkens zur Voraussetzung, die in einem beständigen Loslassen und Transzendieren der Grenzen unserer Begriffe besteht. Es handelt sich hierbei um eine unabdingbare Voraussetzung des Denkens selbst, wenn es nicht den Kontakt zur Realität verlieren will. Wie wichtig ein solcher Realitätssinn vor allem für die Moral ist, sollte aus dem bisher Gesagten bereits deutlich geworden sein. Die Einsicht in die Notwendigkeit einer radikalen Kritik des Denkens hat, wie sich im folgenden zeigen wird, ihren historischen Ursprung vor allem in der antiken Skepsis und in der Negativen Theologie der mittelalterlichen Mystik, wo auch das Ideal eines – praktisch orientierten und realitätsoffenen – gelassenen Lebens im Zentrum steht. Dieses Ideal wurde bereits durch die stoische und epikureische Philosophie vertreten.

IV. Gelassenheit als philosophische Lebensform: Stoa – Epikur – Skepsis

Die Philosophie gilt in der Antike nicht als eine theoretische Wissenschaft im neuzeitlichen Sinne, sondern als »Lebensform«.[24] Bei aller reflexiven Distanz zur Praxis bleibt hier die »Theorie« doch auf die Praxis des Lebens bezogen. Besonders ausgeprägt ist diese praktische Orientierung in der Stoa, im Epikureismus und in der Pyrrhonischen Skepsis. Die philosophische Lebensform ist hier durch die *Seelenruhe* (*Ataraxia*) geprägt.

24 Vgl. hierzu P. Hadot, *Philosophie als Lebensform. Geistige Übungen in der Antike*, Berlin 1991.

Hegel umschreibt die Ataraxia als *»ein von Furcht und Begierde freies Sichselbstgleichundruhigbleiben des Geistes«*.[25] Gelassenheit im Sinne der Seelenruhe ist kein bestimmter *Gefühlszustand*, etwa besonderer innerer Ruhe, auch kein Zustand völliger *Gefühls- oder Leidenschaftslosigkeit*, wie der in der Stoa dafür auch gebräuchliche Ausdruck der »Apathia« nahelegen könnte und wie es dem populären Bild des in »stoischer Ruhe« verharrenden »stoischen Weisen« entspricht. Es handelt sich vielmehr um ein *formales* Charakteristikum der Einstellung zu sich selbst – zu den eigenen Wünschen, Neigungen, Affekten – und damit zu den Inhalten und Gegenständen der äußeren Welt, auf die sie intentional bezogen sind. So verstanden macht die Ataraxia die (*Ideal-*)*Form* des Lebens aus.

Hierin sind sich die verschiedenen Schulen der hellenistischen Philosophie einig. Uneinigkeit herrscht allerdings in der genaueren Bestimmung der Seelenruhe und des richtigen Weges, auf dem sie zu erlangen wäre. Der *Stoiker* betont in erster Linie die *negative* Seite der Gelassenheit: das *Loslassenkönnen* von den Begierden und ihren Gegenständen und damit die innere Freiheit und Autonomie des Subjekts. Der *Epikureer* hält zwar ebenfalls die (negative) Freiheit für eine unerläßliche Bedingung des Glücks. Er betont und lebt aber primär die *positive* Seite der Gelassenheit: das *Sich-Einlassen* auf den Genuß der erfüllbaren Bedürfnisse und die Freude an den verfügbaren Gütern. Stoiker und Epikureer halten die Gelassenheit für eine Leistung der Vernunft, die darin besteht, die begrenzte, individuelle Perspektive zu transzendieren und sich selbst mit der universalen Ordnung der *Natur* oder des *Kosmos* in Einklang zu bringen. Der *pyrrhonische Skeptiker* dagegen hält den Glauben an die Erkennbarkeit dieser Ordnung für eine fundamentale Illusion und damit für das Haupthindernis der Seelenruhe. Unerläßliche Bedingung der Seelenruhe ist für die Skepsis eine grundsätzliche Kritik und Gelassenheit der Vernunft, die auf der Einsicht in die Unentscheidbarkeit dogmatischer Erkenntnisansprüche, auf Grund der Gleich-Gültigkeit (Isosthenie) einander ausschließender Argumente, beruht.

Der Sinn der stoischen *Apathia* läßt sich nur begreiflich machen,

25 G.W.F. Hegel, *Vorlesungen über die Geschichte der Philosophie* II (*Werke*, Bd. 19), Frankfurt am Main 1986, S. 324.

wenn man sie als eine moralische Forderung versteht.[26] Diese Forderung beruht auf der Einsicht, daß es für den *moral point of view* wesentlich ist, zu sich selbst Distanz zu nehmen, unwillkürliche Gefühlsregungen, Neigungen, Wünsche usw. vernünftig zu beurteilen und zu beeinflussen. Dazu ist es nicht notwendig, sie zu verdrängen und völlig zu vermeiden. Ja, dies ist, wie Seneca betont, nicht einmal möglich.[27] Es kommt nur darauf an, gegenüber dem unwillkürlichen inneren Geschehen wachsam zu sein, um die völlige Abhängigkeit von den Affekten zu vermeiden, wie sie etwa im Jähzorn vorliegt. Der dem stoischen Begriff der Apathie zugrunde liegende Begriff des Pathos (Affektes) umfaßt daher nur diejenigen Affekte, die nicht vernunftgemäß sind, weil sie unsere moralische Autonomie einschränken.

Der moralische Kern des stoischen Ideals der Seelenruhe besteht nach P. Hadot in der Forderung, die Schranken der individuellen Lebenssicht auf eine umfassendere, objektivere Perspektive der Gerechtigkeit hin zu überschreiten. Diese Forderung beruht auf der Einsicht in die nur relative Bedeutung der eigenen Bedürfnisse und Interessen in bezug auf den Gesamtzusammenhang einer jeweiligen Lebenssituation. Die eigenen Bedürfnisse und Interessen besitzen prinzipiell gleichen Rang und gleiches Recht wie die aller anderen Menschen. In dieser Form bleibt das Ideal der Gelassenheit auch in der Kantischen Moralphilosophie erhalten. Als unausgesprochene Komponente des kategorischen Imperativs gehört die Gelassenheit im negativen Sinne der *Apathia* bei Kant zur kategorialen Form der moralischen Kultur. Sie macht die andere, (im logischen Sinne) negative Seite des von ihm positiv formulierten Moralgesetzes aus. Das »Handle so, daß...« des kategorischen Imperativs impliziert Gelassenheit als reflexive Distanz gegenüber den unwillkürlichen Neigungen und Bedürfnissen, und bedeutet die Bereitschaft, sie, wo immer es aus moralischen Gründen erforderlich ist, zurückzustellen. Die Grundhaltung der Gelassenheit

26 In seinem Aufsatz »Der Streit um die stoische Ethik« in: *Zeitschrift für philosophische Forschung* 21 (1967), S. 262-281, macht H. Reiner plausibel, daß es der stoischen Ethik nicht um die heroische Selbstbeherrschung als solche geht, sondern daß sie die Freiheit von den Affekten nur anstrebt, sofern sie die notwendige Bedingung eines tugendhaften (moralischen) Lebens darstellt.

27 Seneca, »Über den Zorn«, Zweites Buch, §§ 1 ff., in: ders., *Von der Ruhe der Seele und andere Essays*, Zürich/München 1991, S. 100 ff.

in diesem Sinne ist bei Kant ein für die Moralität wesentliches Konstituens des »guten Willens«, das in einer Unterordnung der »Selbstliebe« unter das »moralische Gesetz« besteht.[28]

Diese negative Seite der Gelassenheit ist allerdings unter dem Einfluß der stoischen wie der kantischen Ethik – vor allem im Christentum und in der Aufklärung – allzu einseitig betont worden. Gelassenheit bedeutete hier die völlige Leugnung der sinnlich-affektiven Seite des Menschen, wie sie in Goethes *Werther* kritisiert wird. Bereits *Epikur* wirkt einer solchen Tendenz entgegen, indem er die positive Seite der Gelassenheit hervorhebt. Das höchste Gut des Lebens besteht für ihn primär in der Fähigkeit, das Leben zu genießen. Der Lebensgenuß ist allerdings nach Epikur um so größer, je bescheidener die Bedürfnisse sind, und steht zudem unter der Bedingung der Vernunft- und Tugendgemäßheit. Ein moralisches Leben ist glücklicher als ein unmoralisches. Das epikureische Ideal des Weisen unterscheidet sich daher nicht grundsätzlich vom stoischen. »Nur hat die epikureische Darstellung des Weisen einen Charakter von größerer Milde«, wie Hegel sagt.[29] P. Hadot kennzeichnet die Haltung des Stoikers treffend als *angespannte Wachsamkeit*, die Unabhängigkeit zu bewahren, die Haltung des Epikureers als *entspannte Heiterkeit* im Genießen des Lebens. Im Unterschied zur stoischen Ethik betrachtet also Epikur nicht strenge Selbstdisziplin als das entscheidende Erkennungszeichen der Moralität des »Weisen«, sondern heitere Gelöstheit, Freude und die Fähigkeit, sich auf Freundschaft und Wohlwollen gegenüber den Menschen bejahend einzulassen.

Gegenüber dem Stoizismus und Epikureismus empfiehlt die *antike Skepsis* eine noch radikalere Therapie zur Erlangung der Seelenruhe, indem sie die Orientierungsbasis der beiden anderen Schulen in Frage stellt: die Erkennbarkeit der Ordnung des Kos-

28 Kant selbst versteht in der Tugendlehre der *Metaphysik der Sitten* (Abschnitt XVI) die »Apathie« im stoischen Sinne als eine notwendige Voraussetzung der Tugend, die er, als »moralische Apathie« von »Fühllosigkeit«, »subjektiver Gleichgültigkeit« oder »Indifferenz« ausdrücklich unterscheidet. Kant betont zudem die besondere Bedeutung der Apathie und der Mäßigung in der Tugendausübung selbst, die einer enthusiastischen und phantastisch-tugendhaften Übertreibung der moralischen Einstellung und Regelung des Lebens entgegenwirken soll.

29 G. W. F. Hegel, a. a. O., S. 334.

mos und des von Natur aus Guten. Erkenntnisansprüche dieser Art sind nach Meinung der Skepsis *dogmatisch*, weil prinzipiell unentscheidbar. Um die skeptische Position nicht zu absurd erscheinen zu lassen, muß man sich klarmachen, daß sie sich nur gegen *absolute* Erkenntnisansprüche richtet, die auf vermeintlich »verborgene« Dinge und Wahrheiten zielen[30], etwa auf eine Natur, die nicht unmittelbar in den sinnlichen Erscheinungen gegeben, sondern – wie die Atome Epikurs – als Ursache der Erscheinungen angeblich hinter diesen verborgen ist. Ebenso verborgen und daher unerkennbar ist nach Meinung der Skeptiker »das Gute« in einem absoluten Sinne, das *der* Natur *an sich* gemäß sein soll. Sie selbst halten für gut, was den jeweiligen Gesetzen und Gebräuchen entspricht.

Die skeptische Kritik wendet sich gegen eine Tendenz zur *Verdinglichung* der Begriffe, die unsere Vorstellungen von der Realität an deren Stelle setzt. Alleinige Basis der Erkenntnis ist für die Skepsis die unmittelbar »erscheinende« Wirklichkeit, wie sie durch intersubjektive Gewißheiten der alltäglichen Erfahrung[31] sowie durch die allgemeinen Gesetze und Gebräuche im Rahmen einer bestehenden Gesellschaft konstituiert ist. Das bedeutet für die Ethik, daß es keinen völlig außerhalb unserer gewöhnlichen Praxis liegenden Maßstab moralischen Handelns geben kann.

Bestritten wird also von der Skepsis nur der Dogmatismus, der nach ihrer Meinung der größte Feind der Seelenruhe ist: »Wer nämlich dogmatisch etwas für gut oder übel von Natur hält, wird fortwährend beunruhigt.«[32] Die Skepsis verwahrt sich gegen den naheliegenden Vorwurf, selbst ebenso dogmatisch jede Erkenntnismöglichkeit zu leugnen. Sie versteht sich lediglich als eine Methode der Erkenntniskritik, die voraussetzt, daß man selber –

30 Diese Einschränkung der Skepsis auf die Erkenntnis des vermeintlich Verborgenen wird von Sextus Empiricus in seinem *Grundriß der Pyrrhonischen Skepsis*, hg. v. M. Hossenfelder, Frankfurt am Main 1968, immer wieder betont: Man muß »im Sinne behalten, daß wir nur von denjenigen Dingen nichts zu setzen oder aufzuheben erklären, die dogmatisch vom Verborgenen ausgesagt werden« (I, 193, S. 137). Vgl. auch I, 7 (S. 96) und I, 197 ff. (S. 138 f.).

31 Sextus Empiricus, a. a. O., I, 211 (S. 143); II, 8 (S. 154).

32 Ebd., I, 28, S. 100. Vgl. auch III, S. 237: »Wer annimmt, daß etwas von Natur gut oder übel sei oder überhaupt zu tun oder zu lassen sei, erleidet in der Tat vielfältige Seelenqualen.« (S. 287)

im Wortsinn von »Skepsis« (»geistiges Spähen, Suchen, Betrachten, Prüfen«) – Erkenntnis wirklich sucht und in jedem Fall kritisch prüft, ob sie möglich ist. Weder soll man (dogmatisch) meinen, sie schon gefunden zu haben, noch sie (ebenso dogmatisch) von vornherein für unerkennbar halten.[33] Die skeptische Methode versteht sich als eine fortgesetzte Methode der Kritik und des Auflösens (›Lassens‹) illusionärer Erkenntnisansprüche, und zwar im Interesse der Erkenntnis.

Mit der Dogmatismuskritik verbindet sich die Einsicht, daß sich die Seelenruhe nicht direkt anstreben und durch eine rational begründete Technik *bewirken* läßt. Man muß wirklich etwas erkennen wollen. Wenn man dann zur Einsicht gelangt, daß dies nicht möglich ist und die Suche aufgibt, dann stellt sich die Gelassenheit wie von selbst ein, sie folgt der Zurückhaltung im Urteil »wie der Schatten dem Körper«.[34] Sextus bringt diese Einsicht durch das Bild des Malers Apelles zum Ausdruck:

> »Dieser wollte, so heißt es, beim Malen eines Pferdes dessen Schaum auf dem Gemälde nachahmen. Das sei ihm so mißlungen, daß er aufgab und den Schwamm, in dem er die Farben vom Pinsel abzuwischen pflegte, gegen das Bild schleuderte. Als dieser auftraf, habe er eine Nachahmung des Pferdeschaumes hervorgebracht.«[35]

Auf Grund ihrer Dogmatismuskritik zeichnet sich die Skepsis durch eine pragmatische Hinwendung zur alltäglichen Lebenspraxis aus. Ihre Methode hat aber ausschließlich negativen Charakter, indem sie der Auflösung positiver Erkenntnisansprüche dient. Sie verzichtet ausdrücklich darauf, ein positives Verständnis des menschlichen Seins zu entwickeln, das einer praktischen Orientierung dienen könnte. Daraus ergibt sich die fragwürdige Tendenz eines Konservativismus und Relativismus, der die faktischen Sitten und Gebräuche unkritisch akzeptiert. Die philosophische Mystik des Mittelalters nimmt die Vernunftkritik

33 Sextus Empiricus grenzt daher die Pyrrhonische Skepsis auch vom sozusagen negativen Dogmatismus der akademischen Skepsis ab: »Die Neue Akademie, obwohl sie sagt, alles sei unerkennbar, unterscheidet sich von den Skeptikern vielleicht eben darin, daß sie behauptet, alles sei unerkennbar. Denn sie sagt hierüber mit Sicherheit aus, während der Skeptiker mit der Möglichkeit rechnet, daß einiges auch erkannt wird.« (I, 226, S. 148; vgl. auch I, 3, S. 93)

34 Sextus Empiricus, a. a. O., I, 29 (S. 100).

35 Ebd.

der Skepsis auf, ja, radikalisiert sie noch, dringt aber darüber hinaus zu einer positiven Orientierung der menschlichen Praxis vor.

v. »Laß dich!« – Gelassenheit als Aufhebung der Subjektivität bei Meister Eckhart

Die Forderung der Gelassenheit – genauer: die Forderung, *sich* zu lassen, um sich *Gott* (dem göttlichen Willen) zu *überlassen* – bildet den Kern der philosophischen Mystik Meister Eckharts und die Grundlage seiner Ethik. Seine Mystik ist philosophisch, insofern sie sich der Methode philosophischer Reflexion bedient. Und sie bildet mit seiner Ethik eine untrennbare Einheit, insofern sie praktisch orientiert ist, die Grundbedingung des guten und gerechten menschlichen Lebens aufzeigen will, die eben in der Gelassenheit besteht. Diese ist daher für Eckhart in erster Linie nicht ein Zustand, sondern ein Tun, gemäß der ursprünglich verbalen Bedeutung von »gelassen«, das bei ihm die Bedeutung des *Sich*-Lassens gewinnt.[36]

Meister Eckhart betont sehr den *formalen* Charakter der Gelassenheit. Als »gelassen« zu bezeichnen sind für ihn nicht bestimmte psychische Zustände oder Weisen des Verhaltens, sondern der ganze Mensch. Die Lebensform des »gelassenen Menschen« besteht gerade darin, daß es ihm für das Gelingen des Lebens im ganzen nicht (entscheidend) darauf ankommt, an welchem Ort oder in welchem Gefühlszustand er sich befindet und wie er äußerlich lebt. In dieser Hinsicht erweist Eckhart sich als entschiedener Kritiker einer Mystik, die Empfindungen, Gefühle oder Bewußtseinszustände – wie fromme Andächtigkeit, süße Verzückung oder höhere Eingebungen und Visionen – sowie ein Sich-Zurückziehen aus dem täglichen Leben an besondere Orte,

36 In der deutschen Mystik wurde neben dem Substantiv »Gelassenheit« und dem Attribut »gelassen« vor allem das heute nicht mehr gebräuchliche *Verb* »gelassen« gebraucht, das ursprünglich ein verstärktes »lassen« bedeutet, etwa im Sinne von »verlassen« (z. B. »die Welt gelassen«) oder etwas »unterlassen«. Zur Wortverwendung bei Meister Eckhart vgl. A. Bundschuh, *Die Bedeutung von gelassen und die Bedeutung der Gelassenheit in den deutschen Werken Meister Eckharts*, Frankfurt am Main 1990.

wie die Wüste oder das Kloster, anstrebt. Wer *etwas Bestimmtes* sucht und sein Leben daran hängt, identifiziert sich mit dem Gesuchten, sucht insofern darin immer noch *sich*. Jenen, die in dieser Weise Ideen eines »frommen« Lebens anhängen, sagt Eckhart deshalb:

»Wahrlich, darin steckt überall dein Ich und sonst gar nichts. [...] Was wir da meinen, der Mensch solle dieses fliehen und jenes suchen, etwa diese Stätten und diese Leute und diese Weisen oder diese Menge oder diese Betätigung – nicht das ist schuld, daß dich die Dinge hindern: du bist es (vielmehr) selbst in den Dingen, was dich hindert, denn du verhältst dich verkehrt zu den Dingen. Darum fang zuerst bei dir selbst an und *laß dich*!«[37]

Nur wer *sich* gelassen habe, so Eckhart, der habe »alles gelassen« und verhalte sich richtig zu den Dingen. Worauf es dabei ankomme, sei kein *»äußerliches«*, sondern ein *»innerliches«* Lassen der Dinge. Dieses könne und solle an jedem Ort, in jeder Tätigkeit und in jeder »Weise« vollzogen werden. Es bestehe darin, in einer bestimmten Weise lebend an keiner »Weise« des Lebens zu hängen, sondern innerlich davon frei zu sein.[38]

Eckhart wendet sich zugleich gegen ein einseitiges negatives Verständnis der Gelassenheit, indem er deutlich macht, daß das Sich-Lassen gerade die Voraussetzung für ein positives Sich-Zuwenden zur Welt und für ein aktives Sich-Einlassen auf die Anforderungen des täglichen Lebens ist. D. Mieth nennt Eckharts Gelassenheit treffend eine »engagierte Gelassenheit«.[39] Eckhart wendet sich damit gegen die Spaltung zwischen einer *vita contemplativa* und einer *vita activa*. Das kontemplative Leben muß in praktisch fruchtbarer Weise auf das aktive Leben bezogen sein.

In diesem kritischen Verständnis des Sich-Lassens hat dieses bei Eckhart moralische Bedeutung. Ja, es hat eine vergleichbar prinzipielle Bedeutung für die Moral wie der kategorische Imperativ Kants. Nur ist das Prinzip der Gelassenheit kein *positives Prinzip*,

37 Meister Eckhart, »Reden der Unterweisung«, § 3, in: Meister Eckehart, *Deutsche Predigten und Traktate*, hg. v. J. Quint, München 1963, S. 55 f.

38 »Denn Gott hat der Menschen Heil nicht an irgendeine besondere Weise gebunden [...]. Ein jeder behalte *seine* gute Weise und beziehe *alle* (anderen) Weisen darin ein.« (ebd., § 17, S. 78 f.) »Es gibt für uns kein Stehenbleiben bei irgendeiner Weise im Leben.« (ebd., § 21, S. 89).

39 D. Mieth, *Gotteserfahrung und Weltverantwortung. Über die christliche Spiritualität des Handelns*, München 1982, S. 153.

durch das sich erkennen läßt, wie zu handeln und was zu tun ist, sondern gewissermaßen ein *negatives Prinzip*: Das Sich-Lassen macht von den Hindernissen frei, die der Erkenntnis, was zu tun ist, entgegenstehen. In diesem Sinne ist die Forderung der Gelassenheit auch bei Kant, wie schon zu sehen war, implizit angelegt. Meister Eckhart kommt auch insofern dem kantischen Moralverständnis nahe, als für ihn die Form des Wollens, nicht die faktischen Folgen des Handelns moralisch entscheidend sind: »Die Tugend und alles Gute liegt im guten Willen.«[40]

Das moralisch wesentliche Charakteristikum des Willens ist nach Eckhart gerade das Sich-Lassen, das Aufheben des eigenen Willens. Dieses bedeutet nicht Willenlosigkeit, sondern ein Wollen, das »ohne jede Ich-Bindung« und »in den Willen Gottes hineingebildet und -geformt ist«.[41] Das Freisein *von* der Ich-Bindung ist zugleich ein Freisein *für* die Erkenntnis der praktischen Erfordernisse des Lebens, weshalb Eckhart auch sagt, der »göttliche« Wille sei »auf die Gegenwart gerichtet«.[42] Das Sich-Lassen bezieht sich nach Eckhart gerade auch auf vermeintlich »fromme« oder moralische Absichten, die eigentlich ein Ausdruck der Selbstliebe sind. Ein gutes Beispiel dafür ist die von Eckhart kritisierte Verwechslung der *Liebe* mit einem »andächtigen« oder »verzückten« *Gefühl*. Ähnlich wie später Kant betont auch Eckhart den wesentlich *praktischen* Charakter der Liebe, der in der Bereitschaft besteht, auch ohne ein solches Gefühl die Bedürftigkeit des Anderen zu erkennen und demgemäß zu handeln.[43] Er wendet sich damit nicht gegen das Gefühl als solches, das – etwa als Mitgefühl oder

40 Meister Eckhart, a. a. O., § 10 (S. 65). Vgl. auch ebd., S. 66: »Mit dem Willen vermag ich alles. [...] Gebricht's dir nicht am Willen, sondern nur am Vermögen, fürwahr, so hast du es vor Gott alles getan [...] tun *wollen*, sobald ich's vermag, und getan *haben*, das ist vor Gott gleich.«

41 Ebd.

42 Ebd., S. 65.

43 »Wäre der Mensch so in Verzückung, wie's Sankt Paulus war, und wüßte einen kranken Menschen, der eines Süppleins von ihm bedürfte, ich erachtete es für weit besser, du ließest aus Liebe von der Verzükkung ab und dientest dem Bedürftigen in größerer Liebe« (ebd.). Vgl. hierzu auch Kants ähnlich begründete Unterscheidung zwischen der »pathologischen« und »praktischen Liebe« in der *Kritik der praktischen Vernunft. Werkausgabe*, A 147ff., hg. v. Weischedel, Bd. 7, Wiesbaden 1958, S. 205.

Wohlwollen – die aktive Zuwendung zum Anderen begleitet, sondern gegen ein von der konkreten Praxis abgehobenes (»schwärmerisches«) Gefühl des Einsseins mit allen Menschen.[44]

Noch weniger als bei Kant ist bei Eckhart das Aufgeben des eigenen Willens gleichzusetzen mit der »Selbstlosigkeit« und »Selbstverleugnung« einer rein altruistischen Lebenshaltung. Ja, das Sich-Lassen stellt für Eckhart die notwendige Bedingung der (richtig verstandenen) Selbstliebe dar. Man kann bei ihm von einer »Aufhebung« der Subjektivität – im doppelten (Hegelschen) Sinne der Negation und der Bewahrung in einem neuen Verständnis – sprechen, die Eckhart selbst folgendermaßen formuliert: »Unser ganzes wesenhaftes Sein liegt in nichts anderem begründet als in einem Zunichtewerden.«[45]

Das »Sich« oder »Ich« zu »lassen« und zu negieren bedeutet nach Eckhart, zu erkennen und praktisch einzusehen, daß das Ich im Grunde kein Etwas, keine Realität, sondern ein »Nichts« ist. Es ist eine bloße Vorstellung und Fiktion, die wir uns selbst erzeugt haben und beständig erzeugen, ebenso wie die (Vorstellungen der) Dinge, die wir begehren, wissen oder haben wollen und mit denen wir uns identifizieren. Eckhart weist aber nur die *dinglich-substantielle* Auffassung des individuellen Ich als eigenständige atomistische und substantielle Entität zurück. An ihre Stelle tritt eine *formale* Auffassung des Subjektbegriffs, wonach dieser die *transzendentale Form* der Erkenntnis und des Seins ausmacht, in der und mittels deren wir die Dinge erkennen. So verstanden kann das Subjekt selbst nicht Gegenstand der Erkenntnis sein. Als solches ist es von allem gegenständlichen Inhalt leer und damit reine Mög-

44 Eckharts Kritik der Gefühlsmystik kommt Kants Kritik des »Mystizismus« sehr nahe. Daß umgekehrt die Kantische Ethik Berührungspunkte mit der Negativen Theologie besitzt, in deren Tradition auch Meister Eckhart steht, wird wegen dieser Mystizismuskritik leicht übersehen. Hinweise auf diesen Zusammenhang finden sich in: H. Leisegang, »Kant und die Mystik«, in: *Philosophische Studien* 1 (1949), S. 4-28; R. Spaemann, *Reflexion und Spontaneität. Studien über Fénelon*, Stuttgart 1963; M. Sommer, »Mit dem Zufall leben. Überlegungen zu Kants Moralphilosophie«, in: *Neue Hefte für Philosophie* 22 (1983), S. 95-112; R. Wimmer, *Kants kritische Religionsphilosophie*, Berlin/New York 1990, *Kantstudien*. Ergänzungshefte 124, § 24 f.

45 Meister Eckhart, § 23, a. a. O., S. 95.

lichkeit der Erkenntnis aller Dinge.[46] In diesem formalen Sinn ist die Subjektivität nicht einem einzelnen Individuum allein eigen, sondern die universale Form des Erkennens und Seins, die prinzipiell allen Menschen gemeinsam ist und wodurch die Erkenntnis- und Seinsmöglichkeiten des Einzelsubjekts allererst konstituiert werden. Eckhart weist damit auf die intersubjektive Konstitution des individuellen Ich hin, leugnet also nicht die Individualität als solche, sondern nur deren Ablösung von ihren Konstitutionsbedingungen. Gelassenheit bedeutet für Eckhart nicht eigentlich eine Überwindung des eigenen Wollens, sondern ein Durchschauen und Auflösen der diesem Wollen zugrundeliegenden fiktiven Ichvorstellung, mit dem Ziel einer ideologie- und illusionsfreien Sicht des menschlichen Lebens.

Wenn Eckhart fordert, der Mensch solle *sich selbst* lassen und *leer* werden, um mit *Gott* eins zu werden, so bedeutet dies also, er solle sich auf die konstitutiven Grundbedingungen des eigenen Seins besinnen. Denn Gott wird von Eckhart – in seiner Erscheinungsform als Christus oder »Menschensohn«, der »menschliche Natur« angenommen hat – als Inbegriff der »transzendentalen Momente des menschlichen Daseins« aufgefaßt.[47] Diese Einsicht hat für Eckhart nicht rein theoretisch-deskriptiven, sondern praktisch-normativen Charakter: Der Mensch *soll* auch dieser transzendentalen Form des Seins gemäß leben und handeln. »Mensch« ist für Meister Eckhart, wie man mit Th. Rentsch sagen könnte, kein theoretisches, etwa ein biologisches, sondern ein »dianoeti-

46 Man kann sagen, daß bei Meister Eckhart in besonderer Radikalität bereits die Kritik einer gegenständlich-substantiellen Auffassung des Ich zu finden ist, wie sie später durch die Erkenntnis- und Sprachkritik der Philosophie seit Kant vorgenommen wurde. Die These von der Negativität des menschlichen Geistes findet sich bei Meister Eckhart vor allem in seinen »Quaestiones Parisienses«. Vgl. dazu J.D. Caputo, »The nothingness of the intellect in Meister Eckhart's ›Parisian Questions‹ «, in: *Thomist* 39 (1975), S. 85-115. Th. Rentsch weist in seinem Aufsatz »Negativität und Vermittlung. Hegels Anthropo-Theo-Logik« (in: Chr. Demmerling/F. Kambartel (Hg.), *Vernunftkritik nach Hegel. Analytisch-kritische Interpretation zur Dialektik*, Frankfurt am Main 1992, S. 100-138) die besondere Nähe dieser These zu Hegels Philosophie des Geistes nach.

47 D. Mieth, a. a. O., S. 94. Vgl. hierzu bei Meister Eckhart z. B. den Traktat »Vom edlen Menschen«, a. a. O., S. 140-149, und die Predigt »In hoc apparuit caritas dei in nobis«, a. a. O., S. 178-181.

sches« Prädikat, das eine normative Bedeutungsdimension hat.[48] Dies entspricht auch unserem gewöhnlichen Sprachgebrauch, wenn wir etwa sagen: »Sie hat sich ihm gegenüber nicht wie ein Mensch verhalten.« Gemäß dem immanenten Gottesverständnis, wonach Gott der Nicht-Andere (non-aliud) ist, indem er *Mensch* geworden ist, geht es Eckharts Ethik – mit ihrer Grundforderung des Sich-Lassens – letztlich um die »Menschwerdung des Menschen«.[49]

Wenn Eckhart sagt: »Die Leute bräuchten nicht soviel nachzudenken, was sie *tun* sollten; sie sollten vielmehr bedenken, was sie *wären*«[50] – dann bedeutet dieses »Sein« nicht das zufällige Sein des einzelnen Individuums, sondern dessen Sein *als Mensch*. Dieses Sein zu bedenken heißt, sich auf die universalen Grundbedingungen des Menschseins zu besinnen, die das eigene individuelle Sein wie dasjenige aller anderen Menschen konstituieren. Aus dieser Reflexion auf das menschliche Sein ergeben sich die moralischen Prinzipien der Gerechtigkeit und der (praktischen) Liebe. Denn sie impliziert die praktische Einsicht, daß die anderen Menschen in den elementaren Grundbedingungen ihres Seins *mir gleich* sind. Darin ist die Verpflichtung enthalten, sie in diesen relevanten Bedingungen auch gleich (gerecht) zu behandeln und sie zu lieben *wie mich selbst*.

Eckhart identifiziert also das »Selbst« des Menschen mit dem Inbegriff der allgemein-menschlichen Grundbedingungen, durch die jedes einzelne Individuum allererst seine Existenz gewinnt. Insofern kann er sagen, daß die Selbstliebe die Liebe zu allen anderen Menschen impliziert bzw. daß umgekehrt die Liebe zum Anderen Grundbedingung der Selbstliebe ist.

»Hast du dich selbst lieb, so hast du alle Menschen lieb wie dich selbst, solange du einen einzigen Menschen weniger lieb hast als dich selbst, so hast du dich selbst nie wahrhaft lieb gewonnen, – wenn du nicht alle Menschen so lieb hast wie dich selbst, in einem Menschen alle Menschen: und dieser Mensch ist Gott und Mensch.«[51]

48 Vgl. hierzu Th. Rentsch, *Die Konstitution der Moralität. Transzendentale Anthropologie und praktische Philosophie*, Frankfurt am Main 1990, § 18 (S. 195-204).

49 Vgl. D. Mieth, a. a. O., S. 140.

50 Meister Eckhart, »Reden der Unterweisung«, § 4, a. a. O., S. 57.

51 Meister Eckhart, Predigt »Qui audit me«, a. a. O., S. 214.

Dieses allgemeine Selbst des Menschen wird von Eckhart wiederum mit Gott identifiziert, der »der Grund und das Maß der Liebe« ist, »mit der wir uns selbst und den Nächsten lieben«.[52] Der Gottesbegriff impliziert einen objektiven Maßstab und Orientierungspunkt des moralischen Handelns. *Sich selbst* zu lassen und mit *Gott* eins zu werden bedeutet, den eigenen beschränkten Standpunkt auf einen überindividuellen Standpunkt hin zu überschreiten, von dem aus die eigene Situation der aller anderen Menschen prinzipiell gleichgestellt ist. Es handelt sich also nicht um einen rein altruistischen Standpunkt der Selbstverleugnung. Eckhart betont ausdrücklich, er wolle nicht, daß, wer sich selbst hasse, andere liebe wie sich selbst.[53]

Eckhart gründet also die Forderungen der Moral auf eine anthropologische Reflexion der Grundbedingungen der menschlichen Situation. Daraus leitet er allerdings keine konkreten Handlungsanweisungen ab, etwa in Form eines Normen- und Kriterienkataloges oder einer fallbezogenen Kasuistik, wie sie in der christlichen Moraltheologie entworfen wurde und auch heute in der Ethik wieder beliebt geworden ist. Es ergeben sich daraus vielmehr nur elementare und rein formale Orientierungspunkte für die Praxis, die im Handeln immer im Auge zu behalten sind und unter allen Umständen unbedingte Geltung besitzen. In dieser Hinsicht soll der Mensch sich immer *gleich* verhalten, immer die *gleiche* innere Einstellung bewahren. Das aber bedeutet nicht, »daß man alle Werke als gleich erachten solle oder alle Stätten oder alle Leute.«[54] Es ist im Gegenteil notwendig, zugleich die Besonderheiten der Menschen und die Verschiedenheiten der Situationen zu erkennen und handelnd zu berücksichtigen. Auch hierzu ist nicht reine Verstandestätigkeit, sondern Gelassenheit erforderlich, die eine wache Aufmerksamkeit, Wahrnehmungsfähigkeit und Urteilskraft einschließt. Das Sich-Lassen bedeutet ein Leer-

52 Zit. n. D. Mieth, a. a. O., S. 146.

53 »Wer sich nicht liebt, haßt seine Seele und kann den Nächsten auch nicht lieben. Oder wenn du das Unrecht liebst, haßt du dich. Wie könntest du also wollen, daß dir ein Nächster, den du lieben solltest wie dich, anvertraut werde, wenn du dich selbst zugrunde richtest. Wenn du dich selbst nämlich so liebst, daß du dich zugrunde richtest, so will ich nicht, daß du irgend jemand im selben Maße wie dich liebst.« Ebd.

54 Meister Eckhart, »Reden der Unterweisung«, § 6, a. a. O., S. 59.

werden von *sich selbst*, d.h. von den eigenen Vorstellungen, Wünschen, Befürchtungen, die einen hindern, die faktische Situation in der Fülle ihrer Aspekte zu erkennen und sich aktiv auf sie einzulassen. Auch in dieser Hinsicht fordert Eckhart »Gerechtigkeit«, die zum einen jedem das Seine gibt und zum anderen jeder Situation gleichermaßen »gerecht« wird.[55]

Eckharts Ethik der Gelassenheit zeichnet sich gegenüber der Antike dadurch aus, daß sie alle drei genannten Positionen der hellenistischen Ethik in sich vereinigt: die stoische Forderung der inneren Freiheit und Unabhängigkeit, die epikureische Zuwendung zum Genießen des Lebens und die skeptische Vernunftkritik. Das epikureische Verständnis der Gelassenheit kommt zum Ausdruck, wenn Eckhart das Sich-Lassen als *Befreiung* aus einer falschen, weil von Gott und damit von sich selbst entfremdeten Lebensform auffaßt, wodurch es zur Grundbedingung eines im vollen Sinne guten und glücklichen Lebens wird. Es sei zwar schwer »am Anfang«: »Aber, wenn man (erst) hineinkommt, so hat es nie ein leichteres, lustvolleres und liebenswerteres Leben gegeben.«[56]

Das Sich-Lassen bedeutet ein völliges Freiwerden (Ledigwerden) von allem, womit wir uns identifizieren: von dem, was wir wollen, was wir wissen und was wir haben (besitzen). Eckhart bezeichnet dieses Freisein von sich selbst auch als eine innere »Abgeschiedenheit« oder »Armut«.[57] Diese Negativität des Gelassenseins und Leerseins von sich selbst hat zugleich die positive Seite des Freiwerdens (»Durchbrechens«) zu einem von Gott – das heißt: von der Fülle des Seins – erfüllten Leben: »Wer sich gänzlich (nur) einen Augenblick ließe, dem würde alles gegeben.«[58] Die philosophische Mystik Eckharts zeichnet sich daher zum einen durch eine Radikalisierung der negativen Seite der Gelassenheit und der Freiheit aus, wie sie in der stoischen Ethik zu finden ist. Diese Radikalisierung ist zugleich die Voraussetzung für eine Verstär-

55 Vgl. hierzu die Predigt »Iusti vivent in aeternum«, a. a. O., S. 182-187.

56 Meister Eckhart, Predigt »Scitote, quia prope est regnum dei«, a. a. O., S. 326.

57 In einer Predigt über die Seligpreisung der »Armen im Geiste« in der Bergpredigt unterscheidet Eckhart drei Aspekte dieser Armut: das Nichts-Wollen, das Nichts-Wissen und das Nichts-Haben, a. a. O., S. 303-309.

58 Meister Eckhart, Predigt »Qui audit me«, a. a. O., S. 217.

kung der positiven Seite der Gelassenheit, des vollständigen Sich-Einlassens auf das Leben um seiner selbst willen.

Darüber hinaus ist hier – in Form der »Negativen Theologie« – auch das erkenntniskritische Element der Skepsis in radikalisierter Form wirksam. Wie die Skepsis die Erkennbarkeit der kosmischen Ordnung und des an sich Guten in Frage stellte, so stellt Eckhart die Erkennbarkeit Gottes in Frage. Denn die Negative Theologie, an deren Tradition Eckhart anknüpft, geht in ihrer Kritik so weit, die Existenz Gottes – in unserem gewöhnlichen Verständnis von »Existenz« – zu bestreiten. Gott ist ebenso ein Nichts wie das Ich, sofern wir ihn zu einem *Gegenstand* der Vorstellung und des Wollens machen. Indem wir dies tun, identifizieren wir uns mit diesem Gegenstand und suchen darin weiterhin nur »uns selbst«. »Gott« steht für den Inbegriff dessen, was wir im Leben anstreben, worin wir den »Sinn des Lebens« setzen. Indem wir »Gott« erkennen und Gott gemäß leben *wollen*, wollen wir immer noch *etwas*, was zugleich bedeutet, daß wir anderes *nicht* wollen. Das heißt: Man setzt Sinn und Ziel des Lebens *im ganzen* in einen bestimmten *Inhalt im* Leben und schließt dadurch anderes aus. Wer daher das Leben *gut* leben wolle, der müsse »frei sein vom Nicht« und »Gott um Gottes willen lassen«.[59] Er dürfe das Leben nicht an einen bestimmten Zweck binden, sondern müsse es *um seiner selbst willen* und *ohne Einschränkung* wollen und leben. Zwecke lassen sich sinnvoll immer nur für bestimmte Tätigkeiten im Leben angeben, wie Essen oder Schlafen.

»Aber: Warum lebst du? Um des Lebens willen, und du weißt dennoch nicht, warum du lebst. So begehrenswert ist das Leben in sich selbst, daß man es um seiner selbst willen begehrt.«[60]

Meister Eckhart verharrt nicht in einer die Erkenntnis Gottes bloß negierenden und damit »atheistischen« Position. Seine Kritik zielt vielmehr letztlich – *per viam negativam* und in indirekter Weise – auf ein positives und illusionsfreies Verständnis Gottes und damit des menschlichen Lebens. Dieses uneingeschränkte Bejahen des Lebens schließt für Eckhart die Bereitschaft ein, auch die Endlichkeit, Brüchigkeit, Bedrohtheit unserer Existenz, die

59 Meister Eckhart, Predigt »In hoc apparuit caritas dei in nobis«, a. a. O., S. 179; Predigt »Qui audit me«, a. a. O., S. 214.

60 Meister Eckhart, Predigt 7 »Iusti vivent in aeternum«, a. a. O., S. 184.

Unzulänglichkeit unserer Fähigkeiten, das Mißlingen unserer Absichten und moralische Unvollkommenheit (in der Sprache der Mystik: die »Gottesferne« oder »Abgeschiedenheit«) hinzunehmen und sich darauf einzulassen.

Ausblick auf eine Ethik der Gelassenheit

Zum Schluß möchte ich zumindest andeutungsweise skizzieren, welche Konsequenzen sich für die Ethik aus der ethischen Bedeutung der Gelassenheit ergeben. Grundsätzlich ist zu sagen, daß das Plädoyer für eine »Ethik der Gelassenheit« weder die (zu starke) Forderung einer *ganz anderen* Ethik enthalten soll noch die (zu schwache) Forderung einer bloßen *Ergänzung* der bestehenden Ethik, etwa durch eine eudämonistische Ethik im Sinne Kamlahs oder eine Tugendethik im Sinne Höffes. Die bisherige Ethik der Vernunft ist mit einer Ethik der Gelassenheit durch die Reflexion paradigmatischer Situationen unserer Praxis konkret zu vermitteln. Was dies bedeuten soll, sei im folgenden unter Bezug auf die zu Beginn genannten Charakteristika der modernen Ethik näher erläutert.
Die Wurzel ethischer Probleme liegt oft nicht in erster Linie darin, daß wir nicht wissen, was wir tun sollen. Sie liegt vielmehr meist darin, daß wir falsche oder problematische Vorstellungen von dem haben, was zu tun ist, daß wir eine falsche Perspektive auf die Probleme einnehmen oder in einer falschen, weil an partikularen Interessen orientierten Einstellung handeln. Eine positive Erkenntnis dessen, was zu tun ist, ist nur möglich, wenn diese falschen Vorstellungen, Perspektiven und Einstellungen kritisch durchschaut und aufgelöst werden. Voraussetzung dafür ist die Grundhaltung der Gelassenheit im *negativen* Sinne: als ein kritisches Distanznehmen und *Loslassen* von den eigenen Wünschen, Interessen, Absichten, Handlungsorientierungen usw. Formal verstanden, macht sie die negative und subjektive Komponente des *moral point of view* aus und ist damit von gleicher universaler und unbedingter Gültigkeit wie der kategorische Imperativ Kants. Gelassenheit in diesem Sinne ist selbst Leistung einer weit verstandenen Vernunft, die die Fähigkeit zu reflexiver Distanz und gelassener Zurückhaltung im Denken und Handeln ein-

schließt, während der *pragmatische Aktionismus* der modernen Ethik im Grunde unvernünftig ist.
Für eine ethische Beurteilung konkreter Problemsituationen bedarf es nicht allein der Anwendung abstrakter *Regeln, Normen oder Prinzipien*. Sollen diese nicht völlig situationsabgehoben und damit *normativistisch* und *utopistisch* sein, dann ist es notwendig, in der ethischen Reflexion sich der *elementaren Bedingungen des Menschseins* zu vergewissern, die für die jeweilige Situation konstitutiv sowie für das Handeln normativ maßgebend und intersubjektiv verbindlich sind. Das sind zum Beispiel: leiblich-sensitive Bedürftigkeit, Verletzlichkeit und Sterblichkeit, Vernunft und Sprachlichkeit, personale Würde, Freiheit und Autonomie, Grundformen des zwischenmenschlichen Umgangs (wie Liebe, Freundschaft, Rechtsverhältnisse usw.), das Eingebundensein in elementare Naturprozesse u. a. m. Diese Grundbedingungen menschlicher Existenz markieren den möglichen Spielraum unseres Handelns, dessen Bedingungen und Grenzen wir anerkennen und akzeptieren müssen, um eine Situation wahrnehmen, beurteilen und um »richtig«, d. h. den Situationsbedingungen gemäß, handeln zu können.
Indem die Ethik das *Sollen* auf das menschliche *Sein* gründet, leistet sie nicht einer unkritisch-affirmativen Lebenshaltung Vorschub. Denn sie gibt keine inhaltlich bestimmten Handlungsanweisungen, ermöglicht auch nicht deren deduktive Ableitung. In prinzipiell unabschließbarer Reflexions- und begrifflicher Unterscheidungsarbeit, die jederzeit korrigierbar sein muß, weist sie vielmehr allererst die formalen Möglichkeitsbedingungen für die Kritik faktischer Verhältnisse und Handlungsorientierungen auf.[61] Moralische Prinzipien sind als Ergebnis dieser konkreten Reflexionsarbeit anzusehen, als nachträglich auf den Begriff gebrachte Grundorientierungen, die den moralisch-normativen Horizont menschlichen Handelns ausmachen. Die Forderung der Gelassenheit schließt auf dieser Ebene ethischer Reflexion zum einen die Fähigkeit zur (im aristotelischen Sinne) *theoretischen*

61 In dieser Forderung, das moralische Sollen auf das menschliche Sein zu gründen, und zwar im Rahmen einer nicht szientifischen, sondern philosophischen oder transzendentalen Anthropologie, stimme ich grundsätzlich mit Th. Rentsch, a. a. O., und mit R. Wimmers Beitrag zu diesem Band überein.

und *kritischen* Distanz gegenüber den faktischen Verhältnissen ein, die Gelassenheit im *negativen* Sinne also. Zum anderen ist darin zugleich die Bereitschaft gefordert, sich auf die Realität *positiv* und in einem fundamentalen Sinne bejahend – durch praktische Anerkennung ihrer Grundbedingungen – einzulassen.

Für konkrete Situationen sind *objektive* Regeln, Normen oder Kriterien des Handelns ebenso konstitutiv wie *subjektive* Haltungen, Orientierungen oder Tugenden, im Sinne spezifisch ethischer Einstellungen. Im ethischen Sinne sind Einstellungen nicht psychologistisch, als innere, psychische Zustände des Handelnden zu verstehen, auch nicht als individuelle Überzeugungen oder Weltanschauungen. Es handelt sich vielmehr um zwar subjektive, aber nicht private, sondern allgemeine und intersubjektiv verbindliche Charakteristika des Verhaltens und Handelns. *Normen* und *Einstellungen* sind – als die *objektive* und die *subjektive* Seite des *moral point of view* – komplementär und untrennbar aufeinander bezogen. So wie der kategorische Imperativ Kants die kategoriale Form moralischer Normen ausmacht, so ist die formal verstandene Einstellung der Gelassenheit die Grundform moralischer Tugenden und nicht lediglich eine Tugend neben anderen, wie Höffe meint.

Die subjektive Seite der Moral ist ebenso verbindlich geboten wie deren objektive Seite. Durch die Grundeinstellung der Gelassenheit werden rational begründbare Vernunfterkenntnisse zu praktisch wirksamen *Einsichten*. Anders als rein theoretische Erkenntnisse lassen sich diese Einsichten nicht ein für allemal erzeugen, sondern nur in einem lebenslangen Prozeß der konkreten Erfahrung und Reflexion gewinnen. Die Seelenruhe wurde daher in der Antike, wie P. Hadot gezeigt hat, wesentlich als eine Sache praktischer Übung angesehen. Das gleiche gilt für die Gelassenheit bei Meister Eckhart, der den unabschließbaren Charakter des Übens der Gelassenheit betont, wenn er sagt, »daß sich noch nie ein Mensch in diesem Leben so gelassen hat, daß er nicht gefunden hätte, er müsse sich noch mehr lassen«.[62]

Im Eckhartschen Sinne des »*Sich*-Lassens« beinhaltet das Ideal der Gelassenheit eine Kritik des modernen Individualismus, der auch der Trennung zwischen der allgemein verbindlichen Moral und den individuellen Glücksvorstellungen in liberalistischen und

62 Meister Eckhart, »Reden der Unterweisung«, § 4, a. a. O., S. 57.

kantianischen Ethiken zugrunde liegt. Sich zu lassen bedeutet ja nach Eckhart, das konstitutive Eingebundensein der eigenen individuellen Existenz in umfassendere (natürliche, soziale, kulturelle usw.) Zusammenhänge des Menschseins zu erkennen und praktisch einzusehen, d. h. das eigene Leben demgemäß einzurichten. Die ethische Forderung der Gelassenheit kann sich daher nicht ausschließlich an das einzelne Individuum richten, unabhängig von diesen Zusammenhängen. Denn es handelt sich um ein formales Grundmuster des Verhaltens, das auf Gegenseitigkeit beruht und durch Erziehung und Ausbildung in sozialen Interaktionen zu lernen und zu üben ist. Dadurch kann sich eine durch Gelassenheit geprägte *allgemeine Kultur* der Einstellungen, Verhaltensweisen und Umgangsformen bilden. Nicht allein die Lebensweise eines Einzelnen, sondern ganze Sozialgefüge, zum Beispiel eines Krankenhauses, lassen sich kritisch daraufhin analysieren, ob die Beziehungen zwischen den Individuen – zum Beispiel des medizinischen Personals untereinander sowie zu den Kranken und Angehörigen – und deren Beziehungen zu Krankheit und Sterben gelassen ist oder nicht.

Insofern wir uns immer nur gemeinsam mit Anderen – im Rahmen unserer intersubjektiv verfaßten Sprache und Praxis – über die Beurteilung ethischer Probleme verständigen können, sind hierfür »rationale« Formen der Begründung und Argumentation notwendig. Diese Formen sind aber verschiedenartig, je nach der Art des Problems und der Situation, die zu beurteilen ist, sowie in ihrer Geltung und Reichweite lokal begrenzt. Eine absolute und uniforme Begründung der Ethik, die quasi-wissenschaftliche Strenge besäße, ist der Eigenart ethischer Probleme nicht angemessen, wie bereits Aristoteles betonte. In dieser Hinsicht ist von der philosophischen Ethik selbst eine *Gelassenheit der Vernunft* gefordert, die sich darauf beschränkt, die ethisch relevanten Aspekte paradigmatischer Lebenssituationen zu analysieren und dadurch für die Praxis maßgebliche Orientierungspunkte zu gewinnen. Dafür sind nicht im engen Sinne »rationale« Begründungsverfahren auf der Basis empirisch-experimentellen Expertenwissens notwendig. Es bedarf vielmehr einer *hermeneutischen Reflexionsarbeit*, die sich auf die allen Menschen *prima facie* gleichermaßen zugängliche *Lebenserfahrung* stützt und sich der Vernunft im umfassenden Sinne der aristotelischen *Phronesis* bedient. Unter dem für die Ethik selbst leitenden Gesichtspunkt der Gelassenheit ist für diese Arbeit vor allem eine Vernunftkritik notwendig, die *per viam negativam* die Bedingungen und Grenzen unserer jeweiligen Situationsverständnisse aufzeigt und ein ungehindertes Sich-Einlassen auf konkrete Situationen in der unreduzierbaren Vielfalt ihrer Bedingungen und Aspekte ermöglicht.[63] Diese Kritik wendet sich vor allem gegen die – in der modernen »wissenschaftlichen« Ethik latent vorhandene – Tendenz zu szientifischem Reduktionismus, naturalistischer Verdinglichung und moralischem Dogmatismus.

Eine hermeneutische Orientierung der Ethik an Grundsituationen der menschlichen Praxis läßt grundsätzlich keine Reduktion der Ethik auf Fragen des richtigen (gerechten) Lebens zu, ebensowenig eine Aufspaltung der Ethik in eine normative Sollensethik und eine eudämonistische Könnensethik (Kamlah) oder Tugendethik (Höffe). Die Gelassenheit besitzt nicht nur für das Wohlbefinden und Gelingen des individuellen Lebens ethische Bedeutung. Sie ist auch nicht lediglich eine Tugend unter anderen. Im Hinblick auf das allgemeine Wohl und auf das Gelingen zwischenmenschlichen und sozialen Zusammenlebens ist sie vielmehr zugleich – korrelativ zur praktischen Vernunft oder *Phronesis* – eine Grundbedingung der Ethik insgesamt.

63 Man könnte hier, Chr. Demmerling folgend, mit Adorno von einem für die Ethik notwendigen »mimetischen« Situationserfassen sprechen, das die Haltung der Gelassenheit zur Voraussetzung hat. Vgl. hierzu den Beitrag von Demmerling in diesem Band.

Angelika Krebs
Feministische Ethik
Eine Kritik der Diskursrationalität

Die Frage, die dieser Aufsatz beantworten will, ist: Taugt die Diskursethik, wie sie von Habermas, Apel und Kambartel in seinen früheren Texten entwickelt wurde, zur feministischen Ethik? Die Antwort, die dieser Aufsatz auf die Frage geben wird, lautet: Nein, die Diskursethik taugt nicht zur feministischen Ethik, und zwar aus zwei Gründen nicht. Erstens verwechselt die Diskursethik Einsicht und Einigung, und zweitens wird sie der Moral der traditionellerweise weiblichen Sorge für (noch) nicht (mehr) Diskursfähige (Kleinkinder, Föten, senile Alte, Schwerstgeistigbehinderte) nicht gerecht.
Der Aufsatz gliedert sich in drei Teile. Im ersten, einleitenden Teil (I) wird die Debatte zur feministischen Ethik vorgestellt und ein Vorschlag zum Verständnis des Begriffes »feministische Ethik« erarbeitet. Im zweiten Teil (II), dem Hauptteil, findet sich eine doppelte Kritik an der Diskursethik. Unter der Überschrift »Diskurs: Kontrolle oder Konstitution moralischer Einsichten?« (II.1) wird der Diskursethik – und den feministischen Theoretikerinnen, die die Diskursethik als *die* feministische Ethik anpreisen, wie zum Beispiel S. Benhabib, N. Fraser, I. M. Young – der Vorwurf gemacht, sie arbeiteten mit einem doppeldeutigen Begriff von Zustimmung und importierten so unrechterweise ein konsensuelles oder Einigungsmoment in den rein kognitiv, über Einsichten zu begreifenden Bereich des Moralischen. Während II.1 nur zeigen will, daß das, was die Diskursethik aus feministischer Sicht im Vergleich zu monologischen Moraltheorien besonders attraktiv zu machen scheint, auf einem begrifflichen Irrtum beruht und damit keine feministische oder sonstige Attraktion darstellen kann, geht II.2 zu einem direkten feministischen Angriff auf die Diskursethik über. Die These ist, daß sich in der diskursethischen Orientierung am Wohl, der Integrität diskursfähiger oder personaler Menschen ein einseitig männlicher Blick manifestiert, der das moralische Phänomen der Sorge für Menschen ohne personale Integrität in der traditionell weiblichen Sphäre nur verzerrt wahr-

nehmen kann. Der Schlußteil (III) sucht unter der Überschrift »Weibliche Fürsorgeethik?« nach einer feministisch wirklich attraktiven Alternative zur Diskursethik.

1. Zur Debatte, zum Begriff der feministischen Ethik

Zur Debatte: Im Zuge der sogenannten zweiten Frauenbewegung begannen in den siebziger Jahren Philosophinnen in den USA, in England, in Deutschland sich aus feministischer Perspektive zunächst mit *Fragen der angewandten Ethik* zu befassen. Bevorzugte Themen waren Abtreibung, Lohn für Hausarbeit, Pornographie, Prostitution, Quotierung. Ein zweiter Schwerpunkt des frühen feministischen philosophischen Engagements war die *Kritik* dessen, was die *großen Denker der philosophischen Tradition*, wie Aristoteles, Kant oder Hegel, *über Frauen*, ihre Natur, ihre Befähigung zur Moral, ihren Ort in der Gesellschaft sagten – man kennt das ja inzwischen alles, wenn zum Beispiel Kant sagt, die Frauen hätten einen schönen, die Männer einen tiefen Verstand, die Frauen seien der Grundsätze nicht fähig, ihre Weltweisheit heiße Empfinden, nicht Vernünfteln.[1] Der dritte Schwerpunkt ergab sich aus der Ausarbeitung des frauenpolitischen Slogans »Das Private ist politisch« zu einer Kritik der Unterscheidung zwischen *»privat«* und *»öffentlich«*, wie sie die *politische Philosophie* kennt und die im Extremfall so weit geht, daß der weibliche, private Bereich der Familie, als Bereich der Liebe verstanden, ins Jenseits der Gerechtigkeit verwiesen wird und es damit Frauen unmöglich gemacht wird, die männliche Machtposition in der Familie im Namen der Gerechtigkeit zu kritisieren.

1982 erschien dann ein Buch, das für die folgende Feministische-Ethik-Debatte so wichtig wurde, daß man oft den eigentlichen Beginn dieser Debatte mit dem Erscheinen dieses Buches ansetzt. Es handelt sich um das Buch einer Moralpsychologin, der Kohlberg-Mitarbeiterin Carol Gilligan.[2] Der Harvarder Moralpsycho-

1 Annegret Stopczyk, *Was Philosophen über Frauen denken*, München 1980, hat sich die Mühe gemacht, die unrühmlichen Vorurteile der großen Philosophen zusammenzustellen.

2 C. Gilligan, *In a Different Voice. Psychological Theory and Women's*

loge Lawrence Kohlberg entwickelte bekanntermaßen eine *Skala moralischer Reife*, die von der ersten Stufe, wonach gut ist, was belohnt wird, und schlecht ist, was bestraft wird, bis zur sechsten Stufe der universalistischen Kantischen Ethik reicht, wonach gut ist, was die Interessen aller unparteilich berücksichtigt.

Gilligan fiel zunächst auf, daß Frauen nach dieser Skala bemessen im Durchschnitt als moralisch unreifer galten als Männer – Frauen erreichten im Durchschnitt die dritte, Männer im Durchschnitt die vierte Stufe. Dann fand sie heraus, daß Kohlberg seine Skala ausschließlich an männlichen Versuchspersonen entwickelt hatte. Ihr Verdacht war, daß die an Jungen und Männern entwickelte Skala eine *männliche Schlagseite* hat, an männlichen moralischen Kompetenzen orientiert ist, weibliche moralische Kompetenzen nicht in den Blick bekommt, und es so nicht wundernehmen kann, wenn am Ende herauskommt, daß Frauen im Durchschnitt moralisch unreifer sind als Männer.

Gilligan begann daraufhin mit eigenen empirischen Forschungen, zum Beispiel mit College-Studentinnen und -Studenten zur Abtreibungsproblematik, und meinte dabei typisch weiblichen Kompetenzen, einer anderen, weiblichen moralischen Stimme, auf die Spur zu kommen. Diese *weibliche Stimme* nannte sie die *Fürsorgeperspektive* (ethics of care), die *männliche Stimme* die *Gerechtigkeitsperspektive* (ethics of justice). Als charakteristisch für die Fürsorgeperspektive sah Gilligan an: 1. Kontextuelles Denken anstelle von prinzipienorientiertem Denken, 2. positive moralische Pflichten anstelle von nur negativen Pflichten, 3. Rücksicht auf leiblich-emotionale Bedürftigkeit, wie zum Beispiel Angst vor Verlassenheit, anstelle von Fixierung auf Autonomie und Angst bloß vor Unterdrückung, 4. eine positive Rolle der Gefühle in der Moral anstelle von Verteufelung der Neigungen. Als philosophische Vertreter der Gerechtigkeitsperspektive hat Gilligan und mit ihr die folgende Debatte vor allem Kant und Rawls, den Kantianismus und den Kontraktualismus, im Blick.[3]

Die Debatte, die sich an die Gilligan-Texte anschloß, thematisierte

Development, Cambridge/Mass. 1982 (dt. *Die andere Stimme. Lebenskonflikte und Moral der Frau*, München 1984).

3 Die Gegenüberstellung von Fürsorge- und Gerechtigkeitsperspektive findet sich in knapper Form in Gilligans Aufsatz: »Moralische Orientierung und moralische Entwicklung«, in: G. Nunner-Winkler (Hg.), *Weibliche Moral*, Frankfurt am Main 1991, S. 79-100.

Fragen wie zum Beispiel: Ist das Bild, das Gilligan von der Gerechtigkeitsethik zeichnet, nicht ein schlechtes Zerrbild der Ethiken Kants oder Rawls'? – bei Kant ist es zum Beispiel klar, daß er positive moralische Pflichten vorsah –, oder: Wie steht es mit der Empirie? Kann man wirklich die Fürsorgeperspektive Frauen zuordnen, die Gerechtigkeitsperspektive Männern? Gilligan hatte mit kleinen Stichproben gearbeitet, inzwischen sind über 20.000 Versuche gelaufen, die – will man Gertrud Nunner-Winkler glauben[4] – keine Korrelation zwischen den Perspektiven und den Geschlechtern bestätigten. Gilligans abweichende Ergebnisse erklärten sich vielmehr u. a. daraus, daß sie Frauen und Männer zu Abtreibung befragte und Frauen zu dieser kontextueller und gefühlvoller reagierten als Männer. Befragte man dagegen Frauen und Männer zum Militärdienst, erhielte man das umgekehrte Ergebnis: plötzlich kämen Frauen mit Prinzipien, und Männer würden kontextuell und gefühlvoll. Wie dem auch sei, feministische Ethik ist inzwischen zu einem der großen Modethemen zumindest der US-amerikanischen Philosophie avanciert.
Doch will ich an dieser Stelle den Bericht über die Debatte abschließen[5] und systematisch am Begriff »feministische Ethik« ansetzen und fragen, was er sinnvollerweise besagen könnte. Dabei werde ich so vorgehen, daß ich zunächst den Feminismusbegriff, dann den Ethikbegriff erläutere und schließlich die beiden Begriffe zusammensetze.
»Feminismus«/»Frauenbewegung« bezeichnet die Bewegung, die dafür eintritt, daß die Interessen und Sichtweisen von Frauen genauso ernst genommen werden wie die Interessen und Sichtweisen von Männern. Um ein Beispiel zu nennen für den Kampf für das *Gleichernstnehmen der Interessen von Frauen*: Das Interesse von Frauen, neben der Familienarbeit noch einen offiziellen Beruf auszuüben, scheitert heute vielfach daran, daß es nicht genug Kin-

4 G. Nunner-Winkler, »Der Mythos von den zwei Moralen«, in: *Deutsche Zeitschrift für Philosophie* 2 (1994), S. 237-254.

5 Einen guten Überblick über die Debatte vermittelt A. Jaggars Artikel: »Feminist Ethics: Projects, Problems, Prospects«, in: H. Nagl-Docekal/H. Pauer-Studer (Hg.), *Denken der Geschlechterdifferenz*, Wien 1990, S. 143-171. Ein repräsentativer Sammelband ist: H. Nagl-Docekal/H. Pauer-Studer (Hg.), *Jenseits der Geschlechtermoral*, Frankfurt am Main 1993. Eine recht umfassende Bibliographie enthält C. Card (Hg.), *Feminist Ethics*, Kansas 1991.

derkrippen, Kindergärten und Ganztagsschulen gibt, die für die familientätige Frau Beruf und Familie wirklich vereinbar machten (im Familienbericht der Bundesregierung von 1994 kann man für Nordrhein-Westfalen zum Beispiel die folgenden Zahlen lesen: 1990 standen ca. 390.000 Kindern im Alter von ein bis drei Jahren ca. 5.100 Krippenplätze gegenüber). Die Frauenbewegung kämpft dafür, daß mehr Kinderbetreuungsmöglichkeiten eingerichtet werden und damit das Interesse von Frauen nach Berufstätigkeit endlich gleich ernst genommen wird wie das entsprechende Interesse von Männern.

Was ist mit dem »*Gleichernstnehmen der Sichtweisen von Frauen*« gemeint? Frauen haben in der Regel durch die *Sozialisation auf Weiblichkeit* hin (man denke an Puppen im Unterschied zu Elektrobaukästen) und die *tatsächliche Zuständigkeit* im Leben für andere Dinge als Männer (Stichworte: Hausarbeit, Gefühlsarbeit, Kindererziehung, Pflege alter und kranker Menschen zu Hause oder in typischen Frauenberufen) andere Erfahrungen, andere Kompetenzen als Männer, einen anderen Blick, der Verzerrungen oder blinde Flecke, in der von Männern weitgehend bestimmten Politik, Wirtschaft, Wissenschaft, Philosophie aufdecken kann. »In der Regel« soll zulassen, daß Männer, die eine untypische Sozialisation oder eine untypische Zuständigkeit, etwa als Hausmann, Krankenpfleger oder Prostituierter, haben, also ein weibliches soziales Geschlecht, »gender« (im Unterschied zum biologischen Geschlecht, »sex«) aufweisen, ebenfalls über diesen anderen Blick verfügen.

»*Ethik*« ist der Name für die philosophische Disziplin, die sich um die *Klärung und Begründung der moralischen Haltung*, des *moral point of view*, bemüht und als angewandte Ethik nach Antworten auf praktische Probleme, wie zum Beispiel Abtreibung oder Euthanasie, sucht. Der *moral point of view* hat – ganz allgemein gesagt – etwas damit zu tun, daß man nicht nur seine eigenen Interessen verfolgt, sondern die *Interessen aller Betroffenen gleich ernst nimmt*. Was das genauer heißt, ob die Interessen aller im Sinne einer Summenbildung, wie im Utilitarismus, oder im Sinne gleicher Rechte, wie im Kantianismus, verstanden werden, ob das »alle«, wie in einigen religiösen Moralen, nur die Mitglieder der eigenen Religionsgemeinschaft umfaßt oder alle Vernunftwesen, wie bei Kant, oder alle empfindungsfähigen Wesen, wie in der Mitleidsethik – all dies soll mit dieser allgemeinen, formalen Be-

stimmung des Moralischen offenbleiben. Die nähere theoretische Ausgestaltung des *moral point of view* ist die Aufgabe der Ethik.
Setzt man nun »Feminismus« und »Ethik« zusammen, dann bietet sich folgendes Verständnis an: Feministische Ethik tritt dafür ein, daß das moralische *»alle« auch Frauen* umfaßt, daß die Interessen von Frauen tatsächlich *gleich* ernst genommen werden, daß tatsächlich ihre *eigenen* Interessen berücksichtigt werden und nicht das, was Männer unter der Überschrift »Die Natur der Frau« als die Interessen von Frauen ausgeben.
Nun ist zwar das Eintreten für all dies im praktisch-politischen Bereich sehr nötig, aber auf der Ebene der Philosophie, der Theorie über Moral, bestreitet doch heute eigentlich kein Moralphilosoph mehr, daß das moralische ›alle‹ auch Frauen umfaßt, daß ihre Interessen gleich ernst zu nehmen sind und daß es ihre eigenen Interessen sind, die zu berücksichtigen sind. Feministische Ethik, so verstanden, beschränkte sich auf die Kritik mancher historischer philosophischer Texte und vielleicht einiger gegenwärtiger extremer religiöser Entwürfe. Und wenn das alles wäre, was feministische Ethik zu tun hätte, dann wäre das allerdings nicht viel.
Feministische Ethik hat mehr zu tun und zu bieten. Aber bevor ich auf dieses Mehr zu sprechen komme, will ich drei Mißverständnisse, worin dieses Mehr bestehen könnte, aus dem Weg räumen. Zum ersten darf die feministische Kritik an der weitgehend von Männern bestimmten moralischen Theorie und Praxis nicht so weit gehen, daß auch noch das formale Moralverständnis, wonach Moral etwas mit der Überwindung der egoistischen Haltung in Richtung einer Rücksicht auf die Interessen aller zu tun hat, als männlich abgelehnt wird. Denn dann entzöge die »feministische« Ethik der Frauenbewegung und ihrem Kampf für die Gleichberechtigung der Frau den Boden unter den Füßen. Wer so radikale Moralkritik betreiben will, kann das natürlich machen, aber bitte nicht unter dem Titel »feministische Ethik«! Tendenzen in diese Richtung finden sich im postmodernen Feminismus, wo alle Produkte des Patriarchats, die Sprache, die Logik, das Recht, die Moral, abgelehnt werden und *Weiblichkeit als das ganz Andere* aus weiblicher Körpererfahrung, Stimme, Lachen, Hysterie etc. freigelegt oder entwickelt werden soll.
Zweitens sollte feministische Ethik nicht schlicht in einer *Rückbesinnung auf traditionell weibliche Tugenden* der Fürsorglichkeit, der Aufopferungsbereitschaft, der Häuslichkeit etc. bestehen, da

diese Tugenden der Gleichberechtigung der Frau eher entgegenwirken, als daß sie sie beförderten. Eine in diesem Sinne »weibliche« Ethik hat unter der Überschrift »feministische Ethik«, denke ich, auch nichts zu suchen.
Zum dritten sollte die feministische Ethik als *moral point of view* nicht etwas auszeichnen, das Verbindlichkeit/Geltung nur für Frauen, Feministinnen oder Lesben hat. Ein solch *relativistisches Verständnis von Moral* verbietet sich, wenn man fest im Auge behält, daß Feminismus etwas mit der Veränderung der Gesellschaft, in der Männer und Frauen zusammenleben, zu tun hat und daß der Kampf für die Veränderung möglichst nicht über bloße Gewaltausübung (Krieg, Revolution), sondern über Argumente, die auch Männern, Nichtfeministinnen, Nichtlesben einleuchten sollen, sich zu vollziehen hat.
Das heißt, um es noch einmal zusammenzufassen: Feministische Ethik sollte, was die Geltungsdimension angeht, eine nicht-relativistische Position vertreten, nicht unkritisch an weiblichen Tugenden ansetzen und nicht aus der Perspektive einer Weiblichkeit als dem ganz Anderen auch noch den formalen Moralbegriff als patriarchal zurückweisen.
Was dann? Mein Vorschlag lautet: Feministische Ethik untersucht die nähere theoretische Ausgestaltung des *moral point of view* und fragt zum einen, ob nicht unterderhand doch wieder Positionen bezogen werden, die dagegen verstoßen, *die Interessen von Frauen* gleich ernst zu nehmen, und sie fragt zum anderen – und dieser zweite Punkt ist meines Erachtens wichtiger –, ob nicht eine einseitig *männliche Sichtweise*, ein männlicher Blick, die Beschreibung des moralischen Phänomens verzerrt, und zwar in einer Weise verzerrt, die nicht unbedingt auf die Diskriminierung der Interessen von Frauen hinausläuft, sonst hätten wir wieder den ersten Fall. Feministische Ethik im zweiten Sinn würde, positiv gesagt, Ausschau halten nach einem moralischen Wissen, das sich in der traditionell weiblichen Sphäre der Sorge für Kinder, Kranke, Alte gebildet hat und das in der Moraltheorie mobilisiert werden müßte, um Moral als wirklich menschliches Phänomen näher zu erfassen.
Als Thema der theoretischen feministischen Ethik kommt u. a. all dies in Frage, was schon bei Gilligan auf der Liste der Fürsorgeperspektive stand: die Rolle der Gefühle, Intuitionen, der Empathie in der Moral, der Kontextualismus, positive Pflichten, die

Frage, ob sich moralische Pflichten direkt nur auf das personale Wohl oder auch auf das leiblich-seelische Wohl aller beziehen und ob sich das moralische »alle« nur auf Personen bezieht oder auch auf Menschen, die nicht personal existieren und der Sorge bedürfen.

Als angewandte feministische Ethik überprüft die feministische Ethik moralphilosophische Antworten auf konkrete moralische Probleme auf ein Nichtgleichernstnehmen der Interessen von Frauen und auf einen männlichen Blick hin und entwickelt bessere Antworten.

Ein Beispiel für das Aufdecken einer verdeckten *Diskriminierung von Fraueninteressen* in der angewandten Ethik ist der Schock, den Judith Jarvis Thomson mit ihrer »Defense of Abortion«[6] ausgelöst hat, in der sie die Situation der Schwangeren mit der Situation eines gekidnappten Mannes verglichen hat, der sich an einen berühmten, nierenkranken Geiger angeschlossen findet und neun Monate dort bleiben muß, soll der Geiger nicht sterben. Ihre Frage war: Würden wir so ein Opfer moralisch verlangen können? Wenn nein, verlangen wir nicht tatsächlich solche Opfer und noch viel mehr von Frauen?

Ein Beispiel für einen einseitig *männlichen Blick* in Fragen angewandter Ethik findet sich in André Gorz' *Kritik der ökonomischen Vernunft*, wo Gorz gegen Lohn für Kinderaufzucht argumentiert, Geld pervertiere Mutterliebe, Mütter würden zu bloßen Erzieherinnen ihrer Kinder.[7] Man will fragen: Hat Gorz schon einmal mit Krankenschwestern geredet, die ihre Arbeit früher auch für »Gottes Lohn« tun mußten und jetzt, da sie bezahlt werden, doch nicht notwendig schlechtere Arbeit leisten?

Im folgenden wird es, wie angekündigt, nur noch um einen Punkt im Gebiet der theoretischen feministischen Ethik gehen, und zwar um eine feministische Kritik der Diskursethik.

6 J. J. Thompson, »Defense of Abortion«, in: *Philosophy and Public Affairs* (1971), S. 47-66 (dt. »Eine Verteidigung der Abtreibung«, in: A. Leist (Hg.), *Um Leben und Tod. Moralische Probleme bei Abtreibung, künstlicher Befruchtung, Euthanasie und Selbstmord*, Frankfurt am Main 1991, S. 107-131).

7 A. Gorz, *Kritik der ökonomischen Vernunft. Sinnfragen am Ende der Arbeitsgesellschaft*, Berlin 1989.

II. Die feministische Kritik an der Diskursethik

Die Diskursethik, wie sie von der Neuen Frankfurter Schule, insbesondere von Jürgen Habermas[8] und Karl-Otto Apel[9], und, unter dem Namen »Dialogethik«, von der Erlanger Schule, insbesondere von Friedrich Kambartel[10], entwickelt wurde, ist eine Variante der Kantischen Ethik. Der wesentliche Unterschied zu Kant ist der, daß an die Stelle des einsam überlegenden Subjektes das Gespräch mit anderen tritt. Statt einsam zu überlegen, was in einer strittigen Situation ein jeder als Handlungsregel akzeptieren könnte, was den Interessen eines jeden gerecht wird, müsse man, um der *verzerrten Deutung der Interessen* anderer sowie der eigenen Interessen vorzubeugen[11], in einen symmetrischen und argumentativen Diskurs[12] mit anderen treten und schauen, was sie und man selbst tatsächlich als gute Lösung des Problems akzeptieren. Der *Konsens* in einem symmetrischen und argumentativen Dialog sei *konstitutiv* für das moralisch Richtige, und nicht die monologische Überlegung.[13]

Das inhaltliche Ergebnis moralischer Diskurse dürfe die Philosophie, so insbesondere Habermas, nicht in *paternalistischer* Manier vom Katheder herab vorwegnehmen, das müsse sie den realen

8 Vgl. z. B. J. Habermas, »Diskursethik – Notizen zu einem Begründungsprogramm«, in: ders., *Moralbewußtsein und kommunikatives Handeln*, Frankfurt am Main 1983, S. 53-125.

9 Vgl. z. B. K.-O. *Apel, »Das Apriori der Kommunikationsgemeinschaft«, in: ders., Transformation der Philosophie*, Frankfurt am Main 1973, Bd. 2, S. 358-435.

10 Vgl. z. B. F. Kambartel, »Moralisches Argumentieren«, in: ders. (Hg.), *Praktische Philosophie und konstruktive Wissenschaftstheorie*, Frankfurt am Main 1974, 54-72.

11 Vgl. J. Habermas, »Diskursethik – Notizen zu einem Begründungsprogramm«, a. a. O., S. 77 f.

12 Für eine Liste der Regeln eines solchen Diskurses vgl. ebd., S. 99, und F. Kambartel, »Moralisches Argumentieren«, a. a. O., S. 66 f.

13 Das Prinzip D der Diskursethik lautet: »daß nur die Normen Geltung beanspruchen dürfen, die die Zustimmung aller Betroffenen als Teilnehmer eines praktischen Diskurses finden (oder finden können)« (J. Habermas, »Diskursethik – Notizen zu einem Begründungsprogramm«, a. a. O., S. 103).

Diskursen der betroffenen Bürger überlassen.[14] Nur so viel lasse sich philosophisch noch sagen: Da wir alle Wesen seien, deren Identität und Verletzbarkeit eine durch und durch sozial konstituierte sei – Habermas zitiert an dieser Stelle gern einen Satz von Mead: »Wir sind, was wir sind, durch unser Verhältnis zu andren«[15] –, habe Moral etwas mit dem Schutz dieser sozial-personalen Integrität zu tun und den interpersonalen Beziehungen und Verhältnissen reziproker Anerkennung zum Beispiel in verständigungsorientierter Kommunikation, die diese Integrität erst möglich machen.

So viel zur Darstellung der Diskursethik, nun zur feministischen Auseinandersetzung mit der Diskursethik. Um zwei Punkte soll es dabei gehen. Der erste Punkt betrifft den Umstand, daß die Diskursethik von seiten einiger feministischer Theoretikerinnen als *die* feministische Ethik ausgegeben wird. Ich denke, man sollte das nicht tun, und ich werde erklären, warum nicht. Diese Erklärung wird zu der Frage führen, welche Rolle Diskurse in der Moral spielen, die Rolle der Konstitution oder nur der Kontrolle moralischer Einsichten. Der zweite Punkt wirft der Diskursethik vor, ihre Bestimmung des Kerns der Moral sei einseitig männlich.

II.1 *Diskurs: Kontrolle oder Konstitution moralischer Einsichten*

Es gibt einflußreiche Kreise in der feministischen Ethik, die die Diskursethik als feministische Ethik feiern. Den feministischen Vorzug der Diskursethik sehen Philosophinnen wie Seyla Benhabib[16], Nancy Fraser[17], Iris Marion Young[18] vor allem darin, daß

14 Vgl. z. B. ebd., S. 104.

15 So z. B. in J. Habermas, »Gerechtigkeit und Solidarität«, in: G. Nunner-Winkler (Hg.), *Weibliche Moral*, Frankfurt am Main 1991, S. 225 bis 238, S. 229.

16 Vgl. S. Benhabib, »Der verallgemeinerte und der konkrete Andere«, in: E. List (Hg.), *Denkverhältnisse*, Frankfurt am Main 1989, S. 454-487, und dies., »Introduction: Communicative Ethics and the Claims of Gender, Community and Postmodernism«, in: dies., *Situating the Self*, Cambridge 1992, S. 1-19.

17 Vgl. N. Fraser, »Toward a Discourse Ethics of Solidarity«, in: *Praxis International* 5 (1986), 425-429.

18 Vgl. I. M. Young, »Das politische Gemeinwesen und die Gruppendif-

die Diskursethik im Unterschied zu monologischen Moralkonzeptionen das Problem der verzerrten Interessendeutung als solches erkenne und in den Griff bekomme.

Die Geschichte der Frauenunterdrückung sei – und das ist sicher richtig – eine Geschichte, zum einen, der verzerrten Deutung der Interessen von Frauen durch Männer – man denke an all die Theorien über die Natur der Frau, die sie für das Heim prädestiniere und aufgrund deren Frauen zum Beispiel in Deutschland bis Anfang dieses Jahrhunderts der Zugang zu Universitäten verwehrt wurde; oder man denke an den umgekehrten Fall, daß zwar von allgemein-menschlichen Interessen geredet wurde, der Mann aber stillschweigend als Standard des Menschlichen fungierte und die Interessen von Frauen, wo sie sich unterschieden, unter den Tisch fielen. Zum anderen hat aber auch die verzerrte Deutung, die Frauen ihren eigenen Interessen in einer patriarchalen Sprache gaben – man denke an den Fall der glücklichen Hausfrau – eine große Rolle gespielt. Indem die Diskursethik die Deutung fremder und eigener Interessen zum Thema symmetrischer und argumentativer Diskurse erhebe, empfehle sie sich als feministische Moraltheorie.

Im Gegensatz dazu halte ich es für besser, wenn die feministische Ethik nicht in dieses Boot einsteigt. Denn die verzerrte Deutung fremder und eigener Interessen läßt sich bereits im Kantischen Rahmen kritisieren, bedarf nicht des Übergangs zur Diskursethik, und das heißt dann auch – wie wir sehen werden –, daß die Diskursethik ein Moment als konstitutives Moment der Moral auszuweisen sucht, das kein konstitutives Moment der Moral ist.

Meine Argumentation wird sich in fünf Schritten vollziehen: Zunächst wird an dem für jede kognitive Ethik relevanten Einsichts-, Überzeugungs- oder Begründungsbegriff ein konstitutives Element herausgearbeitet: der Bezug des Einsichtsbegriffes auf alle einsichtsfähigen Menschen (a). Im zweiten Schritt wird auf das Faktum menschlicher Fehlbarkeit hingewiesen (b). Kombiniert

ferenz«, in: H. Nagl-Docekal/H. Pauer-Studer (Hg.), *Jenseits der Geschlechtermoral*, Frankfurt am Main 1993, 267-304. Die feministischen Vertreterinnen variieren natürlich gewisse Elemente des ursprünglichen Frankfurter Ansatzes. Die grundlegenden Elemente, um die es in diesem Aufsatz gehen soll, teilen sie allerdings.

man das im ersten und zweiten Schritt Gesagte, erhält man im dritten Schritt die Empfehlung, alles, was man für eine Einsicht hält, im Diskurs mit anderen zu kontrollieren (c). Dies gilt selbstverständlich auch für moralische Einsichten, die fremde und eigene Interessen betreffen. Bereits die Kantische Ethik verlangt daher, recht verstanden, nach Interessendeutungsdiskursen (d). Die Diskursethik weist Diskursen allerdings nicht nur die Rolle der Kontrolle von Einsichten, sondern der Konstitution von Einsichten zu. Damit importiert sie ein Einigungsmoment in die Moral, das nicht dahin gehört (e).

(a) *Zum Begriff der Einsicht*: Eine Einsicht ist etwas, das mit dem Anspruch verbunden ist, daß man es *allen einsichtsfähigen und einsichtswilligen Menschen* zwanglos vermitteln können müßte. Wer von sich behauptet, er habe eingesehen, verstanden, wisse nun, daß sich die Dinge so und so verhalten, daß zum Beispiel Frauen biologisch bedingt fürsorglicher sind als Männer oder Schwarze biologisch bedingt einen niederen IQ aufweisen als Weiße, und gleichzeitig einräumt, diese Einsicht sei leider nur für Männer und Weiße zwanglos nachvollziehbar, der verwickelt sich in einen Widerspruch.

(b) Fügt man diesen für das Einsichts»spiel« konstitutiven Bezug auf alle vernünftigen Menschen zusammen mit der Einsicht, daß alle auch noch so vernünftigen Menschen *fehlbar* sind, sich mitunter täuschen können, nicht allwissend sind, eine beschränkte Perspektive auf die Welt haben, dann erhält man:

(c) die Empfehlung, den Anspruch, daß man alle von etwas überzeugen könnte, in einem wirklichen Gespräch mit anderen, in dieser Sache besonders Kompetenten zu *kontrollieren*. Leuchtet das, was man selbst für ein schlagendes Argument hält, partout niemandem anderen ein, dann sind Zweifel an der Richtigkeit des Argumentes angebracht.

(d) Nach der Kantischen Ethik muß, wer eine moralische Lösung für eine schwierige Situation sucht, überlegen, welcher Lösungsvorschlag für alle einsehbar im Interesse aller liegt. Um zu verhindern, daß das, was man für den besten Lösungsvorschlag hält, auf einer verzerrten Deutung der Interessen zum Beispiel einer bestimmten Gruppe von Betroffenen beruht und damit als nicht allgemein einsichtig disqualifiziert wäre, ist es ratsam, die *Interesseninterpretation im Gespräch mit anderen zu überprüfen*. Die Kantische Ethik verlangt daher, recht verstanden, selbst nach Dis-

kursen. Die Rolle der Diskurse ist aber beschränkt auf die Rolle der Kontrolle der Einsichten. Das »ja« aller im Diskurs spielt nicht wie in der Diskursethik die Rolle der Konstitution von moralischen Einsichten.

(e) Wer Diskursen die Rolle der Konstitution moralischer Einsichten zuweisen will, übersieht entweder, daß auch in noch so symmetrischen und argumentativen Diskursen Fehler passieren können, die niemand merkt, oder die Idee, die das Problem optimal lösen würde, einfach niemandem einfällt; oder aber er »schmuggelt« in das Einsichtsspiel ein *Beschlußelement* hinein. Danach würde, was alle am Ende eines symmetrischen, argumentativen Diskurses für richtig halten, zur Einsicht »erklärt«, wie in der Kirche die Pfarrerin ein Paar zu Mann und Frau erklärt. Die soziale Tatsache der Ehe kann man durch ein, wie der Sprechakttheoretiker John Searle sagt, »declarative« (»Hiermit erkläre ich Euch zu Mann und Frau!«) schaffen. Einsichten sind aber keine sozialen Tatsachen in diesem Sinne. Einsichten haben Widerfahrnischarakter, sie stoßen einem zu, plötzlich sieht man, daß sich die Dinge so und nicht anders verhalten. In der Terminologie von Friedrich Kambartel, die er selbstkritisch gegen seine eigenen früheren dialogethischen Versuche und kritisch gegen die Frankfurter Diskursethik verwendet, verwechselt, wer Diskursen eine konstitutive Rolle für Moral geben will, »*Einsicht*« und »*Einigung*«.[19]

Aus der Kontrollfunktion von Diskursen lassen sich *institutionelle Schlußfolgerungen* ziehen, derart, daß es zum Beispiel ratsam ist, bei gewichtigen gesellschaftlichen Entscheidungen alle betroffenen Gruppen vertreten zu haben. Aber eine solche für die

19 Vgl. F. Kambartel, »Unterscheidungen zur Praktischen Philosophie. Indirekte begriffliche Anfragen zur Diskursethik«, Manuskript, Frankfurt am Main 1993. In eine ähnliche Richtung ging schon die Kritik von Albrecht Wellmer in *Ethik und Dialog. Elemente des moralischen Urteils bei Kant und in der Diskursethik*, Frankfurt am Main 1986. Man könnte die Diskursethik gegen diese Kritik in Schutz nehmen und behaupten, sie weise Diskursen gar keine konstitutive Rolle zu, das sei eine überzogene Interpretation. Soll allerdings der Unterschied zu Kant, der der Diskursethik ihr besonderes Profil gibt, nicht fallen, welche Rolle (wenn nicht Konstitution oder Kontrolle) will die Diskursethik Diskursen dann zuweisen?

Frauenbewegung zentrale institutionelle Forderung[20] – die politische Abtreibungsdiskussion zum Beispiel verliefe mit Sicherheit anders und besser, wenn nicht im wesentlichen Männer darüber zu Rate gingen – hat nicht direkt etwas mit der Bestimmung des Moralischen zu tun. Vielmehr ergibt sich die Forderung, moralische Einsichten diskursiver Kontrolle auszusetzen, schlicht aus dem allgemeinen Begriff von Einsicht und der menschlichen Fallibilität und gilt somit auch nicht nur für moralische Einsichten, sondern für alle Einsichten, seien sie historischer, mathematischer oder physikalischer Natur.

Dies beschließt meinen Versuch zu zeigen, daß die Kantische Ethik für das Gleichernstnehmen der Interessen von Frauen ausreicht und die Diskursethik auf einer Verwechslung von »Einsicht« und »Einigung« beruht, die die feministische Ethik nicht unbedingt mitmachen sollte.

II.2 *Moral: Schutzvorrichtung nur für personale Integrität oder auch für leibliche Integrität?*

Die Diskursethik empfiehlt sich nicht nur nicht besonders aus feministischer Perspektive, sondern hat – und damit will ich zu einem direkten feministischen Angriff auf die Diskursethik übergehen – eine eindeutig männliche Schlagseite. In der diskursethischen Bestimmung der Moral als Schutzvorrichtung für personale Integrität offenbart sich ein männlich verzerrter Blick auf das Phänomen der Moral.

Habermas unterscheidet zwischen einer sozial konstituierten *personalen Integrität* einerseits und einer bloß *leiblichen Integrität* andererseits. Letztere betrifft körperliche Empfindungen wie Schmerz oder Lust und seelische Empfindungen, also Gefühle wie Angst oder Langeweile, die wir als biologische Wesen mit vielen Tieren teilen. Erstere, die personale Integrität, betrifft Verletzbarkeiten, die allererst dadurch entstehen, daß wir in ein komplexes Netz von gegenseitigen Erwartungen hineinsozialisiert werden. Beispiele hierfür wären die Demütigung, die Vergewaltigungsopfer empfinden, der Ärger über ein gebrochenes Versprechen oder

20 Vgl. insbesondere I. M. Young, »Das politische Gemeinwesen und die Gruppendifferenz«, a. a. O.

der Groll über eine Benachteiligung. Insofern wir voneinander auch Rücksicht auf unsere leiblichen Bedürfnisse erwarten, ist bei Personen die leibliche Integrität in die personale Integrität eingelassen. Ich zitiere Habermas:

»Für soziokulturelle Lebensformen sind jene sozialen Interaktionen, die über einen verständigungsorientierten Sprachgebrauch laufen, konstitutiv. Diese Art der kommunikativen Vergesellschaftung, durch die die Einzelnen zugleich individuiert werden, begründet eine tiefe Versehrbarkeit, weil sich die Identität der vergesellschafteten Individuen nur auf dem Wege der Integration in immer weitläufigere soziale Abhängigkeiten entwickelt. Die Person bildet nur in dem Maße ein inneres Zentrum aus, kommt erst in dem Maße zu sich selbst, wie sie sich an die kommunikativ hergestellten interpersonalen Beziehungen auch entäußert und sich in ein immer dichteres und subtileres Netz von reziproken Verletzbarkeiten und exponierten Schutzbedürftigkeiten verstrickt. Unter diesem anthropologischen Gesichtspunkt können wir die Moral als diejenige Schutzvorrichtung begreifen, die eine in der soziokulturellen Lebensform selbst angelegte konstitutionelle Gefährdung kompensiert. Moralische Institutionen sagen, wie wir uns gemeinsam verhalten sollen, um durch Schonung und Rücksichtnahme der extremen Verletzbarkeit von Personen entgegenzuwirken. Niemand kann seine Integrität für sich alleine behaupten. Die Integrität der einzelnen Person erfordert die Stabilisierung eines Geflechts symmetrischer Anerkennungsverhältnisse, in denen unvertretbare Einzelne ihre zerbrechliche Identität als Angehörige einer Gemeinschaft *nur gegenseitig* sichern können. Die Moral zielt auf eine in der Struktur sprachlich vermittelter Interaktionen angelegte chronische Anfälligkeit einer persönlichen Integrität, die der handgreiflichen Versehrbarkeit der leiblichen Integrität noch vorausliegt, mit dieser aber verschränkt ist.«[21]

Meine Kritik an der diskursethischen Bestimmung des Moralischen ist nun einfach die: Es gibt Menschen, die unter einer Verletzung der personalen Integrität noch nicht, nicht mehr oder gar nicht leiden. Ich denke an Kleinkinder, Föten, gewisse Schwerstgeistigbehinderte, gewisse senile Alte. Diese Menschen sind nicht unverletzbar, aber ihre Verletzbarkeit betrifft nur ihre leibliche Integrität. Sie können unter Schmerz, Übelkeit, Angst leiden. Wenn Habermas recht hätte und Moral nur auf den Schutz personaler Integrität ginge[22], dann wäre die Sorge für das leibliche

21 J. Habermas, »Erläuterungen zur Diskursethik«, in: ders., *Erläuterungen zur Diskursethik*, Frankfurt am Main 1991, S. 119-226, S. 223.

22 Man könnte einwenden, »nur« stehe nicht bei Habermas. Daß Haber-

Wohl dieser sogenannten »human marginal cases« keine Sache der Moral. Man könnte mit ihnen tun und lassen, was man will. Man könnte an ihnen zum Beispiel schmerzhafte medizinische Versuche vornehmen oder sie gar, da sie schließlich oft eine Last darstellen, umbringen. Vorausgesetzt, kein Mensch mit personaler Integrität nähme Schaden, wäre all dies moralisch in Ordnung.
Was hat dieser kritische Hinweis auf kontraintuitive Konsequenzen des diskursethischen Moralkonzeptes mit feministischer Ethik zu tun? Nun, die Sorge für das leibliche Wohl (noch) nicht (mehr) personaler Menschen ist etwas, das traditionellerweise in die weibliche Zuständigkeit gehört. Frauen kümmern sich, ob zu Hause oder in entsprechenden Institutionen, um Kleinkinder, Schwerstgeistigbehinderte, senile Alte. Im Gegensatz dazu ist die traditionellerweise männliche Sphäre der Politik, der Wirtschaft, der Wissenschaft, des Sports eine, in der Personen in Strukturen der Gegenseitigkeit miteinander umgehen. Meine Behauptung ist also: Der diskursethische Blick auf Moral ist ein einseitig männlicher Blick, geschult in der traditionell männlichen Welt der personalen Gegenseitigkeit. Moralische Phänomene der einseitigen Sorge in der traditionell weiblichen Welt übersieht dieser Blick und verweist sie damit in einen Bereich jenseits der Moral, den Bereich der Natur, der Emotionalität, des Mitleids, der Liebe.
Aber ist es denn ausgemacht, daß die Diskursethik die bloß leibliche Integrität nichtpersonaler Menschen für moralisch nicht schützenswert halten muß? Habermas hat sich zum Problem des moralischen Status Schwerstgeistigbehinderter oder zur Frage der Kindstötung – so weit ich weiß – nicht schriftlich geäußert. Zur Abtreibungsproblematik gibt es eine kurze Passage in den »Erläuterungen zur Diskursethik«, die fragt, ob Abtreibung am Ende gar kein moralisches[23], sondern ein ethisches Problem sei – »ethisch« bedeutet bei Habermas die eigene Identität, das eigene gute Leben betreffend.[24]

mas »nur« meint, ergibt sich aus seinen konkreten Überlegungen zur Tierethik, in deren Kontext obiges Zitat gehört. Vgl. auch unten.

23 Ebd., S. 165 f.

24 Die Unterscheidung »ethisch« versus »moralisch« wird erklärt in J. Habermas, »Vom pragmatischen, ethischen und moralischen Gebrauch der praktischen Vernunft«, in: ders., *Erläuterungen zur Diskursethik*, a. a. O., S. 100-118.

Am meisten geben für unsere Frage noch seine Überlegungen zur Tierethik her.[25] Dort heißt es, daß Tieren, insofern – aber auch nur insofern – sie mit uns in ein kommunikatives Verhältnis treten, uns in der Perspektive der 2. Person mit gewissen Erwartungen gegenübertreten, also eine wie auch immer rudimentäre sozial-personale Integrität haben, wie zum Beispiel einige Haustiere, ein moralischer (Quasi?-) Status zukommt. Die schlichte leibliche Bedürftigkeit zum Beispiel einer Ratte in einem medizinischen Labor, so muß man das wohl verstehen, zählt moralisch nicht.

Bei Kleinkindern könnte man aus diskursethischer Perspektive darauf verweisen, daß sie später Personen sein werden, die dann nachträglich die Weise, wie mit ihnen früher umgegangen wurde, gutheißen können müßten. (Ebendieses Manöver könnte man eigentlich auch auf Föten anwenden, das ist aber eigentümlicherweise unter Diskursethikern nicht so beliebt.)

Ich glaube nicht, daß sich die Diskursethik so aus der Klemme ziehen kann. Denn man müßte nur dafür sorgen, daß aus einem Kleinkind keine Person wird, indem man es vorher umbringt, und dann dürfte man es quälen, so viel man will. Es gäbe dann ja niemanden, der im nachhinein dieses Verhalten verurteilen könnte. Aber auch wenn aus dem Kleinkind wirklich eine Person wird, warum soll diese Person im nachhinein verurteilen, daß sie früher einmal gequält wurde – sagen wir, sie erinnert sich nicht daran, man erzählt es ihr nur, und sie hat auch keinen Schaden davongetragen – es sei denn, sie glaubt, es sei immer und so auch in ihrem Falle moralisch falsch, ein empfindungsfähiges Wesen zu quälen? An dieser Stelle würde dann allerdings ein moralisches Prinzip eingehen, das es nach der Diskursethik nicht geben dürfte und womit sich daher die Diskursethik auch nicht herausreden kann, nämlich daß die leibliche Integrität eines jeden zu schützen ist.

Es bleibt somit dabei: die Diskursethik kann den traditionell weiblichen Bereich der Sorge für nichtpersonale Menschen nicht richtig erfassen. Nimmt man das moralische Phänomen weiblicher Sorge für nichtpersonale Menschen erst einmal ernst und tut es nicht in männlicher Manier als einen für die Moraltheorie

25 Vgl. J. Habermas, »Erläuterungen zur Diskursethik«, a. a. O., S. 219-226.

vernachlässigbaren Grenzfall ab, dann wird man die diskursethische Bestimmung der Moral erweitern und Moral als Schutzvorrichtung nicht nur für die personale, sondern auch die leibliche Integrität eines jeden, der personal und/oder leiblich verletzbar ist, verstehen wollen.

Das auf Personalität verkürzte Moralverständnis hat Habermas übrigens von Kant geerbt. Der Männlichkeitsvorwurf gilt also auch für Kant.[26]

III. Weibliche Fürsorgeethik?

Ich habe in diesem Aufsatz an einem Beispiel exemplarisch vorgeführt, wie eine feministische Kritik an Moraltheorien aussehen kann. Dabei habe ich der Diskursethik nicht den Vorwurf gemacht, in sie gehe unterderhand doch wieder etwas ein, was letztlich dazu führt, daß die Interessen von Frauen weniger Gewicht bekommen als die Interessen von Männern. Mein Vorwurf war vielmehr der, daß sich in der diskursethischen Bestimmung der Moral ein einseitig männlicher Blick niederschlägt, ein Blick, der – geschult in der männlichen Sphäre symmetrischer Kommunikation – die weibliche Sphäre asymmetrischer Sorge nur verzerrt wahrnehmen kann.

Eine Ethik des weiblichen Blicks wird dagegen in der weiblichen Sphäre ansetzen und das moralische Wissen von Frauen in dieser Sphäre ernst nehmen. Insofern eine Ethik des weiblichen Blicks insbesondere die moralischen Rechte Sorgebedürftiger einklagen wird, befindet sie sich nicht unbedingt in Harmonie mit dem anderen Flügel der feministischen Ethik, dem es insbesondere um die moralischen Rechte von Frauen geht. Den Interessen von

26 Und er gilt auch für einen anderen getreuen Sohn Kants, Ernst Tugendhat, auf dessen nicht-diskursethischen, sondern kooperationsethischen Ansatz (vgl. *Vorlesungen über Ethik*, Frankfurt am Main 1993, insbesondere die neunte Vorlesung) ich hier nicht eingehen kann. Vgl. meinen Aufsatz »Moral und Gemeinschaft. Eine Kritik an Tugendhat«, in: *Deutsche Zeitschrift für Philosophie* (1995). Ob der Vorwurf für den frühen Kambartel gilt, ist von seinen Texten her nicht auszumachen. Diese Texte kennen die Unterscheidung zwischen Diskurs als Kontrolle und Diskurs als Konstitution noch nicht und äußern sich nicht zum Problem leiblicher Integrität.

Frauen wäre nämlich oft besser gedient, wenn Sorgebedürftige keinen oder einen geringeren moralischen Status hätten als Nicht-Sorgebedürftige – wenn zum Beispiel Abtreibung, Kindstötung im Fall schwerer Behinderung des Säuglings und mindere moralische Anforderungen, was die Betreuung Schwerstgeistigbehinderter und seniler Alter angeht, als moralisch in Ordnung angesehen würden. Es gibt hier eine *Spannung zwischen feministischer Ethik im engen Sinn*, d. h. einer Ethik, der es um das Gleichernstnehmen der Interessen von Frauen geht, *und weiblicher Ethik*, d. h. einer Ethik des weiblichen Blicks. Ich glaube nicht, daß diese Spannung in der Debatte der feministischen Ethik schon genügend gesehen wird.

Das weiblich erweiterte Moralkonzept, das in diesem Text nur andeutungsweise gegen das Habermassche gesetzt wurde und das den Schutz der leiblichen und der personalen Bedürftigkeit, des guten Lebens aller Bedürftigen zum Inhalt hat, könnte man eine *Kantische Ethik des menschenwürdigen Lebens* nennen. Ansätze zu einer solchen Moralkonzeption finden sich zum Beispiel bei Martha Nussbaum unter dem Titel »Aristotelischer Essentialismus«[27] sowie in den neueren moralphilosophischen Arbeiten von Friedrich Kambartel.[28] Kambartel entwirft dort eine nicht aufs Formale verkürzte, sondern material gehaltvolle Version der Kantischen Ethik. Die Kantische Formel vom Respekt für die »Menschheit in unserer Person« will Kambartel so verstehen, daß es in der Moral um die *Förderung der Bedingungen eines menschenwürdigen Lebens* für alle geht. Der materiale Inhalt wird der Moral so von der Anthropologie vorgegeben. Als moralische Grundrechte nennt Kambartel »die Rechte der ungehinderten Fortführung des eigenen Lebens, der leiblichen Unversehrtheit, des Schutzes gegen widrige Naturereignisse, ferner die Vernunftrechte z. B. der praktischen Selbstbestimmung, des freien Ausdrucks der eigenen Person, der freien argumentativen Vertretung

27 Vgl. z. B. M. Nussbaum, »Human Functioning and Social Justice. In Defense of Aristotelian Essentialism«, in: *Political Theory* (1992), S. 202-246 (gekürzte deutsche Fassung in: M. Brumlik/H. Brunkhorst (Hg.), *Gemeinschaft und Gerechtigkeit*, Frankfurt am Main 1993).

28 Vgl. F. Kambartel, »Moralische Universalität«, Manuskript, Konstanz 1992, und »Unterscheidungen zur Praktischen Philosophie. Indirekte begriffliche Anfragen zur Diskursethik«, Manuskript, Frankfurt am Main 1993.

von Lebensorientierungen usf.«[29] Moralischer Respekt gebührt allen Wesen, die in einer, einigen oder allen Dimensionen menschenwürdigen Lebens verletzbar sind, d.h. Kleinkindern oder Schwerstgeistigbehinderten genauso wie Personen, die moralischen Respekt voneinander erwarten und einfordern können. Könnte man eine solche Moralkonzeption nicht auch (*weibliche*) *Fürsorgeethik* nennen? Dagegen möchte ich abschließend nur eines zu bedenken geben. Die mit dem Titel »Fürsorgeethik« verbundene Betonung der asymmetrischen Fürsorge[30] ist genauso einseitig wie die Betonung der symmetrischen Achtung zwischen Personen. Beides gehört zur Moral, und dem wird man nicht gerecht, wenn man nun die einseitig männliche durch eine einseitig weibliche Perspektive ersetzt. Ziel der feministischen Ethik wie überhaupt jeder Ethik ist die Klärung des Phänomens der Moral. Die feministische Ethik will männliche Einseitigkeiten überwinden, weibliche Einsichten einbringen. Das Einbringen weiblicher Einsichten kann und soll man eine feministische oder weibliche Kritik nennen, aber der positive Zielpunkt auch der feministischen Ethik ist das Verständnis von Moral als Phänomen, das das Leben von Frauen und Männern prägt.

29 F. Kambartel, »Unterscheidungen zur Praktischen Philosophie«, a. a. O., S. 10.

30 »Asymmetrisch« soll hier nur bedeuten: nicht in ein Netz gegenseitiger Erwartungen eingebunden. Die Pflege eines schwerkranken Erwachsenen, der im Vollbesitz seiner geistigen Kräfte ist und die Fürsorge erwartet, wäre in diesem Sinn nicht asymmetrisch, obgleich er ob seiner Krankheit vielleicht nicht so viel zurückgeben kann, wie er bekommt.

Wilson P. Mendonça

Zwischen Rechten und Gütern

Zur liberalistischen Verkürzung der praktischen Vernunft bei John Rawls

I

Eine zentrale These – und auch einer der stimulierendsten Gedanken – von Alasdair MacIntyre in *After Virtue* besagt, daß jede Moralphilosophie eine bestimmte Soziologie als Gegenstück hat, und zwar in der Form eines allgemeinen, meist implizit gehaltenen Verständnisses des sozialen Lebens. Analytische Moralphilosophie ist keine Ausnahme von dieser Regel. Die sozialen Voraussetzungen, die zum Beispiel den Philosophien von John Rawls und Robert Nozick gemeinsam sind, könnten nach MacIntyre so artikuliert werden:

»It is (...) as though we had been shipwrecked on an uninhabited island with a group of other individuals, each of whom is a stranger to me and to all the others. What have to be worked out are rules which will safeguard each one of us maximally in that situation. (...) Thus Rawls and Nozick articulate with great power a shared view which envisages entry into social life as – at least ideally – the voluntary act of at least potentially rational individuals with prior interests who have to ask the question ›What kind of social contract with others is it reasonable for me to enter into?‹«[1]

Was insbesondere Rawls angeht, scheint das natürliche unmittelbare Ziel dieser kritischen Bemerkung der Umstand zu sein, daß »Gerechtigkeit als Fairneß«, die von Rawls entfaltete Gerechtigkeitstheorie, »die herkömmliche Vorstellung vom Gesellschaftsvertrag verallgemeinert und auf eine höhere Abstraktionsebene hebt« (19)[2], d. h. die Vorstellung, wie sie bei Locke, Rousseau und – jedenfalls implizit – bei Kant zu finden ist. Was in »Gerechtig-

1 A. MacIntyre, *After Virtue*, London ²1985, S. 250f. (dt. *Der Verlust der Tugend*, Frankfurt am Main 1986).

2 Zahlen in Klammern beziehen sich auf die Seiten von J. Rawls, *Eine Theorie der Gerechtigkeit*, Frankfurt am Main 1979.

keit als Fairneß« dem Naturzustand der traditionellen Theorie des Gesellschaftsvertrags entspricht, ist eine besondere Anfangssituation, der sogenannte »Urzustand«, der gewisse prozedurale Bedingungen verkörpert, die zu einer Übereinkunft über die Grundprinzipien für die Regulierung der definitiven Wahl einer politischen Verfassung sowie der wichtigsten Elemente des sozialen und wirtschaftlichen Systems führen sollen. Der intuitive Gedanke, der von allen Theorien des Gesellschaftsvertrags geteilt wird, ist die Auffassung der Grundprinzipien der sozialen Gerechtigkeit als Gegenstand einer ursprünglichen Verhandlung in einer angemessen charakterisierten Anfangssituation.

»Wir wollen uns also vorstellen, daß diejenigen, die sich zu gesellschaftlicher Zusammenarbeit vereinigen wollen, in einem gemeinsamen Akt die Grundsätze wählen, nach denen Grundrechte und -pflichten und die Verteilung der gesellschaftlichen Güter bestimmt werden« (28).

Gerechtigkeit als Fairneß versucht nicht die »wahren Prinzipien« oder die »letzte Basis« für die rationale Vereinigung von Menschen zu entdecken. Die im Urzustand getroffene Entscheidung soll vielmehr eine Gerechtigkeitsvorstellung bestimmen, und zwar in der Form einer Menge von Grundsätzen, die, formell betrachtet, unbedingt und universell gültig sein sollen, welche also »für alle Zeiten als Grundgesetz einer wohlgeordneten Gesellschaft dienen können müssen« (154) und »als letzte Instanz für das praktische Denken« (157) einzusetzen sind. Nachdem die Parteien im Urzustand eine solche Gerechtigkeitsvorstellung gewählt haben, müssen sie »eine Verfassung, ein Gesetzgebungsverfahren und anderes wählen (...), alles gemäß den anfänglich vereinbarten Gerechtigkeitsgrundsätzen« (30).
Ferner stellt sich Rawls die Parteien, die sich über die Grundbedingungen ihrer Zusammenarbeit beraten, als rationale Agenten vor, die unter solchen Beschränkungen stehen, die den Urzustand als adäquaten *status quo* für die Wahl von Gerechtigkeitsgrundsätzen auszeichnen. Diese Beschränkungen spiegeln nach Rawls nur die vernünftigen substantiellen Bedingungen wider, denen die Argumente für jene Grundsätze und also die Grundsätze selbst unterliegen. Die Parteien müssen unter einen Schleier des Nichtwissens gestellt werden. Das bedeutet unter anderem, daß trotz des allgemeinen Wissens über die Gesellschaft und die Psychologie, das sie haben können, keine der Parteien die besondere

gesellschaftliche Position, die sie später einnehmen wird, die Klassensituation oder den sozialen Status und die Lebenspläne eines jeden, nicht einmal den spezifischen Charakter der Gesellschaft kennt, in der sie sich befinden werden, wenn der Schleier des Nichtwissens gelüftet ist. Insbesondere sollen die Parteien im Urzustand als aneinander desinteressiert gedacht werden – d. h. als in erster Linie und vor allem nur mit dem Erreichen ihrer individuellen Ziele beschäftigt, ohne altruistische Sorge für das Interesse anderer Parteien. Die Rationalität dieser Parteien ist die der Ökonomie, des effektiven Gebrauchs von Mitteln zur Erreichung von spezifischen privaten Zielen. Entsprechend schließt Rawls im Urzustand die »verbreiteten natürlichen Gefühle zwischen den Menschen« (152) aus. Die Parteien kennen »keine vorgegebenen moralischen Bindungen aneinander« (151). Erst eine gemeinsame Gerechtigkeitsvorstellung, über die ein Konsens noch herzustellen ist, kann »den Bürgerfrieden (the bonds of civic friendship)« (21) schaffen.
Gegen den fast selbstverständlichen Versuch, MacIntyres kritische Bemerkung auf diesen Aspekt seiner Theorie der Gerechtigkeit als Fairneß zu beziehen, würde Rawls argumentieren, daß die Pointe der Vertragstheorie verfehlt wird, wenn sie als die Beschreibung einer echten Sachlage, etwa eines primitiven Zustands der menschlichen Gesellschaft, gedeutet wird. »Dazu darf man sich den ursprünglichen Vertrag nicht so vorstellen, als ob er in eine bestimmte Gesellschaft eingeführt würde oder eine bestimmte Regierungsform errichtete« (28). Wie Rawls selbst betont,

»kann keine Gesellschaft ein Plan der Zusammenarbeit sein, dem die Menschen im buchstäblichen Sinne freiwillig beitreten; jedermann findet sich bei seiner Geburt in einer bestimmten Position in einer bestimmten Gesellschaft, die seine Lebenschancen entscheidend beeinflußt« (30).

Der Urzustand ist nur eine »natürliche Anleitung für die Intuition« (162), »ein Darstellungsmittel« (39) bzw. »eine allgemeine analytische Methode« (143) für die vergleichende Bewertung von konkurrierenden Gerechtigkeitsvorstellungen. Natürlich geht Rawls davon aus, daß wir jederzeit die Überlegung der Parteien im Urzustand *simulieren* können. Wir müssen nur bereit sein, für oder gegen Gerechtigkeitsvorstellungen gemäß Einschränkungen zu argumentieren, die wir als vernünftig anerkennen können. Diese Einschränkungen charakterisieren »the moral point of view«. Einmal unter eine intuitive Vorstellung subsumiert, führen diese Einschränkungen nach Rawls zwanglos zum Schleier des Nichtwissens. Daher kann Rawls behaupten, daß »die der Beschreibung des Urzustands zugrundeliegenden Bedingungen« diejenigen sind, die wir »tatsächlich akzeptieren« (39). Hier kann er recht haben oder nicht. Wie dem auch sei, seine Version der Vertragstheorie ist nicht mit dem auch nur hypothetischen Bericht über ein freiwilliges Abkommen zwischen wesentlich vorsozialen Wesen zu verwechseln.

II

MacIntyres Kritik zielt aber auf einen tieferen Aspekt der Theorie der Gerechtigkeit als Fairneß ab. Ihr eigentlicher Gegenstand ist nicht die theoretische Ersetzung der gesellschaftlichen Komplexität durch eine künstliche Situation, sondern die Gesellschaftsauffassung, die dieser Ersetzung zugrunde liegt und in der Theorie nicht mehr expliziert wird. Eine Gesellschaft ist nach Rawls »eine mehr oder weniger in sich abgeschlossene Vereinigung von Menschen, die für ihre gegenseitigen Beziehungen gewisse Verhaltensregeln als bindend anerkennen und sich meist auch nach ihnen richten« (20). Eine »wesentliche Eigenschaft menschlicher Gesellschaften« sei aber »eine Vielzahl von Einzelpersonen mit getrennten Zielsystemen« (47). Rawls' individualistische Ausrichtung, die er immer wieder gegen den Utilitarismus anwendet, schließt prinzipiell eine objektive Bewertung von Zielsystemen und den entsprechenden Vorstellungen vom Guten aus. Das steht jedenfalls im Zentrum des Konzepts von Gerechtigkeit als Fairneß. Die von Rawls entwickelte Theorie des Guten, »das Gute als das Vernünftige«, enthält, wie ich glaube, einige entscheidende Elemente für die kritische Umkehrung dieser Weise, Ziele, Lebenspläne und Vorstellungen vom Guten als bloß subjektiv zu betrachten. Die Rationalitätsauffassungen, die einerseits in der Gerechtigkeitstheorie und andererseits in der Theorie des Guten mobilisiert werden, sind auch sehr verschieden. Im Gegensatz zur Lage der Parteien im Urzustand, die hinter einem Schleier des Nichtwissens operieren, der ihnen den Zugang zu den spezifischen Charakteristika ihrer gesellschaftlichen Situation unmöglich machen soll, und die trotzdem Gerechtigkeitsgrundsätze bestimmen müssen, basiert die rationale Bewertung von Lebensplänen auf der Kenntnis konkreter Tatsachen. Rawls schreibt dazu:

»Die Vorstellung eines Menschen von seinem Wohl (...) soll von Anfang an seine besondere Situation berücksichtigen. Ein vernünftiger Lebensplan geht von unseren besonderen Fähigkeiten, Interessen und Umständen aus und hängt daher mit Recht von unserer gesellschaftlichen Stellung und unseren natürlichen Gaben ab. Es gibt keinen Einwand dagegen, daß sich vernünftige Pläne diesen Zufälligkeiten anpassen (...)« (489).

Es ist anzumerken, daß die Komplexität, die für die Situationen charakteristisch ist, die in Rawls' Theorie des Guten betrachtet werden, *kein* unüberwindbares Hindernis für die Anerkennung von Maßstäben der rationalen Überlegung über Zielsysteme ist. Zwar zeigt Rawls auf eine mehr oder weniger plausible Weise, daß es unmöglich ist, absolute Einstimmigkeit über Maßstäbe vernünftiger Entscheidung in verwickelten Situationen zu erreichen, in denen die Frage nach den Zwecken und dem Guten für Menschen sinnvoll gestellt werden kann. Es macht keinen guten Sinn, Urteilen über das Gute die Eigenschaften der strikten Universalität, Endgültigkeit und Zeitlosigkeit zuzuschreiben, die nach Rawls den Urteilen über das Gerechte zustehen. Aber nur die willkürliche Gleichsetzung des absolut Einstimmigen mit dem Objektiven würde zu der Meinung führen, daß Urteile über das Gute bloß subjektiv sind.
Rawls' Theorie des Guten macht diesen Fehler nicht. Dennoch und trotz seines Versuches, die grundlegende Kongruenz zwischen der Gerechtigkeit und dem Guten zumindest im Falle einer wohlgeordneten Gesellschaft nachzuweisen, vertritt Rawls die Ansicht, daß die Gerechtigkeitstheorie von jedem Interpretationskonflikt über das Gute für den Menschen unabhängig sein soll. Die Feststellung einer bleibenden Unbestimmtheit in der Frage nach dem Guten und das Bedenken, diese Unbestimmtheit lasse sich auf die Grundsätze der Gerechtigkeit übertragen, bringt ihn dazu, die Theorie der Gerechtigkeit von der (vollständigen) Theorie des Guten logisch zu trennen. Diese deontologische Haltung wird in »Gerechtigkeit als Fairneß« begleitet von (a) der Reduktion des Rationalitätsbegriffs auf die »ökonomische« Rationalität des effektiven Gebrauchs von Mitteln zur Erreichung von vorgegebenen Zwecken und (b) der entsprechenden Auffassung von Lebensplänen und Vorstellungen vom Guten als »belie-

bigen Neigungen der Menschen« (50) oder bestenfalls »Vorurteilen« (36), mit denen sich die Psychologie des Individuums beschäftigt. Das entscheidende methodologische Gebot für die Vertragstheorie der Gerechtigkeit ist daher: »Ferner sollte dafür gesorgt sein, daß bestimmte Neigungen, Strebungen und Vorstellungen vom eigenen Wohl keinen Einfluß auf die Wahl der Grundsätze haben« (36). Das bringt aber Vorstellungen vom Guten auf dieselbe Ebene wie private Neigungen, was eine theoretische Entscheidung darstellt, die keineswegs als harmlos betrachtet werden kann.

Der springende Punkt ist, daß es eine Sache ist, zu behaupten, Systeme von Zielen könnten nicht absolut und für alle Ewigkeit bewertet werden, während die zum Zweck der Theoriebildung getroffene Entscheidung, daß »Systeme von Zielen (...) nicht bewertet« werden (37), eine ganz andere Sache ist. Es kann auch sehr schwierig oder eben unmöglich sein, wenn Situationen in ihrer ganzen Komplexität berücksichtigt werden, Grundsätze für alle Ewigkeit zu etablieren. Aber warum sollten wir annehmen, daß uns die Tatsache, daß solche Grundsätze nicht existieren, ohne jegliche Orientierung in der Moralphilosophie läßt?

In der Tat macht Rawls aus der angeblichen Unmöglichkeit, konkurrierende Vorstellungen vom Guten einer *definitiven* rationalen Kontrolle zu unterziehen, eines der »Anwendungsverhältnisse der Gerechtigkeit«, d. h. eine der »Rahmenbedingungen« oder »Forderungen«, die »die Rolle der Gerechtigkeit bestimmen« (149). Dem Vertragsansatz gemäß wird diese Bedingung in die prozeduralen Einschränkungen eingebaut, welche Argumente für jede Gerechtigkeitsvorstellung von vornherein zu beachten haben: Die Funktion des Schleiers des Nichtwissens besteht darin, die unterschiedlichen Ziele und Zwecke der Parteien im Urzustand völlig unsichtbar zu machen. Diejenigen, die Rawls' deontologische Haltung nicht teilen, können aber hier meinen, es handele sich im Grunde um ein abgekartetes Spiel. Wenn die »Privatisierung des Guten« (MacIntyre) die Grenzen des logischen Raums beschreibt, in dem eine Lösung für das Problem der Gerechtigkeit notwendigerweise zu suchen ist, dann hat ein *definitorisches* Manöver alle nicht-deontologischen Vorstellungen außerhalb des Universums möglicher Überlegungen gesetzt. Mit anderen Worten: Wenn das vorherige Ausschließen der Erwägungen über Vorstellungen vom Guten eine strukturelle Bedingung für die theoretische Konstruktion im Vertragsansatz ist, dann kann der Gedanke des Gesellschaftsvertrags nicht mehr ohne Zirkularität als neutrales analytisches Mittel für die vergleichende Bewertung von Gesichtspunkten über die Gerechtigkeit verwendet werden. Utilitaristen zum Beispiel, deren konsequentialistischer Ansatz im Urzustand zurückgewiesen worden wäre, könnten hier meinen, ihnen gegenüber seien die Bedingungen der Moralphilosophie Rawls' nicht fair. Rawls scheint das natürlich nicht einzusehen. Ich möchte allerdings behaupten, daß dies einen Fehler seiner Argumentation darstellt.

III

Die Idee der Gerechtigkeit als Fairneß ist also von vornherein denjenigen Situationen angepaßt, in denen sich gesellschaftliche Agenten der Diskussion über ihre letzten Ziele und Lebenspläne enthalten. Sie konzentrieren ihre vernünftigen Bemühungen ausschließlich auf den Versuch, Konflikte über die Verteilung von »neutralen« Mitteln zu lösen, die für das Erreichen ihrer Ziele notwendig sind, *was diese Ziele auch immer sind.* Der Wert der Ziele ist keine relevante Variable für die Zwecke der Theoriebildung. Gerechtigkeit als Fairneß

»geht nicht hinter den Gebrauch der Rechte und Möglichkeiten zurück, um die erreichte Befriedigung zu messen oder gar zu maximieren. Sie versucht auch nicht, die verschiedenen Vorstellungen vom Guten zu bewerten« (114).

Es ist diese spezielle gesellschaftliche Konstellation von Interessen, die Rawls »die Grundstruktur der Gesellschaft« nennt, welche durch die Gerechtigkeitsgrundsätze, wie sie von Rawls konzipiert werden, reguliert werden soll. Nach diesem Modell verteilen die wichtigsten gesellschaftlichen Institutionen gewisse Grundgüter, an denen jedermann ein Interesse hat, zumindest als rationaler Agent, der versucht, die notwendigen Mittel für seine Zwecke sicherzustellen. Diese Bedürfnisse zusammen mit anderen Anwendungsverhältnissen der Gerechtigkeit – vor allem der Umstand der moderaten Knappheit an Grundgütern – rufen den Interessenkonflikt hervor, der Rawls' Theorie der Gerechtigkeit zugrunde liegt. Den Menschen, schreibt er, sei es nicht gleichgültig, »wie die durch ihre Zusammenarbeit erzeugten Güter verteilt werden, denn jeder möchte lieber mehr als weniger haben« (20). Wo sind diese Menschen zu finden? In erster Linie in den Institutionen und den gesellschaftlichen Praxisformen, die direkt oder indirekt mit der Erhaltung des »freien Marktes« zu tun haben, in dem die zum Beispiel von John Dewey so emphatisch kritisierte Trennung zwischen Mitteln und Zwecken in Theorie und Praxis zu der vollkommenen Spaltung von Produktion, die rationalisiert werden kann und soll, und Konsum, der dem Bereich der privaten Präferenzen überlassen wird, geführt hat. Obwohl Rawls zuerst behauptet, der Begriff der Grundstruktur sei zugegebenerweise »etwas unbestimmt« (25), sind seine Beispiele in *A Theory of Justice* in der Tat manchmal sehr deutlich. In Rawls' gesellschaftlicher Welt hat jeder Mensch im wesentlichen zwei Positionen inne: »die der gleichen Bürgerrechte und seinen Platz in der Einkommens- und Vermögensverteilung« (116).

»To keep markets competitive, resources fully employed, property and wealth (especially if private ownership of the means of production is allowed) widely distributed by the appropriate forms of taxation, or whatever, and to guarantee a reasonable social minimum«[3]

ist dann natürlich die wichtigste Aufgabe der Institutionen, die soziale Gerechtigkeit etablieren sollen. Die gesellschaftlichen Positionen, die in der Verhandlung im Urzustand vertreten sind, sind auch zum Beispiel die der »Unternehmerklasse« in einer Demokratie mit Privateigentum und die der »Arbeiterklasse«, die dann in »gelernte Arbeiter« und »ungelernte Arbeiter« unterteilt wird. Im übrigen erinnern Rawls' Erläuterungen des *modus operandi* seiner Gerechtigkeitsgrundsätze oft an die Lehre von der »invisible hand«:

»Vermutlich werden die Unternehmer angesichts der Bedingung bezüglich der Offenheit der Positionen im zweiten Grundsatz und des Freiheitsgrundsatzes im allgemeinen durch die ihnen gewährten größeren Aussichten zu Handlungen veranlaßt, die die Aussichten der Arbeiterklasse verbessern. Ihre besseren Aussichten wirken als Anreize zur Verbesserung der Wirtschaft, Neuerungen werden rascher eingeführt, und so weiter.[4]

3 Diese Passage – wie die anderen, die hier auf Englisch zitiert werden – kommt in der deutschen Übersetzung leider nicht vor. Zitiert wird sie nach J. Rawls, *A Theory of Justice*, Oxford 1972, S. 87.
4 An dieser Stelle ist im Original noch zu lesen: »Eventually the resulting

Ich möchte mich nicht mit der Frage beschäftigen, wie weit das richtig ist. Es kommt mir darauf an, daß derartige Argumente vorgebracht werden müssen, wenn die Ungleichheiten dem Unterschiedsprinzip genügen sollen« (99).

»Es ist auch festzuhalten, daß das Unterschiedsprinzip nicht nur weitere Grundsätze voraussetzt, sondern auch eine bestimmte Theorie der gesellschaftlichen Institutionen. Insbesondere geht es (...) davon aus, daß in einer Wettbewerbswirtschaft (mit oder ohne Privateigentum) mit einem offenen Klassensystem in der Regel keine übermäßigen Ungleichheiten auftreten. Angesichts der Verteilung der natürlichen Fähigkeiten und der Motivationsgesetze halten sich Ungleichheiten nicht lange« (182f.).

Alles in allem – und auch nach Berücksichtigung des »principle of charity« – kann das Konzept der Gerechtigkeit als Fairneß eigentlich als eine *Marktauffassung der Gerechtigkeit* bezeichnet werden. Gewiß schränkt Rawls selbst gleich von Anfang an den Anwendungsbereich seiner Theorie ein und bestimmt ihren Gegenstand als die Grundstruktur der Gesellschaft. So erkennt er an, daß der Begriff der Gerechtigkeit auf Kontexte anzuwenden ist, die anders als diejenigen sind, mit denen sich seine Theorie beschäftigt. »Zunächst gibt es keinen Grund, daß die für die Grundstruktur richtigen Grundsätze auch für alle Einzelfälle gelten sollen« (24). Jedoch glaubt Rawls, daß eine Lösung für die anderen Fragen der Gerechtigkeit vom Entwurf einer deontologischen Theorie abhängig ist, die die Verteilung von Grundgütern in totaler Abstraktion von den Zielen und Vorstellungen vom Guten, welche mit diesen Grundgütern implementiert werden können, regulieren soll. »Mit entsprechenden Abänderungen dürfte eine solche Theorie den Schlüssel für manche dieser anderen Probleme bilden« (24). Der Grund für dieses Vertrauen in die potentielle Reichweite von Gerechtigkeit als Fairneß liegt in der Überzeugung, daß in einigen Fällen die Praxisformen und Institutionen dessen, was Rawls die Grundstruktur der Gesellschaft nennt, andere Aspekte der sozialen Welt tatsächlich zu inkorporieren tendieren. Wie MacIntyre bemerkt, zeigt Rawls in dieser Hinsicht »a certain note of realism about modern society«, welche mehr und mehr wie »a collection of strangers, each pursuing his or her own interests under minimal constraints«[5] aussieht.

material benefits spread throughout the system and to the least advantaged.« Vgl. J. Rawls, *A Theory of Justice*, a. a. O., S. 78.

5 A. MacIntyre, *After Virtue*, a. a. O., S. 250f.

Das Gesagte impliziert nicht, daß die Probleme, mit denen sich Rawls' Theorie beschäftigt, aus einer praktischen Pespektive irrelevant wären, oder daß es irgendwie falsch wäre, eine philosophische Gerechtigkeitsvorstellung auf den Bereich von Problemen zu beschränken, die ihren Ursprung in Praxisformen haben, die den gemeinschaftlichen Charakter verloren haben und nun auf der Basis von individualistischen Auffassungen organisiert sind, welche eher der Welt des freien Marktes angemessen sind. Der Punkt ist vielmehr, daß Rawls' Theorie der Gerechtigkeit, weit entfernt davon, eine für jede Gesellschaft geltende normative Auffassung zu sein, eigentlich nur auf die Grundstruktur jener Gesellschaften anwendbar ist, die sich als korporative Unternehmungen in einem mehr oder weniger spezifischen Sinne betrachten. Das ist sicherlich der Fall bei einigen »liberalen« Gesellschaften oder zumindest bei einem Teil von diesen, denn auch hier kann der Interessenkonflikt, der nach Gerechtigkeit ruft, schwerlich nur oder sogar in erster Linie nach der ökonomischen Dimension der Verteilung von gesellschaftlich produzierten neutralen Grundgütern analysiert werden. Das Problem ist, daß die von Rawls als Ausgangspunkt genommene Bestimmung der Gesellschaft ein gewisses Ideal der Zusammenarbeit sowie eine normative Sicht des menschlichen Wohlstandes zu verkörpern scheint. Diese Bestimmung ist aber eine der Prämissen des Arguments, das zu der Theorie der Gerechtigkeit als Fairneß führt.

»Daher brauchen wir nicht zu zögern, für die Wahl der Gerechtigkeitsgrundsätze eine bestimmte Theorie der gesellschaftlichen Institutionen vorauszusetzen. Allgemeine Tatsachen als Voraussetzungen lassen sich ebensowenig umgehen wie eine Vorstellung der Parteien von ihrem Wohl, nach der sie die Möglichkeiten in eine Rangordnung bringen. Sind diese Voraussetzungen zutreffend und hinreichend allgemein, so ist alles in Ordnung, doch ohne sie wäre das ganze Schema nichtssagend und leer« (184).

Was Rawls anscheinend nicht erkennt, ist der von Dewey oft hervorgehobene Umstand, daß die hier relevanten allgemeinen Tatsachen mehr als bloße »natürliche Tatsachen bezüglich des Menschen in der Gesellschaft« (183) sind, weil sie eine normative Dimension haben.
Jedoch gibt es eine Passage, in der Rawls ganz klar zu sehen scheint, daß

»die verschiedenen Gerechtigkeitsvorstellungen (...) der Ausfluß verschiedener Vorstellungen von der Gesellschaft auf dem Hintergrund verschiedener Vorstellungen von den natürlichen Notwendigkeiten und Möglichkeiten des menschlichen Lebens« sind. Und er schreibt weiter: »Will man eine Gerechtigkeitsvorstellung völlig verstehen, so muß man die ihr zugrunde liegende Vorstellung von der gesellschaftlichen Zusammenarbeit herausarbeiten« (26).

Das aber ist etwas, das Rawls in der Regel nicht unternimmt. Er arbeitet mit einem gewissen Gesellschaftsideal. Aber statt daß er dieses Ideal als Gegenstand einer philosophischen Analyse nimmt, gibt er sich mit dem Vorschlag einer »Bestimmung der Gesellschaft« zufrieden, deren »wesentliche Eigenschaft« trotz der deutlichen atomistischen Nebenbedeutungen als ein neutrales Instrument ausgegeben wird, mit dem man gleich von Anfang an die Ideen zu einer Theorie der Gerechtigkeit festmachen könnte. Nur auf diese Weise kann man erklären, warum Rawls gleich nach der Anerkennung der gegenseitigen Abhängigkeit zwischen Gerechtigkeitsvorstellungen und »Visionen von den Zielen der gesellschaftlichen Zusammenarbeit« noch versucht, einen besonderen neutralen Status für seine Theorie jenseits oder diesseits dieser philosophischen Schwierigkeit zu bewahren: »Doch dabei sollte man nicht die besondere Rolle der Gerechtigkeitsgrundsätze und ihres Hauptgegenstandes aus den Augen verlieren« (26).
Eine wichtige Folge in diesem Zusammenhang ist die, daß Rawls' Position manchmal derjenigen der Utilitaristen näher ist, als er zuzugeben bereit ist. Rawls kritisiert den Utilitarismus wegen der Ausdehnung eines Grundsatzes auf die gesamte Gesellschaft, den er für das Individuum für vollkommen vernünftig hält, nämlich die Maximierung der Befriedigung seiner Interessen. Der Utilitarismus betrachtet dann die gerechte Gesellschaft

»als wirkungsvollen Einsatz der gesellschaftlichen Hilfsquellen zur Maximierung der Befriedigung des Bedürfnissystems, das (...) aus den vielen als gegeben hingenommenen Bedürfnissystemen der einzelnen konstruiert« (52)

wird. Rawls hat recht, wenn er darauf hinweist, daß auf diese Weise der in der utilitaristischen Theorie unterstellte unparteiische Beobachter, der die Gesellschaft beurteilen soll, »keine wesentlich andere Entscheidung« fällt »als ein Unternehmer, der entscheidet, wie er durch die Herstellung dieser oder jener Ware seinen Gewinn maximieren kann, oder ein Verbraucher, der entscheidet, wie er seinen Nutzen durch Kauf dieses oder jenes Güterbündels maximieren kann« (45). Indem Rawls statt dessen die als ein Index der Grundgüter spezifizierbaren Erwartungen und Aussichten der am wenigsten bevorzugten Parteien maximiert, nimmt er zwar eine andere Stellung ein, ohne jedoch den kategorialen Rahmen des Utilitarismus zu verlassen. Die vielen Einzelheiten, die Gerechtigkeit als Fairneß vom Utilitarismus unterscheiden, sollten nicht darüber hinwegtäuschen, *daß in beiden Fällen die Gesellschaft, zumindest für die Fragestellung einer Theorie der Gerechtigkeit, nach dem Markt modelliert wurde.*

IV

Dieser Vorwurf, der Rawls' Sozialphilosophie in Einklang mit derjenigen von Hobbes und Locke bringt, kann vielleicht unangemessen erscheinen, wenn man die Tatsache berücksichtigt, daß Rawls' bevorzugte Deutung von Gerechtigkeit als Fairneß die Kantische ist. Der Urzustand sei ja im Grunde »eine verfahrensmäßige Deutung von Kants Begriff der Autonomie und des Kategorischen Imperativs« (289). Indem ein Mensch im Urzustand all seine privaten Wünsche und Lebenspläne beiseite läßt, werde er sich »damit als freies und gleiches Vernunftwesen« (285) zeigen. Und wer sich so zeige, werde auch autonom im Kantischen Sinne handeln, denn seine Handlungsgrundsätze würden unter derartigen Umständen gewählt, daß das einzige Element, das die Wahl der Grundsätze bestimmt, eben die vernünftige Natur des Menschen sei. Denn auch Kant »geht (...) von dem Gedanken aus, moralische Grundsätze seien Gegenstand von Vernunftentscheidungen« (284), wobei für ihn die Abstraktion von allen heteronom gegebenen Wünschen und Interessen das unterscheidende Merkmal von Vernunft ist. Wie Rawls sagt: »Die Vorstellung vom Schleier des Nichtwissens ist (...) indirekt in Kants Ethik enthalten« (164). Zumindest auf den ersten Blick können also Rawls' Gerechtigkeitsgrundsätze mit einer gewissen Plausibilität als kategorische Imperative im Kantischen Sinne gedeutet werden, weil sie »für jemanden als freies und gleiches Vernunftwesen gelten und bei ihm keine besonderen Wünsche und Ziele voraussetzen« (285).

Wie es auch immer mit Kants Begriff der Autonomie und des kategorischen Imperativs bestellt sein mag, er beruht offensichtlich nicht auf einem Verständnis der Notwendigkeiten und Möglichkeiten der sozialen Zusammenarbeit, wie es bei Hobbes, Locke und – wie ich im letzten Abschnitt argumentiert habe – auch Rawls zu finden ist. Sollte der Versuch, die Theorie der Gerechtigkeit als Fairneß zu verstehen, konsistent sein, so muß man *entweder* darauf verzichten, ihr eine Marktauffassung der Gesellschaft zuzuschreiben, *oder* es muß die von Rawls beanspruchte Kantische Deutung verabschiedet werden. Dieser Abschnitt versucht zu zeigen, daß nach gebührender Berücksichtigung dessen, was Kant selbst in seinem Versuch, eine transzendentale Deduktion für den kategorischen Imperativ zu liefern, sagt, und nach Berücksichtigung der Transformation des Problems bei Rawls die Folgerung zu ziehen ist, daß es die Kantische Deutung ist, die verabschiedet werden muß.

Deontologie bedeutet bei Kant,

»daß (...) der Begriff des Guten und des Bösen nicht vor dem moralischen Gesetze (dem er dem Anschein nach so gar zum Grunde gelegt werden müßte), sondern nur (...) nach demselben und durch dasselbe bestimmt werden müsse«.[6]

Das hat damit zu tun, daß Kants Ausgangspunkt die Existenz von absoluten Pflichten ist, deren effektive Anerkennung durch uns unseren Charakter und unsere Handlungen mit einem moralischen Wert versieht, der von dem Wert, der sich von ihrer Nützlichkeit im Blick auf die wahrscheinliche Erreichung eines natürlichen Guten ableitet, an dem wir ein Interesse haben, nicht übertroffen oder auch nur gleichgestellt werden kann. Das oberste Prinzip dieser Pflichten ist der kategorische Imperativ, der also unseren Willen bestimmen können muß, und zwar in Unabhängigkeit von denjenigen Bestimmungen, die sich aus dem Begriff dessen, was für uns individuell oder kollektiv gut ist, ableiten. Unter diesen Bedingungen wäre es natürlich ein Fehler, wenn »wir nun vom Begriff des Guten anfangen (wollten), um davon die Gesetze des Willens abzuleiten«.[7] Der Wille ist für Kant

6 I. Kant, *Kritik der praktischen Vernunft. Werkausgabe*, Band VII, hg. v. W. Weischedel, Frankfurt am Main, 1989, S. 180.
7 Ebd., S. 181.

»eine Art von Kausalität lebender Wesen, so fern sie vernünftig sind und *Freiheit* würde diejenige Eigenschaft dieser Kausalität sein, da sie unabhängig von fremden *sie bestimmenden* Ursachen wirkend sein kann« (81).[8]

Das Problem Kants besteht darin, mit dieser Definition als Prämisse ein Argument zu konstruieren, dessen Konklusion ist: »Also ist ein freier Wille und ein Wille unter sittlichen Gesetzen einerlei« (82). Da andererseits der Kausalitätsbegriff wesentlich an den Begriff einer nomologischen Regelmäßigkeit gebunden ist und andererseits die Unabhängigkeit des Willens von den ihm fremden Bestimmungen jeden Rekurs auf »Naturgesetze« für die Erklärung seiner Wirkungsweise prinzipiell ausschließt, läßt sich Kant bei der Konstruktion seines Arguments dazu bringen, »eine Kausalität nach unwandelbaren Gesetzen, aber von besonderer Art« anzunehmen, »denn sonst wäre ein freier Wille ein Unding« (81). Der entscheidende Schritt wird dann getan, wenn Kant diese unwandelbaren Gesetze mit dem kategorischen Imperativ und daher mit sittlichen Gesetzen einfach identifiziert. Obwohl dieses Argument, formal betrachtet, zeigt, daß Moralität aus dem freien Willen *folgt*, beruht es auf einer gar nicht naheliegenden Auffassung der Freiheit oder Autonomie als Eigenschaft, »sich selbst ein Gesetz zu sein«, ein Gesetz, das sich radikal von all dem unterscheidet, was unter den Begriff der Naturnotwendigkeit einschließlich der totalen Erklärung menschlichen Handelns vom Standpunkt der intentionalistischen Psychologie subsumiert werden kann. So wundert es nicht, wenn Kant behauptet, daß, obwohl wir eine Vorstellung a priori dieser Freiheit als einer Möglichkeitsbedingung des kategorischen Imperativs haben können, wir nicht verstehen, was sie in Wirklichkeit ist, bzw. ihre wirkliche Existenz nicht garantieren können – zumindest nicht, bis eine »transzendentale Deduktion« zustande gebracht wird.
Die Lage wird noch verwickelter, da Kant selbst auf »eine Art von Zirkel« in seiner Beweisführung für die Rationalität des moralischen Handelns hinweist. Indem wir den mit vernünftigem Willen begabten Wesen Freiheit zuschreiben, setzen wir sie außerhalb der raumzeitlichen, empirischen Ordnung von Ursachen und Wir-

8 Von nun an beziehen sich die Zahlen in Klammern auf die Seiten von I. Kant, *Grundlegung zur Metaphysik der Sitten. Werkausgabe,* Band VII, a. a. O.

kungen, die wir mittels Naturgesetzen verstehen können, d. h. außerhalb der »Ordnung der wirkenden Ursachen«. Andererseits müssen wir, wenn wir Kant folgen, genau diejenigen Handlungen als moralisch betrachten, die von den empirischen Interessen unserer psychologischen Verfassung nicht motiviert bzw. »verursacht« sind, d. h. Handlungen, die wirklich frei sind, weil sie nur der internen Gesetzgebung des Willens – der »Ordnung der Zwecke« – unterworfen sind. Mit anderen Worten: Neben der Behauptung »X handelt moralisch, weil er frei ist«, scheint Kant auch sagen zu wollen: »X ist frei, weil er moralisch handelt«. Das macht jedoch aus Freiheit und eigener Gesetzgebung des Willens »Wechselbegriffe, davon aber einer eben um deswillen nicht dazu gebraucht werden kann, um den anderen zu erklären und von ihm Grund anzugeben« (86).

Als Ausweg aus dieser Schwierigkeit schlägt Kant die absolut metaphysische Unterscheidung von Erscheinung und Ding an sich vor, obwohl er mehrmals behauptet, das sei eine Unterscheidung, die auch vom gemeinsten Verstand anerkannt werde – nur mehr durch ein Gefühl als durch Vernunft.

»So folgt von selbst«, sagt Kant, »daß man hinter den Erscheinungen doch noch etwas anderes, was nicht Erscheinung ist, nämlich die Dinge an sich, einräumen und annehmen müsse, ob wir gleich uns von selbst bescheiden, daß, da sie uns niemals bekannt werden können, sondern immer nur, wie sie uns affizieren, wir ihnen nicht näher treten, und, was sie an sich sind, niemals wissen können« (86 f.).

Auf die Welt projiziert, führt diese Unterscheidung zu einer Trennung zwischen der »Sinnenwelt« und der »Verstandeswelt«, deren wesentliche Charakteristika respektive die Verschiedenheit und die Ewigkeit sind. Auf uns projiziert, führt sie zu der Trennung der personalen Identität zwischen dem Menschen, wie er sich durch den inneren Sinn erfährt und kennt, und dem *eigentlichen Selbst*, dem »Ich, so wie es an sich selbst beschaffen sein mag« (87), das dann mit Vernunft, »reiner Spontaneität« oder »Intelligenz« identifiziert wird.

Diese Aspekte unserer Identität werden bei Kant auch als Standpunkte dargestellt, die wir einnehmen (sollen), um unsere Handlungen und insbesondere deren Ursachen zu betrachten. Nach dem einen Standpunkt sind sich Menschen ihrer selbst als bloßer Glieder der Sinnenwelt bewußt, und sie sind auch ihrer Handlungen – als »dem Naturgesetz der Begierden und Neigungen« und »der Heteronomie der Natur« (90) empirisch unterworfen – bewußt. Der andere Standpunkt setzt uns dagegen in den Bereich der »a priori wirkenden Ursachen« (86) und unter Gesetze, »die, von der Natur unabhängig, nicht empirisch, sondern bloß in der Vernunft gegründet sind« (88).

Kant ist fest davon überzeugt, daß der Beweis der logischen Kompatibilität dieser Standpunkte das erwähnte Problem eines Zirkels in der Argumentation, die aus der Idee der Freiheit in die Moralität führen sollte, ein für allemal löst. Die Zirkularität bleibt jedoch bestehen, nur vielleicht in einer anderen Form. Dadurch, daß Kant den Standpunkt der intelligiblen Welt als den Standpunkt bestimmt, »den die Vernunft sich genötigt sieht außer den Erscheinungen zu nehmen, *um sich selbst als praktisch zu denken*« (95), baut er in den Begriff der intelligiblen Welt alle wesentlichen Elemente seines Begriffs der Moralität, insbesondere das Element der Unabhängigkeit des Willens von den heteronomen Bestimmungen, ein. Und das macht die Argumentation genauso zirkulär wie in der ersten Version. Der einzige Grund, der uns »nötigt«, den Standpunkt der Verstandeswelt einzunehmen, scheint auf jeden Fall die Überlegung zu sein, daß sonst absolute Pflichten, moralische Gesetze und der kategorische Imperativ selbst unmöglich existieren könnten. Gewiß schreibt Kant manchmal so, als könnten wir die Wirklichkeit der Verstandeswelt in uns gleichsam direkt erfassen, in Unabhängigkeit von unseren moralphilosophischen Überzeugungen:

> »Nun findet der Mensch in sich wirklich ein Vermögen, dadurch er sich von allen anderen Dingen, ja von sich selbst, so fern er durch Gegenstände affiziert wird, unterscheidet, und das ist die Vernunft« (88).

Aber seine Erkenntnistheorie verbietet jede Charakterisierung dieser angeblichen Erfassung als Erkenntnis. Auch nicht die »beste« Introspektion wäre in der Lage, die Welt der Dinge an sich, den »natürlichen« Ort der Vernunft, für uns zu erschließen. Wenn Kant also zum Beispiel sagt, daß ein vernünftiges Wesen »sich seiner Kausalität durch Vernunft, mithin eines Willens (der von Begierden unterschieden ist) bewußt ist«, so daß die Unterstellung der Vernunft für dieses Wesen »ohne weitere Bedingung *notwendig*« (99) ist, dann kann er damit nur das angenommene moralische Bewußtsein und die angebliche Notwendigkeit der ethischen Pflichten meinen, sonst ist seine Philosophie einfach inkonsistent. Aber das bringt uns zum Ausgangspunkt zurück, denn das Argument sollte vor allen Dingen zeigen, daß ethische Pflichten, wie sie Kant versteht, und deren oberstes Prinzip mehr sind als bloße Annahmen.

Auch diese flüchtigen Bemerkungen zu Kant genügen, um zu zeigen, daß Rawls' Deutung des Urzustands als des Blickwinkels, »unter dem das intelligible Ich die Welt sieht (point of view from which noumenal selves see the world)« (255)[9], nur *cum grano salis* angenommen werden kann. Denn während sich Kant im transzendentalen Bereich der a priori wirkenden Ursachen nach einem »unbedingt Notwendigen« umsieht, versucht Rawls ganz entschieden jeder metaphysischen Annahme aus dem Weg zu gehen. Natürlich beabsichtigt auch Rawls, seine Grundsätze der sozialen Gerechtigkeit »unabhängig von bestehenden Bedürfnissen und Interessen« zu machen. Aber er ist der Meinung, daß Gerechtigkeit als Fairneß »einen archimedischen Punkt zur Beurteilung eines Gesellschaftssystems ohne Berufung auf apriorische Gesichtspunkte« (294) bildet. Das stimmt mit seiner Überzeugung überein, deren Festlegung wahrscheinlich durch die Wahrnehmung von Kants Fehlschlagen unterstützt wurde, daß »das a priori, sei es noch so traditionell verstanden, (...) eine zu schmale Grundlage« für Moralphilosophie ist, so daß sie »die Freiheit haben (muß), nach Belieben kontingente Annahmen und allgemeine Tatsachen heranzuziehen« (70). Was unter diesen Umständen den Platz einnimmt, der früher von einer transzendentalen Deduktion besetzt war, entspricht dann »einer bekannten Methode der Gesellschaftstheorie«, welche die Ableitung dessen ermöglicht, was vernünftige Wesen auf der Basis von »Voraussetzungen über ihre Ansichten und Interessen, ihre Lage und ihre Möglichkeiten« (141) in einer vereinfachten Situation tun werden. Die Anwendung dieser Methode auf die Moralphilosophie mag vielleicht nicht zu Ergebnissen führen, die in allen möglichen Welten gelten. Aber das ist für Rawls kein vernünftiges Ziel (183 f.).

Wie man auch immer das »befreiende« Potential dieses Ansatzes bewertet, man muß auf jeden Fall zugeben, daß die Differenzen zwischen ihm und der Weise, in der Kant das Problem in Angriff

9 Von nun an beziehen sich die Zahlen in Klammern wieder auf J. Rawls, *Eine Theorie der Gerechtigkeit*, a. a. O.

nimmt, zumindest so wichtig sind wie die Ähnlichkeiten. Sollten die Gerechtigkeitsgrundsätze zumindest im Idealfall als Theoreme der »theory of choice« ableitbar sein, dann müssen die Annahmen, die die Ausgangsstellung charakterisieren, einige Güter und eine gewisse Konstellation von Präferenzen bezüglich dieser Güter beinhalten. In »Gerechtigkeit als Fairneß« entspricht das den Grundgütern, von denen jede vernünftige Person im Urzustand lieber mehr als weniger haben möchte. Kants Versuch, die wichtigsten deontologischen Prinzipien der Moralität aufzusuchen und festzusetzen, wird dann in die Spezifikation eines Schemas für die optimale Befriedigung von »natürlichen« Interessen radikal transformiert. Wie Jürgen Habermas pointiert[10], macht sich Rawls dadurch einen Gerechtigkeitsbegriff zu eigen, der eher dem Utilitarismus insbesondere oder einer Güterethik im allgemeinen als einer ethischen Theorie angemessen ist, die der Intention nach die Idee der Autonomie als Ausgangspunkt nehmen sollte. Darauf könnte Rawls erwidern, daß die von ihm gemeinten Grundgüter keine besonderen Interessen voraussetzen, sondern nur als notwendige Mittel zu Zwecken aufgefaßt werden, von denen die Personen im Urzustand völlig abstrahieren. Die in der Charakterisierung dieser Grundgüter herangezogenen Überlegungen würden nur eine »schwache Theorie des Guten« ergeben, die sich gerade dadurch, daß sie die Frage nach dem wahrhaftig Guten für den Menschen gar nicht stellt, von einer »vollständigen Theorie des Guten« unterscheidet. Dennoch müssen wir uns die Menschen im Urzustand als Agenten vorstellen, die durchaus im Sinne der Geschicklichkeit, nicht der Kantisch verstandenen Moralität handeln: »In choosing between principles each tries as best he can to advance his interests.«[11] Und wie schwach die Vorstellung vom Guten auch immer ist, die Rawls hier zur Anwendung bringt, sie ist immer noch eine Vorstellung vom Guten und geht logisch der Gerechtigkeitsvorstellung voran.
Überdies muß man hier in Betracht ziehen, daß für Rawls »die Rechtfertigung einer bestimmten Konkretisierung des Urzustands (...) noch eine andere Seite« hat, die auf ein »Überlegungs-

10 J. Habermas, »Reconciliation through the public use of reason: Remarks on John Rawls' political liberalism«, in: *The Journal of Philosophy* 92 (1995), S. 109-131, S. 114.
11 J. Rawls, *Theory of Justice*, a. a. O., S. 142.

Gleichgewicht« zwischen den Folgen der in dieser Konkretisierung implizierten Grundsätze und den Urteilen über die Grundstruktur der Gesellschaft, »die wir jetzt intuitiv und mit größter Überzeugung fällen« (37), hinausläuft. So spielen bestimmte vortheoretische moralische Überzeugungen in »Gerechtigkeit als Fairneß« die Rolle von Fixpunkten, »denen jede Gerechtigkeitsvorstellung entsprechen muß« (19). Wie Charles Taylor aber bemerkt[12], würden wir höchstwahrscheinlich auf eine gar nicht schwache Theorie des Guten stoßen, wenn wir versuchten, das zu explizieren, was Rawls' Fixpunkten zugrunde liegt. Auf jeden Fall ist es zumindest irreführend, zu behaupten, daß die Theorie der Gerechtigkeit als Fairneß keine Vorstellung vom Guten voraussetzt.

Das Argument für diese Art »deontologischer« Kritik von Gerechtigkeit als Fairneß kann durch eine nähere Betrachtung von Rawls' Gründen für den Vorrang der Grundfreiheiten und der entsprechenden Rechte vor anderen sozialen Gütern stärker gemacht werden. Eine erste Spezifikation der Grundgüter in großen Zügen beinhaltet »Rechte, Freiheiten und Chancen sowie Einkommen und Vermögen« (112). Später fügt Rawls dieser Liste das Gut des Selbstwertgefühls hinzu. Unter Freiheiten versteht er »die politische Freiheit (das Recht, zu wählen und öffentliche Ämter zu bekleiden) und die Rede- und Versammlungsfreiheit; die Gewissens- und Gedankenfreiheit, zu der der Schutz vor psychologischer Unterdrückung und körperlicher Mißhandlung und Verstümmelung gehört (Unverletzlichkeit der Person); das Recht auf persönliches Eigentum und der Schutz vor willkürlicher Festnahme und Haft, wie es durch den Begriff der Gesetzesherrschaft festgelegt ist« (82). Das Auffallende hier ist, daß diese Liste der Grundgüter eine sehr heterogene ist. Vom Standpunkt der Parteien im Urzustand sehen jedoch alle Grundgüter wie »commodities« aus, die *ad libitum* gegeneinander getauscht werden können; im Urzustand gibt es noch keine Möglichkeit, den Wert dieser Güter etwa nach einer moralischen Dimension zu messen. In gewissem Sinne besteht ja die Pointe der Konstruktion des Urzustands darin, »to replace moral judgements by those of rational

12 C. Taylor, *Sources of the Self. The Making of the Modern Identity*, Cambridge, Massachusetts 1989, S. 89 (dt. *Quellen des Selbst. Die Entstehung der neuzeitlichen Identität*, Frankfurt am Main 1994).

prudence«.[13] So gibt es am Anfang keinerlei prinzipielle oder apriorische Gründe, warum Freiheit nicht gegen die eher »materiellen« Güter getauscht werden sollte. Unter bestimmten, durchaus vorstellbaren Umständen wäre dies sogar von der Vernunft verlangt. Ein typischer Fall wäre der, in dem die Grundbedürfnisse nicht erfüllt werden können, politische Rechte und die faire Chancengleichheit Zweifeln ausgesetzt sind und der von sozialen und wirtschaftlichen Bedingungen abhängige Wert gewisser Freiheiten »may not be so high as to rule out the possibility of compensation to those less fortunate«.[14] Natürlich behauptet Rawls unmittelbar, daß, sobald »das Zivilisationsniveau« wieder steigt, die Personen im Urzustand nicht mehr bereit sind, weniger Freiheit für wirtschaftliche Wohlfahrt zu tauschen. Angenommen wird hier das psychologische »Gesetz«, daß mit der Verbesserung der materiellen Lebensbedingungen Menschen immer weniger Interesse an der Erfüllung ihres Drangs nach »greater material means and amenities of office«[15] haben und sich eher der »relative urgency of their interest in liberty«[16] zuwenden. Es stellt sich also heraus, daß der Vorrang der Freiheit und der Grundrechte vor anderen sozialen Gütern und damit auch die »lexikalische Ordnung« der Gerechtigkeitsgrundsätze nur »an underlying preference among primary social goods«[17] ausdrücken. Das ist Deontologie in einem sehr schwachen Sinne, verbunden mit einer durchaus optimistischen Moralpsychologie: »The desire for liberty is the chief regulative interest they all will have in common in due course.«[18]

Erinnern wir uns daran, daß »Gerechtigkeit als Fairneß« als deontologische Theorie die von vielen Philosophen geteilte Auffassung begründen will, wonach wir »den Forderungen der Freiheit und des Rechts« »einen gewissen, wenn nicht sogar absoluten Vorrang« vor »der Wünschbarkeit steigenden gesellschaftlichen Wohles (als Summe)« geben sollten (46). Beim Versuch, jede Abhängigkeit von apriorischen Überlegungen zu vermeiden, schlägt Rawls den Behelf des Urzustandes zur Lösung dieses Vorrang-

13 J. Rawls, *Theory of Justice*, a. a. O., S. 94.
14 Ebd., S. 247.
15 Ebd., S. 542.
16 Ebd., S. 543.
17 Ebd., S. 63.
18 Ebd., S. 543.

problems vor, was ihm schließlich ermöglicht, an die Stelle eines ethischen Urteils ein Urteil der vernünftigen Lebensklugheit treten zu lassen und eine viel einfachere Frage zu stellen als die, welche von Kant gestellt wird, nämlich: Welche Verteilung von Grundgütern wäre vom Standpunkt einer lebensklugen Person im Urzustand vorzuziehen? Der Vorrang der Gerechtigkeit drückt sich in der besten Wahl aus, wenn mehr oder weniger günstige natürliche Verhältnisse gegeben sind, wobei dies auch einige »gute« psychologische Neigungen wie die Abwesenheit von Neid und Eifersucht einschließt. Aber hier kann ein Deontologe wie Habermas zu Recht geltend machen, daß Parteien, die Rechte, Freiheiten und materielle Güter undifferenziert als Waren betrachten und bloß versuchen, ihre Wünsche nach diesen Waren so gut wie möglich zu erfüllen, nicht in der Lage zu sein scheinen, den deontologischen Sinn der Grundsätze, die sie begründen sollen, überhaupt zu verstehen.[19]

V

Was also bleibt, ist eine Theorie, die keinen »archimedischen Punkt zur Beurteilung des Gesellschaftssystems« schlechthin darstellt. Wenn aber die oben gemachten Bemerkungen zu den sozialen Voraussetzungen von Rawls' Gerechtigkeitsauffassung richtig sind, dann haben wir es hier mit einer Theorie zu tun, die uns zwar einen archimedischen Punkt gibt, aber nur in einem sehr eingeschränkten Sinne. Rawls' »noumenales Ich« ist nämlich keineswegs der Ausdruck von Kants reiner Vernunftfreiheit, und das »Ideal des Menschen«, welches in »Gerechtigkeit als Fairneß« die Betrachtung der Bedürfnisse und Chancen des menschlichen Lebens aus einer philosophischen Perspektive ermöglichen soll, verkörpert eigentlich ein Ideal von Gesellschaft, das die historische Entwicklung widerspiegelt, die zu Gesellschaften (Nationen) geführt hat, in denen, wie MacIntyre wiederholt betont, Menschen, die aus unterschiedlichen kulturellen Traditionen stammen und mehr oder weniger inkompatible Überzeugungen bezüglich des menschlichen Guten haben, zusammen zu leben und zu han-

19 J. Habermas, »Reconciliation through the public use of reason«, a.a.O., S. 113.

deln haben. Neben dem Umstand, daß diese Entwicklung ganz kontingent ist, könnte sie auch vom Standpunkt der Moralphilosophie *richtig* sein. Man könnte vielleicht zu zeigen versuchen, daß das mit ihr assoziierte Ideal unsere wohlüberlegte Zustimmung verdient. Das alles wird aber von Rawls nicht thematisiert. Das in »Gerechtigkeit als Fairneß« implizierte Ideal des Menschen macht es für ihn unmöglich, ein moralisches Urteil über die Form des sozialen Lebens zu fällen, auf der seine Theorie aufbaut. Es ist also einfach eine Täuschung, wenn behauptet wird, daß uns die Perspektive des Urzustands erlaubt, unsere Stellung in der Gesellschaft »sub specie aeternitatis« zu sehen, bzw. daß dadurch »die Situation des Menschen nicht nur unter allen gesellschaftlichen Gesichtspunkten, sondern von allen Zeiten her gesehen wird« (637).

Hier gewinnt übrigens Rawls' Behauptung, »Gerechtigkeit als Fairneß« stelle eine viel einfachere Frage als andere ethische Theorien, nicht ganz ohne Ironie eine neue Bedeutung. Unter der Voraussetzung der Unmöglichkeit für die Moralphilosophie in ihrem gegenwärtigen Zustand, den Konflikt zwischen unterschiedlichen Auffassungen von der guten Gesellschaft zufriedenstellend zu lösen, aber auch unter Voraussetzung einiger sehr dringender praktischer Forderungen, die nicht ignoriert werden können, ist die Entscheidung, »den Vergleich der Lebenslagen der Menschen auf Dinge zu beschränken, von denen man annimmt, daß jedermann sie gewöhnlich zur Ausführung seiner Pläne braucht«, in der Tat ein guter Kandidat für »den gangbarsten Weg zu einem öffentlich anerkannten objektiven gemeinsamen Maß (...), das vernünftige Menschen anerkennen können« (115).

Der Ansatz von Rawls stellt also eine einfachere Frage als Notersatz für die wirklich entscheidende Frage, von der Kant angenommen hatte, sie könne in seinem System gelöst werden, die Frage, die wir bisher jedoch nicht lösen konnten.

Rawls' Moralphilosophie gibt nicht die letzte Grundlage – was das auch immer heißen mag – für Gerechtigkeitsgrundsätze, die *ewig* und für *alle* Gesellschaften gelten. Sie konzentriert sich statt dessen auf einige minimale Vorschriften, die von Menschen geteilt werden können, die in einigen modernen Gesellschaften leben, welche *ihrerseits* eher aus Not denn aus Überzeugung pluralistisch sind. Ihre Begründung beruft sich nicht auf Vernunft *als solche* – noch einmal: was das auch immer heißen mag –, sondern, wie Rawls selbst einmal anerkennt, »auf die bloße Tatsache der Übereinstimmung« (629). Es ist auch nicht nur so, daß die von Rawls entwickelte Gerechtigkeitsvorstellung insbesondere auf die Grundstruktur der Gesellschaft *anwendbar* ist, wobei diese Grundstruktur als eine Art Markt aufgefaßt wird, auf dem, zumindest prinzipiell, austauschbare Grundgüter verteilt werden, sondern Rawls' Gerechtigkeitsvorstellung hat hier ihren *Ursprung*. Das ist der Grund, warum das Argument für Gerechtigkeit als Fairneß, das von jedem kontroversen ethischen Element frei sein sollte, die Form eines »argument purement prudentiel, caractéristique de tout jeu de marchandage« annimmt.[20]

Die Theorie der Gerechtigkeit als Fairneß ist also nicht die »große Sache«, als die sie sich oft ausgibt. Aber insofern sie eine gewisse Ordnung in unseren Urteilen über die gerechte Verteilung der mit der Grundstruktur unserer Gesellschaft verbundenen Vorteile und Lasten bringt, ist sie eine wertvolle Sache.

20 P. Ricœur, »De l'autonomie morale à la fiction du contrat social«, in: *Revue de Metaphysique et de Morale* 3 (1990), S. 367-385, S. 379.

Verzeichnis der Schriften von Friedrich Kambartel*

1. Selbständige Veröffentlichungen und (Mitwirkung an) Editionen

1. *Orthonormale Systeme und Randintegralformeln in der Funktionentheorie mehrerer Veränderlichen* (= Schriftenreihe des Mathematischen Instituts der Universität Münster, 18), Münster/Westf. 1960.
2. Heinrich Scholz, *Mathesis Universalis. Abhandlungen zur Philosophie als strenger Wissenschaft*, hg. von H. Hermes, F. Kambartel, J. Ritter, Basel/Stuttgart 1961, ²1969.
3. Bernard Bolzanos *Grundlegung der Logik. Ausgewählte Paragraphen aus der Wissenschaftslehre,* Band I und II, mit ergänzenden Textzusammenfassungen, einer Einleitung und Registern hg. von F. Kambartel, Hamburg 1963, ²1978.
4. *Erfahrung und Struktur. Bausteine zu einer Kritik des Empirismus und Formalismus,* Frankfurt am Main 1968, ²1976; spanisch unter dem Titel *Experiencia y estructura*, Buenos Aires 1972.
5. *Was ist und soll Philosophie?*, Konstanz 1968, ²1974. Wiederabgedruckt in: 12.
6. Gottlob Frege, *Nachgelassene Schriften*, unter Mitwirkung von G. Gabriel und W. Rödding bearbeitet, eingeleitet und mit Anmerkungen versehen von H. Hermes, F. Kambartel, F. Kaulbach, Hamburg 1969, engl. Oxford 1979.
7. *Bernard-Bolzano-Gesamtausgabe* hg. von E. Winter, J. Berg, F. Kambartel, J. Louzil, B. van Rootselaar, Stuttgart-Bad Cannstatt 1969 ff.
8. *Historisches Wörterbuch der Philosophie*, Stuttgart/Basel 1971 ff. (dort als Mitherausgeber verantwortlich für die Redaktionsgebiete: Neuere Logik und Sprachphilosophie, Analytische Philosophie, Wissenschaftstheorie und Wissenschaftsgeschichte, insbesondere der exakten Wissenschaften).
9. *Zum normativen Fundament der Wissenschaft*, hg. von F. Kambartel, J. Mittelstraß, Frankfurt am Main 1973.
10. (zusammen mit P. Janich, J. Mittelstraß) *Wissenschaftstheorie als Wissenschaftskritik*, Frankfurt am Main 1974 (Kap. III japanisch unter dem Titel »Koseishugi to gengo no mondai«, in: *Gengotetsugaku no komponmondai* [= Grundprobleme der Sprachphilosophie], Kyoto 1980, S. 279-304).
11. *Praktische Philosophie und konstruktive Wissenschaftstheorie*, hg. von F. Kambartel, Frankfurt am Main 1974.

* Wissenschaftliche Veröffentlichungen und Verwandtes; kleinere Rezensionen sind nicht berücksichtigt. Stand: 15.6.1994

12. *Theorie und Begründung. Studien zum Philosophie- und Wissenschaftsverständnis*, Frankfurt a. M. 1976.
13. »Zu den Grundlagen einer pragmatischen Theorie der Sprache. Zwei Studien« (= Schriften des Sonderforschungsbereichs 99 »Linguistik« der Universität Konstanz), Konstanz 1976.
14. Gottlob Frege, *Wissenschaftlicher Briefwechsel*, hg., eingeleitet und mit Anmerkungen versehen von G. Gabriel, H. Hermes, F. Kambartel, C. Thiel, A. Veraart, Hamburg 1976, engl. Oxford 1980, ital. Turin 1983.
15. *Das Experiment der Vernunft. Studien zur Weltorientierung in Philosophie und Wissenschaft. Festschrift zu Ehren von Friedrich Kaulbach 15. 6. 1977*, hg. von R. Berlinger, F. Kambartel, in: *Perspektiven der Philosophie. Neues Jahrbuch* 4 (1978), 5 (1979).
16. *Gottlob Freges Briefwechsel mit D. Hilbert, E. Husserl, B. Russell, sowie ausgewählte Einzelbriefe Freges mit Einleitungen und Register*, hg. von G. Gabriel, F. Kambartel, C. Thiel, Hamburg 1980 (= Philosophische Bibliothek Nr. 321).
17. Gottlob Frege, *Nachgelassene Schriften*. Unter Mitwirkung von G. Gabriel und W. Rödding bearbeitet, eingeleitet und mit Anmerkungen versehen von H. Hermes, F. Kambartel, F. Kaulbach, 2., rev. Auflage, erweitert insbesondere um einen Anhang »Nachschrift einer Vorlesung und Protokolle mathematischer Vorträge Freges«, eingeleitet von L. Kreiser unter Mitwirkung von G. Grosche, Hamburg 1983.
18. Bernard Bolzano, *Mathematisch-Physikalische und Philosophische Schriften 1842-1843*, hg. von G. Gabriel, M. Gatzemeier, F. Kambartel, Stuttgart-Bad Cannstatt 1989 (= B.-Bolzano-Gesamtausgabe, Reihe I, Band 18).
19. *Philosophie der humanen Welt. Abhandlungen*, Frankfurt am Main 1989.
20. *Vernunftkritik nach Hegel. Analytisch-kritische Interpretationen zur Dialektik*, hg. von Chr. Demmerling, F. Kambartel, Frankfurt am Main 1992.

II. Aufsätze in Zeitschriften, Sammelbänden, Editionen und Verwandtes

21. »Bibliographie Heinrich Scholz«, in: *Mathesis Universalis. Abhandlungen zur Philosophie als strenger Wissenschaft*, hg. von H. Hermes, F. Kambartel, J. Ritter, H. Scholz, Basel/Stuttgart 1961, ²1969, S. 453-470.
22. »Logische Stellung und konstruktive Bedeutung mathematischer Permanenzprinzipien«, in: *Der Mathematikunterricht. Beiträge zu einer wissenschaftlichen und methodischen Gestaltung* 7 (1961), S. 57-78.
23. »Der philosophische Standpunkt der Bolzanoschen Wissenschafts-

lehre. Zum Problem des ›An sich‹ bei Bolzano, in: *Bernard Bolzanos Grundlegung der Logik,* hg. von F. Kambartel, Hamburg 1963, 2. durchgesehene Auflage 1978, S. VII-XXIX.
24. »Die logische Grundposition der Bolzanoschen Wissenschaftslehre. Ableitbarkeit und Abfolge«, in: *Bernard Bolzanos Grundlegung der Logik* hg. von F. Kambartel, Hamburg 1963, 2. durchgesehene Auflage 1978, S. XXIX-LIX.
25. »Philosophische Perspektiven der Diskussion um die Grundlagen der Mathematik. Zu Verlauf und Konsequenzen eines Kapitels der Philosophiegeschichte«, in: *Archiv für Geschichte der Philosophie* 45 (1963), S. 157-193.
26. »Mathematics and the concept of theory«, in: Y. Bar-Hillel (Hg.), *Proceedings of the 1964 International Congress for Logic, Methodology and Philosophy of Science, held in Jerusalem 1964*, Amsterdam 1965, S. 210 bis 219.
27. »Pascal und die Wissenschaftskritik«, in: Hochland 57 (1965), S. 254 bis 263.
28. »Die strukturtheoretische Interpretation der Mathematik und der philosophische Kritizismus. Zur Theorie eines Zusammenhanges bei G. Vuillemin«, in: *Archiv für Geschichte der Philosophie* 47 (1965), S. 79 bis 97.
29. »The universe is more various, more Hegelian. Zum Weltverständnis bei Hegel und Whitehead«, in: *Collegium Philosophicum – Studien J. Ritter zum 60. Geburtstag*, Basel/Stuttgart 1965, S. 72-98.
30. »Der Satz vom zureichenden Grunde und das Begründungsproblem der Mechanik. Zu einer Bemerkung von Leibniz im 2. Schreiben an Clarke«, in: *Zeitschrift für philosophische Forschung* 20 (1966), S. 457 bis 470.
31. »Formales und inhaltliches Sprechen (Frege – Hilbert – Wittgenstein)«, in: H.-G. Gadamer (Hg.), *Das Problem der Sprache. 8. Deutscher Kongreß für Philosophie, Heidelberg 1966*, München 1967, S. 293-312.
32. »Texte von Bernard Bolzano – Interpretiert von F. Kambartel«, in: *Fakten und Perspektiven – Ausgewählte Funktexte – minima philosophica*, München 1967, S. 32-46.
33. »Zur Formalismuskritik und zum Logikbegriff Freges«, in: Gottlob Frege, *Nachgelassene Schriften*, unter Mitwirkung von G. Gabriel und W. Rödding bearbeitet, eingeleitet und mit Anmerkungen versehen von H. Hermes, F. Kambartel, F. Kaulbach, Hamburg 1969, 2. durchgesehene Auflage 1983, S. XVII-XXV. Wiederabgedruckt in: 12.
34. »›System‹ und ›Begründung‹ als wissenschaftliche und philosophische Ordnungsbegriffe bei und vor Kant«, in: J. Blühdorn, J. Ritter (Hg.) *Philosophie und Rechtswissenschaft. Zum Problem ihrer Beziehungen im 19. Jahrhundert*, Frankfurt am Main 1969, S. 99-113. Wiederabgedruckt in: 12.
35. »Zur Rede von ›formal‹ und ›Form‹ in sprachanalytischer Absicht«, in:

Neue Hefte für Philosophie, Heft 1: Phänomenologie und Sprachanalyse (1971), S. 51-67. Wiederabgedruckt in: 12.
36. »Theo-Logisches. Definitorische Vorschläge zu einigen Grundtermini im Zusammenhang christlicher Rede von Gott«, in: *Zeitschrift für evangelische Ethik* 15 (1971), S. 32-35. Wiederabgedruckt in: Gymnasialpädagogische Materialstelle der Evang.-Luth. Kirche in Bayern (Hg.), *Arbeitshilfe für den evangelischen Religionsunterricht an Gymnasien*. Themenfolge 42 (o. J.), S. 67-71.
37. »Ethik und Mathematik«, in: M. Riedel (Hg.) *Rehabilitierung der Praktischen Philosophie, Bd. 1: Geschichte, Probleme, Aufgaben*, Freiburg 1972, S. 489-503. Wiederabgedruckt in: C. Thiel (Hg.), *Erkenntnistheoretische Grundlagen der Mathematik*, Hildesheim 1983, S. 339-354. Englisch unter dem Titel »Ethics and Mathematics« in: D.E. Christensen u. a. (Hg.), *Contemporary German Philosophy* Bd. 4, University Park 1984, S. 49-61. Teilabdruck auch in: 12.
38. (Zusammen mit P. Janich, J. Mittelstraß), »Wissenschaftstheorie als Wissenschaftskritik I«, in: *aspekte. Das deutsche Studienmagazin*, Heft 9 (1972), S. 24-29.
39. (Zusammen mit P. Janich, J. Mittelstraß), »Wissenschaftstheorie als Wissenschaftskritik II: Die Sprache der Wissenschaft«, in: *aspekte*, Heft 10, (1972), S. 30-34.
40. (Zusammen mit P. Janich, J. Mittelstraß), »Wissenschaftstheorie als Wissenschaftskritik V: Begründungstheorie«, in: *aspekte*, Heft 1 (1973), S. 28-31.
41. »Wissenschaftstheorie als Wissenschaftskritik VII: Grundlagen der Sozialwissenschaften«, in: *aspekte* Heft 3 (1973), S. 26-28.
42. »Wie abhängig ist die Physik von Erfahrung und Geschichte? Zur methodischen Ordnung apriorischer und empirischer Elemente der Naturwissenschaft«, in: K. Hübner u. a. (Hg.), *Natur und Geschichte. X. Deutscher Kongreß für Philosophie, Kiel 8.-12. Oktober 1972*, Hamburg 1973, S. 154-169. Wiederabgedruckt in: 12.
43. »Die Integration der Naturwissenschaft auf der Grundlage ihrer theoriebildenden Methoden I: Der methodische Aufbau der Naturwissenschaft und sein Zusammenhang mit der lebensweltlichen Praxis«, in: K. Frey, P. Häußler (Hg.), *Integriertes Curriculum Naturwissenschaft: Theoretische Grundlagen und Ansätze. Bericht über das 4. IPN-Symposion*, Weinheim/Basel 1973, S. 101-116.
44. »Moralisches Argumentieren. Methodische Analysen zur Ethik«, in: F. Kambartel (Hg.) *Praktische Philosophie und konstruktive Wissenschaftstheorie*, Frankfurt am Main 1974, S. 54-72
45. »Wie ist praktische Philosophie konstruktiv möglich? Über einige Mißverständnisse eines methodischen Verständnisses praktischer Diskurse«, in: F. Kambartel (Hg.), *Praktische Philosophie und konstruktive Wissenschaftstheorie*, Frankfurt am Main 1974, S. 9-33.

46. »Zum Fundierungszusammenhang apriorischer und empirischer Elemente der Wissenschaften. Friedrich Kaulbach zum 60. Geburtstag«, in: R.E. Vente (Hg.), *Erfahrung und Erfahrungswissenschaft*, Stuttgart 1974, S. 154-167.
47. »Erkennen und Handeln. Methodische Analysen zur Ethik«, in: H.-G. Gadamer und P. Vogler (Hg.), *Neue Anthropologie*, Bd. VII, Stuttgart 1974, S. 289-304. Portugiesisch unter dem Titel »O conhecimento e a ação. Análises metodológicas acerca ética«, in: H.-G. Gadamer und P. Vogler (Hg.): *Antropologia filosófica* II, Sao Paulo, 1977, S. 213-224. Wiederabgedruckt in: 12.
48. »Bemerkungen zum normativen Fundament der Ökonomie«, in: J. Mittelstraß (Hg.), *Methodologische Probleme einer kritischen Gesellschaftstheorie*, Frankfurt am Main 1975, S. 107-125. Wiederabgedruckt in: 12.
49. »Frege und die axiomatische Methode. Zur Kritik mathematik-historischer Legitimationsversuche der formalistischen Ideologie«, in: C. Thiel (Hg.), *Frege und die moderne Grundlagenforschung. Symposion gehalten in Bad Homburg im Dezember 1973*, Meisenheim am Glan 1975, S. 77-89. Wiederabgedruckt mit kleinen Änderungen in: M. Schirn (Hg.), *Studien zu Frege*, Bd. I: *Logik und Philosophie der Mathematik*, Stuttgart 1976, S. 215-228.
50. »Wissenschaftstheorie und Wissenschaftspraxis«, in: P. Weingart (Hg.), *Wissenschaftsforschung*, Frankfurt am Main, 1975, S. 162-183. Teilabdruck auch in: 12.
51. »Apriorische und empirische Elemente im methodischen Aufbau der Physik«, in: G. Böhme (Hg.), *Protophysik – Für und wider eine konstruktive Wissenschaftstheorie der Physik*, Frankfurt am Main 1976, S. 351-371.
52. »Symbolic Acts – Remarks on the Foundations of a Pragmatic Theory of Language«, in: G. Ryle (Hg.), *Contemporary Aspects of Philosophy*, Stocksfield 1976, S. 70-85.
53. »Die Aufgabe der Philosophie im System der Konstanzer Wissenschaften – Auftrag, Entwicklung und Realität«, in: H.-R. Jauss, H. Nesselhauf (Hg.), *Gebremste Reform. Ein Kapitel deutscher Hochschulgeschichte, Universität Konstanz 1966-1976*, Konstanz 1977, S. 153-162.
54. »Zur Überwindung des Szientismus und Modellplatonismus in der Ökonomie«, in: *Zeitschrift für allgemeine Wissenschaftstheorie* 8 (1977), S. 132-143.
55. »Autonomie mit Kant betrachtet. Zu den Grundlagen von Handlungstheorie und Moralphilosophie«, in: *Perspektiven der Philosophie – Neues Jahrbuch* 4 (1978), S. 119-133. Wiederabgedruckt in: 19.
56. »Symbolische Handlungen. Überlegungen zu den Grundlagen einer pragmatischen Theorie der Sprache«, in: J. Mittelstraß, M. Riedel (Hg.), *Vernünftiges Denken. Studien zur praktischen Philosophie und Wissen-*

schaftstheorie, Berlin 1978, S. 3-22. Deutsche Bearbeitung von: 52. Wiederabgedruckt in: 13.
57. »Bemerkungen zur Frage ›Was ist und soll Philosophie?‹«, in: H. Lübbe (Hg.), *Wozu Philosophie? Stellungnahme eines Arbeitskreises*, Berlin 1978, S. 17-34.
58. »Ist rationale Ökonomie als empirisch-quantitative Wissenschaft möglich?«, in: H. Steinmann (Hg.), *Betriebswirtschaftslehre als normative Handlungswissenschaft. Zur Bedeutung der Konstruktiven Wissenschaftstheorie für die Betriebswirtschaft* (= Schriftenreihe der Zeitschrift für Betriebswirtschaft, 9), Wiesbaden 1978, S. 57-70. Erweiterte Fassung in: J. Mittelstraß (Hg.), *Methodenprobleme der Wissenschaften vom gesellschaftlichen Handeln*, Frankfurt am Main 1979, S. 299-319.
59. »Universalität als Lebensform«, in: W. Oelmüller (Hg.) *Normenbegründung – Normendurchsetzung. Materialien zur Normendiskussion*, Bd. 2, Paderborn 1978, S. 11-21. Japanisch unter dem Titel »Sei no keishiki to shite no fuhensei«, in: *Rinrigakuno Komponmondai* [Grundprobleme der Ethik], Kyoto 1980, S. 321-378. Auszugsweise in: E. Martens (Hg.) *Was heißt Glück?* (Materialien für die Sekundarstufe II – Philosophie), Hannover 1978, S. 32-36. Wiederabgedruckt in: 19.
60. »Thesen zur didaktischen Rücksichtnahme«, in: H.-G. Steiner (Hg.), *Zum Verhältnis von Mathematik und Philosophie im Unterricht der Sekundarstufe II/Kollegstufe (= Institut für Didaktik der Mathematik der Universität Bielefeld, Materialien und Studien*, Bd. 12), Bielefeld 1978, S. 314-318. Wiederabgedruckt in: H.-G. Steiner (Hg.), *Mathematik – Philosophie – Bildung (= Institut für Didaktik der Universität Bielefeld, Untersuchungen zum Mathematikunterricht*, Bd. 4), Köln 1982, S. 357-361.
61. »Constructive Pragmatics and Semantics«, in: R. Bäuerle, U. Egli, A. v. Stechow (Hg.) *Semantics From a Different Point of View*, Berlin/Heidelberg/New York 1979, S. 195-205.
62. »Thesen zur ›didaktischen Rücksichtnahme‹«, in: *Zeitschrift für Didaktik der Philosophie*, Heft 1 (1979), S. 15-19. Gleichzeitig abgedruckt unter dem Titel »Didaktische Rücksichtnahme« in: D. Volk (Hg.) *Kritische Stichwörter zum Mathematikunterricht*, München 1979, S. 32-37. Überarbeitete und ergänzte Fassung von: 60.
63. »Überlegungen zum pragmatischen und zum argumentativen Fundament der Logik«, in: K. Lorenz (Hg.) *Konstruktionen versus Positionen*, Bd. 1: *Spezielle Wissenschaftstheorie,* Berlin 1979, S. 216-228. Wiederabgedruckt in: 13.
64. »Pragmatic reconstruction, as exemplified by an understanding of arithmetics«, in: W. Callebaut (Hg.), *Theory of Knowledge and Science Policy.* Symposion organized by Communication and Cognition (University of Ghent) Dec. 13-16, 1979, in: *Communication and Cognition* 13 (1980), S. 173-182.
65. »Pragmatische Grundlagen der Semantik«, in: C. F. Gethmann (Hg.),

Theorie des wissenschaftlichen Argumentierens, Frankfurt am Main 1980, S. 95-114.
66. »The Pragmatic Understanding of Language and the Argumentative Function of Logic«, in: H. Parret (Hg.), *Meaning and Understanding*, Berlin/New York 1981, S. 402-410.
67. »Friede und Konfliktbewältigung, handlungstheoretisch und ethisch betrachtet«, in: G. Aschenbach, W. Kempf (Hg.), *Konflikt und Konfliktbewältigung. Handlungstheoretische Aspekte einer praxisorientierten psychologischen Forschung*, Bern/Stuttgart/Wien 1981, S. 181-194. Wiederabgedruckt in: 19.
68. »Rekonstruktion und Rationalität. Zur normativen Grundlage einer Theorie der Wissenschaft«, in: O. Schwemmer (Hg.), *Handlung, Erfahrung, Vernunft. Über die Grundlagen und Ziele der Wissenschaften*, München 1981, S. 11-21.
69. (zusammen mit H.-J. Schneider), »Constructing a pragmatic foundation for semantics«, in: G. Floistad (Hg.), *Contemporary Philosophy – A New Survey*, Bd. 1, Den Haag/Boston/London 1981, S. 155-178.
70. »Formalistische und sophistische Elemente in der ›dialogischen Logik‹«, in: C.F. Gethmann (Hg.), *Logik und Pragmatik. Zum Rechtfertigungsproblem logischer Sprachregeln*, Frankfurt am Main 1982, S. 41-52.
71. »Analysen zur Komplexität und Ordnung unserer Handlungen«, in: P. Janich (Hg.), *Methodische Philosophie. Beiträge zum Begründungsproblem der exakten Wissenschaften in Auseinandersetzung mit Hugo Dingler*, Mannheim/Wien/Zürich 1984, S. 36-41.
72. »Zur grammatischen Unmöglichkeit einer evolutionstheoretischen Erklärung der humanen Welt«, in: R. Spaemann u. a. (Hg.), *Evolutionstheorie und menschliches Selbstverständnis. Zur philosophischen Kritik eines Paradigmas moderner Wissenschaft*, Weinheim 1984, S. 35-53. Wiederabgedruckt in: 19.
73. »Theorie und Begründung. Bemerkungen im Blick auf Kant und Wittgenstein«, in: V. Gerhardt, N. Herold (Hg.), *Wahrheit und Begründung*, Würzburg 1985, S. 169-183.
74. »Bemerkungen zur Bestimmung des Philosophen«, in: *Archiv für Begriffsgeschichte* XXVI (1985), S. 214-217. Veränderte Fassung in: 19.
75. »Where Is More Fog – In Philosophy or in Economics?«, in: P. Koslowski (Hg.), *Economics and Philosophy*, Tübingen 1985, S. 272-274.
76. »Bemerkungen zum praktischen Selbstverständnis des Menschen in Kantischer Perspektive«, in: G. Prauss (Hg.), *Handlungstheorie und Transzendentalphilosophie*, Frankfurt am Main 1986, S. 132-143. Wiederabgedruckt in: 19.
77. »Bemerkungen zu Verständnis und Wahrheit religiöser Rede und Praxis«, in: W. Oelmüller (Hg.), *Wahrheitsansprüche der Religionen. Kolloquium Religion und Philosophie 2*, Paderborn 1986, S. 62-64. Wiederabgedruckt in: 19.

78. »Begründungen und Lebensformen. Zur Kritik des ethischen Pluralismus«, in: W. Kuhlmann (Hg.), *Moralität und Sittlichkeit. Das Problem Hegels und die Diskursethik*, Frankfurt am Main 1986, S. 85-100. Wiederabgedruckt in: 19.
79. »Razón: Criterio o cultura? Para la definición de lo racional«, in: *DIANOIA*, Jg. 1987, S. 167-181. Deutsche Fassung in: 19.
80. »Fenomenologia della matematica e filosofia trascendentale: Wittgenstein«, in: M. Andronico u. a. (Hg.), *Capire Wittgenstein*, Genova 1988, S. 183-192.
81. (zusammen mit P. Stekeler-Weithofer), »Ist der Gebrauch der Sprache ein durch ein Regelsystem geleitetes Handeln? Das Rätsel der Sprache und die Versuche seiner Lösung«, in: A. von Stechow/M. Schepping (Hg.), *Fortschritte in der Semantik*, Weinheim 1988, S. 201-223.
82. »Wittgensteins späte Philosophie. Zur Vollendung von Kants Kritik der wissenschaftlichen Aufklärung«, in: *Prisma. Aus der Arbeit des Goethe-Instituts*, Nr. 2 (1989), S. 17-19. Wiederabgedruckt in: 19.
83. »The Pragmatic Understanding of Language and the Argumentative Function of Logic«, in: Robert E. Butts und James R. Brown (Hg.), *Constructivism and Science*, Dordrecht u. a. 1989, S. 47-57.
84. »Is Rational Economics as an Empirical-Quantitative Science Possible?«, in: Robert E. Butts und James R. Brown (Hg.), *Constructivism and Science*, Dordrecht u. a. 1989, S. 241-255. Veränderte englische Version von: 58.
85. »Versuch über das Verstehen«, in: *»Der Löwe spricht ... und wir können ihn nicht verstehen«*, Frankfurt am Main 1991, S. 121-137.
86. »Zur Philosophie der Kunst. Thesen über zu einfach gedachte begriffliche Verhältnisse«, in: F. Koppe (Hg.), *Perspektiven der Kunstphilosophie*, Frankfurt am Main 1991, S. 15-26. Wiederabgedruckt in: 19.
87. »Notwendige Geltung – Zum Verständnis des Begrifflichen«, in: P. Janich (Hg.), *Entwicklungen der methodischen Philosophie*, Frankfurt am Main 1992, S. 34-46.
88. »Die Vernunft und das Allgemeine. Zum Verständnis rationaler Sprache und Praxis«, in: Volker Gerhardt, Norbert Herold (Hg.), *Perspektiven des Perspektivismus. Gedenkschrift zum Tode Friedrich Kaulbachs*, Würzburg 1992, S. 265-277.
89. »Plädoyer für eine Kultur der Vernunft«, in: Gerd Gerhardt (Hg.), *Grundkurs Philosophie*, Bd. 2: *Ethik, Politik*, München 1992, S. 114-116. Auszug aus: 19.
90. »Gramatyczna kultura rozumu«, in: H. Kozakiewicz, E. Mokryzyckiego, M. J. Siemka (Hg.), *Racjonalnosc Wspótczesnosci*, Warschau 1992, S. 274-281.
91. »Laudatio Friedrich Kaulbach« (einschließlich Diskussionsbemerkung zur Frage »Dürfen wir über unsere Existenz verfügen wollen?«), in: Volker Gerhardt, Werner Krawietz (Hg.), *Recht und Natur. Beiträge zu*

Ehren von Friedrich Kaulbach (Schriften zur Rechtstheorie, 153), Berlin 1992, S. 3-10.
92. »Arbeit und Praxis. Zu den begrifflichen und methodischen Grundlagen einer aktuellen politischen Debatte«, in: *Deutsche Zeitschrift für Philosophie* 41 (1993), S. 239-249.
93. »Kann es gehirnphysiologische Ursachen unseres Handelns geben?«, in: A. Elepfandt, G. Wolters (Hg.), *Denkmaschinen? Interdisziplinäre Perspektiven zum Thema Gehirn und Geist*, Konstanz 1993, S. 215-227.
94. »Grenzüberschreitungen der Vernunft. Zum Tode von Friedrich Kaulbach«, in: *Perspektiven der Philosophie. Neues Jahrbuch* 19 (1993), S. 369-374.
95. »Über die praktische Form unseres Lebens«, in: H. Schnädelbach, Geert Keil (Hg.), *Philosophie der Gegenwart – Gegenwart der Philosophie* (Hamburg 1993), S. 281-289; polnisch unter dem Titel »O praktycznej formie naszego zycia«, in: Barbara Markiewicz (Hg.), *O filozofii praktycznej. Rozmowy polsko-niemiecki*, Warschau 1993, S. 9-16.
96. »Universalidade Moral«, in: *O que nos faz pensar. Cadernos do Dept de Filosofia da PUC Rio 7* (Maio de 1993), S. 22-30.
97. »Begriffliche und normative Probleme der Politischen Ökonomie« zusammen mit einer portugiesischen Parallelfassung: (»Problemas conceituais e normativos da economia politica«), in: Valério Rohden (Hg.), *Akten des IV. Deutsch-Lateinamerikanischen Kolloquiums für Philosophie: Ética e Politica. IV Colóquio Teuto-Latino-Americano de Filosofia*, Porto Alegre 1993, S. 20-34, port. S. 35-49.

III. Diskussionsbemerkungen, Handbuchartikel und Verwandtes

98. »Antworten auf 40 Fragen« als Beiträge zu W. Hochkeppel (Hg.), *Die Antworten der Philosophie heute*, München 1967.
99. »Diskussionsbemerkungen«, in: G. Günther (Hg.), *Logik, Zeit, Emanation und Evolution (= Arbeitsgemeinschaft für Forschung des Landes Nordrhein-Westfalen – Geisteswissenschaft*, 136), Köln/Opladen 1967, S. 91 f., 94, 95.
100. »Abfolge«, in: J. Ritter (Hg.), *Historisches Wörterbuch der Philosophie*, Bd. 1, Basel/Stuttgart 1971, Sp. 4 f.
101. »Anschauungssatz/Begriffssatz«, in: J. Ritter (Hg.), *Historisches Wörterbuch der Philosophie*, Bd. 1, Basel/Stuttgart 1971, Sp. 352.
102. »Bedingung«, in: J. Ritter (Hg.), *Historisches Wörterbuch der Philosophie*, Bd. 1, Basel/Stuttgart 1971, Sp. 762-765.
103. »Erfahrung«, in: J. Ritter (Hg.), *Historisches Wörterbuch der Philosophie*, Bd. 2, Basel/Stuttgart 1972, Sp. 609-617.
104. »Zur Rede vom Subjekt in der Geschichte«, in: R. Koselleck u. a. (Hg.), *Geschichte. Ereignis und Erzählung*, München 1973, S. 477 f.

105. »Größe«, in: J. Ritter (Hg.), *Historisches Wörterbuch der Philosophie*, Bd. 3, Basel/Stuttgart 1974, Sp. 882-885.
106. »Struktur«, in: H. Krings u. a. (Hg.), *Handbuch philosophischer Grundbegriffe* III, München 1974, S. 1430-1439.
107. »Diskussionsbemerkungen«, in: H. Lübbe, H.-M. Saß (Hg.), *Atheismus in der Diskussion. Kontroversen um L. Feuerbach*, München 1975, S. 104-106, 185, 190f., 195f.
108. »Diskussionsbemerkungen«, in: W. Oelmüller (Hg.), *Normenbegründung – Normendurchsetzung* (= *Materialien zur Normendiskussion*, 2), Paderborn 1978, S. 160-167, S. 169-172, S. 174-178, S. 181-183.
109. »Diskussionsbemerkungen«, in: W. Oelmüller (Hg.), *Normen und Geschichte* (= *Materialien zur Normendiskussion*, 3), Paderborn 1978, S. 380, S. 388.
110. »Abfolge«; »allgemein (ethisch)«; »Analogien der Erfahrung«; »Analytik«; »Anschauung«; »analytisch«; »Antizipationen der Wahrnehmung«; »Apprädikator«; »a priori«; »Arbeit«; »Ästhetik, transzendentale«; »Bacon, F.«; »Bedingung«; »Begründung«; »Besonnenheit«; »Bolzano«; »Brückenprinzip«; »Empirismus«; »Erlanger Schule«; »finit/Finitismus«; »Folge (logisch)«; »Frankfurter Schule«; »Frieden«; »Gebrauchswert«; »Gelassenheit«; »Grenznutzen«; »Größe«; »Größenlehre«; »Grund«; »Grundlagenforschung«; »Grundsatz«; (zusammen mit R. Wimmer) »Ceteris-paribus-Klausel«, in: J. Mittelstraß (Hg.), *Enzyklopädie Philosophie und Wissenschaftstheorie*, Bd. 1, Mannheim/Zürich/Wien 1980.
111. (Zusammen mit R. Welter), »Methode«, (Abschnitt 2 und 3), in: J. Ritter, K. Gründer (Hg.), *Historisches Wörterbuch der Philosophie*, Bd. 5, Basel/Stuttgart 1980, Sp. 1326-1332.
112. »Das Verhältnis des Menschen zu dem, was nicht von ihm abhängt« (Diskussion mit R. Spaemann), in: K.-O. Apel u. a. (Hg.), *Funk-Kolleg Praktische Philosophie/Ethik: Dialoge*, Bd. 2, Frankfurt am Main 1984, S. 289-304.
113. »Die Dialektik des Wohlbefindens« (Diskussion mit R. Spaemann), in: K.-O. Apel u. a. (Hg.), *Funk-Kolleg Praktische Philosophie/Ethik: Dialoge*, Bd. 2, Frankfurt am Main 1984, S. 328-342.
114. »Idee (systematisch)«; »Keynes, J. M.«; »Konsens«; »Leben, gutes«; »Leben, vernünftiges«; »Lebensqualität«; »Malthus, T. R.«; »Mehrwert«; »Metaethik«; »Mittel«; »Moral«; »Moralismus«; »Moralität«; »Norm (handlungstheoretisch, moralphilosophisch)«; »normativ«; »Normierung«; »Nutzen«; »Ökonomie, politische«, in: J. Mittelstraß (Hg.), *Enzyklopädie Philosophie und Wissenschaftstheorie*, Bd. 2, Mannheim/Zürich/Wien 1984.
115. »Naturgeschichte«, in: J. Ritter, K. Gründer (Hg.), *Historisches Wörterbuch der Philosophie*, Bd. 6, Basel/Stuttgart 1984, Sp. 526-528.
116. »Diskussionsbemerkungen«, in: W. Oelmüller (Hg.), *Wiederkehr*

von Religion? (= *Kolloquium Religion und Philosophie*, 1), Paderborn 1984, S. 158-160, S. 196 f., S. 241 f.
117. »Diskussionsbemerkungen«, in: W. Oelmüller (Hg.), *Wahrheitsansprüche der Religionen heute* (= *Kolloquium Religion und Philosophie*, 2), Paderborn 1986, S. 191 f., S. 206 f., S. 241-243, S. 298 f., S. 337-339.
118. (Zusammen mit G. Gabriel, Th. Rentsch), »Analytische Philosophie und Wissenschaftstheorie«, in: J. Ritter, K. Gründer (Hg.), *Historisches Wörterbuch der Philosophie*, Bd. 7, Basel 1989, Sp. 786-792; außerdem in: *Philosophie in der Geschichte ihres Begriffs* (Separatdruck aus dem *Historischen Wörterbuch der Philosophie*), Basel 1990.

Hinweise zu den Autoren

Christoph Demmerling, geb. 1963; Studium der Philosophie, Literaturwissenschaft und Linguistik in Konstanz und Florenz; Promotion 1992; seit 1992 Wissenschaftlicher Assistent am Institut für Philosophie der TU Dresden.
Veröffentlichungen: *Sprache und Verdinglichung. Wittgenstein, Adorno und das Projekt einer kritischen Theorie* (1994); (Hg., zusammen mit F. Kambartel), *Vernunftkritik nach Hegel* (1992); (Hg., zusammen mit T. Rentsch), *Die Gegenwart der Gerechtigkeit* (1995). – Aufsätze und Lexikonartikel zur analytischen Philosophie, zur praktischen Philosophie und Sozialphilosophie.

Gottfried Gabriel, geb. 1943; Promotion 1972; Habilitation 1976; 1967-1992 Lehrtätigkeit an der Universität Konstanz; seit 1982 außerplanmäßiger Professor in Konstanz; 1992 Professor für Philosophie an der Ruhr-Universität Bochum; seit 1995 an der Friedrich-Schiller-Universität Jena.
Veröffentlichungen: *Definitionen und Interessen. Über die praktischen Grundlagen der Definitionslehre* (1972); *Fiktion und Wahrheit. Eine semantische Theorie der Literatur* (1975); *Zwischen Logik und Literatur. Erkenntnisformen von Dichtung, Philosophie und Wissenschaft* (1991); *Grundprobleme der Erkenntnistheorie. Von Descartes zu Wittgenstein* (1993); (Hg., gemeinsam mit C. Schildknecht), *Literarische Formen der Philosophie* (1990). – Editionen zu Gottlob Frege und Hermann Lotze.

Matthias Gatzemeier, geb. 1937; Studium der Fächer Philosophie, Latein und Griechisch in Münster; Promotion 1967 in Münster; Habilitation 1973 in Konstanz; seit 1975 Professor für Praktische Philosophie an der RTWH Aachen.
Veröffentlichungen: *Die Naturphilosophie des Straton von Lampsakos* (1970); *Theologie als Wissenschaft?*, 2 Bde. (1974/75); (Hg.) *Aachener Schriften zur Wissenschaftstheorie, Logik und Sprachphilosophie* (1987 ff.); (Hg.), *Aachener Analysen zur Ethik*; (Hg.), *Verantwortung in Wissenschaft und Technik* (1989). – Aufsätze und Lexikonartikel zur Sprachphilosophie, Wissenschaftstheorie, Argumentationstheorie, Philosophiedidaktik, Ethik und Technikphilosophie.

Peter Janich, geb. 1942; Studium der Physik, der Philosophie und der Psychologie in Erlangen und Hamburg; Promotion 1969; 1969/70 Gastdozent an der Universität von Texas in Austin; 1971 Wissenschaftlicher Rat; 1978 Professor an der Universität Konstanz; seit 1980 Professor für Philosophie an der Universität Marburg.

Veröffentlichungen: *Die Protophysik der Zeit* (1969); (zusammen mit F. Kambartel und J. Mittelstraß), *Wissenschaftstheorie als Wissenschaftskritik* (1974); *Die Protophysik der Zeit. Konstruktive Begründung und Geschichte der Zeitmessung* (1980); *Euklids Erbe. Ist der Raum dreidimensional?* (1989); *Grenzen der Naturwissenschaft. Erkennen als Handeln* (1992); (Hg.), *Wissenschaftstheorie als Wissenschaftsforschung* (1981); (Hg.), *Methodische Philosophie. Beiträge zum Begründungsproblem der exakten Wissenschaften in Auseinandersetzung mit Hugo Dingler* (1984); (Hg.), *Protophysik heute* (1985); (Hg.), *Entwicklungen der methodischen Philosophie* (1992). – Aufsätze zur Wissenschaftstheorie von Physik, Biologie, Chemie, Psychologie, Informatik; zur Geschichte der Naturwissenschaften; zur Sprachphilosophie, Handlungstheorie, Geschichte der Philosophie.

Franz Koppe, geb. 1931; 1951-1964 im graphischen Gewerbe; ab 1965 Studium der Philosophie, Romanistik, Germanistik und Kunstgeschichte in Gießen und Konstanz; Promotion 1971; Habilitation 1976; ab 1976 Privatdozent und Wissenschaftlicher Mitarbeiter am Fachbereich Philosophie der Universität Konstanz; seit 1982 Professor für Philosophie an der Hochschule der Künste Berlin.
Veröffentlichungen: *Literarische Versachlichung. Zum Dilemma der neueren Literatur zwischen Mythos und Szientismus. Paradigmen: Voltaire, Flaubert, Robbe-Grillet* (1977); *Sprache und Bedürfnis. Zur sprachphilosophischen Grundlage der Geisteswissenschaften* (1977); *Grundbegriffe der Ästhetik* (1983); (Hg.), *Perspektiven der Kunstphilosophie* (1991). – Aufsätze und Lexikonartikel zur Sprachphilosophie, Hermeneutik, Literaturtheorie, Ästhetik und praktischen Philosophie.

Angelika Krebs, geb. 1961; Studium der Philosophie in Freiburg, Oxford, Konstanz und Berkeley; 1990-1992 Wissenschaftliche Mitarbeiterin in Konstanz; 1991 Research Fellow am Stockholm Environment Institute; Promotion 1993 in Frankfurt am Main; seit 1993 Wissenschaftliche Mitarbeiterin am Fachbereich Philosophie in Frankfurt am Main.
Veröffentlichungen zur Tierethik, zur ökologischen Ethik und zur feministischen Philosophie.

Wilson P. Mendonça, geb. 1949; Studium der Ingenieurwissenschaften und Philosophie an der Katholischen Universität von Rio de Janeiro (Brasilien); Studium der Philosophie an der Universität Konstanz; Promotion 1986; 1986-1988 und 1990-1993 Wissenschaftlicher Angestellter an der Universität Konstanz; 1990 Visiting Fellow an der University of Notre Dame (USA); 1993/94 Wissenschaftlicher Angestellter an der Universität Frankfurt am Main; seit 1994 Professor für Philosophie an der Staatlichen Universität von Rio de Janeiro.

Veröffentlichungen zur Philosophie des Geistes, zu Kant, Frege und Wittgenstein sowie zur Moralphilosophie.

Jürgen Mittelstraß, geb. 1936; Studium der Philosophie, Germanistik und Ev. Theologie in Bonn, Erlangen, Hamburg und Oxford; Promotion 1961; Habilitation 1968; seit 1970 Professor für Philosophie in Konstanz. Veröffentlichungen: *Die Rettung der Phänomene. Ursprung und Geschichte eines antiken Forschungprinzips* (1962); *Neuzeit und Aufklärung. Studien zur Entstehung der neuzeitlichen Wissenschaft und Philosophie* (1970); *Die Möglichkeit von Wissenschaft* (1974); (zusammen mit P. Janich und F. Kambartel), *Wissenschaftstheorie als Wissenschaftskritik* (1974); *Wissenschaft als Lebensform* (1982); *Fortschritt und Eliten* (1984); (zusammen mit M. Carrier), *Geist, Gehirn, Verhalten. Das Leib-Seele-Problem und die Philosophie der Psychologie* (1989); *Der Flug der Eule* (1989); *Die unzeitgemäße Universität* (1994); (Hg.), *Enzyklopädie Philosophie und Wissenschaftstheorie*, bisher 2 Bände (1980 ff.). – Aufsätze zur allgemeinen Wissenschaftstheorie, Wissenschaftsgeschichte, Erkenntnistheorie und Sprachphilosophie.

Theda Rehbock, geb. 1957; Studium der Philosophie, Geschichte, Germanistik und Romanistik in Zürich, Münster, München und Konstanz; Promotion 1992 in Konstanz; 1990-1993 Wissenschaftliche Angestellte in Konstanz; seit 1993 Postdoktorandenstipendium am Graduiertenkolleg »Ethik in den Wissenschaften« (Universität Tübingen); 1995 Visiting Fellow an der Harvard Universität.
Veröffentlichungen: *Goethe und die »Rettung der Phänomene«. Philosophische Kritik des naturwissenschaftlichen Weltbilds am Beispiel der Farbenlehre* (1995). – Aufsätze und Lexikonartikel zu erkenntnistheoretischen und ethischen Fragen.

Thomas Rentsch, geb. 1954; Studium der Philosophie, Literaturwissenschaften, und der Ev. Theologie in Konstanz, Münster, Tübingen und Zürich; Promotion 1982; Habilitation 1988; 1982-1988 Hochschulassistent am Fachbereich Philosophie der Universität Konstanz; 1988-1992 Privatdozent in Konstanz und Berlin und Heisenberg-Stipendiat der Deutschen Forschungsgemeinschaft; seit 1992 Professor am Institut für Philosophie der TU Dresden.
Veröffentlichungen: *Heidegger und Wittgenstein. Existential- und Sprachanalysen zu den Grundlagen philosophischer Anthropologie* (1985); *Martin Heidegger – Das Sein und der Tod. Eine kritische Einführung* (1990); *Die Konstitution der Moralität. Transzendentale Anthropologie und praktische Philosophie* (1991); Mitherausgeber des *Historischen Wörterbuchs der Philosophie*. – Aufsätze und Lexikonartikel zur praktischen Philosophie, zur Metaphysikkritik, zur Ästhetik und Religionsphilosophie.

Hans Julius Schneider, geb. 1944; Studium der Philosophie, Germanistik, Anglistik und Linguistik in Berlin, Austin (Texas) und Erlangen; Promotion 1970; ab 1970 Wissenschaftlicher Assistent in Konstanz; Habilitation 1975; 1978-1983 Privatdozent in Konstanz und Heisenberg-Stipendiat der Deutschen Forschungsgemeinschaft; seit 1983 Professor für Philosophie in Erlangen (1989 Gastsemester in den USA).
Veröffentlichungen: *Pragmatik als Basis von Semantik und Syntax* (1975); *Über das Schweigen der Philosophie zu den Lebensproblemen* (1979); *Phantasie und Kalkül. Über die Polarität von Handlung und Struktur in der Sprache* (1992). – Aufsätze zur Sprachphilosophie, allgemeinen Wissenschaftstheorie, Ethik und philosophischen Anthropologie.

Pirmin Stekeler-Weithofer, geb. 1952; Studium der Philosophie, Mathematik, Linguistik und Literaturwissenschaft in Konstanz, Berlin, Prag und Berkeley; Promotion 1984; Habilitation 1987; Privatdozent für Philosophie in Konstanz und Pittsburgh und Heisenberg-Stipendiat der Deutschen Forschungsgemeinschaft; seit 1992 Professor am Institut für Philosophie der Universität Leipzig.
Veröffentlichungen: *Grundprobleme der Logik. Elemente einer Kritik der formalen Vernunft* (1985); *Hegels Analytische Philosophie. Die Wissenschaft der Logik als kritische Theorie der Bedeutung* (1992); *Sinnkriterien* (1995). – Aufsätze und Lexikonartikel zur Philosophie der Logik und Mathematik, Wissenschaftstheorie, zur praktischen Philosophie und Sprachphilosophie.

Albrecht Wellmer, geb. 1933; Studium der Mathematik und Physik in Berlin und Kiel, der Philosophie und Soziologie in Heidelberg und Frankfurt; Promotion 1966; 1966-1970 Wissenschaftlicher Assistent am Philosophischen Seminar der Universität Frankfurt am Main; Habilitation 1971; Tätigkeit als Associate Professor in Toronto und New York; ab 1974 Professor für Philosophie an der Universität Konstanz; seit 1990 an der Freien Universität Berlin.
Veröffentlichungen: *Methodologie als Erkenntnistheorie. Zur Wissenschaftslehre Karl R. Poppers* (1967); *Kritische Gesellschaftstheorie und Positivismus* (1969); *Zur Dialektik von Moderne und Postmoderne. Vernunftkritik nach Adorno* (1985); *Ethik und Dialog. Elemente des moralischen Urteils bei Kant und in der Diskursethik* (1986); *Endspiele: Die unversöhnliche Moderne. Essays und Vorträge* (1993). – Aufsätze zur praktischen Philosophie, kritischen Theorie, Ästhetik und Sprachphilosophie.

Reiner Wimmer, geb. 1939; Studium der Philosophie, Theologie und Psychologie in München, Frankfurt, Heidelberg, Oxford und Konstanz; Promotion 1979: Habilitation 1988; seit 1988 Professor für Philosophie an der Universität Tübingen.

Veröffentlichungen: *Die Universalisierung in der Ethik. Analyse, Kritik und Rekonstruktion ethischer Rationalitätsansprüche* (1980); *Kants kritische Religionsphilosophie* (1990); *Vier jüdische Philosophinnen: Rosa Luxemburg, Edith Stein, Simone Weil, Hannah Arendt* (1990; [3]1995). – Aufsätze zur Moral- und Religionsphilosophie.